教师教育"十三五"规划教材

教师资格考试参考用书

贵州省重点学科（教育学）建设项目阶段性成果

贵州省一流师资团队（小学教育专业教学团队）建设项目阶段性成果

黔南民族师范学院一流学科（教育学）建设项目阶段性成果

黔南民族师范学院重点教改项目"教师资格制度改革背景下'心理学'教学改革研究"成果

# 心理学新编

主　编　勾　训　黄　胜

副主编　王双宏　王　梅　蒙家宏

西南交通大学出版社

·成　都·

**图书在版编目（ＣＩＰ）数据**

心理学新编／勾训，黄胜主编. —成都：西南交
通大学出版社，2018.7（2020.7 重印）
ISBN 978-7-5643-6189-1

Ⅰ．①心… Ⅱ．①勾… ②黄… Ⅲ．①心理学 Ⅳ.
①B84

中国版本图书馆 CIP 数据核字（2018）第 108251 号

# 心理学新编

**主编 勾 训 黄 胜**

| | |
|---|---|
| 责任编辑 | 梁 红 |
| 封面设计 | 严春艳 |
| 出版发行 | 西南交通大学出版社<br>（四川省成都市二环路北一段 111 号<br>西南交通大学创新大厦 21 楼） |
| 发行部电话 | 028-87600564 028-87600533 |
| 邮政编码 | 610031 |
| 网址 | http://www.xnjdcbs.com |
| 印刷 | 四川煤田地质制图印刷厂 |
| 成品尺寸 | 185 mm×260 mm |
| 印张 | 19.25 |
| 字数 | 479 千 |
| 版次 | 2018 年 7 月第 1 版 |
| 印次 | 2020 年 7 月第 2 次 |
| 书号 | ISBN 978-7-5643-6189-1 |
| 定价 | 48.00 元 |

# 《心理学新编》
## 编委会

# 前　言

随着我国改革开放以来经济的快速发展，高等教育规模急速扩张，高等教育的结构和性质随之发生了重大变化，高等教育不再为少数精英所享有，不再只培养高层次人才，进入大众化阶段。高等教育的快速发展对教师教育带来重大冲击，教师教育的发展面临着新的形势和问题。教材是制约教师教育发展的重要方面，有必要以教材改革为突破口，引导教师的教育改革发展。

进入 21 世纪以来，我国教师教育发生了重大变革，教师资格制度改革全面、深入推进，以促进教师专业发展与提升教师职业素养为标志的教师教育体系已经形成。教师教育的改革发展呈现出新的趋势，教师教育已由"旧三级"，即中等师范、师范专科、师范本科，发展到了"新三级"，即师范专科、师范本科、师范研究生。教师教育的职前培养和职后培训一体化，教师教育变得更加具有开放性。教师的专业化发展受到前所未有的关注，教师教育的理念、内容、方式、机制发生了深刻变化。心理学理论是教师必须掌握的基础知识，心理学是教师教育专业的必修课程，心理学教材是教师的"启蒙读物"，是教师教育的"奠基工程"。作为教师教育的教材，必须结合教育改革发展的新形势和教师教育发展的新趋势，必须符合学校素质教育的要求。

近二三十年来，我国心理学教材建设发展迅速，已经出版的心理学教材有近两百部，呈现出百家争鸣、百花齐放的态势，心理学教材建设取得了显著成绩。心理学教材版本众多，体系杂陈，虽然出现了不少精品教材，但与此同时，心理学教材一直存在着内容陈旧、理论性强、脱离实际、学习方式单一、学非所用等问题。所以，有必要在现有教材基础上，博采众长，推陈出新，编写心理学新教材，并以此为突破口推动教师教育课程改革，带动心理学的教学改革。

本书编写是在教师资格制度改革和一流专业、一流学科建设全面推进的背景下，结合教师教育改革发展和教师教育专业人才培养目标要求，适应高校强化内涵、提升质量和深入进行教学改革的需要进行的。本书编写遵循循序渐进原则，注重掌握知识技能的逻辑顺序，考虑了教师教育课程心理学、教育学、学科教学论、教育实习等课程的基础性、关联性；综合考虑教育教学改革实际、科学发展状况和教师、学生心理特点，重点阐述心理学基础理论，吸纳心理学发展的新成果，强调其在教育教学中的应用；内容体系以普通心理学基本理论为基础，以儿童发展心理学为线索，适当融入教育心理、社会心理，特别是把与教师的教育素养密切相关的教学心理、学习心理、教师心理等内容纳入其中。本书按总—分—总的逻辑关系展开，除了考虑各部分内容间内在的逻辑关联外，还结合了教学规律和学生学习规律。每章以心理故事开始，激趣设疑；每节以案例展示引入；每章内容阐述完成后对本章知识要点进行归纳总结，并为巩固知识和练习技能设计了思考与实践。本书内容翔实，案例丰富，理论与实践相结合，操作性较强，博采众长，文献引用严谨、规范，适用范围广泛，既适合教学和学生自学，又可作为教师资格考试参考资料。

本书由勾训、黄胜任主编，王双宏、王梅、蒙家宏任副主编。全书分工如下：勾训、辛均庚编写第一章，曾燕玲、王双宏编写第二章，皮梦君、安其梅编写第三章，蒙家宏、罗树琳编写第四章，石恒帅、刘珊编写第五章，刘凯、王梅编写第六章，王双宏、王棋纬编写第七章，王梅、吴晶晶编写第八章，黄胜、罗春花编写第九章，张健、勾训编写第十章，杨继富、黄胜编写第十一章，方银叶、蒙家宏编写第十二章。全书最后由勾训、黄胜、王双宏、王梅、蒙家宏统稿、定稿。

在本书编写过程，黔南民族师范学院教育科学学院给予了大力支持，为教材编写提供了方便，特别是王双宏院长、郑萍书记、侯天庆副院长对本书的编写给予了关心和支持。四川师范大学的朱晟利教授和淮北师范大学的惠圣教授，从专业的角度，以专家的视野审阅了书稿，为书稿的修改完善提供了宝贵的指导意见。此外，汪建参与了本书的策划、编写工作。在此，谨向他们表示诚挚的谢意！

本书在编写过程中参考了大量中外作者的资料，在参考文献中未能详细列举的，在此表示真诚的感谢！

我们充分认识到新教材的编写非一日之功，加上编者水平有限，疏漏之处在所难免，敬请批评指正。

编　者

2017 年 12 月

# 目 录

# 第一章 绪 论

**心理故事**

### 别人的心思我知道

在一家出版社的选题讨论中，出现了这样一种有趣的现象。编辑们列出他们认为最重要的一个选题：

编辑 A 正在攻读第二学位，他的选题是"怎样写毕业论文"；

编辑 B 的女儿正在上幼儿园，她的选题是"学龄前儿童教育丛书"；

编辑 C 是围棋迷，他的选题是"聂卫平棋路分析"；

……

这些人都在不经意间将自己的心理投射到他人身上，认为自己感兴趣的事物一定是所有读者都感兴趣的。

心理学研究发现，人们在日常生活中常常不自觉地把自己的心理特征（如情绪、观念、欲望、好恶等）归属到别人身上，认为别人也具有同样的特征，如自己喜欢说谎，就认为别人总是在骗自己；自己感觉良好，就认为别人也都觉得自己很出色……

由于这种效应的存在，使得我们常常可以从一个人对别人的看法中来推测这个人的真实意图或心理特征。由于人都有一定的共同性，都一些相同的欲望、要求，所以，在很多情况下，我们对别人做出的推测都是比较正确的；但是，人毕竟有差异，因此，推测总会有出错的时候。如在日常生活中，我们常常错误地把自己的想法和意愿投射到别人身上：自己喜欢的人，以为别人也喜欢，总是疑神疑鬼，莫名其妙地吃醋；父母总是喜欢为子女设计前途，选择学校和职业……

有人说心理学就是相术，对此您怎么看？别人的心理能否看穿？人的心理是否是虚无缥缈、神秘莫测的？人的心理的产生、变化所依赖的物质基础是什么？人的心理的本质到底是什么？通过对心理学的学习，相信我们能找到答案。

## 第一节 心理学的研究对象

**案例展示**

### 学生在课堂上的各种心理表现

学生上课时，可表现出各种各样的心理现象。当学生听到声响，看到光亮，进而知道这声响是教师的讲课声，这光亮是日光和灯光的融合时，感知觉现象便已发生了。对教学内容的理解、对教师提问的思考则是思维现象，要记住一些重要的概念、原理，便是记忆现象了。教师讲到幽默之处，引发学生会心的笑声，这是情感现象的外露，而到了饥肠辘辘的时候，他们仍坚持听课，毫不松懈，这是意志现象的外显。学生能一边听课，一边思考，一边记录，这是注意的分配现象。对于教师的提问，有的同学还未经过认真思考就急于回答，有的同学则经过深思熟虑后才不紧不慢地给出答案，这是他们不同气质特点的表现。课堂上有的同学看起来聪明伶俐，有的同学看起来相对迟钝；有的同学记忆力特别好，有的同学创造力特别强，这都是不同能力的表现。虽说课堂上的教学活动大多是师生有目的性的意识活动，但也会不时出现不知不觉进行的习惯性和自动化了的动作、无意中的注意和识记，乃至口是心非、口是笔误的无意识行为。至于课堂上学生能随时反省自己的行为，调整自己的认知策略，是自我意识在起积极的作用。

　　学生在课堂上的各种表现就是常见的心理现象。心理现象就在身边，心理现象就在生活中，心理现象会发生在每个人身上。但是，对于心理现象的本质是什么、心理学是什么，人们则是众说纷纭，莫衷一是。初次听到"心理学"一词的人往往认为，心理学就是相术，学了心理学就能洞察别人的心理。到底什么是心理、什么是心理学呢？心理学研究什么呢？

## 一、心理学是研究心理现象的科学

　　要学习并研究一门学科，首先必须从了解这门学科的研究对象入手，才能找到学习和研究这门学科的出发点和归宿。因为学科与学科之间的本质区别，就在于它研究对象的不同。在我们周围的世界中，各种现象丰富多彩，如日月星辰、山川河流、飞禽走兽、风土人情、社会准则、经济发展、文化教育等，它们有的属于自然现象，有的属于社会现象。这些现象分别由不同的学科进行研究，构成了人类不同的知识领域。例如，生物学是研究生命现象的科学；地质学是研究地球的组成、结构及其历史的科学；教育学是研究教育现象和教育问题，揭示教育规律的科学。而心理学的研究对象，简言之就是心理现象，心理学就是研究心理现象及其发生、发展规律的一门科学。

## 二、心理现象

　　心理现象又称心理活动，简称心理，是一个范围很大的概念。人有心理现象，动物也有心理现象，但人的心理与动物的心理有着质的不同，人的心理要比动物的心理复杂得多。研究人的心理，其目的是说明正常人的心理活动的一般规律。

　　人的心理现象通常表现在人的有意识的活动中。当人处于觉醒状态时，总是在从事这样或那样的活动（即使在睡眠状态时，人的心理活动也没有停止，不过只是潜在的、无意识的），如生产劳动、工作、学习、娱乐、社会活动等。在这些活动中，人们时刻都在注意、观察、记忆、思考、想象，或高兴，或忧伤，产生着各种各样的心理现象。每个人都在与周围环境的接触中体验着自己的认识和感受；每个人都在与他人的交往中展示着自己道德的水准和性格的特点；每个人都在实践活动中造就自己的行为特征；每个人，从出生—成熟—死亡，都要经历一定的发展过程，都要接受各种形式的社会教育和训练，都要掌握一定的社会规范，最终形成自己整体的精神面貌——个性。因此，人人都有心理现象。对于这一现象的探究，是人类认识自身的重大课题。心理学一般从以下两个方面去研究人的心理现象：一是共同的心理过程，即个体意识形成及其活动表现的一般过程；二是个性差异，即人与人之间在意识倾向、稳定的心理特征和自我意识上的个别差异。

## （一）心理过程

心理过程是指人脑对客观事物不同方面及其相互关系的反映过程，它是心理现象的动态形式，主要包括认识过程、情绪与情感过程及意志过程三个相互联系的方面。心理过程反映了正常人心理现象的共同性一面。

### 1. 认识过程

认识过程又称认知过程，是人们在实践活动中获得知识或应用知识的过程，它是人类最基本的心理过程之一。它主要包括感觉、知觉、记忆、想象、思维等心理过程。在整个认识过程中，总是离不开一种独特的心理状态的参与和相伴，那就是注意，否则我们就无法达到认识的目的。注意是人的心理活动对一定事物的指向和集中，但注意又不是一种独立的心理现象，它是人在清醒状态时心理活动不可缺少的条件。

感觉是低级的心理活动过程，它所反映的是直接作用于感官的客观事物的个别属性，如颜色、声音、气味等。但是，在日常生活中，单纯的感觉几乎是不存在的，许多事物总是由多种属性综合而成的整体。例如，我们不只能感觉红色，而且知道是红旗的红颜色；我们听到声音，同时还知道是电铃发出的声音，这就是知觉了。知觉是对直接作用于感官的事物整体的或各种属性之间关系的反映。

记忆是比感觉、知觉更复杂的心理过程。人们不仅能感觉、知觉事物，而且能记住它，当这些事物再次出现时，人们能把它认出来，或者这些事物不在面前时仍然能把它回忆起来，这就是记忆过程。例如，我们记住并回忆起曾经看过的电影情节、读过的书的具体内容，这些对过去经历过的事物的反映过程叫作记忆。

在各种实践活动中，人们还能运用头脑中已有的知识和经验间接概括地反映事物，揭示事物的本质和规律，这就是思维。此外，人们还可以反映本人未经历过或现实中根本不存在的东西，这就是想象过程。思维和想象都属于高级的认识活动过程，二者有着密切的联系，人的创造与发明都离不开思维与想象活动。

### 2. 情绪、情感过程

情绪、情感过程是人们在认识客观事物的过程中表现出来的有一定倾向性的态度和主观体验。例如，有些事情让我们满意、愉快和高兴；有些事情使我们气愤、痛苦和厌恶等，这都是人的情绪、情感的表现。情绪、情感对人的活动既有积极的推动作用，也有消极的阻碍作用。

### 3. 意志过程

意志过程是人们为了满足某种需要而自觉提出目标、制订计划和选择完成计划的方式、方法，以及克服困难达到预定目标的心理过程。意志过程是人的意识能动性的集中表现，它表明人不仅能认识世界，而且还能根据对客观世界及其规律的认识自觉地改造世界。

人的认识、情绪与情感、意志活动是统一的心理过程的三个不同方面，它们是相互联系、相互影响而又相互制约的。在心理活动中，认识过程是引起人的情绪、情感和确定行动目标的基础；情绪、情感对人的认识活动与意志行动起着动力（推动或阻碍）的作用；意志品质如何，又反过来对人的认识、情绪、情感和目标的实现有巨大的影响，起着调控作用（见图1-1）。

**图 1-1　知、情、意关系图**

## （二）个性心理

一个人的心理过程的发展与他的遗传特性、社会关系、生活经验和个人经历相结合，最终会形成一个人的总的精神面貌。这种总的精神面貌在心理学上称为个性心理（个性或人格）。个性并不是人生下来就立即形成的，而是个体的心理发展到一定程度后形成的。对于中小学生来说，学习活动和群体内部的交往活动对他们个性的形成与发展起着主导作用。个性一旦形成，便具有完整的、稳定的特征。例如，每个人的行为模式和思维模式是不一样的（缜密—粗糙、心平气和—喜怒无常）；每个人对自己行为结果的归因也是不一样的（内部—外部）；每个人在社会交往中的表现也是不一样的（兴致勃勃—索然冷漠、忍耐—浮躁）。

个性包括个性心理倾向性、个性心理特征、自我意识三个系统。

### 1. 个性心理倾向性

个性心理倾向性是决定人对现实的态度和行为方式的动力系统。它是人的个性心理中最活跃的因素，反映了人对客观事物的趋向和选择。个性心理倾向性主要包括需要、动机、兴趣、理想、信念、世界观等。其中，需要是个性倾向性的基础，对其他成分起调节、支配作用，信念、世界观居最高层次，决定着一个人的心理倾向。如有的人追求物质的满足，有的人更注重精神需要；有的人生理性动机强烈，有的人社会性动机更突出；有的人理想、信念坚定明确，有的人理想、信念动摇、模糊。

### 2. 个性心理特征

个性心理特征是指在一个人身上经常表现出来的、比较稳定的心理特点。主要包括人的能力、气质、性格等方面的特征。例如，有人有音乐才能，有人有数学才能；有人记忆力好，有人思维能力强等，这些都是人在能力方面的差异。能力是完成活动必要的心理条件。有人活泼好动，有人沉默寡言；有人暴躁，有人温柔；有人行动敏捷灵活，有人缓慢呆滞，这些都是人在气质方面的差异。有人大公无私，有人自私自利；有人谦虚，有人骄傲；有人意志坚强，有人退缩怯懦，这些都属于人在性格方面的差异。

个性倾向性和个性心理特征在一个人身上独特的稳定的有机结合，就形成了人的个性心理的主要差异。每个人都有与别人不同的心理世界，正所谓："人心不同，各如其面"。

### 3. 自我意识

自我意识就是自己对自己的意识，简称自我，包括自我认知、自我体验、自我调控，涉及我是一个什么样的人、自己是否悦纳自己、自己是否能控制自己等问题。

自我是个性的基础。个性结构中的三个系统不是无组织的、杂乱无章的，它们是由自我进行协调和控制而成为一个有组织的、稳定的整体。

人的心理过程与个性心理是密切联系在一起的。一方面，人的个性是在心理活动过程中形成和发展的。如果没有对客观世界的认识，没有对外界事物的情绪与情感，没有对客观世界积极改造的意志过程，个性是无法形成的。另一方面，已形成的个性又可以制约心理过程的进行，并在心理活动过程中得到表现。例如，具有不同能力的人，对事物的认识和解决问题的水平也会有所不同，有的人效率高、质量好，有的人效率低、质量差。再如，性格不同的人，在认识和处理问题时，有人干脆果断，有人优柔寡断；有人认真，有人马虎；有人迎难而上，有人知难而退。可见，心理过程与个性是人的完整的心理面貌的不可分割的两个方面。

心理过程与个性心理既是心理学研究的主要内容，也是人的心理活动的主要内容。二者有机联系构成了人的统一的整体的心理活动（见图1-2）。

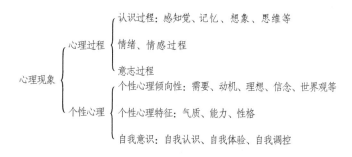

**图 1-2 心理现象构成图**

## 三、心理活动、心理状态和心理特征

心理学上，心理过程与心理活动是通用的，是指一个个具体的活动环节。通常指认知活动、情感活动、意志活动。

心理活动在一段时间里出现的相对稳定的持续状态称为心理状态。如思维活动中出现的灵感状态、迟疑状态或刻板状态，在认识活动中出现的聚精会神状态和注意涣散状态，情感过程中出现的应激状态和心境状态，在意志过程中出现的信心状态和犹豫状态等。心理状态就是心理活动所处的不同状态。

心理特征是指一个人的心理过程进行时经常表现出来的稳定特点。例如，有的人观察敏锐、精确，有的人粗枝大叶；有的人记得快、记得牢，有的人记得慢、忘得快；有的人思维灵活，有的人反应迟钝；有的人情绪稳定、内向，有的人情绪易波动、外向；有的人意志果断、坚忍不拔，有的人优柔寡断、朝三暮四等。

心理活动、心理状态和心理特征三者的关系：

首先，心理状态和心理特征是在心理活动过程中形成和表现出来的。如果没有对周围世界的认识、产生一定的情绪体验，没有对环境相互作用的意志行动，人的心理状态和心理特征便无法形成，同时也无法表现出来。

其次，心理活动的进行受心理状态和心理特征的影响和制约。例如，心灰意冷的心理状态不仅使人的情绪低落，而且会降低认知和行动的效率；精神振奋状态不仅使人的情绪高涨，而且也影响认知和行动的效率。又如，在思维过程中不同的思维品质（特征）制约着对问题解决的心理操作加工程序。

最后，心理状态与心理特征密切联系。例如，腼腆是稳定的心理特征，尴尬或坦然是暂时的心理状态。某类心理状态（如漫不经心）经常地、反复地出现，持续时间也越来越长，那么这类心理状态就有可能转化为这个人的心理特征（粗心大意）。心理特征又会影响心理状态的性质，例如内向、顺从的人受到挫折往往会产生内疚、自责的心理状态，机灵活泼、自信心强的人面对挫折往往泰然自若。

# 第二节　心理学的发展

## 案例展示

### 心理学的应用前景广阔

美国心理学会（American Psychological Association，APA）最近的一份调查数据显示，有236个心理学专业领域聘用心理学家。心理学的应用范围很广：以这些专业领域而命名的心理学分支学科，如航空心理学、社会心理学、教育心理学、健康心理学、人格心理学、军事心理学、犯罪心理学、消费心理学等；以被研究的人群（或个体）而命名的心理学分支学科，如动物心理学、工业心理学、儿童心理学、文化心理学等；以这些心理学从业者的工作方向而命名的心理学分支学科，如临床心理学、咨询心理学、运动心理学等。心理学家中有40%以上的人在各类学校或学术机构中任职，从事教学、基础研究、咨询或治疗工作。大多数心理学家则从事应用工作，其中临床心理学家和咨询心理学家约占心理学工作者总数的55%。其他专业工作涉及面也很广。目前，美国心理学会有53个分会，每个分会都代表一个与特定的专业或技术有关的领域。估计在不久的将来，还可能出现更细的专业分工，如退休心理问题咨询、体重控制心理咨询、美容心理咨询、减轻压力心理咨询、行政人员选拔心理咨询、睡眠障碍心理咨询、健全人格养成心理咨询等令人振奋、富有创新的新应用心理学领域。

心理学与我们的日常生活紧密联系。在现实生活中，在有效应用方面，没有哪一门学科能比得上心理学。尽管这个观点会遭到生物学家、化学家、物理学家、地质学家等其他学科专家的反驳，但这样说也不无道理。在每天的生活中不思考关于物理和地质的知识，人们照样可以生活，但不思考心理问题便不能生活。如果人们想要继续生存，并且使自己的生活更美好，他就必须思考大量的有关感觉、知觉、记忆、情绪和行为后果之类的问题。

心理学的发展是以哪些关联科学为基础的？心理学在 21 世纪的科学体系中居于什么地位？心理学发展到今天形成了哪些流派和分支学科？我们学习心理学，有必要了解心理学发展的概况。

## 一、心理学的形成与发展

### （一）心理学是一门既古老又年轻的科学

为什么说心理学是一门既古老又年轻的科学呢？说它古老，是因为人的心理现象早在两千多年前就受到学者们的关注。"psychology"起源于希腊语中的两个词"psyche"（灵魂）和"logos"（学说），意指研究灵魂的学问。我国古代的一些著名学者也都提到过"灵魂""心""思""情""意""神"等词语，其中就有心理的含义。由于古代心理学思想一直是哲学的一部分，孕育在哲学的母体之中，从这个意义上讲，心理学具有与哲学同样悠久的历史。说它年轻，是因为现代心理科学从哲学中分离出来成为一门独立的科学，只有百余年的历史。德国心理学家冯特于 1879 年在莱比锡大学建立了世界上第一个心理学实验室，把自然科学使用的方法运用于心理学研究，成为科学心理学诞生的标志。但心理学与其他科学，如物理学、生物学、生理学相比，还是一门正在发展中的科学，它虽然有长远的过去，却只有一段短暂的历史。

心理学成为一门独立的科学并不是偶然的，它是社会历史发展的必然产物。原先的哲学是包罗万象的大学科，随着生产的发展和人类探索自然奥秘的需要，许多学科逐渐自成体系，从哲学中陆续分离出来。这些独立的学科发展到一定的阶段，又反过来要求人们对自身进行研究，并从认识论和方法论方面为人类认识自己提供了可能性。心理学就是在这种条件下，在其他学科发展的基础上，经过前人不断地探索、研究而产生和发展的。

### （二）西方心理学发展过程中的主要学派

从 19 世纪末到 20 世纪后期，心理学家对心理学研究对象、研究方法及研究目的提出了不同的看法，产生了不同的学派。根据研究者们不同的研究对象、研究内容以及研究方法，大致可以概括为以下主要学派和思潮（见表 1-1）。

表 1-1 心理学主要学派简况表

| 学派名称 | 代表人物 | 研究对象 | 基本观点 |
|---|---|---|---|
| 构造主义学派 | 冯特、铁钦纳 | 意识结构 | 意识可分解为基本元素，复杂心理现象都由心理元素构成 |

| 学派名称 | 代表人物 | 研究对象 | 基本观点 |
|---|---|---|---|
| 机能主义学派 | 詹姆斯、杜威 | 意识功能 | 意识是流动的，即意识流；心理学应研究心理在适应环境中的作用和功能等 |
| 精神分析学派 | 弗洛伊德、荣格 | 无意识 | 无意识是行为的决定因素，儿童期的无意识经验是人格特征与心理障碍的根源 |
| 格式塔学派 | 韦特海默、考夫卡 | 意识组织 | 心理现象是一个整体，整体大于部分之和，并制约各部分的性质和意义等 |
| 行为主义学派 | 华生、斯金纳 | 行为 | 应研究外显行为，反对将意识作为研究对象等；强调绝对客观的实验方法 |
| 认知心理学 | 皮亚杰、奈瑟 | 记忆、思维等认知 | 认识的发生、发展是主客体相互作用的结果，认知是信息加工的过程 |
| 人本主义心理学 | 马斯洛、罗杰斯 | 人独有的特殊经验 | 人是自主的理性动物，具有自我发展的潜能，与动物有本质区别；需要理论等 |

## 1. 构造主义心理学（Structural Psychology）

构造主义心理学是心理学中的第一个学派，冯特（W. Wundt）是这一学派的创始人。这个学派 19 世纪产生于德国，20 世纪以后逐渐衰落。冯特认为心理学的内容应该是意识经验的分析，为此他把意识分为感觉、意向和激情三个基本元素。感觉是知觉的元素，意向是观念的元素，激情是情绪的元素，所有复杂的心理活动都是由这些元素构成的。他首创内省法，即通过"自我"对其内在经验感受的观察和分析来从事这方面的研究。冯特的学生铁钦纳（E. B. Titchener）也以内省法来研究意识经验，他把心理学与化学相比较，认为人的心理活动与能细分为基本元素的化学复合物类似，心理学的主要工作是把意识经验分析成若干个基本元素，然后研究整合了的元素。他们强调心理学是一门纯科学，其基本任务是理解正常人的一般心理规律。构造主义心理学派的研究成果已成为现代心理学的组成部分，但是由于它不重视心理学在实际中的应用，研究的对象和方法过于狭窄和单调，因此不被其他心理学家所接受。

## 2. 机能主义心理学（Functional Psychology）

美国心理学家詹姆斯（W. James）是机能主义心理学的创始人，杜威（J. Dewey）、安吉尔（J. Angell）和卡尔（H. Carr）都是这一学派的代表人物。机能主义心理学认为意识是一种持续不断、川流不息的过程，即意识流。因此，不能把意识看作是元素的集合。机能主义心理学则主要强调意识的作用和功能，而不是像构造主义心理学那样强调意识的结构。例如，构造主义心理学主要关心什么是思维，而机能主义心理学则主要关心思维在人类行为中的重要作用。机能主义心理学这一推动心理学面向实际过程的显著特点，使它在心理学的发展过程中产生了广泛和深远的影响，推动了个性心理学、学习心理学、知觉心理学等的发展。

## 3. 行为主义心理学（Behavioral Psychology）

行为主义心理学是美国心理学家华生（J. Watson）于 1913 年创立的流派（《从一个行为主

义者眼光中所看的心理学》)。行为主义心理学既不同意构造主义心理学关于心理元素的看法，也不赞成机能主义心理学把意识视为心理学的研究主题。华生认为意识是玄妙的、不可捉摸的，心理学不应该研究意识，而应该研究可观察、可测量的行为，并以刺激与反应（S—R）之间的关系作为心理学研究的主要内容。直接的观察和测量是心理学研究的科学方法，而内省法是不客观、不科学的。可见，行为主义心理学有以下特征：第一，强调以客观的观察和测量来记录人的行为，由于意识不能观察和测量，所以意识不应该包括在心理学研究的范围内；第二，构成行为的基础是个体的反应，而某种反应的形成与相关的刺激有关；第三，个体的行为不是生来就有的，而是在生活环境中慢慢习得的。

行为主义心理学产生后，在各国心理学界产生了很大的反响。行为主义心理学强调研究行为，强调从刺激与反应之间的关系上客观地研究行为，而不从主观上加以描述，这种研究方法上的客观主义对心理学的发展产生了重大的影响。但是，由于它否定了人的心理、意识的作用以及在分析人的行为中存在机械主义的倾向，对心理学的发展也起了消极的阻碍作用。20 世纪 30 年代以后行为主义内部出现了一批改造和发展早期行为主义的人物，如托尔曼（E. C. Tolman）、斯金纳（B. F. Skinner）等。他们认为，在"刺激—反应"（S—R）过程中，应加进一个中介变量（O），即个体的认知，使行为主义的模式变为"S—O—R"，他们提出了新的理论体系，因此被称为新行为主义学派。

### 4. 格式塔心理学（Gestalt Psychology）

格式塔心理学由德国心理学家韦特海默（魏特墨）（M. Wertheimer）于 1912 年创立的，主要代表人物有考夫卡（K. Koffka）、苛勒（W. Kuhler）等。格式塔是从德文"Gestalt"音译而来，意思是完形、结构或整体。格式塔心理学研究的主要课题是有关人的知觉的过程（如似动现象，即把客观上静止的物体看成是运动的，或者把客观上不连续的位移看成是连续运动的现象），同时受到物理学中"场论"（Field Theory）的影响，认为人脑中也有一个"场"，它决定了人看外界事物的状况，由于"场"有一定规律，人脑就按此规律把客观的事物组成一定的"完形"。格式塔心理学既反对构造主义心理学的心理元素的观点，也不同意行为主义心理学所持的刺激—反应的观点，认为个体的任何经验或行为的本身都是不可分解的，每一种经验或活动都有它的整体形态。换句话说，心理活动不是简单地由几个元素构成的，个体的行为也不是单纯由一些反应堆积而成的，整体不能还原为各个部分、各种元素，部分相加不等于全体，整体先于部分而存在并制约着部分的性质和意义，心理活动是经由个人对外界刺激进行选择与组织后的反应。

格式塔心理学的理论的适应性并不仅限于知觉过程的研究，许多心理学课题，如顿悟和问题解决也可以用其理论加以解释。格式塔心理学强调整体的观点，对后来心理学的发展起到了积极的推动作用，近年来认知心理学的出现就受到了格式塔心理学理论的巨大影响。

### 5. 精神分析心理学（Psychoanalysis Psychology）

精神分析心理学是由奥地利精神病医生弗洛伊德（S. Freud）于 19 世纪末在精神疾病的治疗实践中创立的一种独特的心理学理论。该流派主要研究人的异常行为。该理论的基础来自医学临床经验，对心理学乃至人类文化的影响很大，尤其是关于人格以及心理治疗方面更显突出。这一理论体系主要包括潜意识论、泛性论和人格论等。该理论认为人的心理可以分为潜意识、前意识和意识三部分，潜意识虽不能为本人所意识，但它包括原始的盲目冲动、各种本能以及出生后被压抑的动机和欲望，是人精神生活的重要方面；强调潜意识的重要性，认为性本能是人的心理的基本动力，是摆布个人命运和决定社会发展的永恒力量。弗洛伊德把人格分为"本我""自我"和"超我"三部分，其中本我是与生俱来的，包括先天本能和原始欲望；自我处于本我和外部世界之间，对本我进行控制和调节；超我是"道德化了的自我"，包括良心和理想两部分，主要职能是指导自我去限制本我的冲动。当三者处于平衡状态人格就正常，平衡被破坏，就容易导致神经症和人格异常。通过释梦和自由联想可以宣泄内心郁积的苦闷，治疗心理疾病。弗洛伊德的精神分析理论虽遭到不少人的反对，但在 20 世纪 20 年代广为流传，颇有影响。

精神分析理论在发展过程中，受到原来追随弗洛伊德的心理学家的批评和反对，他们不再坚持弗洛伊德的"一切行为决定于性本能发展"的泛性论观点，加之受到社会学和人类学发展的影响，开始转向重视和研究人格发展过程中的社会文化因素，这些观点和理论被称之为"新精神分析理论"。

第二次世界大战以后，心理学的发展极其迅速，在发展方向上表现出两个显著特征：一是各心理学派的理论由对立趋于协调互补；二是放弃了追求普遍的大而全的理论，并通过小型理论逐渐扩大到统一的普遍理论。在这种形势下，心理学不是以学派的形式，而是作为一种范式、思潮，一种发展趋向去影响心理学的各个领域。目前，在心理学中出现的新的理论和思潮有人本主义心理学和认知心理学等。

### 6. 人本主义心理学（Humanistic Psychology）

人本主义心理学是由美国心理学家马斯洛（A. Maslow）和罗杰斯（C. Rogers）二人在 20 世纪 50 年代创立的。人本主义心理学反对行为主义心理学和精神分析论，认为它们都把人的心理现象异化了，而没有揭示人的完整的心理活动和行为表现的实质。为此，该理论主张心理学的研究应以正常人为对象，研究那些真正属于正常人心理活动的各级层面的问题，特别是蕴藏在人性中的无限潜力，通过改善环境以利于人类潜能的充分发挥达到"自我实现"的高度。人本主义心理学对过去一直排除在心理学研究范围之外的人类信念和价值等问题进行了关注，扩大了科学研究的范围，但他们对人的一些研究还停留在关于人性的抽象议论上，因而不能完全揭示人的心理本质规律，其理论体系还不完备，尚处在发展中，它可能代表着心理学发展的一个新方向。

### 7. 认知心理学（Cognitive Psychology）

认知心理学是 20 世纪 60 年代在西方兴起的一种思潮，代表了心理学研究的一种趋势，是受到多种因素的影响而逐渐演变而成的。认知心理学分为广义的和狭义的两种。广义的认知心理学包括了对人的感觉、知觉、记忆、想象、思维等心理过程的研究。狭义的认知心理学是指信息加工心理学，研究感官的信息接收、信息贮存、信息提取和运用等过程。它把人看成一个信息加工系统或信息加工器，认为认知活动就是信息加工。简而言之，认知心理学是研究人们对知识的获得、贮存、提取和运用的过程。

认知心理学是心理学的历史发展以及心理学与邻近学科交叉渗透的产物，它既继承了格式塔心理学对内部心理过程的研究成果和行为主义心理学中的操作方法论，又融入了信息论、控制论、系统论和计算机科学的知识内容，力求通过揭示人们获取和利用知识（信息）的机制来探究人类认知活动的规律性，推动了西方心理学的发展。

## 二、心理学的性质和体系

### （一）心理学的性质

从心理学的研究对象和发展历史可知，心理学是一门既具有自然科学性质又具有社会科学性质的中间学科或交叉学科。心理学研究的对象是人的心理现象，心理现象的产生离不开它的物质载体——人脑。人脑的解剖结构、生理机制都是心理产生的自然基础。心理现象产生的另一方面是社会因素，人在社会化过程中心理的社会属性逐渐成熟。而人作为一个自然实体，同时又是一个社会实体，其心理必然要服从于生物、物理等自然规律，又要受到政治、经济、文化、教育等社会因素的影响。

苏联著名科学分类学家凯达洛夫在 20 世纪 50 年代提出的"科学三角形"理论认为，心理学在现今 2500 多门学科的科学体系中居于中心地位。如果用一个等边三角形来比喻整个科学体系的话，心理学则处于等边三角形的中心，而等边三角形的三个顶角分别是自然科学、社会科学和思维科学（包括逻辑学和哲学）。由此可看出，现代心理学是处于自然科学、社会科学和思维科学的结合点上的一门涉及多种学科内容的综合性的交叉学科或边缘学科，它与自然科学、社会科学和思维科学紧密相连，在与这些科学共同发展的同时，也保持着自己独立完整的科学体系。

### （二）心理学的体系

现代心理学的发展，在理论上已经形成了作为一门科学的独立体系。在理论研究与社会各实践领域，形成了许多既紧密联系又相互独立的心理学分支学科。这些心理学分支有些担负着理论上的任务，有些担负着实践上的任务。因此，可以把各心理学分支学科划分为两大领域。

#### 1. 心理学的基础领域

心理学的基础领域主要研究心理科学的基本理论和基本方法学，以及心理发生和发展的基本规律。主要有以下几个方面：

（1）普通心理学。

普通心理学是研究心理现象一般规律的科学，主要研究心理学的基本理论，阐述正常成人心理（认识、情绪、意志和个性心理等）的一般规律，同时也概括各分支学科的研究成果。普通心理学包括感知心理学、记忆心理学、思维心理学、语言心理学、动机心理学、情绪心理学、意志心理学、个性心理学等。它包括了两个主要方面：心理的实质问题和心理的结构问题。普通心理学为各心理学分支学科提供了理论基础，也是学生学习心理学的入门学科。

近年来，普通心理学发展迅速，认知心理学的理论观点和研究成果日益渗透到普通心理学中。同时，动机、情绪和个性的研究成果也不断地充实着普通心理学的内容，使普通心理学更注重人的整体性和人的主观能动性。

（2）实验心理学。

实验心理学是以实验的方法来研究心理和行为规律的科学。它研究心理学领域中进行实验研究的原理、设计、方法、仪器、技术和数据处理等问题。

（3）比较心理学。

比较心理学是研究动物心理，并与人类心理相比较，以探求人类心理如何演化的科学。与此相类似的一门学科叫作动物行为学。它的研究目的是了解各种动物的行为活动规律，如各种动物的迁徙、季节适应、觅食、食物储备、交配、哺幼、营巢、自卫、搏斗、合群、通意、鸣叫、游戏等行为的方式和规律。

（4）认知心理学。

认知心理学是研究人们获得知识和使用知识的心理活动的学科。认知心理学分为广义的和狭义的两种。广义的认知心理学泛指人们认识客观现象的心理过程。狭义的认知心理学是用信息处理的观点和术语说明人的心理活动和行为表现，强调人已有的知识和知识结构对其行为和当前的认知活动所具有的决定性作用。

（5）发展心理学。

发展心理学是研究人类心理系统和个体心理发生、发展的过程及其规律的学科。发展心理学主要涉及两个方面：心理发展的基本规律和心理发展的年龄特征。因此，发展心理学也分为广义的和狭义的两类。广义的发展心理学是探索人类心理发生、发展的基本理论，探讨心理发生、发展过程或阶段中的各种心理特点和规律。狭义的发展心理学是指儿童心理学，即探讨儿童各个发展阶段的心理特点和儿童心理发展的过程和规律。

（6）生理心理学。

生理心理学是研究心理现象的生理机制的学科，是心理学基础研究的重要组成部分。生理心理学在现代脑科学研究成果及现代技术方法的基础上，主要探讨神经系统的结构和功能、感觉和知觉、学习和记忆、动机和情绪等心理活动的机制，以及内分泌系统对行为的调节作用等方面的内容。

（7）社会心理学。

社会心理学是研究个体在特定社会条件下，心理发生、发展及其变化规律的学科。社会心理学着重探讨个体社会化的条件与规律、个体受群体的影响以及群体中的个体相互作用等方面的一般规律。着重探讨社会心理形成、发展的基本过程及其变化的条件和规律性。

（8）变态心理学。

变态心理学是研究个体行为异常的类别表现及发生、发展的原因和规律的学科。变态心理学所探究的主要问题有：行为异常的实质，正常和异常行为的区别，以及行为异常的分类和表现特点等，从而建立阐述行为异常的系统的心理学理论，并作为心理诊断和心理治疗的理论依据。

（9）人格心理学。

人格心理学是研究个体人格形成、发展及其表现规律，以及人格结构的先天因素与环境因素相互作用规律的学科。人格心理学以人的性格、气质、能力和个性倾向等个性心理为研究对象，揭示人心理活动的独特性。

### 2. 心理学的应用领域

现代心理学一个重要的发展趋势是，与社会生活中各个领域的结合越来越密切，从而产生了以应用为研究目的的心理学分支学科。

（1）教育心理学。

教育心理学是研究教育教学过程中的各种心理学问题，揭示教育教学与心理发展的相互关系，为培养个性全面发展的人才服务。教育心理学主要是以教师与学生之间相互作用的行为为研究对象，涉及学生掌握知识和技能的心理特点及规律、影响教与学活动的心理因素、行为习惯和良好道德品质形成的规律以及教师心理活动等，目的是建立系统的教学理论来解决教学中的实际问题。

（2）管理心理学。

管理心理学是研究各种管理工作中管理者和被管理者的心理活动规律的学科。探讨用科学的方法进行管理工作，充分调动人的积极性和促进组织发展。管理心理学的研究涉及管理过程中具体的社会心理现象以及个体、群体、领导、组织中的心理活动的规律性，目的是最大限度地提高工作效率和社会效益。

（3）消费心理学。

消费心理学又叫商业心理学，是研究消费者在消费活动中的心理现象和行为规律的学科。它涉及两个主要方面：消费行为的内部因素，如消费动机、消费信息的认知以及消费决策等；消费行为的外部因素，如广告宣传、商标命名、销售服务和企业形象等。

（4）工业心理学。

工业心理学是研究从业人员的行为，用心理学方法解决工业或经济领域中产生的问题，以提高生产效率的学科。工业心理学涉及工业企业的生产组织领导，调动职工的积极性，改进生产环境，进行专业培训和人员选拔等。工业心理学分为侧重人—机关系与改善工作环境方面研究的工程心理学和侧重人—人关系、人—组织关系方面研究的管理心理学或组织心理学。

（5）心理咨询学。

心理咨询学是对来访者提出的心理障碍或要求给予矫正和解决的学科。心理咨询学主要是运用心理学的原理和技术，通过商谈程序，揭示心理障碍产生的原因和行为问题的症结，寻找摆脱困境的条件、途径和对策，使来访者改变原有的态度和行为，增强自信心，以达到对社会生活的良好适应。

（6）法律心理学。

法律心理学是研究人们在法律活动中与法律直接相关联的心理活动及其规律的学科。法律心理学主要是运用心理学原理，探究司法程序中犯罪动机、犯罪证据真实性、司法判决、犯罪者和违法者的教育改造以及各类司法人员的心理活动特点等。

（7）心理测量学。

心理测量学是研究人的心理差异的测量理论和编制心理测验的原理、原则和方法的学科。心理测量学分为心理测验和心理统计两部分。涉及通过人的行为表现的某些心理特征做出数量化的解释的心理测验和依靠统计分析的数据得出测验结果，即确定一个人的某种心理水平和特征在群体中的相对位置。

（8）临床心理学。

临床心理学又叫医学心理学，是研究行为异常与心理疾患发生的原因、发病机制、症状以及诊断、预防与治疗的学科。临床心理学涉及精神疾病，如精神分裂症、神经症、神经性焦虑、抑郁症以及由心理因素引起的躯体疾病，如高血压等。

（9）军事心理学。

军事心理学是研究军事活动中人的心理活动规律的学科。它主要研究战斗时人的行为、上级与下属的关系、士气等方面的心理学问题，为提高部队战斗力服务。它包括指挥员心理学、战士心理学、军事心理学等。

（10）法制心理学。

法制心理学研究人们在法制活动中的心理现象，主要包括在立法、刑事犯罪与诉讼活动、民事法律、社会治安管理、法制宣传及其他法律活动过程中的心理学问题，包括犯罪心理学（刑事心理学）、罪犯心理学、诉讼心理学、侦缉心理学、审判心理学等。

此外还有一些心理学的应用分支学科，例如创造心理学、文艺心理学、交通安全心理学等。

现代心理学的基础理论和应用领域方面并不仅限于以上所列的学科。它们的分支越来越细，已深入到人类实践活动和日常生活的每个角落，并已自成体系，而且它们相互影响，相互融合，不断推动心理学的发展。

## 三、心理学是一门未来的科学

虽然心理学已经发展成为一个比较庞大的学科体系，但是，有关人类精神活动的物质本体和精神活动规律的秘密还远远没有揭开，至今仍是世界三大奥秘之一。心理学是研究人类自身精神活动的最复杂的一门学科，据未来学家预测，揭示这个谜的心理科学是会大有作为的，很可能成为未来的带头学科之一。

首先，这是由物质发展的规律决定的。物质运动是一个由低级向高级发展的过程，如机械的、物理的、化学的、生物的和社会的运动形式。人的心理是社会的运动形式与生命运动形式相互渗透、相互转化的过程，因此，人类对较低级的物质运动形式有了相当的认识之后，势必会把探索人类心灵的奥秘提到日程上来。

其次，这是由社会对心理学日益增长的需要决定的。人类正面临着新的技术革命，从某种意义上说将进入一个信息、知识和智力社会的时代。因此，未来社会对人的精神文明和心理素质提出了更高的要求，如需要教育和培养具有创新型和开拓型的人才。此外，在社会生产的发展中，科学的创造发明、生产技术的革新、劳动效率的提高、科学的组织管理等，都必须通过人的心理活动的能动性才能实现。因此，以心理学为中心的一些学科必将进入一个新的大发展的时期。

最后，这是由科学提供的条件决定的。脑科学、遗传工程、信息加工、人工智能、电子计算机等学科的成熟，为心理学的实验研究提供了条件，心理学与其他学科的协同研究的成果为心理学成为未来的中心学科奠定了基础。

# 第三节　心理学的生理基础

**案例展示**

### 利　手

利手（Handedness）是指一个人使用右手或左手的偏向。约77%的人属于绝对右利手或绝对左利手，其余的人则习惯在一些活动中使用一只手，而在另一些活动中使用另一只手。人们普遍认为右利手是符合习俗的，正如在英语中"右"和"正确"都是"Right"。

实际上，人的两只手本身在运动潜能方面并没有任何差异，左利手者的能力和右利手者一样强，并且这一点也在心理学研究中得到了证实。左利手者有时会显得笨拙，这是因为他们生活在一个主要为右利手者建造的世界里。例如，许多物品的把手、旋钮、按键或移动方向都是为右利手者设计的，甚至上厕所左利手者都会感到不方便。事实上，利手现象反映的只是大脑中高级运动控制中枢所在一侧的表达方式。在右利手者中，约97%的言语加工中枢在左半球，左半球是优势半球。在左利手者中，约68%的人与右利手者一样，他们的言语加工中枢也在左半球。只有约19%的左利手者和3%右利手者使用右脑处理语言。此外，还有约12%的左利手者使用大脑两半球同时进行言语加工。总体来看，有94%的人是使用左半球加工言语的。

如何判断一个人的优势半球在哪一侧？这有一个小窍门，就是看这个人写字时握笔的姿势。如果言语加工的优势半球在左脑，一个右利手者握笔用的是直握方式，而一个左利手者则用钩握方式。反之，当优势半球在右脑时，右利手者一般采用钩握方式，而左利手者采用直握方式。当然这只是一种普遍现象。要想确切知道一个人的大脑优势半球在哪一侧，还需要进行医学检查。

人的心理是否是神秘莫测、非空穴来风？人的心理与人体有无关联？人的心理产生的重要物质基础是什么？可以说整个人体都是心理的物质基础，诸如神经系统、内分泌系统、基因（遗传）等，都影响着人的心理。人的心理的最重要的物质基础是神经系统，特别是其中的人脑（大脑）。

## 一、神经系统

### （一）神经元与突触

#### 1. 神经元

人的神经系统是由无数个神经元构成的。神经元又称神经细胞，是神经系统的最小的结构和功能单位。神经元的大小、形状、类型复杂多样，不尽相同，但其结构是共同的。神经元的基本结构由细胞体、轴突和树突三个部分组成（见图1-3）。细胞体包括细胞核、细胞膜和细胞质；树突是细胞体发出的许多较短的分支；轴突是细胞体发出的一个细长的分支，也叫作神经纤维。轴突末端有许多神经末梢，它和其他神经元、腺体、肌肉发生联系。

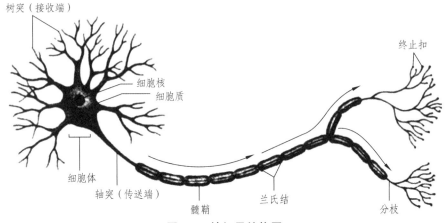

图 1-3　神经元结构图

神经元的基本功能有：兴奋功能，神经元具有接受刺激而进入活动状态的兴奋功能；整合功能，细胞体把各方面传来的兴奋加以整合，使兴奋加强或减弱、抑制；传导功能，细胞体把整合后的兴奋，作为神经冲动通过轴突传给另一个神经元或效应器。

神经元根据不同功能特征，分为三类：感觉神经元（传入神经元），其功能是接受客观刺激并将神经冲动经轴突传到感觉中枢，产生相应的感觉；运动神经元（传出神经元），它将脑和脊髓加工后的信息经运动神经元传到肌肉、关节和腺体等效应器官，产生运动反应；中间神经元（联络神经元），它将来自感觉神经元的神经冲动传递给运动神经元，起到联结传入神经元和传出神经元的作用。人脑被认为由约 1000 亿个神经元组成，每个神经元又能够把信息直接传递给约 1000 个神经元，形成交互联系的网络。

### 2. 突　触

一个神经元不能单独执行神经系统的机能。各种神经元必须互相联系，构成简单或复杂的神经通道才能传递信息。对脊椎动物来说，神经元之间在结构上没有细胞质相连，仅互相接触。突触是上一个神经元的轴突末梢与下一个神经元相接触的部位，它分为突触前膜、突触间隙和突触后膜三部分（见图 1-4）。神经细胞与神经细胞之间依靠突触中的神经介质的化学反应来传递信息。

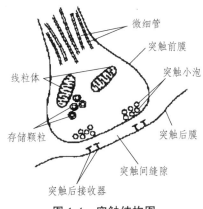

图 1-4　突触结构图

## （二）神经系统

大量神经元通过突触联系在一起，形成神经网络，进而构成复杂的机能系统，即神经系统。人体八大系统在神经系统的控制下互相联系、互相配合，成为一个有机整体。神经系统是人体的"司令部"。以人脑为核心的神经系统是心理的物质基础。人们接受外界信息，加工外界信息，贮存获取的知识，支配行为，形成人的意识经验，都是在神经系统之中特别是在人脑中实现的。由于结构和机能不同，可以把神经系统分为中枢神经系统和外周神经系统两部分（见图 1-5）。

**图 1-5　神经系统结构图**

### 1. 中枢神经系统

中枢神经系统包括脊髓和脑。脑在颅腔内，脊髓在脊柱中。两者通常以椎体交叉的最下端和第一神经节的最上端为界。人脑又分为延脑、脑桥、中脑、间脑、小脑和大脑两半球六个部分。延脑、中脑、脑桥合称为脑干。它们在结构和功能上是不可分割的整体，但各部分又有特定的机能（见图 1-6）。

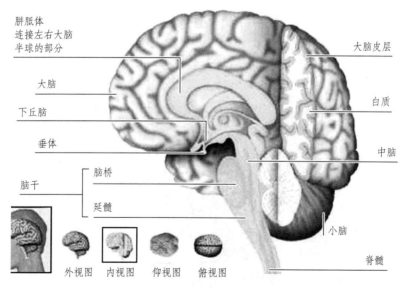

**图 1-6　脑内部结构图**

（1）脊髓。

脊髓是中枢神经系统的低级部位，位于脊髓管内，略呈圆柱形，前后稍扁。它上接延髓，下端止于一根细长的终丝，外连周围神经。31对脊神经是由脊髓两侧发出的，将来自于躯干、四肢的各感觉神经传入的信息，传送至脑进行高级的分析和综合；脑的活动也要通过运动神经传到效应器。脊髓本身也要可以完成许多反射活动，如牵张反射、膀胱和肛门反射等。

（2）脑。

脑是高级中枢。脑分为脑干、间脑、小脑、大脑两半球等部分。

脑干，脑干包括延脑、脑桥和中脑。

延脑下接脊髓，上接脑桥，来自头部皮肤和肌肉的感觉信息与来自听觉、味觉、平衡觉和躯干的感觉信息要传达到脑必须先经过延脑。延脑还有许多对有机体生命十分重要的中枢，如控制肠胃蠕动、呼吸、心跳、血管舒张、唾液分泌、汗腺分泌等。所以，延脑也有"生命中枢"之称。

脑桥介于中脑和延脑之间，有许多传递信息的上行和下行传导神经束。它是维持机体平衡的初级中枢，是联络小脑和大脑上行下行束的桥梁，调节面部肌肉运动（眼、咀嚼肌、表情肌等）和面部感觉（肤觉、味觉、嗅觉、听觉、平衡觉等）。

中脑介于脑桥和间脑之间，后与小脑相连。它也是上行和下行神经信息的主要通道，这里有视听的反射中枢，凡是瞳孔、眼球肌肉、虹膜、睫状肌的调节均受中脑的控制。

网状结构在脑干中央，是由一些散在的神经细胞核团和纵横纤维交织成的神经网络。网状结构有两个对立的调节系统，即激活系统（激活大脑皮层和情绪）和抑制系统（降低大脑活动水平）。

小脑在中脑后面，上接大脑。小脑的主要机能是调节和校正肌肉的紧张度，以便维持姿势和平衡，顺利完成随意运动。小脑受损会导致运动失调。在脑干（中脑）上方大脑两半球的中间，有个鸡蛋形的神经核团，叫作丘脑，它的正下方有一个更小的组织，叫作下丘，它们共同组成间脑。丘脑是皮质下较为高级的感觉中枢，除嗅觉外，所有的感觉信息都要先传递到丘脑进行初步的分析综合，再传递至大脑皮质的各感觉中枢。下丘脑是植物性神经的主要控制中枢，直接和大脑各中枢相联系，又与脑垂体和延髓相联系，其主要功能是控制内分泌系统，维持机体正常的代谢，调节饥饿、渴、性等生理活动，是情绪反应的重要中枢（见图 1-7）。

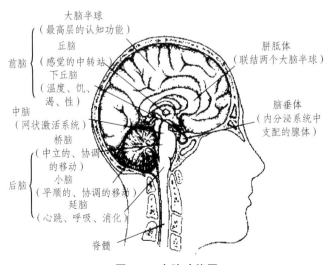

图 1-7　人脑功能图

大脑由对称的左右两个半球组成，中间由胼胝体相连。分隔左右两半球的深沟称为纵裂。大脑半球外侧面，由顶端起与纵裂垂直的沟称为中央沟。在大脑半球外侧面由前下方向后上方斜行的沟称为外侧裂。大脑半球内侧面后部的沟称为顶枕裂。中央沟前为额叶，主管意识和思维。中央沟后方顶枕裂前方、外侧裂上方为顶叶，主管躯体感觉。外侧裂下方为颞叶，主管听觉。顶枕裂后方为枕叶，主管视觉。胼胝体周围为边缘叶。每个叶都包含很多回。中央沟前后有中央前回和中央后回。大脑深部是基底神经节，主要包括尾状核和豆状核，合称为纹状体，其机能主要是通过调节肌肉的张力来协调运动。大脑是脑的高级部位，是人的智力活动的器官，它由表面的灰质和深部的白质组成（见图1-8）。

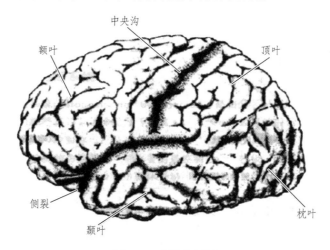

图 1-8 大脑表面图

成人大脑两半球的平均长度为170毫米，宽度为140毫米，高度为125毫米。展平后的面积约为2 200平方厘米，相当于一张报纸大小，其中三分之一在表面，三分之二在皮层深沟裂的侧壁和底壁上。平均厚度为2.5毫米。成人平均脑重为1 400克左右，皮层的重量约占整个脑重的80%（占人体重量的1/50）。大脑表面覆盖着3~4毫米厚的灰质层，叫作大脑皮质，简称皮层。皮层是控制整个机体活动的最高管理者和调节者。皮层表面像核桃仁一样凹凸不平，形成沟回，它由150亿个脑细胞分6层组成，按不同的密度、大小和类型互相交织在一起。灰质下面是白质，白质由脑细胞延伸出来的神经纤维组成，这些纤维上下左右纵横交错，相互联系，组成一个复杂的网络。皮层中额叶部分是动物在进化过程中新发展起来的。人的额叶最为复杂，占皮层表面积的29%。

### 2. 外周神经系统

外周神经系统又叫作周围神经系统，包括躯体神经系统和植物神经系统。

（1）躯体神经。

躯体神经分布于头部、躯干和四肢的骨骼肌之中。骨骼肌受躯体神经支配，而躯体神经又受人的意识控制。躯体神经系统分为脊神经和脑神经。脊神经（共31对）发自脊髓，穿椎间孔外出，延伸到躯体、四肢的肌肉和皮肤之内。脊神经由脊髓前根和后根的神经纤维混合组成。脊髓前根的纤维属于运动性，后根的纤维属于感觉性。因此，混合后的脊神经是运动兼感觉的，参与躯体的感觉和运动反应。

脑神经（共 12 对）由脑部（主要是脑干）发出，绝大部分分布在头部及面部的肌肉、皮肤等处，只有迷走神经传入内脏，调节内脏活动。脑神经传递感觉信息并支配头部各器官的活动。

（2）植物性神经。

植物神经系统是由控制心肌、平滑肌和腺体的运动神经细胞所构成的。由于这个系统不受人的意志支配，也叫作自主神经系统。植物性神经分为交感神经和副交感神经两部分。交感神经从脊髓的全部胸髓和上三节腰髓的灰质侧角发出，起兴奋作用。副交感神经发自中脑、脑桥、延脑及脊髓的骶部，起抑制作用。两者在机能上有拮抗性质。

外周神经系统主要起传递信息和神经冲动的作用。根据它们传递信息的性质、特点不同，又分为传入神经和传出神经。

### （三）大脑功能单侧化

#### 1. 大脑左右两半球功能的不对称性

大脑左右两半球从结构上看似乎是对称的，但功能却是不相同的。正常人的大脑左半球是主管言语和抽象思维的功能系统，叫作言语优势半球；大脑右半球是主管形象知觉、形象思维和调节感情的功能系统，如音乐、美术和创造活动主要在右半球进行，叫作非言语优势半球。

#### 2. 大脑左右两半球的功能要和谐发展

大脑左右两半球中间是由胼胝体联结起来的，在正常的学习活动和生活实践中，大脑左右两半球的活动既有分工又有合作。有的活动侧重于左半球，有的活动侧重于右半球；有的活动则是有节律地、频繁地左右互相转换。这使人能有一个统一的思维和意识，以及完整的精神生命。只有在大脑受损时，才能发现大脑功能的不对称性。

当然，左右两半球在一定条件下会产生代偿现象。教师在教育教学中应全面开发学生大脑，使其智力协调发展。

## 二、反射与反射弧

### （一）反　射

#### 1. 反射的含义

反射是有机体借助于神经系统对内外刺激所做的有规律的应答反应。比如，身后突然传来一声巨响，人们都会扭过头去看看，这就是一种反射。一般的反射活动包括三个环节：开始环节、中间环节和终末环节。如声音传入耳内后，通过听觉神经被传到大脑的听觉中枢，这就是开始环节；听觉中枢对此声音进行判断、分析，产生听觉，并下达让眼睛去看个究竟的命令，这就是中间环节；运动器官接收"命令"，扭头去看，这就是终末环节。反射是有机体适应环境的基本方式。

**2. 反射的种类**

（1）无条件反射。

无条件反射是与生俱来、不学而会的反射。如小孩一生下来就会吃奶，吃酸梅时嘴里会分泌唾液等，这是一种天生的、不学就会的反射，人和动物都有。复杂的无条件反射就叫作本能。食物反射、防御反射和性反射便是人类的最基本的无条件反射。前两种反射保证机体的生存和发展，后一种反射保证机体的种族延续。无条件反射的神经通路是固定且终生存在的。

（2）条件反射。

条件反射是无条件反射与无关刺激多次结合而形成的反射。条件反射是后天获得的经过学习才会的一种反射，是后天学习"经验"、积累"经验"的反射活动，如学生听到上课铃就进教室学习。无条件反射是先天遗传的本能行为，只能适应固定不变的环境条件。条件反射则是后天学习的行为，有机体能够辨别不断变化的外界条件，随条件的变化而做出比较灵活的反应。例如，小狗可以学会辨别主人与陌生人，做出不同反应。小孩学习语言，学生学习知识技能，形成行为习惯都是条件反射。

对条件反射的经典实验研究应是俄国生理学家巴甫洛夫的经典性条件反射实验。巴甫洛夫的实验是用狗作为研究对象。他先给狗做了一个小手术，用一根导管连接狗的唾液腺，观察狗唾液分泌的情况。一般情况下，引起狗唾液分泌的反射是食物，称为无条件刺激物，而铃声或灯光并不能引起狗唾液分泌，铃声或灯光称为无关刺激物。实验步骤是：首先把食物喂到狗嘴里，狗立即分泌大量唾液，这是食物直接刺激引起的无条件反射；然后让狗只听到铃声或只看见灯光，观察到狗在这时并不分泌唾液；接着让无关刺激（铃声或灯光）与无条件刺激（食物等）相继并同时发生作用（铃声或灯光必须稍早一点），狗便分泌唾液。经过多次重复实验后，铃声或灯光不伴随食物而单独出现时，狗也同样分泌唾液。这就标志条件反射已经建立起来了，原来的无关刺激物（铃声或灯光）已经变成了食物信号，因而被称为条件刺激物或信号刺激物。巴甫洛夫认为，条件反射的建立关键在于"强化"，即无条件刺激物与无关刺激物在时间上的多次结合。强化次数越多，条件反射越巩固，如果长期不给予强化，条件反射就会逐渐消退。

巴甫洛夫认为，条件反射形成的神经机制是大脑皮层暂时神经联系的接通的过程，巴甫洛夫曾说过："我们的教育、训练、各种纪律、一切习惯都是一系列的条件反射。"人类心理活动主要是与后天获得的大量条件反射相联系的。条件反射既是生理现象，也是心理现象。条件反射是心理活动的生理基础。

## （二）反射弧

反射活动总是通过神经系统来实现的，实现反射活动的神经通路就是反射弧。反射弧一般由感受器、传入神经、神经中枢、传出神经和效应器等五个部分或五个环节组成。一定刺激作用于相应的感受器，使感受器产生兴奋，兴奋以神经冲动的方式经传入神经传向中枢，通过中枢的分析与综合，又沿传出神经到达效应器，并支配效应器的活动。如手被针刺了一下立即缩了回来，横穿马路的行人看见红灯能立即停下脚步，看见绿灯向前走等，这些都是反射活动。各种反射活动都是通过反射弧来完成的，如果反射弧的任何一个环节中断，反射活动就不能完成。

研究表明，反射活动存在着反馈机制，反射弧的终末环节并不意味着终止。一般情况下，反应的结果和反应动作本身又构成刺激，并引起一定的神经冲动，再沿传入神经返回传导到中枢，这种过程称为"反馈"。"反馈"保证了人的活动的完整性、连续性、准确性，使之更符合客观现实的要求。由于反馈信息的效果有起加强作用的，也有起抑制作用的，所以又有正反馈和负反馈之分。

由于"反馈"的存在，近几年来，不少学者提出应该用反射环或反射圈的图式来代替反射弧的图式。

## 三、大脑皮层神经活动的基本过程和规律

### （一）大脑皮层神经活动的基本过程——兴奋与抑制

巴甫洛夫认为，大脑皮质的基本神经过程是兴奋和抑制。兴奋过程表现为条件反射的建立和出现，即由条件刺激引起机体的积极反应；抑制过程表现为条件反射的抑制，即反应不出现或强度减弱。兴奋过程和抑制过程两者所起的作用相反，但它们又相互依存和相互转化。比如，看电视时视觉和听觉中枢兴奋占优势，而躯体运动中枢则处于相对抑制状态，以保证有机体活动的正常进行。兴奋过程和抑制过程在一定条件下可以相互转化，并按照一定的规律运动变化着。

### （二）大脑皮层神经活动的基本规律

#### 1. 兴奋与抑制过程的扩散和集中

大脑皮层的兴奋和抑制一经产生，都不会停留在原发点上，而是通过突触联系向四周区域扩散，使这些区域也出现同样的神经活动，这就是兴奋或抑制的扩散。当扩散到一定的限度，又逐渐向原来发生的部位聚集，这就是兴奋或抑制的集中。兴奋和抑制过程，总是这样不断地以扩散或集中的方式相互制约而协同活动的。

#### 2. 兴奋和抑制的相互诱导

一种神经过程引起或加强另一种神经过程，称为神经过程的相互诱导。诱导有两种形式，由抑制过程引起兴奋过程的增强叫作正诱导，比如小孩临睡前的哭闹是正诱导现象；由兴奋过程引起抑制过程的增强叫作负诱导，比如"废寝忘食""乐以忘忧""视而不见，听而不闻"等是负诱导现象。

兴奋过程、抑制过程的扩散和集中与相互诱导在神经活动中是对立的、交替进行的，它们相互依存、相互制约，使大脑皮层的机能得以协调和统一，保证了有机体对外界事物与现象的正确反映。

## 四、两种信号系统

人和动物的脑都能形成条件反射，但动物只能使物体、声音、光线、气味等具体事物或事物的具体属性成为刺激物的信号，而人则逐渐使语言成为刺激物的信号。这种用以成为刺激物信号的具体事物称为第一信号，由第一信号形成的条件反射系统叫作第一信号系统；而用以成为刺激物的抽象符号称为第二信号，由第二信号形成的条件反射系统叫作第二信号系统。例如，望（看见）梅止渴是属于第一信号系统的活动，而"谈梅生津"就属于第二信号系统的活动。

动物只有第一信号系统，第二信号系统是人才有的。人可以通过语言、词来形成、强化、减弱或消退条件反射。我们上课讲授科学知识或阅读学习的过程，从大脑皮层机制来说，就是第二信号系统的活动。语言、词作为条件刺激物形成条件反射较快，往往一次即可。教师可以通过语言（表扬或批评）来调节学生的行为。

第二信号的语词具有概括性和社会性，人们凭借它可以交流思想，深刻认识事物的社会意义，还可以通过它调节自己的心理和行为，因此第二信号的活动有着重要的意义。但对于掌握了语言的人，两种信号系统总是密不可分、协同活动的。第一信号系统的活动是第二信号系统形成的基础，而第二信号系统又对第一信号系统起支配和调节作用。

# 第四节 心理的本质

**案例展示**

### 狼孩卡马拉

1920 年 10 月，一位印度传教士辛格在印度加尔各答的丛林中发现两个由狼哺育长大的女孩。大的女孩约 8 岁，小的 1 岁半左右。据推测，她们可能是在半岁左右时被母狼带到洞里去的。辛格给她们起了名字，大的叫卡玛拉（Kamala）、小的叫阿玛拉（Amala）。当她们被领进孤儿院时，一切生活习惯都同野兽一样，不会用双脚站立，只能用四肢走路。她们害怕日光，在太阳下，眼睛只开一条窄缝，而且不断地眨眼。她们习惯在黑夜里看东西。她们经常白天睡觉，一到晚上则活泼起来。每晚 10 点、1 点和 3 点循例发出非人非兽的尖锐怪声。她们完全不懂语言，也发不出人类的音节。两人经常动物似地蜷伏在一起，不愿与他人接近。她们不会用手拿东西，吃起东西来狼吞虎咽，喝水也和狼一样用舌头舔。吃东西时，如果有人或有动物走近，便呜呜作声吓唬对方。在太阳下晒得热时，即张着嘴，伸出舌头来，和狗一样地喘气。她们不肯洗澡，也不肯穿衣服，并随地便溺。

她们被领进孤儿院后，辛格夫妇异常爱护她们，耐心抚养和教育她们。总的说来，小的阿玛拉的发展比大的卡玛拉的发展快些。进了孤儿院两个月后，当她渴时，她开始会说"水"，并且较早对别的孩子的活动表现出兴趣。遗憾的是，阿玛拉进院不到一年，便死了。卡玛拉用了 25 个月才开始说第一个词"ma", 4 年后一共只学会了 6 个字, 7 年后增加到 45 个字, 并曾说出用 3 个字组成的句子。进院后 16 个多月, 卡玛拉才会用膝盖走路, 两年 8 个月才会用两脚站起来, 5 年多才会用两脚走路, 但快跑时又会用四肢爬行。卡玛拉一直活到 17 岁。但直到去世, 她都没真正学会说话, 智力只相当于三四岁的孩子。

狼孩故事被人们作为例证来解释先天与后天的关系, 来说明和强调人类社会环境对婴幼儿智力发生、身心发展所起的决定性作用。人的心理是怎么产生的, 受什么因素制约? 人的心理实质又是什么?

所谓心理实质, 就是指心理在本质上到底是一种什么样的东西, 它是在什么样的情况之下产生的。只有弄清了这个问题, 掌握了人的心理规律, 才能发展心理学, 充分发挥人的心理在实践中的作用, 并调节人的实践活动。但长期以来对其理论存在着模糊的概念, 严重地影响了心理学的发展, 因此进一步探讨和论证人的心理实质问题是十分必要的。

# 一、历史上不同的心理观

心理学是从哲学中分离出来的一门独立的科学, 心理学的许多重大问题都受哲学思想的影响。在心理学史上, 哲学和心理学的先驱者们有以下一些主要的观点。

## (一) 唯心主义的心理观

唯心主义心理观认为, 客观世界是心理的产物, 心理、精神是第一性的, 物质是第二性的。

### 1. 灵魂说

在远古时代, 由于知识水平的限制, 人们对人的感觉、思维、意识等心理现象不能科学地加以解释, 从而把它们归之为不可捉摸的灵魂作用, 认为人和整个世界都是由一种无形的、超自然的和永存的精神力量所主宰。人出生时灵魂就来到人的身体里, 清醒时控制着人体的活动, 睡眠时它可以暂时走出人体, 人死时灵魂便永远离开人体。例如, 柏拉图 (Plato, 公元前 427—347) 认为万物是由"理念"派生出来的, 人的灵魂也同样来自理念。人活着, 它支配人的活动; 人死后, 灵魂还会回到理念世界。所以, 人们的灵魂是永存的。灵魂被看成是一种超自然的精神实体, 可以永存不朽, 也可以轮回转世。可以说, 这是一种与事实不符的荒谬的认识。

### 2. 精神决定论

唯心主义哲学断言精神是第一性的, 精神先于物质而存在, 从而把精神归结为宇宙万物的本源。精神决定论认为精神决定客观世界, 从而颠倒了心理现象同客观事物的关系, 夸大了心理、精神现象的作用。例如, 明代思想家王阳明说"天下无心外之物"。照此说法, 世界上除了心理活动之外, 就不存在其他事物了。英国主教贝克莱 (G. Berkeley, 1685—1753) 主张"存在就是被感知", 即所有没有被人们感知的东西是不存在的, 只有被人们感知到的东西才是存在的。按照这种哲学思想，心理现象就成为一种无源之水、神秘莫测的东西了，这种观点显然也是错误的。

### 3. 心体平行论

心体平行论的观点认为，世界上存在着两种独立的实体，即物质与精神，二者之间的关系不是互相依存，而是相互平行。心理不是脑的功能，也不是脑的产物，而是独立于脑活动之外的东西。这实际上是一种二元论的心理观，持这种观点的代表人物是17世纪法国的哲学家笛卡儿（R. Descartes）。他认为人的身体就是一部机器，其构造和作用可以用机械的原理加以解释，从而他提出了"反射"的概念，而把感觉、思维等心理现象归之为灵魂活动。他认为身心可以互相影响，身心交感之处在脑内的松果体。在对世界的认识上，他认为世界有两个本原，一个是具有广延性的、有体积、占有空间的物质，另一个是不占空间的心灵。人兼有两种实体：由肉体构成的物质实体和由心灵构成的精神实体。二者互不依存，各自独立存在。二元论者认为心理现象不是物质——人脑的产物，而是独立于物质——人脑之外的精神实体，其本质还是唯心主义的。这种观点在国外心理学界曾一度流行，但最终还是被科学心理学所摒弃。

## （二）机械唯物主义的心理观

在思维与存在、物质与精神的关系问题上，自古即存在着朴素的自然观，如认为灵魂是一种气体，有一定的存在形式，占有一定的空间等，以后逐渐形成了与唯心主义相对立的唯物主义哲学观。

### 1. 古代朴素的唯物主义心理观

古代唯物主义思想家们也不怀疑"灵魂"的存在，但认为它是某种可以捉摸的、物质的东西。我国古代唯物主义者认为，心理活动是人身体的一种机能。荀子曰："形具而神生，好恶喜怒哀乐藏焉。"心理现象同物质现象具有直接的依存关系。范缜说："形存则神存，形谢则神灭。"戴震说："味与声色，在物不在我，接于我之血气，能辨之而悦之。"东汉的王充主张"形死神（精神）灭"的唯物主义思想。

在西方，古希腊哲学家德谟克里特（Democritos，约公元前460—370）指出，世界万物是原子构成的，灵魂也是原子构成的，世界是一团永恒燃烧的活火，灵魂的本质也是火，灵魂是由微小的、圆的、光滑的、像最轻的火原子那样的原子构成的。亚里士多德（Aristotle，公元前384—322）认为，灵魂依附于肉体，肉体的活动产生了灵魂。

由于科学发展的水平所限，中外古代朴素的唯物主义心理观不能完全正确地阐明心理现象。

### 2. 西方近代机械唯物主义的心理观

文艺复兴时期，自然科学和唯物主义哲学有了很大的发展。17世纪英国的经验论者和18世纪法国的唯物主义者认为，心理现象是神经组织活动的产物，是客观事物与人相互作用的结果。如英国唯物主义哲学家霍布斯（T. Hobbes，1588—1679）摒弃了对灵魂实体的唯心主义思辨，把心理同身体和脑视为不可分割的东西，主张一切心理现象都是物质运动的结果，认为一切知识开始于感觉，认识首先是由外界物体的运动作用于人的感官，引起感官的相应运动，并通过神经运动传到脑，引起脑的运动，从而就产生了感觉。

洛克是经验论心理学思想的代表，他批判了"天赋观念说"，认为人的全部观念都是通过感官产生，"归根到底都是源于经验的"。他提出了人的心灵好比一块白板，凭借外部和内部经验在白板上留下痕迹，就是知觉、思维、信仰、认识、意欲以及人的一切作用。

不得不说，上述几位心理学家都是机械论者，缺乏正确的发展的观点。他们把人和机器等同看待，认为人的心理活动如同机器的功能一样。法国哲学家、思想家狄德罗（Denis Diderot，1713—1784）曾把人比作有感觉的乐器。他认为，我们的感官就是键盘，我们周围的自然界弹它，它自己也常常弹自己。机械唯物主义心理观的代表、法国唯物主义者拉美特利（La Mettrie，1709—1751）说，人不过是一架巨大的、极其精细的钟表。还有一些旧唯物主义者虽然认为脑是心理的器官，但却错误地认为脑髓分泌思想就像肝脏分泌胆汁一样。这种观点混淆了心理现象同物质现象的界限，因而也不能科学地解释人的心理。

因此，无论是中外古代朴素的唯物主义，还是西方近代机械的唯物主义，由于缺乏发展的、辩证的观点，不理解人的社会实践的意义，因此都不能正确解释人的心理现象。只是随着自然科学的发展和马克思主义出现，辩证唯物主义才对心理现象做出了正确的解释。

## 二、辩证唯物主义的心理观——科学心理观

辩证唯物主义认为，物质是第一性的，意识是第二性的。从心理产生的物质基础上看，心理是脑的机能；从心理反映的内容上看，心理是人脑对客观现实的主观反映。近几十年来，心理学在辩证唯物主义和历史唯物主义思想指导下，吸取各种科学研究的成果，对人的心理的实质有了比较正确的认识。人的心理，既不能脱离人脑这个自然基础，也不能脱离客观现实这个社会基础，否则，人的心理既不能产生也不能发展。

### （一）心理是物质世界的一种反映

反映是物质之间相互作用、留下痕迹的过程，是物质的普遍属性。世界是物质的，物质是永恒变化和发展的，总是由低级向高级发展。在人类出现以前，物质世界早已存在。最开始是无机界，没有生命的无机物其反映形式是机械的、物理的、化学的。由无机物发展到有生命的物质，出现了新的反映形式——感应性。感应性是生命物质对其有生物学意义的刺激所做出的一种应答，如同植物的向光性和向水性。

随着有机物与外界环境之间关系的复杂变化和刺激的不断增加，更高级的生物反映形式——动物心理出现了。从某种意义上来说，动物对信号刺激的应答都是属于心理这一反映形式，从低等动物到高等动物直到人类，只是心理水平有差异，一般可分为以下几个发展阶段。

#### 1. 感觉阶段

这是心理发展的最低级阶段。它的最基本特点是动物能够对信号刺激物的个别属性作出

反映。也就是说，属于这一阶段的低等动物，由于其神经组织尚不发达，一般只具有网状结构的神经系统和结状结构的最简单的中枢神经系统，因此不能对信号刺激物的整体做出应答，只能对个别属性做出反映。比如，蜘蛛织网捕食，它并不能对粘在网上的小昆虫有整体辨别，只能对个别属性——振动产生捕食行为，以至于当振动着的音叉接触蜘蛛网，引起该网振动时，才会引发蜘蛛的捕食行为。

### 2. 知觉阶段

这是比感觉更高一级的心理发展阶段。它的基本特点是动物能够将信号刺激物的各种属性综合起来以整体形式进行反映。这类动物一般是脊椎动物，神经系统比较发达，出现了能真正成为有机体一切活动最高调节者和指挥者的脑。有的动物的大脑已经发展成为两半球，出现了大脑皮层。因此，这类动物能够对刺激物做整体而较精细的反映。比如，鸽子有较强的空间知觉和运动知觉能力，能控制和调节运动方向；蛇在捕食时会根据不同的对象采取不同的行为方式：在猎取抵抗能力较弱的小动物时，采取不慌不忙稳步迫近的方式，而猎取较强大的动物时，则采取突然袭击猛捕对象的方式；鱼能够同时依靠味觉、视觉、嗅觉等感受器来反映刺激等。

### 3. 思维萌芽阶段

这是心理发展的较高级阶段。它的基本特点是动物能通过已知的事物之间的具体关系去解决问题，具有初步的思维活动的能力。比如，类人猿的神经系统已达到相当发达的程度，尤其是它的大脑，从外形到细微结构乃至机制，都已接近人脑，其中大猩猩的脑重量为350～450克，几乎是正常人脑的1/3。比如在一项有关黑猩猩的实验中，发现黑猩猩有许多"聪明智慧"。研究人员在一间空房间的天花板上吊着一串香蕉，房间角落里放着两只空箱子，然后放一只黑猩猩进入空房间。黑猩猩想吃香蕉，但跳了几回都没有成功。它"沉思"了片刻，搬来一只空箱子放在香蕉下方，它爬上箱子，却还是够不着香蕉。它又搬来一只箱子，放在第一只上面，然后再爬上去拿香蕉，这一回它成功了。黑猩猩能通过思维解决问题，这是其他动物所不及的。海豚经过训练，可以跳高、直立、海里救人、导航，这说明它已经具有具体思维的能力了。

### 4. 人的意识的产生

这是心理反映的最高阶段，只有当动物进化到人类之后才能出现。它的基本特点是人能主观能动地反映客观世界。这与人的实践活动和高度发达的人脑有着直接的关系。人在劳动实践中产生了高级的人脑，产生了言语器官，在心理功能上就产生了言语能力和抽象思维能力，形成了人所特有的高级的心理与意识。

总之，心理这种反映形式是以神经系统的产生和演化为主要基础，从最低等的动物到最高等的猿猴直到人类，机体结构和神经系统逐步完善，心理水平也不断提高，随着动物演进阶梯的上升，依次表现为感受性、知觉、具体思维和意识。心理是一种反映，而人的心理（即意识）是物质世界中最高级的反映形式。

## （二）客观现实是人心理产生的源泉

所谓客观现实，是指存在于主体意识以外的一切事物。它包括自然环境、社会环境、教育影响，以及除了反映主体以外的其他人的语言和行动。

### 1. 离开客观现实，人的心理就无从产生

自然环境对人的心理的影响是不能低估的，可是对人的心理反映起主导作用的客观现实还是社会环境。人和动物不同，人不是生活在纯自然的环境中，而是生活在一定的社会环境中。社会包括政治、经济、法律、伦理道德、文化、社会规范，以及各种社会关系等，社会环境对人的影响是广泛的，也是最主要的。可以说，人的一生，从胎儿开始，其生活的经历就已经纳入了社会化过程。在历史上曾有过一些脱离人类社会，在荒山野岭生活、长大的人，尽管他们也有大脑，但由于长时间生活在自然环境中，他们没有形成人的正常心理活动。"狼孩"卡玛拉就是典型的一例，正是由于她脱离了人类的生活现实，才有嘴却不会说话，有脑却不会思考。由此可见，客观现实中社会环境是人心理产生的主要源泉，对人心理的发展起着决定性的作用。

### 2. 人的心理活动的一切内容都能在客观现实中找到依据

心理是脑的机能，并不是说脑本身就可以产生心理。如果没有客观现实的作用，就没有对客观世界的反映，也就没有人的心理。一切心理现象，无论是简单的感觉、知觉、表象或是复杂的思维、观念与意识，都是以客观现实中的事物为源泉的。比如，关于火车的感知和表象，总是因为现实中存在着或存在过火车，才会在头脑中产生火车的映象。对"投资""交易"的认识和见解，是因为现实中存在投资、交易的活动。艺术家创作的典型人物、典型形象，包括神话寓言故事、科学幻想小说等，虽然是现实世界中不存在的东西，但是创作的素材也是来源于客观现实，如果现实中不存在猪和人，吴承恩就创作不出猪八戒的形象；现实中不存在人和月亮，作家就想象不出嫦娥奔月的故事。这些艺术作品也是对客观现实的反映。

没有被反映的客观事物，就不会有相应的映象，没有被反映者，就没有反映。人的知识经验、思想意识等心理内容，归根结底都是来源于客观现实。

可以说，我们的一切心理活动都是大脑对客观现实的一种反映。心理之花正是因为有了客观现实这一营养源，才会常开不败。

## （三）人的心理是对客观现实的主观映象和能动的反映

### 1. 心理是人脑的主观映象

人对客观现实的反映过程，就是在人脑中形成被反映事物的映象过程。但人脑中形成的事物映象与他所反映的事物本身，二者性质是不同的。事物的映象只是以观念的形式存在于人脑中；而被反映的客观事物则是独立存在于现实中的实在的客体。比如，客观现实中存在一个杯子，反映在人脑中就出现了这个杯子的映象。前者是现实中实在的客体，看得见、摸得着，可以用来喝水，而在头脑中出现的那个杯子的"映象"，则是观念性的东西，属于个体

的主观映象，别人看不见、摸不着，也不能用来喝水。人的心理活动不仅依附于人脑这个器官、决定于人的社会生活环境，同时也依存于作为反映主体的个人主观状况。人对现实的反映总是通过个体的主观世界的折射而实现的。这是因为客观事物不断在人脑中形成各种映象之后，又会留下痕迹，痕迹的不断积累，则构成人们绚丽多彩的主观世界。因此，人们对当前事物的反映就不会完全像镜子照物那样机械、呆板，必然要受到个人的知识经验、个性倾向和特征，以及个人当前心理状态等各种因素的影响，总会带有个人一定的主体特点。比如，对于"夕阳"的反映，唐代诗人李商隐的诗句"夕阳无限好，只是近黄昏"，表现出来的是一种惆怅、伤感的情调；而革命家叶剑英却写出"老夫喜作黄昏颂，满目青山夕阳照"的佳句，表现出老当益壮的革命乐观主义精神。对同一老师讲课，不同学生的学习态度、理解的深浅可能是不同的，同一教师提出的要求，不同学生在接受程度上、执行程度上也会有所不同。对同一事件，一个人在不同时期也会有不同的看法。可见，人的心理具有主观性，是客观现实的主观映象。

### 2. 心理是对客观现实的能动的反映

人在作用于客观世界的过程中，不是消极被动的，而是积极主动的。在这一过程中，人们不仅丰富着自己的主观世界，也不断认识着客观世界，改变着客观世界，创造着客观世界，具有明显的能动性。心理的能动性主要表现在以下几个方面。

第一，作为主体的个人，在反映客观事物的时候，不仅对反映的对象，而且对自身进行反映的过程和结果都能清楚地意识到。这就使人们能够对自身的心理过程和个性心理进行有效的审视，以便更准确地反映客观事物和更好地适应社会的要求。

第二，个人已有的主观世界，影响和制约着他对当前事物的反映，这种客观性使不同的人对同一事物有不同的反映。

第三，人的心理支配、指导和调节着人的行为，能动地反作用于客观现实，使人们能做到有目的、有计划地改造自然、改造社会。

人在认识世界、改造世界的活动中表现出了心理的能动性，这正是人的心理与动物心理的本质区别。

## （四）人的心理是在实践活动中发生和发展的

### 1. 实践活动是人的心理产生的基础

人的心理，是人脑和客观现实相互作用的结果，这种相互作用是通过实践活动来实现的。所谓实践活动，就是指那些客观的、实际的活动。构成实践活动的最小单元是身体四肢的肌肉动作，再由多个动作结合起来完成一定职能就成为实践活动。它不仅包括生产劳动、经济活动、政治活动、科学研究、文艺创作等社会实践，而且包括人们所有的生活实践，甚至像吃、喝等这样简单的生活实践。

人在实践活动中接触到各式各样的客观事物，使客观事物不断地作用于人脑，使人产生各种各样的心理活动。劳动实践使类人猿变成了人，使猿脑变成能够思维、言语的人脑，使动物的心理变成了人的心理。劳动实践是产生人的心理的客观基础。

### 2. 人的心理随着社会实践的发展而逐步发展

个体的心理，随着实践活动领域的不断扩大而不断发展。例如，婴儿出生后几天，大部分时间处于睡眠状态，这是由于新生儿大脑皮质不能适应外界刺激物的强度。婴儿最初的条件反射是由母亲喂奶的姿势所引起的食物性条件反射，在这种条件反射形成以后，每当母亲把他抱在怀里的时候，他就积极地去探寻乳头，于是母亲高兴地说：小东西"知道"吃奶了。尽管最初的这种反射是很低级的，适应性还是很差的，但这是一个新的事物，它标志着儿童心理的发生，标志着作为个体的人的心理的最原始的形态出现。通过遗传所获得的只是躯体构造、形态、神经系统，特别是大脑和感觉器官等生理方面的功能，在此基础上，在生活、学习、亲身体验等实践活动中，心理得到发展，个性心理也得以形成和发展。

实践活动是一个多层次、多领域的发展过程。个体接触的事物越来越多，对事物的认识由浅到深，不断了解事物的本质，掌握事物的规律，并产生一定的态度和志向，形成一定的个性，从而使心理不断发展，即反映的范围不断扩大，心理内容不断丰富，心理结构不断完善，心理素质不断提高。缺乏社会实践的人，心理的产生与发展具有极大的局限性；敢于、勤于、善于实践的人，心理发展才能达到出众的水平。比如，染色专家可区分 40~60 种深浅程度不同的黑色，而我们一般人只能分辨 2~3 种黑色；训练有素的调音师可以在钢琴的两个相邻的键之间，辨别出 20~30 个高低不同的音来，一般人就没有这种能力。实践出真知，实践长才干，人才的成长，最终要在社会的实践中才能实现。

人的心理对客观事物的反映是否正确，必须通过实践活动来加以检验。人的错觉可以通过实践得到纠正，人的错误思想可以通过实践得到改正，人的正确认识可以通过实践得到发展。

由此可见，人的心理是在实践活动的基础上，人脑对客观现实的能动的反映。实践活动是在心理调节、支配下实现的，心理活动是人作用于世界和改变现实的指针，它使人在客观现实中确定方向，从而有可能去改造作用于人的环境条件。没有心理活动，就不可能有自觉的、有目的的活动。

科学的心理观概括起来就是，人脑对客观现实主观能动的反映。心理是脑的机能，人的心理是客观现实在人脑中的主观映象。人所特有的心理的最完善的形式，叫作意识。人的心理、意识是在劳动和相互交往中，在社会历史条件下形成的。所以人的心理、意识，从反映的生理机制来说，是由人脑实现的；从反映的内容来说，是社会的产物。人的感觉、记忆、思维、情感和意志等，都是人脑这个高度发展的特殊物质对客观世界的能动的反映。总之，客观世界是人的心理的源泉，脑是人的心理的器官。

# 第五节　学习、研究心理学的意义、原则和方法

**案例展示**

**"权威性谎言"下的幸运儿**

1968 年，心理学家罗森塔尔在美国的一所小学，从一至六年级各选 3 个班，对这 18 个班

的学生做一番"煞有介事"的预测未来发展的测验。然后以赞赏的口吻，将"最佳发展前途者"名单交给校长和有关老师，并一再叮嘱"千万保密"，否则会影响实验的正确性。8个月后进行复试，奇迹出现了，名单上的学生，个个成绩进步快，性格活泼开朗，求知欲旺盛，与老师感情特别深厚。为什么呢？

心理学家通过"权威性谎言"暗示老师，坚定了老师对名单上的学生的信心，激发了老师独特的感情，老师难以掩饰的感情通过眼神、笑容滋润着这些学生的心田，使这些学生更加自尊、自爱、自信、自强。一股幸福、欢乐、奋发的激流在孩子们的心中荡漾。这种由于老师的期待和热爱而产生的影响，叫作"罗森塔尔效应"。

"罗森塔尔效应"是一种什么效应？该案例同时说明在心理学研究中应注意些什么？"罗森塔尔效应"在教育中影响很大，并且改变了许多人对教师素养和教师作用的看法。可以说，这是心理学应用于教育教学的经典案例，人们从中看到了心理学对教育教学的重要意义。这个案例同时也告诉我们，研究心理现象要讲究原则和方法。

学习、研究心理学的意义在于，探讨心理活动的规律，以期实现对心理的准确预测和有效控制。作为未来教师的师范生有必要学好心理学，以便能在未来教师生涯中关注教育过程和学生成长过程中的心理现象，采用正确的原则和科学的方法研究教育教学和学生心理问题。

## 一、学习心理学的意义

### （一）具备未来教书育人工作的素养

教师是人类灵魂（心理）的塑造者。为培养人才，教师就必须了解人的素质和心理变化的规律和特点，这样才能遵循学生心理发展的规律，利用有效的方法和手段对他们进行教育；否则，教师规划的一切蓝图都不能实现。教师不掌握心理学的知识，教育教学工作就会处于被动。只有遵循人的心理变化发展的规律，才能主动地从事教育活动，取得较好的教育教学成绩。著名教育家苏霍姆林斯基说过："教育首先是人学。不了解孩子，不了解孩子的智力发展、思维、兴趣、爱好、能力、禀赋、习气，就没有教育。"学习心理学可以使师范生具备教书育人的素养，为今后的教师生涯奠定基础。

### （二）提高未来教育、教学工作的质量

教育、教学工作质量的提高一直是教师努力追求的。心理学所揭示的心理过程及个性心理有关规律等知识，为教育教学内容的确定、教学方法的选择运用提供了心理规律的依据。比如，掌握了学生的注意规律，就可以针对不同年龄阶段的学生选择不同的方法去引起他们的注意，尽量避免干扰因素的出现，以提高教学效率；掌握了学生的个性心理规律，就可以针对不同学生的个性差异培养学生良好的个性品质，做好后进生的转化工作等。总之，要增强教育、教学工作的艺术性和科学性是离不开心理学的。

### （三）做好未来思想教育工作

教师的基本职责是教书育人，对学生进行思想教育是教师义不容辞的责任。教师要做好学生的思想工作，就需要了解学生个性的结构及其形成规律、影响因素，了解学生品德形成的规律，了解学生心理咨询与辅导的知识和正确的操作方法等，这样才能提高思想教育工作的实效性，培养学生成为德、智、体、美、劳全面发展的人才。

### （四）搞好未来的教学改革和教育科研工作

教师在做好教书育人工作的同时，还要在学习现代教学改革理论的基础上，结合自身的教育教学实践经验，不断总结、探索、研究、改革，以提高自身的教育科研能力。心理学对教育教学改革和进行教育科研都有十分重要的指导作用。比如，苏联教育家赞可夫的"教学与发展"的实验改革中吸收了心理学家维果斯基关于"最近发展区"的理论，美国教育家布鲁纳结构主义教学理论受到了瑞士心理学家皮亚杰关于儿童认知结构理论的影响。可见，心理学知识的学习，能为师范生未来的教育教学改革提供理论依据，增强今后开展教育科研的能力，使教师向教育家的方向发展。

### （五）更好地认识自我、完善自我、超越自我

没有学过心理学的人是不可能真正认识自我的。只有认识自我的人，才能把握自己的命运，有效地开发自己的潜能，从而实现自我。心理学就是帮助人们认识自我，加强自我修养，不断进行自我塑造，达到完善自我、超越自我境界的最有效的学科之一。

总的来说，随着心理学的发展，教师要逐渐改变不科学的、凭主观愿望工作的方法，按照科学的、心理学的规律去培养学生，这样才能达到事半功倍的效果。同时，教师的教育、教学工作的改革和教书育人能力的提高，也都与心理科学知识的学习与掌握直接相关。

## 二、心理学研究的基本原则

辩证唯物主义和历史唯物主义是科学心理学的指导思想和理论基础，因此，在学习和研究心理学时应遵循以下基本研究原则。

### （一）客观性原则

这是学习和研究心理学应遵循的基本原则。客观性原则就是按照事物的本来面目如实地反映。科学与虚假是不相容的，"唯物主义的自然观不过是对自然界本来面目的朴素的了解，不附加任何外来的成分"。坚持客观性原则，就是要在研究中保持实事求是的态度，寻找人的心理活动的规律。人的心理现象是复杂的，但也是客观存在的，只有实事求是地考察，才能真正认识其他规律。

坚持客观性原则，在研究中要尊重事实，客观地分析事实，切忌主观臆断和随意猜测，不管运用哪种方法进行研究，都要保证其可靠性和有效性。

### （二）发展性原则

发展性原则要求我们把心理现象看作是一个不断发展变化的过程，用发展变化的观点去认识人的心理活动。由于人脑所反映的客观世界是不断发展变化的，人的心理现象和人的生理现象一样也有一个发展变化的过程，因此，我们在研究中必须坚持发展的观点，把人的心理现象放到动态的过程中去反映，才能寻找其发展变化的规律。

确立了发展的观点，我们就可以了解现在，预测未来，创造条件，促进人们良好心理品质的形成。这一认识，在教育、管理等各实践领域中具有十分重要的意义。

### （三）系统性原则

系统性原则要求我们把人的心理现象当作一个整体或系统来考察，并用相互联系的观点去分析和认识它们。人的心理现象是复杂的，这些现象有着相互联系、相互制约的不同层次和侧面，但各层次和侧面又是一个不可分裂的整体和系统结构。如感知和思维就是心理发展的不同层次和阶段，二者相互影响。

人脑在产生心理现象的过程中与机体内部和外部世界是统一和有机联系的，所以我们必须用系统、整体、联系的观点去研究、认识人的心理。

### （四）教育性原则

教育性原则要求从有利于提高教育、教学质量，有利于提高学生身心健康的角度来设计和实施研究，不做有损学生身心健康发展的事。

遵循教育性原则，可以使心理学研究与教书育人的任务密切联系起来，更好地促进学生的成长。

## 三、心理学研究的基本方法

### （一）心理学研究的一般方法论

方法论是研究科学方法的意义、原则和科学工作的态度等问题的理论。方法论与世界观有密切关系。马克思主义的辩证唯物主义论和历史唯物主义论，既是关于自然界和社会的最科学的世界观，又是指导我们从事一切科学研究的方法论基础。

#### 1. 心理学研究方法的客观性

科学方法具有重要作用，整个自然科学和心理学的发展历史都证明：人类对自然奥秘的认识是随着方法的进步而变得越来越深刻的。心理学是一门科学，和其他科学一样，应该采取客观的研究方法。

在 19 世纪以前，当心理学还处在哲学襁褓中时，哲学家和心理学家大多采用思辨的方法研究心理学问题。直到 19 世纪，人们才开始用客观方法来研究心理现象。如冯特采用实验方法研究心理学，艾宾浩斯用实验方法研究记忆问题等。近半个世纪以来，脑科学、计算机科学等自然科学的发展，为心理学研究提供了有关的科学成果和研究方法，极大地推动了心理学的发展。但科学心理学并不否定自我观察法或口语报告法，这种方法与其他客观方法配合，可以提供某些可用的资料，但必须排除唯心主义的理解。

### 2. 科学的态度

科学的态度，就是实事求是、尊重客观现实的态度，这对于心理学研究尤为重要。科学态度的大敌是主观臆断。

### 3. 我国心理学研究的方法论

我国心理学家黄希庭等学者提出，心理学研究的方法一般可分为收集资料、获得数据、分析资料、处理数据以及作为指导原则的科学方法论。在此，心理学研究的方法包括三级方法学。一级方法学由资料收集和心理度量法组成。资料收集，包括个案研究法、观察法、调查法、测验法、实验法；心理度量法包括量表制作法、计量测定法。二级方法学由统计法和逻辑思维法组成。统计法包括描述统计法、推理统计法；逻辑思维法包括分析和综合法，比较、归类和类比法，推理法（归纳法和演绎法，内插法和外推法）。三级方法学是心理学研究的指导思想。马克思主义的许多基本原理对心理学的研究工作都具有方法论上的指导意义。科学的心理学研究必须遵循下列方法论的原则：决定论原则、能动反映原则、实践论原则、系统论原则、发展论原则、个性论原则等。这种观点对我们研究心理学是很有帮助的。

## （二）心理学研究的主要方法

### 1. 观察法

观察法是在日常工作、学习、生活等自然条件下，有目的、有计划地通过被观察者的外部表现和行为，了解其心理现象的产生和发展规律的方法。

观察法一般在对所研究的对象无法加以控制的情况下采用；或在控制条件下可能影响研究对象某种行为的出现，或由于社会道德要求不能对某种现象进行控制。

观察法分为自然观察法（即在自然情景中进行直接观察）和控制观察法（即在一些设置的情景中进行的观察）。

观察法的优点在于，自然条件下观察，容易保持被观察者心理表现的自然性，比较自然、真实、可靠。这种方法也有不足之处：观察者只能被动地等待某种心理现象的出现，进展过程缓慢，同时不易做定量分析，难以重复进行，具有一定的偶然性、片面性和不确定性。

观察法的成功在很大程度上取决于观察的目的与任务、观察的记录手段以及观察者的毅力和态度。所以，进行观察要事先明确观察的目的，观察要有选择性、针对性、全面性和深入性，并制订观察计划，做好必要的知识准备和物质准备。观察过程中要做详细的观察记录，积累观察资料（包括照片、录音、录像等）。观察结束后，要对观察的材料和事实进行分析、概括，得出科学结论。

### 2. 实验法

实验法是人为地控制和创造条件，主动引起或改变被试的某种心理状态，进行有目的、有计划的科学研究的方法，分为实验室实验法和自然实验法。

实验室实验法，是在实验室中借助各种仪器设备，对心理活动进行研究的方法。心理学的研究，绝大多数是在实验室里进行的。随着科技的发展，实验手段也不断地现代化。其长处在于，通过实验可能获得较精确的研究结果，有助于发现事件的因果关系和对实验结果进行反复验证。不足之处是实验情景带有很大的人为性，被试处于这样的情景中，又意识到自己正在接受实验，就有可能降低实验结果的客观性，并影响将实验结果应用于日常活动中。

自然实验法是在日常活动中，由实验者创设或改变某种条件，以引起被试某些心理活动并对其进行研究的方法。其长处在于，减少人为性，提高实验真实性和被试的主动性，所以在心理学研究中被广泛应用；不足之处是容易受到各种无关变量的干扰而影响研究结果的有效性。

### 3. 测验法

测验法采用制定的量表，以测定能力、心理特征及个别差异的研究方法。测验的种类有智力测验、能力测验、创造性思维测验、人格测验、兴趣测验等。测验法的长处是能数量化地反映人的心理发展水平和特点，使研究更趋于精确、科学，而且能为因材施教、人才选拔、职业指导、心理诊断和咨询提供客观资料；但不足之处是测验法的有效性很大程度上取决于测验量表的可靠性，测验量表编制不好和主持者未经过专业训练，都会影响测验的结果。

### 4. 调查法

调查法是以提出问题的形式收集被试的各种有关材料，进行分析、比较，以了解心理活动的方法。调查法可分为访谈法、问卷法、作品分析法等。

访谈法是以口头交谈的形式收集资料的方法。问卷法是以书面形式搜集资料的方法。作品分析法是通过对被试活动成果或产品（如日记、作业、作文、试卷、实验报告、科技制作等）进行分析的方法。

调查法的长处是能够在较短时间内获得大量的有关研究对象的第一手资料，既为分析问题提供依据，又为今后进一步研究提供线索；不足之处在于可能会由于被试的有意掩盖而失去真实性。

### 5. 个案分析法

个案分析法是对某个被试进行较长时间的了解，研究其心理的发展和变化的方法。

### 6. 教育经验总结法

教育经验总结法是指从教育实践中取得成功或失败的经验，提炼出包含心理学内容和规律的研究方法。

## 本章知识要点

心理学是研究心理现象，揭示心理机制、规律的科学。人的心理现象十分复杂，通常把复杂的心理现象分为心理过程和个性心理两部分，心理过程又可分为认知过程、情感过程、意志过程，个性心理又可分为个性心理倾向性、个性心理特征、自我意识。神经系统特别人脑（大脑）是人的心理最重要的物质基础，人的心理是人脑的重要反映形式，人脑从生理结构上看是基本对称的，但左右两部分的功能却存在差异，大脑两半球各有其优势功能，所以人脑的功能应协同开发。人脑的基本反应形式是反射，原始的反射是无条件反射，在无条件反射的基础上建立起来的反射是条件反射；条件反射是人的心理的生理基础，一系列的条件反射就形成了复杂的心理。心理学是一门既古老又年轻的科学，有关心理的思想产生得很早，但科学心理学是1879年诞生的，真正的心理学是建立在正确的研究原则、科学的研究方法之上的。人的心理是人脑对客观现实主观能动的反映，人的心理是在实践活动中发生和发展的。学习心理学可以认识心理现象，把握心理规律，并运用于学习、生活、工作。

## 思考与实践

1. 观察身边的左利手者和右利手者，看看他们的心理和行为有何不同？
2. 观察自身或身边的心理现象，并尝试用科学的心理观点解释。
3. 人脑（大脑）高度进化，其结构的复杂程度远超动物，其重量所占身体比重高于动物。试问，人脑的复杂结构和所占比重与人的智慧有何关联？
4. 怎样理解心理学的科学性？
5. 人的心理是如何产生的？
6. 学习心理学对我们有何意义？
7. 《周易》是中国一部古哲学书籍，是在阴阳二元论基础上对事物发生发展的规律加以论证和描述的书籍，对于天地万物进行归类，天干地支五行论证，可精确到事物未来发展，并对其做出较为准确的预测。结合《周易》，谈谈人类心理发展的本质规律。
8. 谈谈从低等动物到高等动物再到人类，心理发展是怎样演变的？特别是怎样反映客观现实的？

## 推荐阅读书目

[1] 张厚粲. 大学心理学[M]. 北京：北京师范大学出版社，2001.
[2] 彭聃龄. 普通心理学[M]. 北京：北京师范大学出版社，2005.
[3] 张春兴. 现代心理学[M]. 上海：上海人民出版社，1994.

[ 4 ] 黄希庭. 心理学导论[M]. 北京：人民教育出版社，1997.

[ 5 ] 崔丽娟. 心理学是什么[M]. 北京：北京大学出版社，2003.

[ 6 ] [美]理查德·格里格. 心理学与生活[M]. 王垒等，译. 北京：人民邮电出版社，2003.

[ 7 ] 李启超. 心理学图典[M]. 天津：天津科学技术出版社，2009.

[ 8 ] [奥地利]弗洛伊德. 梦的解析[M]. 李燕，译. 西安：陕西师范大学出版社，2011.

[ 9 ] 何克. 学校教育中的心理学[M]. 贵阳：贵州人民出版社，2007.

# 第二章 注 意

## 心理故事

### 看不见的大猩猩

在学生的协助下，丹尼尔和克里斯托弗利用哈佛大学心理学系的教学大楼制作了一个短片。在短片中有两队运动员，其中一队穿白色运动服，另一队穿黑色运动服，所有运动员都在不断地移动并且互相传接篮球。影片拍好后，他们便开始在哈佛大学内招募志愿者进行实验。实验要求志愿者观看影片，并计算身着白色球衣队员传球的次数，同时可完全不理会穿黑色球衣队员的传球次数。

影片持续不到一分钟。观看结束后，研究者会立即询问前来参加实验的志愿者到底有多少次传球。但研究者真实的目的并不是要求被试计算传球次数，而是想把被试的注意力集中到屏幕上。研究者真正感兴趣的是志愿者是否看到了短片中的大猩猩。原来队员在传球时，一个穿黑色毛茸茸外套、打扮成大猩猩模样的人走过人群并稍做停顿，面对镜头捶打胸膛，在镜头前停留9秒后走开。

结果，一半志愿者回答没看见"大猩猩"上场。当他们自己去看视频回放的时候，都不敢相信自己的眼睛。这个实验在不同国家、不同人群中重复了若干次，结果基本一致——有大约一半的人没有发现人群中的大猩猩，即使研究者又选择了一批高智商以及平日工作需要高心理缜密度的人群来参加实验，但是看见大猩猩的人数百分比并没有明显提升。而那些看到大猩猩的人，他们数传球次数的正确率明显不如没有看到大猩猩的人群。

为什么那些实际上"看到"大猩猩的人，会说自己没有"看到"呢？这就是关于注意的问题。

## 第一节 注意概述

## 案例展示

影视作品中常会有这样的场景：茫茫人海中，男主角不经意间就看到了女主角，而且目光紧紧跟随，那一刻仿佛时间就此停止。即使有人不小心撞到男主角，他经过短暂处理后，依然将自己的目光放在女主角身上，并从此与女主角产生了千丝万缕的联系……上面我们很熟悉的场景，其实就涉及心理学的知识——注意。

什么是注意呢？注意有何作用？怎样判断一个人是否处于注意状态？下面我们就来学习相关内容。

## 一、注意的概念

在纷繁复杂的大千世界中，每一瞬间都有无数的刺激作用在人的身上。如果人对每一个刺激都要做出反应，就会变得手忙脚乱、六神无主，最终瘫痪在招架不住的环境之中。幸运的是人脑会对外部刺激进行选择，不必对所有刺激都做出同等的反应，而只是把心理活动有选择地指向于某些对象。与此同时，心理活动还表现出集中的特点，心理活动始终维持在相应对象上，并且还会排除各种干扰，保证对象得到鲜明、清晰的反映。

这种心理活动对一定对象的指向和集中就是注意。

作为注意对象的客观事物，可以是来自外部世界的物体或现象，如注意听讲，注意在路边寻找自己的熟人等；也可以是主体自身的行为或内心状态，如注意思考问题，注意回忆某种情景等。但无论是外部对象还是内部对象，同一时间内，我们只能注意个别对象。在满天星星的夜晚，我们只能同时看清楚几颗星星，而不能看清楚所有星星。在思考问题时，我们也只能想到少数几个问题，而不可能想到所有问题。

一个人在清醒状态下各种各样的心理活动都在不断地变化和发展，因此，他在每一瞬间总是将注意指向某一对象，日常所说的某人"不注意""没注意"，不是指他在清醒状态下什么都不注意，而是指他没有注意他应该注意的事物而去注意他不该注意的事物。

为了更好地理解注意，可以从以下三个方面去把握。

第一，注意具有两个特征——指向性和集中性。指向性是指注意的方向性，即心理活动在某一时刻总是有选择地朝向一定对象。由于个体感觉器官容量的限制，心理活动不可能在某一时刻同时指向所有的对象，接收到所有的信息，只能有选择地对某些对象进行反映而舍弃另一些对象。就像满天星斗，我们要想看清楚，就只能朝向个别方位或某个星座。集中性是指注意的程度，即心理活动停留在一定对象上深入加工的程度，注意集中时心理活动只关注所指向的事物，抑制了与当前注意对象无关的活动。在上述案例中，男主角在茫茫人海中只看到了女主角，忽略了周围所有人，这体现了注意的指向性；而他将目光停留在女主角身上的时间，这体现了注意的集中性。指向性可以保证我们的心理活动去清晰而准确地把握某些事物，集中性保证了我们对注意对象有更深入完整的认识。只有指向性和集中性这两个条件同时满足才构成注意。

第二，这里的心理活动既包括感知觉、记忆、思维等认识活动，也包括情感过程和意志过程。心理过程的出现，都有一定的针对性和实质内容。认识活动有认识加工的对象，情感过程有所要表达的对象，意志过程也是有目的性地从事某种活动，朝向某个目标。这些心理活动的对象同时也是注意的对象。

第三，注意是心理活动的组织特性。注意虽然是一种非常重要的心理机制，但却不是一种独立的心理过程。注意总是在认知（感觉、知觉、记忆、想象、思维），情感，意志等心理过程中表现出来，是认识、情感和意志等心理过程共同的组织特性。离开了具体的心理活动，注意就无从产生和维持。当我们说"注意看黑板"，这是感知活动中的注意；当我们说"注意这个问题"，这是思维活动中的注意；当我们在看一部悲剧作品而伤心落泪时，说明注意既伴随着认识活动，又伴随着情感过程。如果离开了注意我们将会"视而不见，听而不闻，触而不察，食而不知其味"了。反之，没有注意的指向和集中对心理活动的组织作用，任何一种心理活动都无法展开和进行。所以，注意虽然不是一种独立的心理过程，但在心理过程中发挥着不可或缺的作用。

## 二、注意的功能

注意是整个心理活动的引导者和组织者，它使心理活动处于积极状态并获得必要的驱动力，对人的心理活动具有重要的组织作用。归纳起来有以下三种功能：

### （一）选择功能

注意的基本功能是对信息进行选择。周围环境给人们提供了大量的刺激，这些刺激有的对人很重要，有的对人不那么重要，有的毫无意义，甚至会干扰当前正在进行的活动。人要正常地生活和工作，就必须选择重要的信息，排除无关刺激的干扰，注意就可使人在一瞬间从同时作用于我们感觉器官的许多刺激中，选择出对我们最有意义的、符合当前需要的，与当前活动任务相一致的刺激，对它做出清晰的反映，同时抑制和排除其他无关刺激的干扰。注意的这种功能可使个体以最小的精力去完成最重要的任务，如果没有这种功能，人的生活将会变得一片混乱，活动便无法进行。注意对信息的选择受许多因素的影响，如刺激物的物理特性，人的需要、兴趣、情感、过去的知识经验等。

### （二）保持功能

注意可以使人的心理活动较长时间地保持在注意选择的对象上，从而对其进行加工，保证活动的顺利进行。如果选择的注意对象转瞬即逝，心理活动就无法展开，也就无法进行正常的学习和工作。

### （三）调节监督功能

在注意状态下我们才能对自己的行为和活动进行调节和监督。人的生活是有目标的，无论是积极的目标还是消极的目标，有了自我的注意，才使人有可能对自己的行为与特定的目标相比较，注意反馈信息，并相应地调节、监督自己的行为，使之与特定的目标相一致。注意能使人调节和控制自己的心理活动，使之向一定的方向和目标前进。如根据活动需要分配和转移注意，一旦活动偏离了一定的方向和目标，只要在注意状态下就能及时予以调整，即注意能参与对错误行为的纠正，以保证活动顺利完成。

注意不仅对人的心理活动有重要作用，而且对人的实践活动也有重要意义。在生产劳动、科学研究、艺术创作、教学实践等活动中，只有保持高度的注意，才能保证活动的顺利进行，提高活动的效率。

### 三、注意的外部表现

人们在注意状态下，常常伴随着特定的行为变化，有时通过观察就可以了解个体的注意状态。一般来说，注意的外部表现有以下三个方面。

一是适应性动作出现。人处于注意状态时，感觉器官通常是朝向注意对象的。如注意看一个物体时，会"注目凝视"；注意听一种声音，会"侧耳细听"；注意于往事或思考时，又常会"两眼发呆，若有所思"。最明显的适应性动作就是个体能够跟随组织者的思路，配合做各种运算或操作等，这也说明个体正处于积极的有意注意状态。

二是无关动作停止。当人们集中注意时，就会高度关注当前的活动对象，一些与活动本身无关或起干扰作用的动作会相应减少甚至停止。因此，一个认真听讲的学生不会总是东张西望、交头接耳，或者做一些与活动不相干的事情。

三是呼吸运动变化。人在注意时，呼吸常常轻缓而均匀，有一定的节律。但有时在紧张状态下高度注意时，常会"屏息静气"，甚至牙关紧闭，双拳紧握。

虽然从人们的适应性反应和表情动作容易看出人的注意状态，但是注意的外部表现并不是总能如实反映注意的状态。正如《学弈》中所描述的"其一人专心致志，惟弈秋之为听；一人虽听之，一心以为有鸿鹄将至，思援弓缴而射之"，虽然两人在外部表现上没有很大差异，但注意的状态却完全不同。

了解注意的外部表现，对教师具有重大的意义。教师可以根据注意的外部表现，判断学生是否在注意听课、做作业，从而采取各种有效措施来控制学生的注意活动，以提高教育教学质量。当然，在一般情况下，注意的外部表现和注意的内部状态是一致的，但是，有时二者也会不一致，即似注意而不注意或似不注意而注意的现象。在课堂上常常出现这种情况，一个学生从外部表现来看好像是在注意听课，盯着老师一动不动，但实际上他却在想与讲课无关的事情。这种貌似注意听讲，而心理活动实际指向其他对象的虚假的注意如被教师忽视，就会影响教学质量。所以教师不能只看学生的外部表现，还要根据其他方面，如眼神、面部表情是否跟随讲课内容的变化而变化等来认真分析，才能做出正确的判断。

# 第二节　注意的种类

**案例展示**

#### 露出马脚的间谍

第二次世界大战期间，各国都十分重视间谍机构的活动，都希望在情报方面战胜对手，以利于在整个战争中获取主动。同时，反间谍机构也都在积极活动。一次，盟军反间谍机关收审了一位自称是来自比利时北部的"流浪汉"。他的言谈举止使人怀疑，眼神也不像是流浪汉特有的。因此，法国反间谍军官奥克多认定他是德国间谍，可是他没有有力的证据。奥克多决定打开这个缺口。

审讯开始了。奥克多提出的第一个问题是："会数数吗？"这个问题很简单。"流浪汉"用法语流利地数数，没有露出一丝破绽，甚至在说法语最容易说漏嘴的地方，他也能说得很熟练。于是，他被押回小屋去了。过了一会儿，哨兵用德语大声喊"着火了"，流浪汉仍然无动于衷，似乎真的听不懂德语，照样睡他的觉。

后来，奥克多又找来一位农民，和"流浪汉"谈论起庄稼的事，"流浪汉"谈的居然也并不外行，有的地方甚至比这位农民更在行。看来奥克多凭外观判断的第一印象是不能成立了。于是奥克多又想出了一个新的办法。第二天，"流浪汉"在被押进审讯室的时候，显得更加沉着、平静。奥克多非常认真地审阅完一份文件，并在上面签字之后，抬起头突然用德语说："好啦，我满意了，你可以走了，你自由了。""流浪汉"一听到这话，长长地松了口气，像放下一个沉重的包袱。他仰起脸，愉快地呼吸着自由的空气，兴奋之情溢于言表。

"流浪汉"露出的欣慰的表情，虽然是一刹那间发生的，但这个表情却透露出他懂德语这一信息，从而使他露出了马脚。经过进一步的审讯，"流浪汉"最终承认自己是一个德国间谍。在这个故事中，奥克多运用心理战术，通过转移德国间谍的有意注意，忽然用德语说释放他，从而他的无意注意让他在不经意间露出得意忘形之色，暴露了自己。

案例中讲的是一种什么注意呢？注意有哪些种类？怎样引起和利用各种注意呢？相信通过该部分内容的学习能找到答案。

最早对注意种类进行划分的是心理学家威廉·詹姆士（W. James，1842—1910）。1890年威廉·詹姆士在其《心理学原理》中就提出了注意的双重系统假设，即把注意区分为无意注意和有意注意。事实上，我们对事物的注意，有时是自然而然发生的，不需要任何意志努力；有时是有目的的，甚至需要意志努力来维持的；有时注意既具有明确的目的性又不需要意志努力来维持。从注意对象的来源来看，注意的对象有来自外部环境的，也有来自主体自身的。这样，我们可以将注意划分为无意注意（不随意注意）、有意注意（随意注意）、有意后注意（随意后注意）、环境注意和自我注意等。在日常生活和工作中，特别是在教师的教学工作中，了解注意的种类及其产生的条件，具有重要的意义。

根据注意过程中有无预定目的和是否需要意志努力的参与，可以把注意分为无意注意、有意注意和有意后注意。

# 一、无意注意

## （一）无意注意的含义

无意注意是既没有预定目的也不需要意志努力的注意。无意注意一般是在外部刺激物的直接刺激作用下，个体不由自主地给予关注，又因为这种行为是不受意志控制的，因此也称为不随意注意。例如小猫在玩耍的时候，被飞过来的蝴蝶吸引，追着蝴蝶跑；正在上课的时候，有人推门而入，大家不自觉地向门口注视；大街上听到警笛鸣叫，行人会不由自主地扭头观望；课堂教学中，教师在学生不注意参与学习时突然加重语气或提高声调来吸引学生，这些就属于无意注意。无意注意更多地被认为是由外部刺激物引起的一种消极被动的注意，是注意的初级形式。虽然无意注意缺乏目的性，但因为不需要意志努力，所以个体在注意过程中不易产生疲劳。

## （二）无意注意产生的条件

引起无意注意的条件来自两个方面，一是客观刺激物的特点，二是人的主观因素。

### 1. 客观刺激物的特点

客观刺激物本身的特点是引起无意注意的主要原因。具体包括：

（1）刺激物的新异性。

新异性是指刺激物在内容和形式上具有不同寻常的特性。一般来说，外形新奇、功能独特的事物容易引起注意，而司空见惯、单调重复的事物则不易引起人们的注意。如对于一个新设计的外星人模型，人们很容易注意到它。另外，各种已熟悉的刺激物的独特组合也是引起无意注意的因素。在一次新科技展览会上，一只背上长着人耳的老鼠吸引了众多人的目光，这是刺激物的相对新颖性在起作用。

（2）刺激物的强度。

任何强烈的刺激，例如强烈的光线、巨大的声响、浓郁的气味、剧烈的震动，都会引起人的无意注意。在一定的范围内，刺激物的强度越大，越容易引起人的无意注意。所谓"酒香不怕巷子深"，就说明刺激物的绝对强度导致无意注意的产生。另外，刺激物的相对强度在引起无意注意时也有重要意义。喧嚣的闹市中，大声地叫卖未必能引起别人的注意，但在安静的阅览室中小声交谈就可能引起别人的注意。

（3）刺激物之间的对比关系。

刺激物在形状、大小、颜色和持续时间等方面与周围环境和其他刺激物对比差异越显著，越容易引起无意注意。例如，"万绿丛中一点红""鹤立鸡群"等都容易引起人们的无意注意。

（4）刺激物的运动变化。

在相对静止的背景上，运动变化的刺激物容易引起注意，如忽明忽暗的光线、忽高忽低的声音、抑扬顿挫的语调等，都容易引起无意注意。而在运动变化的背景上，相对静止的刺激物容易引起人的注意。如在观看电影时，有一个短暂的突然停顿，就会引起人的注意。

### 2. 人的主观因素

客观刺激物并不是引起无意注意的唯一因素，有时在上述刺激物特点不明显的情况下，个体也容易产生无意注意，这与人们的主观心理状态有关。这些原因包括：

（1）个体的需要和兴趣。

人们总是不自觉地对能满足自身的需要、符合自身的兴趣、与自我的情感有关的事物产生注意。例如，一个人喜欢收集古玩，那么在读报、看电视或与人交往时，就很容易注意到这方面的信息；对于一个寻医求药的人，各种医药信息也容易引起他的无意注意。一般来说，无意注意与人对事物的直接兴趣有关。

（2）已有的知识经验。

凡是和已有知识经验相联系又能增进新知识的事物，容易引起注意；陌生的事物或者已经非常熟知而又不能增加任何新知识的事物，不容易引起人的注意，即使引起了注意，也不能保持长久。

（3）人对事物的期待。

凡是人们期待的事物，容易引起注意。例如，中国古典章回体小说常用"欲知后事如何，且听下回分解"作为每一回的结尾，使读者形成一种期待心理，吸引读者继续阅读下去。

（4）人的身心状态。

身心健康状况在很大程度上影响着一个人的无意注意。一般来说，心情舒畅、精神饱满时，人们就会对平时不经意的事物产生注意；相反，情绪低落、精神萎靡，或身体处于疾病、疲劳状态，无意注意范围较窄，就容易对许多事物视而不见。

## 二、有意注意

### （一）有意注意的含义

有意注意是指有预定目的，也需要做意志努力的注意。又因为这种行为受到意志的控制，在执行的时候需要克服困难，即人们对该行为没有直接兴趣，需要克服困难，因此又被称为随意注意（随着意志转移的注意）。我们工作和学习中的大多数心理活动都需要有意注意。工人上班、学生上课、交警指挥交通，都是有意注意在发挥作用。有意注意是一种积极主动、服从于当前活动任务需要的注意，属于注意的高级形式。它受人的意识的调节和控制，是人类所特有的一种注意。

### （二）有意注意产生和维持的条件

有意注意虽然目的性明确，但在实现过程中需要有持久的意志努力，这容易使个体产生疲劳，影响活动效率。因此，了解有意注意产生和维持的条件，能更好地保证各种心理活动的顺利进行。

#### 1. 活动的目的和任务

有意注意的重要特征是有明确的预定目的。对活动目的理解得越清楚、越深刻，完成任务的愿望越强烈，也就能更好地实现注意的维持和调节作用。心理学实验表明，如果被试对活动要求不明确、目的不清楚，常容易分神，不能长时间维持有意注意。

#### 2. 活动过程的组织

形式单一、内容枯燥的活动容易使人疲劳厌倦，造成分心。因此，组织形式多样、内容丰富的活动是防止分心、维持有意注意的有效方法。这包括既要增加操作活动、手脑并用，又要增加讨论和竞赛活动，甚至用必要的言语提示来集中注意力。

### 3. 间接兴趣

在有意注意中注意和兴趣的关系往往是间接的。所谓间接兴趣，指对活动本身不感兴趣，但对活动的目的和未来的结果有兴趣。如刚开始学外语的人，可能会感到记忆大量的单词、学语法规则枯燥无味，对学外语本身并不感兴趣，但学好外语对他今后的升学、找工作有重要的作用，便对学外语产生了间接兴趣，因而在学习过程中就能够保持高度的有意注意。间接兴趣越稳定，有意注意就越稳定，因此，激发间接兴趣在引起和保持有意注意中有重要意义。

### 4. 内外因素的干扰

有意注意进行中常会有各种干扰，既有外部干扰，如与活动内容无关的声音和视觉刺激；也有内部干扰，包括主体生理上的疲劳、疾病以及心理上消极的思想和情绪，如有些学生上课时还在想与同学间的矛盾，自然会妨碍正常的学习活动。内外干扰越多，有意注意就越困难。因此，培养抗干扰能力，不受内外干扰因素的影响，对于维持有意注意是非常重要的。

## 三、有意后注意

有意后注意是指有预定目的，但不需要意志努力的注意。它是在有意注意的基础上，经过学习、训练或培养个人对事物的直接兴趣达到的，是一种更为高级的注意。在有意注意阶段，主体从事一项活动需要有意志努力，但随着活动的深入，个体由于兴趣的增强或操作的熟练，不用意志努力就能够在这项活动上保持注意。例如，一个学习外语的人在初学阶段去阅读外文报刊，还是有意注意，很容易感到疲倦；随着学习的深入，外语水平不断提高，当他克除了许多单词和语法障碍，能够毫不费力地阅读外文报刊时，可以说达到了有意后注意的状态。因此，有意后注意的形成需要付出一定的时间和精力。

有意后注意既有一定的目的性，又不需要意志努力，因此，人在活动时不容易感到疲倦，这对完成长期性和连续性的工作有重要意义。

## 四、无意注意、有意注意和有意后注意的关系

无意注意、有意注意和有意后注意虽然存在区别，但是，在实际活动中它们紧密地联系在一起，不能截然分开。这表现为：

一方面，在任何活动中，既需要无意注意，也需要有意注意的参与，两种注意是交替进行的。如在教学活动中，学生完全依靠有意注意来学习，大脑皮层长时间处于兴奋状态，容易产生疲劳和注意分散。如果没有无意注意参与，学生难以长时间坚持学习，但学生也不能仅仅依靠无意注意来学习，因为所有的学习内容都不可能是有趣和吸引人的，也不是轻而易举就能够掌握的，这就必须通过两种注意协同活动才能完成学习活动。

另一方面，在活动中这两种注意可以相互转化。无意注意可以转化为有意注意，而有意注意也可以转化为不需要意志努力的注意——有意后注意。如一个人在开始做一件工作的时

候，由于对这件工作本身没有什么兴趣，往往要用意志的努力才能把自己的注意保持在这一工作上，但在从事这件工作的过程中，逐渐了解熟悉了它，并对它发生了兴趣，这时即使不用意志努力，也能使自己的心理活动指向而集中在这件工作上，使有意注意转化为有意后注意。有意后注意既服从于当前的活动目的任务，又无需意志努力，对完成长期、持续的任务特别有利，而且大大提高了活动的效率，因此，在教学中要注意培养学生的有意后注意的能力。

# 第三节  注意的品质

**案例展示**

### 沉迷于电视的小真

小真的父母平日工作忙碌，因而常常让小真自己看电视，只要电视一开，小真就神奇地不吵不闹。直到小真慢慢长大之后，小真妈妈才觉得应该要开始买一些童书来培养小真的阅读习惯，却发现小真根本没有办法乖乖看书，只愿意随便翻翻图片，然后又吵着要看电视……小真平时玩玩具的习惯也很差，没有办法持久地玩玩具，喜欢这边玩玩、那边摸摸。爸爸特意买回来的益智玩具更是从没办法玩出个所以然，但是，只要一看电视就不一样了，小真可以坐在那里很久都不吵不闹。

看完这个案例后，您是否觉得小真的注意力存在问题？是什么原因导致的？学习、生活中，我们常常发现，无论自己还是身边的人总是存在注意力不集中的现象，而这种现象又常常导致我们学习成绩下降、工作效率低下等问题。注意力不集中是个非常宽泛的话题，到底哪里出现了问题，这就要我们了解注意的品质，从而知晓注意力不集中的具体表现，这样才能够有针对性地进行训练，集中注意力。

注意品质是构成注意力的稳定因素，是衡量一个人注意力好坏的标志，通常包括注意的广度、注意的稳定性、注意的分配和注意的转移。

## 一、注意的广度

注意的广度，又称注意的范围，是指一个人在同一时间内（通常指十分之一秒）能够清楚地把握注意对象的数量。它反映的是注意品质的空间特征，瞬间掌握的数量越大说明注意的范围就越大。

心理学家很早就开始研究注意广度的问题。1830 年，心理学家汉密尔顿（Hamilton）最先做了这方面的实验，他在地上撒了一把石子，发现人们很难在一瞬间同时看到六颗以上的石子。如果把石子两个、三个或五个组成一堆，人们能同时看到的堆数和单个的数目一样多。通过速示器进行的研究表明，成人在 1/10 秒内一般能注意到 8～9 个黑色的圆点、4～6 个没有联系的外文字母、3～4 个几何图形。这就是注意的范围，也是知觉的范围。

注意的广度并不是固定不变的，会随着条件变化而变化。影响注意广度的因素主要有以下三个方面：

### 1. 注意对象的特点

注意的广度因为注意对象的特点的变化而有所不同。例如，让被试注视不同特点的英文字母，结果发现，被试对颜色相同的字母的注意数多于颜色不同的字母，对排列成一行的字母的注意数量多于分散在各个角落的字母，对大小相同的字母的注意数量多于大小不同的字母，对组成词的字母的注意数量多于孤立的字母。也就是说，知觉对象的组合越集中，排列越有规律，越能成为相互联系的整体，注意的范围就越大。

### 2. 活动的性质和任务

知觉对象相同，如果人的活动任务不同，注意的广度也会发生变化。用速示器呈现一些英文字母，其中有些存在书写错误，要求一组学生在短时间内判断哪些字母书写有误，并报告字母的数量；要求另一组学生报告所有字母的数量。结果发现，前者知觉到的字母数量要比后者少得多。这是因为要说出字母的书写错误，就要更仔细地辨别每个字母的细节，其任务要困难得多。可见，活动任务越复杂，越需要关注细节，注意的广度就会大大缩小。

### 3. 个体的知识经验

一般来说，个体的知识经验越丰富，整体知觉能力越强，注意的范围就越大。例如，围棋高手扫视棋盘，就能把握双方的形势和局面变化，而初学者由于经验欠缺，就只能从局部关注棋势，这就是个体知识经验影响注意范围的体现。

## 二、注意的稳定性

注意的稳定性，也称注意的持久性，指的是注意在同一对象或活动上所保持的时间，例如长时间地阅读一本书、练习一种技能、思考某个问题等。它反映的是注意的时间特征，在同一对象或活动上所持续的时间越长说明注意的稳定性越好。

注意的稳定性有狭义与广义之分。狭义的稳定性是指注意在某一事物上所维持的时间，如长时间看电视、读一本书等。广义的稳定性是指注意在某项活动上保持的时间，这时注意的具体对象可以不断变化，但注意指向的活动方向始终不变。例如，学生在听课的时候，跟随教师的教学活动，一会儿看黑板，一会儿记笔记，一会儿读课文，虽然注意的对象不断变换，但都服从于听课这一总任务。

在许多学习和工作中，我们都强调注意的稳定性。但人在注意同一事物时，很难长时间地恒定不变，会间歇地增强或减弱。例如，当注视图 2-1 时，我们时而会觉得小方框平面位于前方，大方框平面位于后方；时而又觉得大方框平面位于前方，小方框平面位于后方。注意这种周期性的增强或者减弱的现象，叫作注意的起伏。在认知活动中，注意的起伏是不可避免的。有研究表明，注意的起伏平均 8～12 秒一次，因而只要我们的注意不离开当前活动的任务，这种起伏就不会产生消极影响。但是在某些要求对信号做出迅速反应的活动和作业中，就必须要考虑注意起伏的影响。例如，在运动会跑步比赛的预备信号与起跑信号间隔时间的设置上，如果间隔时间过长，注意的起伏就有可能使运动员不能很好地将注意力集中在听枪声上，从而影响起跑速度，所以预备信号与起跑信号间隔应控制在 2～3 秒。

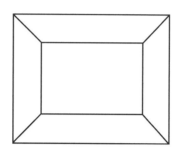

**图 2-1　注意的起伏**

与注意的稳定性相反的表现是注意的分散。注意的分散，又称分心，是指注意离开了心理活动所要指向的对象，被无关的对象所吸引的现象。在上课的时候，手机收到消息，转而去看手机；上网查资料时，被不断弹出的广告所吸引，这些现象就属于注意的分散。

为了更好地维持注意的稳定性，防止分心，应该关注影响注意的稳定性的三个主要因素：

### 1. 注意对象的特点

注意对象本身的一些特点影响到注意在它上面维持时间的长短。一般来说，内容丰富的对象比单调的对象更能维持注意的稳定性。相对于一个透明的玻璃茶杯，人们可能会花更多时间来关注一幅色彩丰富的图画。此外，活动的对象比静止的对象更能维持注意的稳定性。相对于一幅画，人们又可能花更多时间关注活动的电视画面。对新生儿的研究表明，他们注视人脸和复杂图形的时间远比注视墙壁和灯光的时间长。但并不是说事物越复杂，刺激越丰富，注意力就越稳定，过于复杂、变幻莫测的对象反而容易使人产生疲劳，导致注意的分散。

### 2. 主体的精神状态

除了外部刺激物的特点之外，个体的主观状态也会影响注意的稳定性。一个人身体健康、情绪良好、精力充沛，就会在学习和工作中投入全部精力，不知疲倦。相反，一个人处于失眠、疲劳、疾病状态，或者情绪受挫的情况下，注意无法保持稳定，活动效率也会大大降低。

### 3. 主体的意志力水平

注意的稳定性实际上就是保持良好的有意注意，因此也需要有效地抗拒各种干扰。主体具备坚强的意志力，就可以战胜各种困难，克服自身缺点和不足，始终如一地保证活动的进行和活动过程的高效率。

## 三、注意的分配

注意的分配是指个体在同一时间内把注意指向不同的对象和活动。这是注意在效率上的特征，也就是通常所说的"一心二用"。如教师需要一边讲课、一边注意学生的课堂反应，司机需要一边驾车、一边观察路况。

最早进行这个问题实验的是我国北齐时文学家刘昼。他的实验及其对结果的解释是："使左手画方，右手画圆，令一时俱成，虽执规矩之心，回剟剧之手，而不能者。由心不两用，则手不并运也。"在西方，波尔哈姆最早进行了这个问题的实验。他试图一边口诵一首熟悉的诗，一边手写另一首熟悉的诗，最终发现是可以做到的。虽然有时他也会写出一个正在背诵着的词，但总的说来，这种互相干扰作用并不大。比纳（Binet，1890）也观察到，要两手同时做不同的动作是困难的。不过，他认为，如果两手的动作能组合成像扫地、劈柴或其他类似的协调动作，就不会产生干扰作用。

值得注意的是，注意的分配并不是把注意力平均分配到每个注意对象上，注意的分配中存在注意的快速转移。同时完成的两种或几种活动所需要的注意，很可能既有转移也有分配，是二者的结合。

注意分配能力是从事复杂劳动的必备条件，但是注意的分配是有条件的，需要训练和培养。

### 1. 同时进行的几种活动至少有一种是高度熟练的

当一种活动达到自动化的熟练程度时，个体就可以集中大部分精力去关注比较生疏的活动，保证几种活动同时进行。我们可以做到边听报告边记笔记，驾驶技术高超的司机可以边驾车边为乘客报站名，这都是因为同时进行的活动中有一种甚至几种活动都是高度熟练的原因。

### 2. 同时进行的几种活动必须有内在联系

有联系的活动才便于注意分配。这是因为活动之间的内在联系有利于形成固定的反应系统，经过训练就可以掌握这种反应模式，同时兼顾几种活动。例如，歌手自弹自唱同一首歌，甚至能够边唱歌边剪纸，也是借助了活动之间的内在联系或人为建立起活动之间的联系，以达到注意的分配。

## 四、注意的转移

注意的转移，又称注意的灵活性，是指个体根据活动任务的要求，有意识地把注意从一个对象转到另一对象上。两种活动之间的转换时间越短，注意的灵活性越强。注意的转移可以用从一种活动过渡到另一种活动所需要的时间（单位时间内工作转换的次数及正确性）来测量。例如，可用普拉托诺夫实验程序来检测人的注意转移能力，在60平方厘米（49个方格）的纸页上，随机地印上黑色的阿拉伯数字1~25和红色的罗马数字I-XXIV，以递增和递减的方式依次排列，通过所用时间和正确率来衡量注意转移能力。

注意的转移不同于注意的分散。注意的转移是根据任务需要，有目的地、主动地转换注意对象，为的是提高活动效率，保证活动的顺利完成，如看完一堂录像教学课，要求学生转而互相讨论。注意的分散是由于外部刺激或主体内部因素的干扰作用引起的，是消极被动的，它违背了活动任务的要求，偏离了正确的注意对象，降低了活动效率。如果两个学生在看教学录像的过程中交头接耳、互相说笑，而没有关注录像的内容，显然是注意分散的表现。

注意的转移有一个过程，良好的注意转移表现在两种活动之间的快速而正确的转换，活动过程的效率高。其影响因素主要有以下四个方面：

### 1. 对原活动的注意集中程度

个体对原活动兴趣越浓厚，注意力越集中，注意的转移就越困难。一个沉迷于电脑游戏的孩子很难让他转移注意力，去拿起书本温习功课。当然，如果对原活动的注意力本来就不够集中，就比较容易随活动任务的要求而转移。

### 2. 新注意对象的吸引力

如果新的活动对象引起个体的兴趣，或能够满足他的心理需要，注意的转移就比较容易实现。假如那个正玩电脑游戏的孩子，听到自己喜欢的动画片开演的声音，可能会离开电脑，将注意力转移到看电视上。

### 3. 明确的信号提示

在需要注意转移的时候，明确的信号提示可以帮助个体的大脑处于兴奋和唤醒状态，灵活迅速地转换注意对象。文艺演出中报幕员的角色其实也发挥着这方面的作用。这种提示信号，既可能是物理刺激（如铃声、号角），也可以是他人的言语命令，甚至是自己的内部言语的提醒。

### 4. 个体的神经类型和自控能力

神经类型灵活性高的人比不灵活的人更容易实现注意的转移，自控能力强的人比自控能力弱的人更善于主动及时地进行注意的转移。

虽然人们在学习工作中经常强调注意的稳定性，但其实注意品质的四个方面是相互联系的，活动效率的高低不仅取决于注意的某一品质，而且取决于在一定时间内是否能将这些品质整合起来。

# 第四节　注意规律在教学中的运用

**案例展示**

案例1：一位热情而热爱教育工作的小学教师为了使学生更好地学习而努力提供一个更有情趣的学习环境。新学年开始了，他对教室进行了一番精心的布置，教室周围的墙上张贴了各种各样生动有趣的图画，窗台上还摆满了花花草草，使教室充满了生机。

案例2：为了把课上得生动形象一些，胡老师今天带来了不少直观教具，有标本、图片、实物等。进教室后他把一些教具或放在桌上，或挂在黑板上。

这两位老师这些努力是否会产生预期的效果？为什么？那么怎样才能有效组织学生的注

意呢？关键在于教师要自觉地掌握并善于运用注意的规律。

英国哲学家洛克在《教育漫话》中曾谈道："教师的技巧在于集中与保持学生的注意。"注意是大脑进行感知、记忆、思维等认识活动的基本条件，是学生认识客观世界，获得知识和智慧的门户，教师能否有效地组织学生的注意将直接影响学生课堂的学习效果。因此，一切教学活动都应紧紧围绕学生的注意力展开，只有当学生对教学活动保持高度注意，才能使学生思维紧随教学内容，如果学生心不在焉，就会出现视而不见、充耳不闻的现象，这样，教学效果几乎等于零。

## 一、学生注意力涣散及原因

教师可以根据注意的外部表现，判断学生是否在集中注意学习。在良好的教育条件下，中学生注意的抗干扰性明显地得到了发展。一般来说，中学生已经能够独立地、专心地完成自己的学习任务，能够自主地调节和控制自己的注意，把自己的注意指向和集中于必须注意的事物上，而不为外来的无关刺激所左右。但是，在教学过程中也有一些中学生对学习不能集中注意而导致注意力涣散。学生注意力涣散可能是偶发的，也可能是经常性的。课堂上学生注意力涣散可能受教学时的某些因素的影响，主要原因有如下几方面。

### （一）刺激过多或过少

教材内容过深或过浅，教师无意的重复或冗长的言辞，都会使学生感到索然无味而厌烦，导致注意力涣散以寻求其他的刺激。教师讲课声音过高或过低，讲课速度过快或过慢，要么使学生容易疲劳，导致分心；要么由于刺激不够，不能充分吸引学生的注意，而使学生注意力涣散。

### （二）情绪急剧波动

一上课教师就发上次的测验卷子或宣布考试的成绩，这会使学生情绪特别兴奋或沮丧；一上课教师就进行测验也会使学生情绪特别紧张。课堂上的这类情绪急剧的波动使学生难以把注意力及时转移到教学中来，因为他们的注意力还纠缠在分数或做错的题目上。

### （三）反抗或淡漠

如果教师处理问题不公平会导致师生关系紧张，受不公平待遇的学生可能把不满情绪迁怒到教师身上，不认真听讲，或因其他原因屡受挫折。这类挫折一旦超过了该生的容忍度就可能导致对学业的反抗或对学业的淡漠。

### （四）寻求注意和承认

有些学业成绩欠佳的学生，由于受到忽视、鄙视或奚落，他们当中有人可能在上课时故意搞恶作剧以引起教师或同学们的注意和承认。

当教师发现学生上课注意力涣散时，应当探究其原因，针对具体情况采取相应的措施。如果学生注意力涣散是教师教学方法不当所造成的，则应改革教学方法；如果学生注意力涣散是由长期难以承受的挫折造成的，则应设法帮助其消除这种挫折，并向其指明个人的前景等。只有从根本上了解学生注意力涣散的原因，才能使他们的注意力集中到教学中来。

## 二、注意规律在教学中的运用

### （一）充分利用无意注意的规律

无意注意是由刺激物的特点和人的主观状态所引起的。就课堂教学的刺激物而言，教室内部的布置和周围的环境，师生的衣着和行为，教师讲课的声音、板书以及直观教具的出现和使用等，都可能成为无意注意的对象。根据无意注意产生的原因，教师要善于运用与教学有关的刺激物的作用，使教学过程本身足以能引起学生的兴趣而产生注意；同时避免其消极的影响，对不利于教学又容易引起学生分心的各种因素进行分析，找出解决办法，防止无关刺激因素的干扰。

#### 1. 凡需要学生注意的对象和操作的活动，尽量赋予它们无意注意的特点

教师的教学语言要生动形象，并运用直观教具来吸引学生的注意，善于运用语调、表情、手势等辅助手段来增加教学的感染力。对于必须重复的重要内容，不要简单、机械地重复，应采取灵活多变的方法。采用现代化的教学手段吸引学生的注意。教师写得一手好字会让学生羡慕和欣赏，规范的板书设计能帮助学生理清知识脉络，学生即使偶尔注意涣散也能随时切入到教学情境中。

#### 2. 尽量减少与教学无关的对象或活动的刺激作用，防止学生分心

教室周围要安静，最好与操场、公路、音乐教室及其他能分散学生注意的事物离得远一些。教室内的布置要简朴，不要过多地装饰和张贴，以免学生分心。要保持教室空气清新，阳光充足，使学生感到心情舒畅。课桌的高矮要适合学生的身高，让学生感到舒适，减少疲劳。座次应妥善安排，避免前后遮挡、干扰。教具运用、出示要适时，背景材料要淡化，以免使学生关注无关部分。教师不宜穿着奇装异服，服饰、发型要得体，以免学生好奇。课间休息不应做激烈的或竞赛性的游戏活动，否则会影响学生下一节课的精力投入。

#### 3. 教学内容新颖，教学方法多样

新颖的刺激容易引起学生的注意，教师在传授知识时每次都应增加新的内容，变更讲述的方式；同时，讲述新内容又不能脱离学生已有的知识基础，要与学生已有知识联系起来。在教学方法上，要灵活多样、生动活泼，尽量防止单调呆板，教学过程松弛；要善于运用启发式教学，激发学生的学习激情。

### 4. 善于组织学生注意，妥善处理偶发事件

教师要善于控制学生的注意，例如，教师不宜在刚一上课就发放作业本，或测试，或宣布考试成绩。教师要处理好天气、停电、学生疾病、打架等偶发事件，保证教学正常进行。

### 5. 激发学生学习兴趣

注意与人的需要、兴趣、知识经验、情绪状态有密切的关系。教师在教学过程中还应当考虑学生的需要、兴趣、知识经验和情绪状态。经验表明，教学内容符合学生的需要、切合学生的实际，教法能够激起学生的兴趣等，都能使学生长时间保持注意。因此，教师不仅应当深入地钻研教材，而且还应当经常了解学生的实际情况，激发他们的学习兴趣。

## （二）良好的有意注意形成和维持的条件

学习活动并不像游戏那样轻松愉快，有时它会紧张枯燥。为了使学生能有效学习，教师必须重视唤起学生的有意注意。根据有意注意的规律，教师在组织教学过程中，应努力做好以下几点：

### 1. 明确向学生提出学习目的和任务，提高注意的自觉性

有意注意是一种服从于目的与任务的注意，帮助学生确立明确的学习目的，养成正确的学习态度，是保证学生持之以恒的学习活动的前提。学生学习目的的决心和愿望越强烈，就越能唤起学生的有意注意，提高学习的自觉性。例如在开始讲授一门新课时，教师应向学生说明学习这门课的目的、任务和意义，在每一章节开始时明确本次课的教学目标任务和应掌握的知识点，以及要解决的重点和难点等，这样可以引发学生对任务完成的强烈愿望，增强学生学习的自觉性，专注地配合教师的教学活动进行学习，把注意完全集中到当前的教学活动中来。

### 2. 合理组织教育教学活动

首先，要使教学做到周密计划，环环紧扣，有适当的难度、密度、速度。其次，教学中要善于设立问题情境，引导学生积极地思考，或激发学生的期待心理。同时，教师给予正确、及时的评价，更有助于调动学生的有意注意。最后，把智力活动和实际操作结合起来，有计划地加强学生的眼、耳、手、脑、口并用，多种感官协同作用，有助于引起和保持有意注意。例如，在中学，加强课堂实验、练习、讨论，要求学生做笔记、做摘要、编写提纲等。学习时边看边写，有利于注意的持久。

### 3. 培养学生稳定的间接兴趣

兴趣的激发主要指直接兴趣，而兴趣的培养则是指间接兴趣。我们平时往往重视了学生的直接兴趣而忽略了学生的间接兴趣，导致学生兴趣并没有真正地培养起来。所谓间接兴趣，就是人对活动的结果及其重要意义有着明确认识之后所产生的兴趣。这种兴趣是由于认识到学习的意义和价值而引起了求学的状态，不会偶遇挫折便轻易改变。因此，教师应有意识地

引导学生对学习活动的结果产生向往和追求，特别是学生没有直接兴趣的学科，应着重培养其间接兴趣。学习目的的教育应该联系学生的思想和实际，坚持耐心细致的正面教育，通过生动形象、富有感染力的事例，采用多种多样的形式，把学习目的与生活目的联系起来，这样才会收到良好的效果。

**4. 指导学生锻炼有意注意**

有意注意需要靠意志努力，因而激发学生克服困难和抗干扰的意志力，是增强学生有意注意的主要途径。首先，教师要向学生提出适当、合理的要求。让学生明确，在学习中不是一切都可以吸引人的，必然有不少枯燥的东西，应该使自己习惯于不仅做自己感兴趣的事，而且也要做自己不感兴趣的事。其次，要培养学生善于用坚强的意志与分散的注意做斗争的能力。为了使学生能更好地进行学习，不只要求有安静的学习环境，还应该培养他们在任何环境中都能稳定情绪，集中注意地进行学习。必要时，用内部言语甚至外部言语来提醒自己。如提醒自己"必须注意""不要分心"。最后，要经常对学生进行组织纪律的教育。严格要求学生，培养学生认真的学习态度，既有助于他们有意注意习惯的养成，也有助于意志薄弱的学生借助外因的影响集中注意力。此外，也可以向学生讲述各种伟人、名人锻炼意志力和注意力的故事，通过树立榜样，提高学生的自制力和注意力。

## （三）善于运用无意注意和有意注意相互转换的规律

有经验的教师都知道，唤起学生的注意并不难，难的是学生在整个过程中都保持注意。因此，在教学过程中，设法保持学生的注意，就显得更为重要了。无意注意和有意注意都有其优势和不足，高度集中注意要消耗相当的体力和脑力，易疲劳；而无意注意又难以持久。要使学生在学习活动中始终保持旺盛的精力，积极地注意又不疲劳，关键是将无意注意和有意注意交融在每一个认识活动中。

无意注意和有意注意相互转换，一方面，要求学生努力集中自己的注意；另一方面，使学生对学习活动本身发生兴趣，从而使注意长时间地保持集中。就一堂课来说，上课之初，学生的注意往往还停留在上一堂课或课间有趣的活动上，需要通过组织教学来引起学生对这堂课的有意注意；接着通过有趣的教学方法或展示直观教具让学生对新课题、新内容发生兴趣，产生无意注意；随后，根据由浅入深、由具体到抽象的原则进行教学，让学生掌握教材的重点、难点，使学生由无意注意转入有意注意，认真思考和理解；在紧张的有意注意之后，又要通过教学方法的改变或有趣的谈话来引起学生的无意注意；下课前，学生因疲劳注意最易分散，可以通过小结和布置作业引起学生的有意注意。应注意的是，注意的转换不是简单地交替，而是应该根据学习活动、学生特征等具体情况进行调整。

除了熟练掌握和灵活运用注意规律以外，作为教师，更重要的是要让学生学会分析自己注意品质的优缺点，自觉培养良好的注意品质。

## 本章知识要点

注意是心理活动或意识对一定对象的指向和集中，具有选择、保持和调节监督的功能。

通常而言，我们可以通过观察个体的适应性动作、无关动作及呼吸变化等外部表现来了解个体的注意状态，但是注意的外部表现和注意的状态并不总是保持一致。

注意是一种复杂的心理倾向，根据产生和保持注意时有无目的性和意志努力程度的不同，可以将注意分为不随意注意、随意注意和随意后注意，这三种注意都有其产生和维持的条件。

注意品质是构成注意力的稳定因素，是衡量一个人注意力好坏的标志，通常包括注意的广度、注意的稳定性、注意的分配和注意的转移，这些品质分别反映注意在空间、时间、活动效率及灵活性上的特征。

为了更好地进行教学活动，教师要自觉地掌握并善于运用注意的规律，有效组织学生的注意。充分利用无意注意的规律，使教学过程本身足以引起学生的兴趣而产生注意，同时避免其消极的影响；掌握良好的有意注意形成和维持的条件，激发学生克服困难和抗干扰的意志力；善于运用无意注意和有意注意相互转换的规律，使学生在学习活动中始终保持旺盛的精力，既积极地注意又不疲劳。

## 思考与实践

1. 注意是什么？它具有什么功能？
2. 如何对注意进行分类？
3. 无意注意与有意注意之间的关系是怎样的？
4. 注意的品质特征受哪些因素的制约？
5. 在教学活动中，应如何运用注意规律？
6. 分析自己的注意特征。

## 推荐阅读书目

[1] 黄希庭，郑涌. 心理学导论[M]. 北京：人民教育出版社，2015.
[2] [法]让-菲利普·拉夏. 注意力：专注的科学与训练[M]. 北京：人民邮电出版社，2016.
[3] [美]克里斯托弗·查布利斯，丹尼尔·西蒙斯. 看不见的大猩猩[M]. 北京：北京大学出版社，2011.

# 第三章　感觉和知觉

## 心理故事

### 第一印象

欢欢说，我第一眼看到菁菁，感觉她性格很好，很有亲和力，感觉她很善良，富有人格魅力，就像我过去常常在一起玩的发小。总之，对她的整体印象较好。于是，在对方的这种"吸引"下，她们的关系发展迅速。接下来，她们有了进一步的相处，随着时间的推移，彼此的认识多了一些。有一天，她们因为一件小事，产生了争执，大家都有些不愉快。这时，欢欢发现，菁菁不像她当初心目中的样子了，于是她想是不是菁菁不喜欢我，故意这样对我的？欢欢很伤心，于是欢欢找朋友倾诉。朋友告诉她，你别这样去想，也许，这就是她的性格，别因为这样难过，朋友需要在长时间的相处中相互了解和理解，你是不是还不够了解她？你不可以判断为她故意让你难过，也许她是在为你着想……后来，欢欢发现，其实菁菁所做的一切都是关心自己，只是自己不知道。这就是菁菁关心别人习惯性的表达方式和风格……

这种现象通常发生在人际交往中，这是一种什么现象呢？这一现象对我们有何启示呢？如何解释和利用这一现象呢？通过本章的学习我们就能有所了解。

# 第一节　感觉和知觉概述

## 案例展示

### 影星的"表演"

有一次，意大利著名的悲剧影星罗西应邀参加一个欢迎外宾的宴会。席间，许多客人要求他表演一段悲剧，于是他用意大利语念了一段"台词"，尽管客人听不懂他的"台词"的内容，然而，他那动情的声调和表情，凄凉悲怆，不由使人流下同情的泪水。可一位意大利人却忍俊不禁，跑出厅外大笑不止。原来，罗西念的根本不是什么台词，而是宴席桌上的菜单。

为什么有时人们对事物的认识停留在表面现象上，甚至被表面现象所迷惑？感知觉对深入认识事物有何作用？这就是要学习和探讨的内容。

## 一、感觉的概念

日常生活中，我们常常会说到"感觉"这个词，如"我对他的感觉不太好""我感觉完成这项任务挺困难的"等，这里的"感觉"的意思是"觉得"，与心理学的专有名词"感觉"的意思并不相同。

在心理学中，感觉是人脑对直接作用于感官的客观事物个别属性的反映。客观事物具有许多个别属性，这些个别属性在人脑中的反映就是感觉，如听到声音、闻到气味、看到颜色、感到凉爽等，都是感觉。感觉的种类很多，其共同特点是：（1）感觉是直接作用于感官的事物引起的脑的反映的结果。如光作用于视觉器官产生视觉，声音作用于听觉器官产生听觉，食物作用于味觉器官产生味觉，气味作用于嗅觉器官产生嗅觉等。（2）感觉是简单的认识过程，它反映的是事物的个别属性或某一方面的特性。例如一个苹果有颜色、气味、味道、形状等特性，作为感觉，视觉只看到颜色、形状，味觉只能尝到味道，嗅觉只能闻到气味。通过感觉人们只知道事物的声、形、色等个别属性，还不能把这些属性整合起来整体地反映客观事物。

感觉是神经系统对外界刺激的反应，它和一切心理现象一样，具有反射的性质。感觉不仅包括感受器的活动，而且包括效应器的活动。以视觉为例，为了得到清晰而稳定的视觉映象，不仅需要由视觉感受器提供正确的信息，而且需要神经中枢在对输入的信息进行分析后，对感受器做出反射性调整。当物体的距离、观察角度、照明条件发生变化时，神经中枢对感受器的自动化调节对正确地感觉外界有着重要的意义。在感觉时，感受器与效应器的活动是密切联系在一起的。效应器不仅执行神经中枢发出的指令，产生特定的应答活动，而且参与获得信息的过程，它有利于信息输入的加强，使感觉过程更合理、更有效。

感觉虽然很简单，但却很重要，它在人类的生活中具有非常重要的作用。

首先，感觉是人们认识世界的起点。人对客观世界的认识过程是从感觉开始的，从理论上说是从对客观事物的个别属性的认识开始的。通过感觉，人们获得了关于周围事物的特性以及自己身体方面的最初的感性知识。假如没有感觉，人类不能获得任何知识，"任何知识的来源，在于人的肉体感官对客观外界的感觉"。借助于感觉获得的信息，人们可以进行更复杂的知觉、记忆、思维等活动，从而更好地反映客观世界。

其次，感觉是一切较高级、较复杂的心理现象的基础，是人的全部心理现象的基础。记忆、想象、思维等高级心理过程无不建立在感觉的基础之上。因此，没有感觉，一切较复杂、较高级的心理现象就无从产生。

最后，感觉的信息维持着有机体与环境之间的平衡。人类为了适应环境，必须保持一种信息平衡。信息过载以及信息不足，甚至感觉隔绝都会造成严重的机能障碍。如果剥夺了一个人的感觉，使其完全不能感受外界刺激，也会损害他的心理机能。

贝克斯顿（Bexton）、赫伦（Heron）、斯科特（Scott）于 1954 年进行了一项有名的"感觉剥夺实验"（见图 3-1）。被试是自愿报名的大学生，每天的报酬是 20 美元。研究者把 55 名自愿接受实验的大学生分别关在一人一间的隔音暗室里，剥夺他们的视觉刺激和听觉刺激，并且为了尽量减少他们的触觉，还给他们的双手套上了套子，要求他们除了吃饭、喝水、大小便外，不做任何事情，只是睡觉或胡思乱想。结果发现，在这种状态下，大多数人只能忍受两三天，个别人最多也只能忍受六天；所有的人在这种状况下都不能集中思考，出现了幻觉，并感到了难以忍受的痛苦。实验进行四天后，研究人员对被放出来的大学生做了各种检测，发现他们的各种能力都受到了不同程度的损害，经过一天左右的时间，他们才恢复正常。实验表明，人们的生活离不开最基本的感觉活动，感觉既引导我们认识世界，也提醒我们保护自己，感觉还是一切知识经验的源泉。

可见，人在清醒时，需要不断地通过感觉与外界保持直接的、经常的联系，不断获得适量的信息，使有机体和环境之间保持平衡，保证有机体能在环境中正确定向。

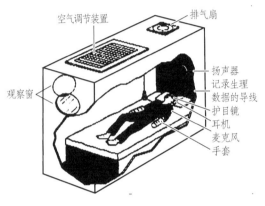

图 3-1　"感觉剥夺实验"

## 二、知觉的概念

### （一）知觉的含义

任何一种感觉，反映的是事物的个别属性，当我们把对事物的各种个别属性加以综合时，就产生了对事物的全面的反映，这就是知觉。知觉是人脑对直接作用于感觉器官的客观事物整体属性的反映。知觉不仅能反映个别属性，而且通过各种感觉器官的协同活动，按事物的相互关系或联系整合成事物的整体，从而形成该事物的完整映像。知觉是对感觉信息的组织和解释过程，对不可能图形（见图 3-2）的认知就是一个知觉过程。

图 3-2　不可能图形

知觉主要有以下特点：（1）知觉的产生是在感觉的基础上对物体的各种属性加以综合和

解释的心理活动过程，处处表现出人的主观因素的参与。（2）知觉是对事物不同部分及其相互关系的综合的、整体的反映。（3）知觉是在多种分析器协同活动参与下对事物整体属性整合的结果。

知觉作为一种活动、过程，包含了互相联系的几种成分，即觉察、分辨和确认（Moates，1980）。觉察是指发现事物的存在，而不知道它是什么。例如，我们在校园内散步，忽然发现路旁有一个闪闪发亮的东西。这时我们只是觉察到一个物体的存在，还不知道它是什么。分辨是把一个事物或其属性与另一个事物或其属性区别开来。确认是指人们利用已有的知识经验和当前获得的信息，确定知觉的对象是什么，给它命名，并把它纳入一定的范畴。例如，当我们走近路旁那个闪闪发亮的东西，经过仔细观看和摆弄之后，看清它的形状是圆的，它的光亮的表面能够反映出自己面部的形象……从而把它与其他事物区分开来，并断定它是一面镜子，这就是分辨和确认。在知觉过程中，人对事物的察觉、分辨和确认的阈限值是不一样的。如果说人们觉察一个物体比较容易，那么要确认这个物体就要困难得多，需要的加工时间也较长。

## （二）特殊的知觉——观察

观察是一种有目的的、有计划的、主动的知觉，是人对现实感性认识的一种主动形式。它与积极的思维相联系，所以有时也称作"思维的知觉"。观察是知觉的高级形态，是我们认识客观事物的重要途径。

知觉可以分为无意的和有意的。无意的知觉是由外界对象的特点引起的，或者为人的兴趣所指引。有意知觉是由所提出的目的、任务决定的，为了达到一定的目的，有计划、有选择地去知觉客体。当有意知觉的目的是为了探索与了解客体的进程与变化，并且独立地、有系统地去进行，这种高度发展的有意知觉就是观察。

观察中包含着积极的思维，并且离不开语言。观察是一个知觉、思维、语言相结合的智力活动过程。言语的表述把观察引向一定的对象，即去观察什么，可以由言语引起活动进行。在观察事物的过程中，必须运用比较区分出主要的和次要的、必然的和偶然的，这是思维的活动。

# 三、感觉和知觉的关系

感觉和知觉是既有区别又紧密联系的心理过程。

## （一）感觉和知觉的区别

第一，感觉和知觉所反映的具体内容不同。感觉和知觉是不同的心理过程，感觉是人脑对客观事物个别属性的反映，通过感觉可获得事物个别属性的知识；知觉是对事物各种不同属性、不同部分及其相互关系的综合反映，即对事物整体的反映。显然没有感觉就不会有知觉，可知觉比感觉复杂得多，因为知觉中除了感觉之外，还包含其他的心理因素，如过去的经验、言语活动等。

第二，感觉是介于心理和生理之间的活动，它的产生主要来自感觉器官的生理活动以及客观刺激的物理特性，相同的客观刺激会引起相同的感觉；而知觉则是在感觉的基础上对事物的各种属性加以综合和解释的心理活动过程，知觉的反映受人的主观因素的影响。

第三，从生理基础来看，感觉是单一分析器活动的结果，而知觉是多种分析器协同活动的结果。

## （二）感觉和知觉的联系

第一，感觉是知觉的有机组成部分，是知觉产生的前提和基础。没有感觉，就没有知觉。我们感觉到的事物的个别属性越多、越丰富，对事物的知觉也就越准确、越完整。但知觉并不是个别感觉信息的简单总和，它比个别感觉的简单相加要复杂得多。因为在知觉过程中还有人的主观经验在起作用，人们要借助已有的经验去解释所获得的当前事物的感觉信息，从而对当前事物做出识别。

第二，它们都是客观事物直接作用于感觉器官，在头脑中产生的对当前事物的直接反映，离开了当前事物的直接影响，便不可能产生任何感觉或知觉。

第三，感觉和知觉密不可分。单纯的感觉只在新生儿中才有，而在儿童和成年人实际的心理活动中，单纯的感觉是很少有的，他们总是以知觉的形式来反映事物。感觉和知觉同属于认识过程的感性阶段，都是对事物的直接反映，一旦事物在我们的感官所及的范围内消失，感知也就停止了。

# 第二节　感　觉

**案例展示**

### 乔纳森的"悲剧"

乔纳森是一名画家，在他颇有成就的艺术生涯中，曾经用各种美丽的颜色创作出大量的抽象画。然而65岁时，他由于脑损伤而丧失彩色视觉，变成色盲。从此，当他再次审视自己的画作时，看到的只是灰色、黑色和白色。他在以往色彩缤纷、充满丰富多彩个人体验的画作中看到的仅仅是"肮脏的"和"不合逻辑的"斑点。他已经认不出自己的作品了。以后的日常生活里，他只说黑色和白色的食物——黑色的橄榄和白色的米饭看起来还可以，而有颜色的食物则变成了令人不安的灰色，看起来也不好吃。

乔纳森的故事并未结束。过了一段时间，他从最初混乱的感觉中恢复过来。乔纳森开始探索用黑白两色进行创作的可能性。喜欢他画作的人们把他的这段时期看作是他艺术生涯中新鲜、有趣的阶段，而不知道是因为脑损伤才使他的艺术方向发生了改变。突如其来的"色盲"为乔纳森打开了视觉世界的新领域："尽管乔纳森不能否认他的损失，甚至在某些时候感到忧伤，但是他感觉到他的视觉变得'十分精准'和'特殊'，他看到了由色彩构成的单纯的形状和整齐的世界"。因此，尽管丧失了颜色视觉，乔纳森的感觉过程仍然能够保证他通过艺术形式表达对世界的欣赏和改造。

人的感觉真是一个奇妙的东西。为什么会发生这种现象呢？这种现象会引发人们怎样的思考？感觉的变化有无规律可循？下面我们就来揭开谜底。

## 一、感觉的产生

机体的某一感受器只对某种类型的刺激做出反应。对某一感受器来说，感受敏感的那种能量刺激，叫作适宜刺激。感觉的产生包括三个主要环节。感觉产生的第一个环节是刺激过程，由刺激引起感受器产生相应变化的整个过程，叫作刺激过程。感觉信息加工的第二个环节是传入神经的活动，它把神经冲动传递到中枢。感觉产生的最后环节是大脑皮质的活动，从而产生感觉，如图 3-3 所示。

**图 3-3　感觉产生图示**

虽然感觉是在脑中产生的，但我们却意识不到感觉是发生在脑中的；相反，我们感觉到的却是发生在刺激物刺激的地方。甚至实验研究中刺激大脑皮质所引起的感觉也是如此。感觉的这种投射现象是习惯和过去经验作用的结果。

## 二、感觉的种类

根据感觉信息的来源可把感觉分为外部感觉和内部感觉两大类。

### （一）外部感觉

外部感觉接受外部刺激，反映外界事物的个别属性，有视觉、听觉、嗅觉、味觉和肤觉等。

#### 1. 视觉

（1）视觉的含义。

视觉是可见光波作用于视觉器官而产生的感觉。视觉的适宜刺激是波长为 380～780 纳米的电磁波，即可见光波。可见光波具有三个特点：波长、强度和纯度。这些特性直接影响我们视觉经验中的色调、明度和饱和度。波长不同色调就不同，如 700 纳米为红色、580 纳米为黄色、510 纳米为绿色、420 纳米为紫色。强度可用照在平面上的光子的总量来测量，叫作照度，它影响视觉经验中的明度（明暗与否）。纯度是指光的成分的纯杂性，它引起的视觉反应是饱和度，饱和度取决于光线中优势波长所占的比例，优势波长的比例大则饱和度大。非彩色只有明度上的差异，彩色则有色调、明度、饱和度的变化。实验证明，如果光波的三个特性之一有变化，视觉经验就会发生变化。

眼睛是视觉器官。眼的前部包括角膜、水晶体、瞳孔等，起折光和控光作用。眼的后部主要是视网膜，视网膜是感光组织。视网膜中心有七百万个锥状细胞，是明视器官，能够分辨各种颜色，反映物体细节；视网膜边缘有棒状细胞，不能分辨颜色，但可感受弱光，是暗视器官，如图 3-4 所示。

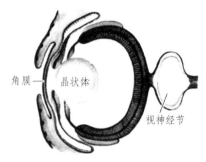

图 3-4    人眼构造简图

（2）视觉的产生。

视觉产生的过程：外界可见光波进入眼睛作用于视网膜，在视网膜上成像并引起化学反应，然后转换成神经冲动，神经冲动经视神经传到大脑皮质枕叶视觉中枢，产生视觉。

视觉是人类最重要的信息通道，人类获取的信息 80% 都来自视觉器官。

（3）视觉现象。

视觉感受性。① 对光的强度的感受性。在适当条件下，视觉器官对光的强度有极高的感受性，其感觉阈限是很低的，如人眼能对 2 ~ 7 个光子起反应。对光的强度的感受性受波长的影响，波长 500 纳米左右的光比其他波长的光更易被觉察到。视网膜的不同部位对光的强度的感受性不同，光刺激离中央凹 8 ~ 12 度时，视觉有很高的感受性；刺激盲点时，对光完全没有反应。② 对光的波长的感受性。视网膜的不同部位对色调的感受性是不同的。人对颜色的辨别能力在不同的波段是不一样的，在光普的某些部位，只要改变 1 纳米就能觉察出来，但在多数部位则要改变 1 ~ 2 纳米才能觉察出来。

视敏度。视觉辨别物体细节的能力叫作视敏度，俗称视力。视敏度与视网膜物像大小有关，而视网膜物像大小则取决于视角的大小。所谓视角，就是物体边缘与眼球心连线所形成的夹角。同一距离，物体的大小同视角成正比，同一物体，物体距离眼睛的远近与视角成反比。分辨两点的视角越小，表示一个人的视敏度越高。影响视敏度的因素主要有几个方面，如光线落在视网膜的哪个部位、明度、物体与背景的对比、眼睛的适应状态。

颜色混合。我们看见的几乎都是许多波长的混合光。颜色混合的规律主要有下列三条：互补律，每种颜色都有另一种颜色同它相混合而产生白色或灰色，这两种颜色称为互补色。另外，还有红色和浅青绿色、橙黄色和青色、黄色和蓝色、绿色和紫色。间色律，混合两种非补色，便产生一种新的介乎它们之间的中间色。如红色与蓝色混合后产生紫色，红色与黄色混合后产生橙色。代替律，相混合的两种颜色，都可以由不同颜色混合后产生的相同颜色来代替。如颜色 A=B，C=D，则 A+C=B+D。不管颜色的原成分如何，只要感觉上颜色是相似的，就可以互相代替，产生同样的视觉效应。

色觉缺陷。常见的色觉缺陷有色弱和色盲。色弱主要表现为对光谱的红色和绿色区的颜色分辨能力较差。色盲又分为局部色盲和全色盲，局部色盲常见的有红—绿色盲与蓝—黄色盲。全色盲的人看不见彩色，这是极其罕见的。

### 2. 听觉

（1）听觉的含义。

听觉是声波作用于听觉器官所产生的感觉。听觉的适宜刺激是 16～20 000 Hz 的声波。声波的物理特征可用振幅、频率和波型来描述，与之相应，听觉经验有响度、音高和音色的区别。

（2）听觉的产生。

耳由外耳、中耳、内耳三部分组成。外耳包括耳郭和外耳道，起聚集声波的作用。中耳主要由鼓膜、鼓室和听小骨组成，起传导声波的作用。内耳由前庭器官和耳蜗组成。耳蜗里的基底膜上长短不一的毛细胞把声波转换成神经冲动，神经冲动经听神经传入大脑皮质颞叶的听觉中枢，产生音高、音强、音色的听觉。人类 10% 左右的信息来自听觉。人耳构造示意见图 3-5。

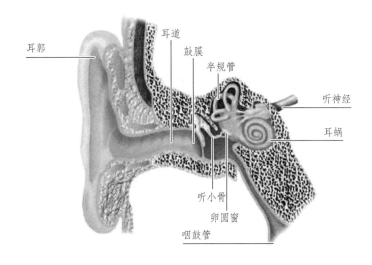

**图 3-5　人耳构造示意图**

（3）听觉感受性。

听觉感受性指对声音频率的感受性。音高是由频率而定的，疾病、年龄会改变这种情况。一般来说，频率越低，耳对频率变化越敏感。频率达到 2000 Hz（40 分贝），约 3 Hz 的频率变化即能觉察出来。随着频率增高，差别阈限增加，例如约 10 000 Hz 时，要觉察出音高的变化，需约 30 Hz 的差异。但 1000 Hz 以内则恒定为 3% 左右。

对声音强度的感受性。音响主要由声音强度决定。声音强度感受值为 0～130 分贝。音响还与频率有关，在相同的声压水平上，不同频率的声音响度是不同的；但不同的声压水平却可以产生相同的音响。

### 3. 嗅觉

嗅觉是有气味的挥发性的物质微粒作用于嗅觉器官而产生的感觉。嗅觉的适宜刺激是能溶解的、有气味的气体分子。它作用于鼻腔上部的嗅细胞而产生嗅觉。嗅觉阈受很多因素影响。人的嗅觉远不如猫狗发达，但有很大发展的可能性，仍为我们提供重要信息。研究表明，嗅觉刺激可以唤起人们的记忆和情绪。芳香的气味可以使人心情好，增强自信，提高工作效率。味觉和嗅觉这两种感觉经常联系在一起。

### 4. 味觉

味觉是能溶于水和唾液中的有味道的化学物质作用于味觉器官而产生的感觉。能溶于水的化学物质作用于分布在舌面、咽喉的黏膜和软腭等处的味蕾而产生味觉。人的基本味觉有酸甜苦咸四种，味觉感受性受多种因素的影响。舌面的不同部位味觉感受性不同，舌尖对甜味最敏感，舌根对苦味最敏感，舌的两侧对酸味最敏感，舌的两侧前部对咸味最敏感。味觉感受性还与温度（20℃～30℃最好）、机体需求状态（饿时对甜咸的感受性增高，对酸苦的感受性降低）、肾上腺皮质功能有关。味觉对维持有机体内环境的动态平衡起重要作用。人们对味道有多种偏好，在我国有"南甜北咸，东辣西酸"的说法，但很少有苦味偏好的人。

### 5. 肤觉

肤觉是物体的机械特性、温度特性、电特性作用于相应的外周感受器所产生的感觉。肤觉包括触觉、压觉、温度觉、痛觉等，这些感觉的感受器呈点状分布在全身，触点主要分布在手掌、指头和嘴唇上。在生活中各种肤觉都很重要，如果没有冷觉，冻死也不觉得冷。当刺激的强度达到对皮肤组织产生伤害的程度时，就会产生痛觉。肤觉的痛觉感受器是神经末梢。神经末梢在人体的分布不均，因此身体各部位对痛觉的敏感度不同。痛觉虽令人不快，但能够保护人避开伤害刺激。某些化学药品、激素，人的情绪状态、动机等会使痛觉减弱、消失或者增强。中医中的针灸、催眠等也可以减轻痛觉甚至使痛觉消失。在全身皮肤上痛点最多，痛觉是有机体的警报信号，它提供刺激物带来的危害信号。皮肤觉中的各种感觉符合这样一个规律，即在生活实践中，哪种感觉用途大，感受性就高，反之就低。

## （二）内部感觉

### 1. 运动觉

运动觉也叫作动觉，是由身体活动而产生的感觉。运动觉的感受器位于肌肉、肌腱和关节中。肌肉运动、关节角度的变化等都是运动觉的适宜刺激。运动觉是行走、劳动、体育运动等的重要生理基础。同时，我们对物体的软硬、弹性、远近、大小、滑涩等特性的认识，也是需要将运动觉与触觉、压觉等相结合才能实现。手的皮肤感觉（触觉）和运动觉紧密结合，便产生了一种特殊的感觉——触摸觉。

### 2. 平衡觉

平衡觉又叫作静觉，是反映头部运动速率、方向和身体平衡状态的感觉。平衡觉的感受器包括内耳的椭圆囊、球囊和三个半规管。当头部或躯体位置及运动速度发生改变时，毛细胞兴奋，兴奋传到延髓、小脑、大脑皮层等相关区域，产生平衡觉。如我们感到天旋地转，就是半规管内的淋巴液运动引起前庭器官兴奋的结果。平衡觉与小脑联系密切。平衡觉在重新分配身体肌肉紧张度、促进自我保持平衡上起着重要的作用。平衡觉与视觉的联系表现在前庭器官受到刺激时，可以观察到各种物体仿佛在视野中移动的晕眩现象。平衡觉还与内脏有联系。当前庭器官超强兴奋时，可引起恶心、呕吐等现象，晕船或晕车就是典型事例。值得一提的是，航空、航海、舞蹈等领域对从业者的平衡觉方面有特别的要求。

### 3. 内脏觉

内脏觉是内脏各器官的异常变化作用于内脏分析器时所产生的感觉，又叫作机体觉。引起机体觉的适宜刺激是机体内部器官的活动和变化，接受机体觉刺激的感受器分布于人体各脏器的内壁。机体觉在调节内脏器官的活动中起重要作用。它能及时反映体内环境的变化和内部器官的工作状态，使有机体能更好地适应环境，维持生命。当人体的内部器官处于健康、正常的工作状态时，一般不会产生机体觉。机体觉的表现形式有饥、渴、恶心、窒息、便意、胀、痛等。机体觉与情绪联系密切，感觉不精确，分辨力差，呈同期性变化。

## 三、感觉规律

### （一）感受性和感觉阈限

感觉的产生，首先必须有作用于各种感受器的适宜刺激。外界某种性质的刺激，只能引起某种感觉器官的反映，也就是说，每一种感受器只对一种形式的能量特别敏感，而这种能量就是这种感受器的适宜刺激。适宜刺激引起相应的感觉，需要一定的强度，如果达不到一定的刺激强度，便不能产生感觉，这就是感受性和感觉阈限问题。感受性是指人体器官对适宜刺激的感觉能力，感觉阈限是指能引起感觉，并能持续一段时间的刺激量，两者呈反比关系，感觉阈限越大，感受性越低；感觉阈限越小，感受性越高。

#### 1. 绝对感觉阈限和绝对感受性

需要说明的是，并不是任何刺激都能引起感觉，要引起感觉，刺激必须达到一定的量才行，那种刚刚能引起感觉的最小刺激量称为绝对感觉阈限。凡是没有达到这一数量的刺激都处在阈限以下，不能引起感觉。例如，人听不到远处的声音，觉察不到微风的吹动；把一粒小沙粒放在人的手掌上，人不会有感觉，但逐渐增加沙粒数，当达到一定数量时，就会引起被试的感觉，这个刚刚能引起感觉的最小刺激量就是绝对感觉阈限。

绝对感受性是觉察出最小刺激的能力。绝对感觉阈限要解决的问题，是确定从无感觉到感觉产生，例如从看不见到看见、从听不到到听到、从尝不出味道到尝出味道，两者之间刺激强度的精确数值。

不同感觉的绝对阈限是不同的，同一感觉的绝对阈限也会因刺激物的性质和有机体的状况而有所不同。表 3-1 所示的是人类重要感觉的绝对阈限。

表 3-1　人类重要感觉的绝对阈限

| 感觉类别 | 绝对阈限 |
| --- | --- |
| 视觉 | 晴朗的暗夜中可以见到 48 千米外的烛光 |
| 听觉 | 静室内可以听到 6 米外表的嘀嗒声 |
| 味觉 | 7.6 升水中加一茶匙糖可以辨出甜味 |
| 嗅觉 | 闻出扩散至三个房间的一滴香水的味道 |
| 温度觉 | 皮肤表面有一摄氏度之差即可感受到 |
| 触觉 | 能感受到一片蜜蜂的翅膀从 1 厘米外落到皮肤上 |

### 2. 差别感受性与差别感觉阈限

能引起感觉的刺激物，如果在数量上发生了变化，也不一定引起我们的感觉变化，只有当刺激变化达到一定量时我们才能觉察到。这个刚刚能觉察出差异的刺激物的最小差别量就是差别感觉阈限（也叫作最小可觉差），而人们刚刚能觉察出最小差别量的感觉能力就是差别感受性。

1834 年，德国生理学家韦伯（E·H·Weber 1795—1878）在研究感觉的差别阈限时发现，在中等刺激强度范围内，每一种感觉的差别阈限都是一种相对的常数，可用数学公式表示：$K=\Delta I/I$。其中，I 为原刺激量或标准刺激的强度；$\Delta I$ 为引起差别感觉的刺激变化量，即差别感觉阈限；K 为一个常数，称为韦伯分数。表 3-2 所示感觉的最小韦伯分数。

表 3-2　感觉的最小韦伯分数表

| 感觉类别 | 韦伯分数 |
| --- | --- |
| 重压（在 400 克时） | 0.013=1/77 |
| 视觉明度（在 100 光量子时） | 0.016=1/63 |
| 举重（在 300 克时） | 0.019=1/53 |
| 响度（在 1000 Hz 和 100 dB 时） | 0.088=1/11 |
| 橡胶气味（在 2000 嗅单位时） | 0.104=1/10 |
| 皮肤压觉（在每平方毫米 5 克时） | 0.136=1/7 |
| 咸味（在每千克 3 克分子量时） | 0.200=1/5 |

## （二）同一感觉器官感受性的变化

### 1. 感觉适应

由于刺激物持续作用于感受器，从而使感受性提高或降低的现象叫作感觉适应。这是在同一感受器中发生的。适应现象表现在所有的感觉中，但在各种感觉中适应的表现和速度是不同的。视觉有明暗适应，听觉的适应不明显（较强的声音可引起）。触压觉的适应很明显，经过 3 秒左右，感受性就下降到原来的 25%左右。温觉适应明显，痛觉的适应不易发生。嗅觉的适应速度以刺激的性质为转移,味觉也有适应现象。

适应能力是有机体在长期进化过程中形成的。它对于我们感知外界事物、调节自己的行为具有积极的意义。

### 2. 感觉对比

对比是同一感受器接受不同的刺激而引起感受性发生变化的现象。这是同一感受器中不同刺激效应相互影响的表现。对比分同时对比和先后对比。

同时对比,几个刺激物同时作用于同一感受器会产生同时对比现象。这在视觉中表现很明显,如同一灰色方块放在白色背景上显得暗淡,放在黑色背景上则显得明亮。

不同刺激物先后作用于同一感受器会产生先后对比现象。例如,吃了糖后再吃橘子,觉得橘子很酸;吃了苦药后再喝白开水也觉得有点甜味;凝视红色物体之后再看白色物体,就会出现青绿色的后像等。

研究感觉对比有重要的实践意义。在工业生产中,各种机器设备、工艺管道等色彩的设计就要考虑对比现象。例如,机械设备的表面采用浅灰、浅蓝或浅绿色可以减少视觉疲劳;机器的重要操作部件,采用淡黄色或白色加强对比,便于识别,以提高工效;设置在角落里的设备、阀门、交通梯等,宜用明亮的色调,加强对比,便于识别,以免发生事故。

### 3. 后像

对感受器的刺激作用停止以后,感觉并不立即消失,还能保持一个极短的时间,这种暂时保留下来的感觉印象叫作后像。我们看电影、电视就是依靠后像的作用,它存在于各种感觉中。

后像在视觉中表现特别明显。如夜晚将火把以一定速度作划圈动作,就会出现一个火圈;电扇转动时,几个叶片看上去像一个圆盘。断续的刚能引起连续感觉的最小频率叫作临界闪光频率。这时产生的心理效应叫作闪光融合现象。如电视机临界闪光频率为50次/秒,日光灯临界闪光频率为100次/秒。在中等光强度下,视觉后像保留大约1/10秒,但闪光频率会受到其他因素的影响。

## (三)不同感觉间的相互影响

对某种刺激的感受性,不仅取决于对该感受器的直接刺激作用,而且还决定于同时受刺激的其他感受器的机能状态。在一定条件下,各种感受器的机能状态都有可能发生相互影响、相互作用。例如,用刀子刮玻璃发出的吱吱声,往往使许多人的皮肤产生寒冷的感觉;强烈的声音常使牙痛患者疼得更厉害;有时分贝很高的声音,容易使人产生呕吐的感觉;有时咬紧牙关或握紧拳头,人会感到身体某一部位的疼痛似乎减轻了些;举重时,如果有轻音乐伴奏,举重者会感觉重物好像变得轻了些。

### 1. 不同感觉的相互作用

在一定条件下,各种不同的感觉都可能产生相互作用。例如,在噪音听觉影响下,黄昏视觉的感受性降低到刺激前的20%;暗适应时眼睛对绿蓝色光感受性增强,对红橙色光感受性降低；凉水擦脸可提高黄昏视觉的感受性；嗅觉、味觉、痛觉也会对视觉感受性产生一定的影响；断续的闪光能使声音的响度产生起伏变化，产生"脉动"感觉；食物的颜色、温度会影响味觉；摇动的视觉形象会影响平衡觉，使人晕眩。

### 2. 不同感觉的相互补偿

感觉的补偿是指某种感觉系统的机能丧失而由其他感觉系统的机能来弥补。如盲人能通过听觉、触摸觉来感知事物，聋哑人能"以耳代目"。另外，也可借助仪器来增强代偿。

各种感觉之所以能相互补偿，是由于各种刺激的能量是可以相互转换的。

### 3. 联觉

当某种感官受到刺激时出现另一种感官的感觉和表象，这种现象称为联觉。最常见的联觉是色听联觉，即听到某种声音时就产生鲜明生动的彩色形象。红橙黄色（暖色）会引起温暖的感觉，蓝青绿色会引起寒冷的感觉。音乐家常产生视听联觉。不同的色调也会引起不同的心理效应，如红色使人兴奋，蓝色使人镇静，绿色使人和缓，玫瑰色使人振奋等。在建筑设计、环境布置上要考虑色觉的联觉作用。根据联觉现象，近年来人们创造出了彩色音乐，把声音形象转化为彩色形象。

# 第三节　知　觉

**案例展示**

#### 小处不可随便

李老师走进教室准备上课时，发现讲台上只剩下蓝色的粉笔了，他正准备出去拿些白色粉笔时，上课的铃声响了。李老师心想蓝色粉笔也影响不大，为了不耽误给学生上课，将就点算了。然而，上课的过程中，李老师发现对自己在黑板上写的蓝字，许多学生费了很大的劲还是看不清楚，自己在黑板上写的重点知识还需要重复讲几遍，学生才能把它们在笔记本上记下来。懊悔不已的李老师在课后的教学反思中，郑重地写下了"小处不可随便"几个大字。

是什么原因使得学生们看不清李老师在黑板上写的蓝字呢？这是一种什么现象，它有无规律可循？在本节中将探讨这些问题。我们学习掌握了这些知识，无论是在教学中还是在生活中，就不会再重复李老师所犯的错误了。

## 一、知觉的种类

可以根据不同的标准对知觉进行分类。根据知觉中哪一种感觉占主导地位，可以把知觉分为视知觉、听知觉等；根据知觉对象的不同，可以把知觉分为物体知觉和社会知觉。

## （一）物体知觉

物体知觉是人们对客观事物的知觉，主要有以下几种。

### 1. 空间知觉

在空间中，我们对自己和周围事物关系的知觉以及对位置、方位、距离等空间构成要素的判断，都属于空间知觉。空间知觉包括形状知觉、大小知觉、距离知觉和方位知觉等。通过空间知觉，我们不仅可以认识事物的形状和大小，而且可以认识物体的上下、左右、前后等方位，视觉和听觉在知觉中起着重要作用。

### 2. 时间知觉

时间知觉是人脑对客观现象连续性、顺序性和周期性的反映。我们通常借助于钟表、四季交替变化的周期和人的生理节律去感知时间的长短和先后顺序。例如，我们常常借助钟表把握时间；根据农作物的生长变化来判断季节变化；根据人的正常规律作息，确定一天中的早晚和一周的长短。除此之外，个体的情绪状态也会影响人们的时间知觉。例如，在欢快的情绪状态下，人们总是觉得时间过得非常快；相反，在厌倦的情绪状态下，人们常常觉得时间过得很慢。

### 3. 运动知觉

运动知觉是指人们对客观事物在一定时间内发生位移或者距离变化的知觉。例如，比赛的运动员在球场上的运动，这是真实发生了位置和距离的变化，这是正常情况下，人们知觉到的运动。除了真实的运动之外，还存在特殊的运动知觉，有人叫作似动和诱发运动。所谓似动，就是指看起来在动，实际上物体并没有发生运动。例如，我们在看3D电影的时候，我们仿佛觉得屏幕发生了巨大的位移和空间距离变化，实际上，屏幕并没有发生任何的位移和距离的改变，这就是似动。诱发运动，则是指人们感觉在运动的物体本身并没有运动，而是由于其他物体的运动，让人们觉得它在运动的现象。例如，我们坐在列车上，看见列车两旁的景物在迅速向后移动，实际上，它们并没有发生任何的运动，只是由于列车在迅速前进，使人们产生了运动知觉，这种现象叫作诱发运动。

## （二）社会知觉

社会知觉就是我们在生活实践中，对自己、对别人、对人与人之间以及对社会群体的知觉，又叫作社会认知。人的本质属性就是社会属性，人总是在同他人的交往中，产生各种关系，只有正确地认识自己与他人的关系以及他人对自己的反应，了解他人与他人的关系，我们才能更好地认知自己，处理好自己同他人、自己同群体的关系，从而建立和谐的人际关系。

心理学研究发现，在人际交往中常出现以下知觉偏差。

### 1. 首因效应

首因效应是指一个人给对方的第一知觉印象。当我们与一个素不相识的人见面时，一方留给另一方的印象往往在今后的交往中起着主导作用。所以，为了给对方留下良好的第一印象，我们需要注重与对方的第一次交往。生活中不乏这样的例子，例如，男女双方在第一次约会中，男子与女子都比平时更注重自己的形象。因为良好的第一印象会让对方对自己产生好感，对今后的交往产生积极作用。相反，如果一个人给别人的第一印象较差，会在一定程度上影响到彼此今后的交往。例如，同学们在求职面试之际，会提前整理自己的形象并用心设计自己的简历，以给用人单位留下良好的第一印象。因此，我们要学会利用首因效应。当然，如果一个人给别人留下的第一印象不理想，这是否就不可以改变呢？这就需要客观地辨认。

### 2. 近因效应

近因效应是指我们在同他人交往过程中，近段时间获得的关于对方的印象。如果一个人在第一印象中，留给人的印象不够美好，是可以通过近因效应来改变的。例如，最初，一个人给对方留下不友好、冷漠、可恨的印象，如果在之后的交往中，他表现出了热情、大方、友好、乐观、善良的良好形象，对方也会因此而改变对他的整体印象。所以，在生活中，我们要想获得良好的人际关系，不仅要注重第一印象，还要注重之后的每一次交往，如果自始至终留给别人的都是良好的印象，那么，你给对方留下的印象一直都是良好的，你的人际关系就会很和谐。

### 3. 晕轮效应

晕轮效应又称光环效应，是指在人际交往中，一个人的优点或者缺点，在对方心中形成一种夸大的社会知觉。"爱屋及乌"说的就是这个道理，因为爱一个人而导致爱他身边的人，认为他身边的人也值得爱。又如，我们常说，"一白遮百丑"也是同样的道理。

### 4. 刻板印象

刻板印象是指人们对某一群体的认识，会以点概全或者以偏概全的社会知觉。例如，在人们印象中，北方人有直爽、大方、不拘小节等性格特征，于是，我们觉得北方人都是直爽、大方和不拘小节的；而知识分子都是彬彬有礼的。导致刻板印象产生的根本原因，是在实际生活中我们并没有深入地去同这些人交往，从而形成固定的认知。它既有积极作用的一方面，如果对某一地区、某一职业或者某一外貌特点的人，在短时间内进行判断时可以缩短判断的时间，同时也有消极作用的一方面。这种判断不一定适合所有的人，所以对其判断的客观性是需要进一步验证的。

综上所述，我们在与别人相处的时候，要学会辨别和利用社会知觉偏差，正确对待和处理好自己和他人的关系，以建立友好和谐的人际关系。

## 二、特殊的知觉——错觉

### （一）错觉的含义

错觉是指在特定条件下对事物产生的某种固有倾向的歪曲知觉。错觉不同于幻觉，它是在一定条件下必然产生的。

## （二）错觉的种类

常见的错觉有以下几种。

### 1. 大小错觉

看看图 3-6 中两组圆形中间的圆形哪个大？

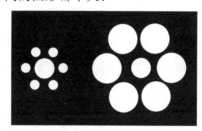

图 3-6 大小错觉

### 2. 运动错觉

前伸后仰头，左右挪挪头，看看会发现什么？（见图 3-7）

图 3-7 运动错觉

### 3. 长短错觉

看看图 3-8 中哪根箭头长？

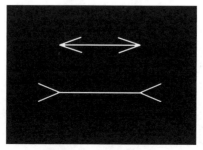

图 3-8 长短错觉

## （三）产生错觉的原因

客观上，错觉的产生大多是因为知觉对象所处的客观环境有了某种变化。如大小错觉、长短错觉。

主观上，错觉的产生可能与过去的经验、情绪等因素有关，如一日三秋、草木皆兵。

错觉还可能是几种感觉相互作用的结果，如形重错觉就是视觉和运动觉相互作用形成的。

## （四）研究错觉的意义

（1）通过对错觉的研究，可以更全面地了解人的认识产生的条件、过程和特点。

（2）通过对错觉的研究，可以在实践活动中采取措施来识别和利用错觉。如运用仪器帮助判别，在军事上和服装设计上也可利用错觉。

# 三、知觉的特性

## （一）知觉的选择性

知觉的选择性指的是人们能迅速地从背景中选择出知觉对象。我们周围的事物复杂多样，我们只能选择对自己有重要意义的刺激物作为知觉的对象，其他事物则成为背景。背景与对象是相对的，是可以相互转化的，如对双关图的认知（见图3-9）。

**图3-9　双关图**

什么样的事物容易成为知觉的对象，这既与刺激物本身的特点有关，也和主观因素有关。

### 1. 客观刺激物本身的特点

（1）强度大的、对比明显的刺激物，容易成为知觉对象。知觉对象和知觉背景之间差异越大，对象越容易被选择出来。例如，绿草丛中的红花往往显得异常的鲜艳，但如果换成青蛙则不容易被发现；黑板上白色的粉笔字很容易就能被看清楚，而如果换成黑色的字则往往无法辨认。

（2）在空间上接近、连续，形状上相似的一组刺激物容易被知觉为整体。

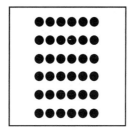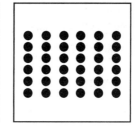

图 3-10 知觉的接近性

例如，在图 3-10，左图中的圆点，横行的比纵行的更接近，易看成横行排列；右图的圆点，纵行的比横行的更接近，易看成纵行排列。

（3）在相对静止的背景上运动着的物体，容易成为知觉对象。例如，夜晚大街上闪烁的霓虹灯最能吸引人们的目光，但此时在没有灯光的角落里发生的事，人们却往往不能察觉。

（4）维量变化较多的事物容易成为知觉对象。如人们对颜色和亮度两种维量变化的信号灯比只有亮度一种维量变化的信号灯所引起的辨别反应要快。

**2. 知觉者的主观因素**

知觉者的主观状态是影响知觉选择性的另一重要因素。例如，活动的任务、目的，个人的兴趣爱好、情绪状态等，都会对知觉的选择性产生影响。比如，临近毕业时，就业的信息往往成为大学生关注的重点；喜欢体育运动的人经过运动场时会"不经意地"注意运动场上发生了什么等。

正因为知觉有选择性，人们才能关注有重要意义的、符合当前需要的事物，也使得人们的意识是清晰的。

## （二）知觉的整体性

知觉的整体性是指在刺激不完备时，知觉者仍然保留完整的认识。如把立方体看作是一个整体而非几个平面。知觉者之所以具有整体性，是因为客观事物对人而言是一个复合的刺激物。人会运用过去的经验对获得的信息进行加工，但其中的关键成分不能缺少。

图 3-11 是一个斑点图，正是有了知识、经验作为基础，我们才填补了画面信息的不足，把对象知觉为一个有意义的整体。

图 3-11 知觉的整体性

日常生活中，人们很难获得孤立的感觉。因为事物的个别属性总是作为一个方面与整个事物同时被反映的，我们总是要把对事物的各种感觉信息综合起来，并根据自己的经验来解释事物。也就是说，我们通常是以知觉的形式来反映事物。

知觉的整体性既依赖于客观刺激物自身的特点，也依赖于个体的主观因素。

### 1. 客观事物自身的部分特点

在生活中，我们在辨认一个曾经熟悉的人时，尽管他的发型或者着装会不时变化，但我们依然能够通过其面部特点辨认出他。

### 2. 客观事物各个部分之间的关系与特点

知觉对象各部分的关系与特点包括相似、共同命运、连续、好图形、闭合原则等。如图3-12 所示：

图 3-12　知觉整体的相似性

我们会将前边三个圆知觉为一个整体，接着后边的三个圆知觉为一个整体；随后，将后边的三个笑脸符知觉为一个整体；最后，将两个多边形知觉为一个整体。

图 3-13　知觉整体的连续性

如图 3-13 所示，我们会将这条褶皱的曲线从头到尾知觉为仅仅是一条曲线和一条直线，而不将其知觉为多个半幅形状上下拼接而成的曲线和一条直线，这就是知觉中的连续原则。

左 图　　　　　　　　　　右 图

图 3-14　知觉整体的闭合性

我们会将图 3-14 中的左图知觉为四对括号，而将右图知觉为中间是三个长方形的图形，这就是知觉中的好图形（有规则、对称、美观等特点）原则和闭合原则。

### 3. 主观因素

主观因素是指个体在知觉过程中，由于大脑中具有与这一事物相关的知识或者经验，从而使得个体在知觉客观事物时，能更加快速、准确地知觉客观事物的个体因素。例如，我们常常说，窥一斑而知全豹，也就是说，当人们看见这一斑点，就会感知到它是一只豹子。这是因为这些斑点只有豹子才会有，这也说明了知觉的整体性特点。

### （三）知觉的理解性

人对于知觉的对象，总是以自己的过去经验予以解释，并用语词来标记它。知觉的这一特性称为知觉的理解性。

在言语知觉中知觉的理解性是很明显的。如我们把几个相关联的字看作是一个词语，把组合在一起的几个词语看作是一个句子。知觉过程是不断地在我们真正知觉到的与我们想要知觉到的差异之间做修正的过程。

影响知觉理解性的因素包括客观事物自身的刺激特点、个体的知识经验及言语的作用。

### 1. 客观事物自身的刺激特点

人们知觉的理解性总是以客观事物为前提条件，客观事物自身的刺激特点为知觉理解提供客观依据。

### 2. 个体的知识经验

个体对客观事物进行理解并赋予其意义，是以个体的先前知识经验为基础的。例如，我们知觉天边不同形状的彩云，可能知觉它像不同的动物，这是因为，在我们头脑中，储存有关于这种动物的形象，当相似的事物出现时，就将头脑中已有的事物形象与之对应，从而形成对这一事物的形象并赋予其意义。当个体具有的与当前事物有关的已有知识经验越丰富，人们对客观事物的知觉就越快速和准确。此外，对不同的个体而言，因为已有知识经验的不同，对同一事物的知觉可能并不一致。例如，我们在谈论某一研究领域的问题时，同样呈现相同的信息，专家的知觉就比一位门外汉所知觉到的信息要相对丰富、快速、准确和全面。

### 3. 言语的作用

当我们对某一客观事物进行理解时，如果再对其用言语加以描述，人们便会将语言所描述的事物形象与头脑中已储存的该事物形象进行匹配，从而更加容易对当前刺激物进行知觉。例如，一位小孩大脑中储存了香蕉的形状，却没有月亮的形状，我们为了要让小孩知道月亮的形状像什么的时候，就可以借助言语，告诉小孩，弯弯的月亮就像香蕉。于是，在小孩心里，他便感知到了，月亮的样子就像香蕉一样。这是因为小孩头脑中有香蕉的形状，当我们告诉他月亮就像香蕉，他便立即在大脑中有了印象。

## （四）知觉的恒常性

当知觉对象的物理特性在一定范围内发生了变化的时候，知觉形象并不因此而发生相应的变化。知觉的这一特性称为知觉的恒常性。知觉的恒常性主要有以下几种。

### 1. 大小恒常性

在一定范围内，不论观看距离如何，我们仍然倾向于把物体感知为特定的大小。例如在不同距离上看一个熟人。

### 2. 形状恒常性

尽管观察物体的角度发生了变化，但我们仍然倾向于把它感知为一个标准形状。如篮球的形状，只有它的平面与视线垂直的时候，它在视网膜上的视像形状与实际形状才完全一样。如果偏离了这个角度，视像或多或少的都会发生变化，但我们实际感知到的形状仍然不变。

### 3. 亮度恒常性

尽管照明的亮度改变了，但我们仍倾向于把物体的表面亮度知觉为不变。例如，不管在阴暗的地方还是在光亮的地方，黄金都是光亮的，煤块都是暗淡的。

### 4. 颜色恒常性

尽管物体的照明的颜色改变了，我们仍然把它感知为原来的颜色。例如，红旗在不同的光照下，我们总把它知觉为红色。

### 5. 声音恒常性

尽管物体离我们的距离发生了变化，声音听起来减弱了，但我们仍然把它感知为原来的声音。如我们觉得飞机在高空发出的声音要大于蚊子在耳边的叫声。

知觉的恒常性在人的实际生活实践中具有重大意义。它使人能在不同的情况下，按照事物的实际面貌反映事物，从而使人有可能根据对象的实际意义来认识和改造客观事物。如果人的知觉不具有恒常性，那么，人就难以适应瞬息万变的外界环境。

# 第四节　感知规律在教学中的运用

**案例展示**

#### 《宿建德江》教学片段

离放学还有一点时间，讲完课的陈老师向学生们宣布，谁先背出这节课所学的孟浩然的《宿建德江》这首诗，谁就可以提前回家。话音刚落，陈老师的眼前就冒出无数只小手，同学们都争先恐后地要求先背诵。陈老师诧异地问自己的学生："你们今天怎么都变聪明了？"孩子们纷纷回答说，"因为老师今天用音乐伴奏给我们讲诗""老师，今天你做的挂图和这首诗一样美""老师在音乐伴奏中讲课的声音像歌声一样优美"……"移舟泊烟渚，日暮客愁新，野旷天低树，江清月近人。"回想起学生们齐声背诵这首诗时兴奋的表情，陈老师也禁不住低声吟诵起这首诗来。

中小学关于古诗词的教学往往枯燥乏味，教学片段中老师是怎样将抽象的古诗词变得直观、形象，使学生乐学、易学的？

在人们的认识活动中，多种感官的参与，不仅可以丰富和深刻人的认识，而且还能使认识活动富有情趣性。在教学中，教师经常采用直观教学法使学生对学习材料有更深刻和全面的认识。无论是科学研究还是教学实践都证明，直观教学通过模具直观、言语直观和实物直观等方式，提高教学的直观性，降低教学的抽象水平，便于学生理解学习材料，从而真正提高教学的效能。因此，掌握直观教学手段，科学地进行直观教学，应成为教师科学教学的必备条件。

## 一、常用的直观教学形式及其特点

学生掌握知识的过程是一种特殊的认识过程，在这个过程中主要包括对学习材料的感知、理解、巩固和应用等环节。在这个复杂的认识过程中，起点就是学生对学习材料的感知。通过感知，获得有关学习材料的较丰富、全面、正确的感性认识，为后继学习环节打下扎实的基础。根据感受性变化的发展规律及知觉的基本特性，正确地运用直观性原则，一方面，可以提高学生对所学知识的正确的感知；另一方面，还可以激发学生的学习兴趣和热情，提高教育、教学的效率。

教学中常用的直观形式有以下几种：

### （一）实物直观

实物直观是指向学生呈现具体实物（如标本、教学性参观和演示性试验等），通过学生对实物的观察，为知识的领会、理解提供感性材料。这种直观形式的优点是生动、形象、逼真；缺点是学习对象的本质属性容易被其他非本质属性所掩盖，并且容易受时间和空间的限制。

### （二）模具直观

模具直观也叫作教具直观，是指通过模型、仪器、图片、图表、多媒体等手段模拟实物的形象而提供感性材料。这种直观形式的优点是，可以人为地突出事物的重点与本质，操作方便，不受时间和空间的限制；其缺点是，由于教学模具终究是与客观实物不完全相同的，容易让低年级学生对学习对象的真实状况产生误解。因此，在制作和使用教具时，教具的比例和使用时的参照物是教师必须科学考虑的问题。

### （三）言语直观

言语直观是通过语言（口头语言和书面语言）生动具体地描述、鲜明形象地比喻、合乎情理地夸张等形式，为学生提供有关学习材料的感性认识，加深他们对知识的理解。这种直观形式的优点是灵活、经济、方便，缺点是所反映的事物形象在完整性、鲜明性、正确性方面不如直接感知。

以上三种直观教学形式各具优缺点，只有将三者相互配合使用，才能收到良好的效果。研究表明，如果缺乏语言指导的实物直观和教具直观，学生往往不能全面观察而只注意他们感兴趣的次要部分，忽视事物的主要部分和全貌，难以形成正确、全面的表象。在言语直观中，如果语言描述缺乏有关形象的支持，在以语言描述为主的教学中，也难以帮助学生对所学知识形成正确、清晰的理解。所以，在教学中教师要将语言和形象结合起来，在以语言描述为主的教学中，教师要想办法用直观形象帮助学生建立起正确、全面的表象；在以观察为主的教学中，教师要很好地发挥语言指导的作用，善于把深奥的道理用通俗易懂的语言表达出来，并适当地举例说明，帮助学生理解。

## 二、正确运用感知规律进行教学

在教学活动中，教师应按照感知活动的特点和规律来正确地组织教学活动，这样才能提高学习的感知效果。

### （一）根据学习任务的性质，灵活运用各种直观形式

根据学习任务的性质，正确地运用直观性原则，可以激发学生的学习兴趣和热情，引起学生对教学内容的选择性知觉，从而有助于学生对学习知识的领会、理解和掌握，提高教育、教学的质量。

### （二）运用知觉的组织原则，突出直观对象的特点

在教学中，教师应按照知觉的组织原则（差异律、活动律、组合律等），正确地组织教学活动，这样才能增强学生的感知效果。形象与言语相互配合使用，才能起到良好的直观作用。运用直观教具目的明确，呈现时机恰当，间隔距离得当，才能保持直观映像的整体性。应从不同角度、不同方面变换直观方式，分化概念，区分本质与非本质特性。让学生交替使用多种感官，从多角度感知对象，这也是一种变式。

### （三）科学组合教学材料，提高学生感知的清晰性

凡是空间上接近、时间上连续的刺激物，容易在认识加工中被当作一个整体而被清晰地感知。教学中，教师要注意合理组合学习材料，力求空间距离上布局合理、位置顺序排列适当、大小主次协调、重点突出，使学生一目了然。教师的教学语速应适度，语速太快、没有适当的停顿和间歇，学生则不易听清楚；语速过慢、停顿时间太长，则会割裂讲述内容的完整性。

### （四）提高社会知觉能力，完成教书育人的任务

教师的根本任务是教书育人。教育过程中主要的人际关系是师生关系。我们处理师生关系的基本原则是尊师爱生。在教育实践中，教师要不断提高自己的社会知觉能力，处理好师生关系，提高教育水平。

首先，正确对待第一印象。教师初次与学生见面或上第一堂课，要衣着整洁大方、行为端庄、以身作则，给学生留下良好的第一印象。但是，对待学生，教师则不能单凭对他们的第一印象，而应一视同仁，不亲不疏；要用发展的观点，全面、具体地分析学生，避免因主

观主义和片面印象影响师生关系。

其次，公正地对待学生，防止产生晕轮效应。教师要公正、公平地对待学生，对学习好的学生不能"一俊遮百丑"，对学习差的学生也不能"一坏百坏，一无是处"。要全面了解每一个学生的长处和不足，长其善而救其失，鼓励学生共同进步。

再次，消除刻板印象，避免用固定的眼光看人。教师不能凭刻板印象轻易地把学生归入某一个先进或落后的群体，特别是不能把顽皮的学生归入难以教育的一类，以免造成师生对立。应该通过对学生的长期观察了解，对学生做出客观的、全面的、具体的评价。

最后，重视运用近因效应，关注学生近期的努力及变化。教师要重视和把握从每个学生身上获得的最新信息，用发展的观点全面地、历史地分析他们的新思想、新情况，当他们出现好的思想倾向时，教师要及时肯定、鼓励；当他们出现不好的苗头时，教师要将其扼杀在萌芽状态，使学生时时处于发展进步之中。

总之，教师只有提高自己的社会知觉能力，防止社会知觉中可能发生的偏差，才能处理好师生关系，更好地完成教书育人的任务。

## 三、运用感知规律培养学生的观察力

观察力就是分辨事物的细节能力，它是智力的重要组成部分，是学习所必需的智力因素之一。其发展水平的高低，将直接影响学生的学习质量和效果。同时，研究表明，观察力是人在后天实践中逐渐发展起来的。培养学生的观察力，不仅有利于学生当前的学习，而且，对其未来的学习和发展而言，同样具有促进发展的作用。

培养学生的观察力，应从以下几个方面进行。

### （一）引导学生明确观察的目的与任务

观察的效果如何，取决于目的与任务是否清晰。观察的任务越明确，观察者对知觉对象的反映就越完整、越清晰；相反，观察者会由于缺乏对目的和任务的调控而在观察中不得要领，降低观察的效能。因此，教师必须预先明确地向学生提出观察的目的与任务，并根据学生的年龄特征、知识水平，尽量把观察的目的、任务提得明确些、具体些。

此外，教师还应当注意培养学生的观察兴趣。如果学生对观察具有较大的兴趣，学生的观察活动会由于兴趣的动力作用而进行得兴致盎然；相反，如果没有观察兴趣，则学生会时时处处依赖教师的指示，观察的主动性低，并且觉得观察索然无味，观察力的培养也就无从谈起。因此，培养学生的观察兴趣对观察力的培养有重要意义。观察兴趣的培养可以通过郊游、参观、访问等多种途径来实现。例如，在郊游、参观的过程中，教师讲解学生所观察到的现象，使学生懂得其中的道理，就会激发起他们的求知欲，使他们对自然和社会现象产生观察兴趣。

### （二）教育学生在观察前做好必要的知识准备

观察的成功依赖相应的知识经验，某一方面的专家必定是这方面的观察家。观察前的知识准备越充分，观察的效果就越好。学生只有在观察前有充分的知识准备，才能加深对观察对象的理解，增强观察的效果。例如，引导学生观察柴油机的工作原理，应事先要求其预习或复习热机一章的内容，否则，学生在具体观察中会由于缺乏相关的知识而无所适从。

## （三）指导学生有计划、有步骤地进行观察

观察必须有系统、有计划地进行。教师应要求学生在观察活动开始前制订科学的观察计划；在观察过程中指导学生按拟定的计划有步骤地、循序渐进地展开，保证观察活动全面、周密地进行。否则，随意的浏览必将杂乱无章，产生遗漏甚至忽视关键之处，影响观察效果。

## （四）引导学生在观察时多思善辩

思考的有无是区别感知与观察的基本标志。教师要根据观察对象的特点引导学生在观察活动中开动脑筋，积极地思考，注意搜寻对象的每一个细节，不但要求学生看到"什么样"，而且更要要求他们思考"为什么"。

## （五）指导学生做好观察记录和总结

为了对观察结果进行分析，在较长期的观察过程中，必须做好观察记录，观察结束后还应写观察报告，做全面的、系统的书面或口头总结。这样既能巩固观察所获得的知识，还可以提高学生分析问题和解决问题的能力。

**本章知识要点**

感觉是人脑对直接作用于感觉器官的客观事物个别属性的反映。知觉是人脑对直接作用于感觉器官的客观事物整体属性的反映，是对感觉信息的组织和解释过程。感知觉是认知事物的初级阶段，是其他一切高级和复杂心理现象的基础，对维持身心平衡有重要作用。对于感知觉，可以根据不同的标准划分为不同的类别，常见的有 5 种外部感觉和 3 种内部感觉，同时我们应该知道几种重要的物体知觉和几种主要的社会知觉偏差。感觉的规律主要有感受性与感觉阈限关系、感觉适应、感觉后像、感觉对比、联觉等，知觉特性有理解性、选择性、整体性与恒常性等。我们应该认识和把握感知规律，并将其应用于日常生活和教育教学中。

**思考与实践**

1. 你如何理解感觉和知觉的内涵？
2. 结合实际分析感知觉的重要性。
3. 人有哪些重要的感觉？这些感觉各有什么特点和作用？
4. 主要的物体知觉有哪几种？它们各有什么特点？
5. 如何运用社会知觉建立良好的人际关系？
6. 感知觉的变化有哪些规律？如何运用感知规律进行有效教学？

**推荐阅读书目**

[ 1 ] 任金杰，陆雪莲. 高师心理学教程[M]. 北京：教育科学出版社，2013.

[ 2 ] 彭聃龄. 普通心理学[M]. 北京：北京师范大学出版社，1988.

[ 3 ] 王雁. 普通心理学[M]. 北京：人民教育出版社，2002.

# 第四章  记  忆

## 心理故事

### 超级记忆

　　金庸所著《射雕英雄传》中，黄蓉的母亲那非同寻常的记忆力给人留下深刻的印象：她只用了一个时辰通读一遍，再用一盏茶工夫复习一遍，就能将一部上万字的《九阴真经》背得滚瓜烂熟，而且可以一字不差地默写出来。当然，这只是小说虚构的，然而古今中外的确曾经出现过不少记忆奇才：文学大师茅盾，可以一字不漏地背诵《红楼梦》前八十回；法国皇帝拿破仑，能记住每个士兵的面孔和名字；英国首相丘吉尔，能记忆约20万个单词；日本索尼电器公司职员友寄英哲用了15个月的业余时间，背诵圆周率小数点以下2万位，而被称为当前世界上记忆力最强的人。也许你认识的人当中，就有一些记性特别好的。这些人的超常记忆力是天生的呢，还是因为他们在记忆时比一般人更善于使用某些策略？

　　记忆力是很重要的心理品质，对我们学习掌握知识技能意义重大。什么是记忆？记忆有何作用？记忆有无规律可循？大脑是怎样记住东西的？记忆有什么技巧？怎样增强记忆力？学了本章，你将有所了解。

# 第一节  记忆概述

## 案例展示

### 数学家的记忆力

　　我国著名数学家吴文俊教授，整天忙于研究数学，就连自己的生日都记不得了。一天，一位客人来拜访他，见面就说："听您夫人讲，今天是您的60大寿，特来表示祝贺！"

　　吴教授听了，若无其事地说："噢，是吗？我倒忘记了！"

　　客人感到迷惑不解，心想："这位数学家恐怕是老糊涂了，不然怎么连自己的生日都忘了呢？"可是，后来客人发现并非如此，当他俩谈到吴教授所研究的用机器证明几何问题时，客人指着吴教授设计的一台机器问道："这台机器是什么时候安装好的？"

　　"去年12月6日。"教授不假思索地回答。

　　"您在研究用机器证明几何问题方面有哪些进展？"客人又问。

　　"大的进展谈不上。今年1月11日以前，我为计算机编了300多道'命令'的程序，完成了第一步准备工作。"教授继续回答。这时，客人十分惊讶地问道："吴教授，您自己的生日都记不住，但这几个日子却记得很清楚，这是什么原因？"

吴教授爽朗地笑了："我从来不记那些无意义的数字。在我看来，生日，早一天、晚一天，有什么要紧？所以，我的生日、爱人的生日、孩子们的生日，我一概不记，但是有些数字就非记不可，也很容易记。例如，年底，当然是12月；而6正好是12的一半。年初，自然是1月，而1月11日，排成阿拉伯数字是111，三个1连排，很好记。"

为什么有的人能牢固地记住一些事物而忘记其他事物呢？记忆到底是怎样的？记忆有哪些类型？下面我们就来学习相关内容。

## 一、记忆的实质

### （一）记忆的含义

记忆是人脑对经历过的事物的反映。人在实践活动中，感知过的事物、思考过的问题、发生过的情感、做过的动作所产生的印象，并不会完全消失，其中有很大一部分经大脑加工改造成为知识经验的形式，被保留下来，以后在一定的条件下，这些保留下来的经验，还会在头脑中重新反映出来，在以后的心理活动中起作用。

感知过的、思考过的、体验过的和行动过的事物都可以成为个体的经验。例如，从前见过的人，现在不在面前，我们能想得起他的姿态相貌，见到他时能认得出来，这就是记忆。不仅感知过的事物能在头脑中保持，而且思考过的问题、理论，体验过的情绪、情感，练习做过的动作都能在头脑中保持一段时间，在适当的时候能回想起，或当它们再度出现时能认得出，这些都是记忆。

### （二）记忆过程

记忆是极其复杂的心理过程。人们对过去经验的反映，包括识记，保持，再认与回忆三个基本环节。识记是识别并记住事物的过程；保持是巩固已获得的知识经验，从而积累知识经验的过程；再认和回忆是在不同情况下恢复过去经验的过程。这三个环节同时也是信息的输入、编码、储存、提取和输出的过程。

记忆的三个环节是密切联系的统一的完整过程。识记是保持的前提和基础，保持是识记的进一步加深和巩固。识记和保持是再认和回忆的必要条件，识记和保持的质量决定着再认和回忆的效果。再认和回忆又是检验识记和保持效果的指标，而且它还能进一步加强识记和保持。

## 二、记忆的作用

### （一）记忆是人的心理活动得以连续的根本保证，是心理发展的前提

没有记忆，就没有经验的积累，也就没有心理的发展。谢切诺夫认为，失去记忆的人仿

佛永远处在新生儿的状态。没有过去的经验，一切从现在开始，那将寸步难行。

## （二）记忆是学习知识、技能的必要条件

如果在学习中忽视记忆的作用，如同一个醉汉赶马车，只顾往前走，不管货物捆得牢不牢，到头来，只能剩下一辆空车。只有不断增强记忆，才能加深对事物的认识，丰富和发展人的情感，增强意志力，开拓智力，巩固动作技能、技巧，不断增长自己的才干。

## （三）记忆是知觉、思维和创造的基础

头脑里已有的知识经验是知觉辨认的基础，是思维操作的原材料，也是发明创造的必要条件。

当前，学生创新意识和创造能力的培养成为社会讨论和研究的重点。由偏重知识的记忆到重视创新意识和创造能力的培养，是教育思想观念的重大转变，也是符合世界教育改革与发展潮流的。但在强调创造能力培养的同时，贬低记忆作用的倾向也出现了，这是非常有害的，也是相当危险的。思维、创造与记忆密不可分的，没有记忆提供的知识经验作为基础，任何发明创造都是不可能的。所以，越是强调创造能力的培养，越应该突出记忆的重要性，加强记忆的理论研究和开发应用，为思维、创造打下深厚的知识基础。

# 三、记忆的种类

记忆可以从不同的角度，依据不同的标准进行分类。

## （一）根据记忆的内容来分

根据记忆的内容，可以把记忆分为形象记忆、语词—逻辑记忆、情绪记忆和动作记忆。

### 1. 形象记忆

形象记忆是以感知过的事物的具体形象为内容的记忆。这种形象是视觉的、听觉的、触觉的、嗅觉的、运动觉的、平衡觉的，等等。如到过北京之后，天安门庄严的形象、长城雄伟壮观的形象会成为令人印象深刻的记忆；听完一场音乐会后，那优美的旋律会令我们久久难忘；一顿美餐之后，食物的色、香、味会令人不断回味。

形象记忆具有鲜明的直观性，一般人的优势记忆以视觉、听觉的形象记忆为主，并且它们在人的生活中起主导作用。嗅觉、味觉、触觉的优势记忆主要与职业活动相联系，如品酒师，其嗅觉、味觉就十分发达。

### 2. 语词—逻辑记忆

以语词、概念和原理等抽象思维或符号为内容的记忆叫作语词—逻辑记忆，主要是对事

物性质、关系、定义等的记忆。这种记忆所保持的过去经验是被研究过的概念、定理、公式和规律等。它以严格的逻辑思维过程为基础，并具有高度的概括性、深刻的理解性和严密的逻辑性。语词—逻辑记忆是个体保存经验的最简便、最经济的形式，是反映事物本质和规律的知识时的记忆形式，是我们发展抽象思维的基础，在学习理性知识中起着重要作用，它为人类所独有。例如科学家和思想家就有很强的逻辑记忆。

### 3. 情绪记忆

情绪记忆是以体验过的情绪、情感为内容的记忆。情绪记忆往往是一次形成的，但有时比其他记忆更为深刻、持久，甚至终身不忘。正所谓"一朝被蛇咬，十年怕井绳"。强烈的、对人有重大意义的情绪、情感保持的时间较长久。情绪记忆的作用具有双重性。积极的情绪记忆对人的行为有激励作用，消极的情绪记忆则具有降低人的活动效率的负面作用。我们至今还记得，香港回归时我们的激动与喜悦的心情，看天宫二号顺利发射并返回的实况直播后的那种自豪与骄傲，以及某次请朋友吃饭却忘了带钱时的尴尬。情绪记忆比其他类型的记忆保持的时间要长久得多，它是人的道德感、美感、理智感发展的基础。从事艺术工作的人和在急剧变化的年代中成长的人，情绪记忆较好。

### 4. 动作记忆

动作记忆是以自身的运动状态或动作形象为内容的记忆。如运动员对动作方式、幅度、秩序、节奏的记忆，对手工刺绣技艺的记忆，对书写、劳动操作及某种习惯动作的记忆。动作记忆是技能形成的基础，形成较慢，但容易保持和恢复。

在实际生活中，各种记忆都是掺杂在一起的。比如，在体育教学中，学生头脑中既有语词—逻辑记忆，又有教师的优美示范的形象记忆，还有通过练习而形成的动作记忆，并常伴随有一定的情绪体验。

## （二）按是否有情境性及自我体验的程度分

按是否有情境性及自我体验的程度，可将记忆分为情景记忆和语义记忆。

### 1. 情景记忆

情景记忆是指对个人亲身经历过的，在一定时间和地点发生的事件或情景的记忆。例如，对春节期间到剧场观看演出的记忆就是情景记忆。我们每天都经历各种事件，有些具体场景我们能够清晰地回忆起来，而大多数的事件都如过眼烟云，没有什么印象了。由于情景记忆受一定时间和空间的限制，信息的储存容易受到各种因素的干扰，因此记忆不够稳定，也不够确定。

### 2. 语义记忆

语义记忆是对字词、概念、规律、定理和公式等各种概括化知识的记忆，它与一般的特定事件没有什么联系。它具有概括性、理解性和逻辑性的特点，是个体保存经验最简便、最经济的形式。语义记忆受一般规则、知识、概念和词的制约，很少受到外界因素的干扰，因而比较稳定。

### （三）根据记忆内容的性质分

根据记忆内容的性质，可将记忆分为陈述性记忆和程序性记忆。

#### 1. 陈述性记忆

陈述性记忆是指对有关事实和事件等陈述性知识的记忆。陈述性知识即事实类信息，包括字词、定义、人名、时间、概念和观念等。它可以通过语言传授而一次性获得。它的提取往往需要意识的参与，如我们在课堂上学习的各种课本知识和日常的生活常识都属于这类记忆。陈述性记忆的内容可用言语表达。

#### 2. 程序性记忆

程序性记忆又称技能记忆，是指我们对如何做事情或如何掌握技能等程序性知识的记忆。它通常包含一系列复杂的动作过程。这类记忆往往需要通过多次尝试才能逐渐获得，而且在利用这类记忆时往往不需要意识的参与。例如，骑车、游泳和打网球等，都涉及一系列连续的动作过程，而对于其中各个动作之间的协调配合我们往往只能意会不能言传。即使你是一个骑车和游泳的高手，也不可能精确地描述出在某个时间的某个动作是什么样的。以打篮球为例，你所知道的规则和方法是储存在陈述性记忆中的，但你擅长上篮和远投，这些运动技巧则储存在程序性记忆之中。

### （四）按提取记忆信息时有无意识分

按提取记忆信息时有无意识，可将记忆分为外显记忆和内隐记忆。近二十几年来记忆研究中的一个最引人注目的成就就是将外显记忆和内隐记忆分离开来。

#### 1. 外显记忆

外显记忆是指个体有意识地或主动地收集某些知识经验，完成当前任务项目时的记忆。外显记忆是有意识地提取信息的记忆过程，其突出特点是强调信息提取过程的有意识性，而不是信息识记过程的有意识性。外显记忆能够用语言进行比较准确的描述。即在需要的时候，可以利用自由回忆、线索回忆和再认等，将记忆中的事实表述出来。传统记忆研究大多都集中在外显记忆上。

#### 2. 内隐记忆

内隐记忆是指在无意识状态下，个体的知识与经验自动地对当前任务项目产生影响的记忆。一般来说，当个体在记忆某项任务时，会不知不觉地反映出先前曾经识记过的内容，这说明在完成记忆任务项目时，受到了以前学习中所获得信息的影响，或者说正是先前的学习结果，使个体完成当前任务更容易些。内隐记忆在日常生活中屡见不鲜，例如人际交往中的印象形成等都受到内隐记忆的影响。

在人的各种实践活动中，不同类型的记忆都是相互联系的。有时常常需要两种或更多种类的记忆共同参与。不过，每个人一般都有占主导地位的记忆类型。

## 四、记忆表象

### （一）记忆表象的概念

感知过的事物不在面前时而在头脑中重现出来的形象叫作记忆表象，简称表象。它与感知形象不同，是在知觉的基础上产生的。如对动作的回忆、同学和父母形象在眼前的呈现等。表象的种类与感知觉一样，也可分为视觉、听觉、运动觉表象等。

### （二）记忆表象的特征

#### 1. 形象性

表象是以具体的形象在头脑中出现的，就像看到、听到、闻到某个事物或事物的某种特征一样。表象是在知觉的基础上获得的，是真实物体的类似物，但表象的直观形象不同于知觉。知觉的形象鲜明生动，而表象的形象却比较暗淡模糊；知觉的形象持久稳定，而表象的形象不稳定、易变动；知觉的形象完整，而表象的形象不完整，时而出现这一部分，时而出现另一部分。如我们头脑中老虎的表象要比老虎在眼前的知觉形象暗淡，它的体形、颜色等都不那么清楚。而且，表象的复现不完整，常出现的是事物的突出部分。

#### 2. 概括性

表象虽然近似于知觉，但它不是知觉的简单翻版。一般来说，表象的产生是人们多次知觉的结果。表象不反映事物的个别特点，而是反映事物的大体轮廓和主要特征。它有感知的原型，但又不限于某个原型。如我们关于大象的表象，可能只是长鼻子、大耳朵、深灰色的皮毛、庞大的身体等主要外部特征，这些特征代表了大象的一般的、概括的形象，而不包含大象的某些个别特征。

#### 3. 可操作性

表象在头脑中不是凝固不动的，是可以被智力操作的。表象在头脑中可以被分析综合，可以放大缩小，可以移植翻转。正因为表象具有可操作性，形象思维和创造性思维才成为可能。

### （三）表象的种类

根据不同的分类标准，可把表象分为不同的种类。

### 1. 按表象产生的主要感觉分

按表象产生的主要感觉渠道，可将表象分为视觉表象、听觉表象、运动表象。

视觉表象是人们在视觉活动的基础上，在头脑中形成的关于事物的形状、大小、方位、颜色和空间等图像。如画家可以在头脑中形成鲜明的、稳定的风景画面，以及人物、各种物品的视觉形象。

听觉表象是人们在听觉活动的基础上，头脑中产生的各种声音形象。主要有言语听觉表象和音乐听觉表象。言语听觉表象有语音、语调、声调、重音等方面的形象，它对人们分辨语音、语调等有重要的作用，是人们学习语言的基础。音乐听觉表象有各种旋律、节奏、音色等，它可以帮助人们更好地掌握歌曲和乐曲，同时，在提高人们的音乐鉴赏能力和音乐创作能力上都有重要的作用。

运动表象是和运动感觉相联系的，在人们头脑中产生的关于动作和动作系统的形象。例如，体操、跳高、跑步、跳远、游泳等动作的形象。运动表象可以帮助人们准确地掌握各种运动、生产劳动的技能和技巧，也是运动员、舞蹈演员进行某种表演、运动创作的重要感性基础。

其他感觉渠道如触觉、嗅觉和味觉等，也都有相应的各种表象。由于人类社会实践的要求不同，各种表象可以获得不同程度的发展，表象的鲜明性也存在明显的个体差异。

### 2. 按表象的概括性分

按表象的概括性，可将表象分为个别表象和一般表象。个别表象是指对特定对象（人或物）在感知基础上产生的表象。一般表象去掉了感知对象的个别特点，集中了一类事物共有的、重要的特征。如我们脑子里的大学生形象反映的是大学生的一般形象。一般表象具有更大的概括性，反映的是同一类事物的一般特点和主要特征。

## （四）记忆表象的作用

### 1. 由感性认识向理性认识过渡的桥梁

从表象的直观性看，它与感知相似；从其概括性看，又与思维相似，但表象既不是感知觉，也不是思维，它是由感知向思维过渡的中间环节。

### 2. 表象性知识是学生知识结构的重要内容

知识有两大类，感性知识和理性知识。感性知识的主要内容是表象，理性知识的主要内容是概念、原理。贮存在大脑中的知识大多数是以表象的形式出现的。据研究推测，在人的记忆中，形象的信息量与词语的信息量的比例是 1000：1。知识内容的重现也大多以表象的形式出现。

### 3. 记忆表象是想象的基础

想象是人脑对已有表象进行加工改造而创造新形象的过程，没有表象就无法进行想象活动。

## 五、记忆的神经生理机制

随着生理科学的发展，21世纪以来，记忆的神经生理机制的研究有了很大的进展。生理学家们对此提出了许多假说。

### （一）巴甫洛夫条件反射理论的假说

根据巴甫洛夫条件反射理论，记忆被认为是在大脑皮质上暂时神经联系的接通、巩固和恢复。暂时神经联系的接通就是识记。暂时神经联系一经形成便会在大脑皮质中留下痕迹，这些痕迹因受到强化而得到巩固，因不强化而消退，这就是保持和遗忘。回忆和再认则被认为是暂时神经联系的痕迹在一定条件下的重新活动。

目前关于暂时神经联系接通机制的研究，主要集中在神经元水平上和分子水平上探讨。例如，有一种假说把暂时神经联系的接通看成是在这条神经通路上的突触发生了某种解剖的或生化的变化；或者是突触前神经末梢的体积增大、变长、数量增多，从而同突触后神经元能更好地接触；或者是突触后细胞发生生化变化，对特定的递质产生有选择性的敏感，从而有助于以后神经递质的传递，但这种假设机制尚缺少明确的证据。

### （二）记忆的神经元回路说

记忆的神经元回路说认为，一个记忆对应一个伴随特定刺激传给脑的冲动的信息群，这些冲动的信息群沿着脑中的神经元依次传递就构成了特定的神经元回路群，特别是冲动碰巧返回到原来的神经元时，就形成了闭合回路。这时该电信号便在其回路内循环，循环传递持续一定时间后，便开始衰减，直到消失。短时记忆就是神经系统反响回路中的反响效应。如果持续的反响活动引起某种比较持久的结构上的变化（如神经元树突数量的增多，突触间隙的变小、生化成分的改变等）便形成了长时记忆。

根据神经元回路说，识记是由电冲动在脑神经闭合回路中反复循环而引起的。如果在闭合回路内的突触及与此相联系的突触中，较短的时间内有很多信号反复流过，这样，闭合回路内的突触就比闭合回路外的突触更容易传递信息。前一种突触称为被易化了的突触，也就是形成了识记。如果被易化了的突触搁置不用，就会恢复到原来未易化状态，这时即使来了电信号也不能传递，也不能构成易化了的回路。这就是遗忘。因此，我们识记的事情越多、越复杂，脑内就形成越多、越复杂的神经网络。

长时记忆是神经系统中一种相对持久的结构上的变化。一般认为与神经元的结构变化有关。要使短时记忆转入长时记忆，有机体在获得一种经验之后需要持续一段时间对它编码，使神经系统结构上发生变化或使这种变化更加牢固。这种假设称为记忆"巩固"说。记忆巩固说的主要证据来自在经验登记之后，立即对大脑进行干扰的研究。把白鼠置于栅极地板上的一个小平台上。一开始，白鼠在几秒钟内便跳下小平台。它跳下后便受到栅极地板的电击刺激，之后第二次它便不会跳下平台了（即它学会了回避反应）。但是，白鼠在脚受到电击之后，立即人为地使其产生电痉挛休克，它们似乎"忘记了"电击疼痛，第二天仍很快跳下平台。

实验表明，动物学习之后产生电痉挛休克的时间推迟 30 秒，电痉挛休克就不会引起遗忘，即动物"记住"不跳平台；延迟的时间越短，产生的遗忘效应越强。这说明记忆巩固有一个过程。

### （三）记忆的神经细胞化学假说

记忆的神经细胞化学假说把核糖核酸（RNA）看作是记忆分子。人脑细胞中 RNA 的浓度跟人的学习能力一样，开始随年龄增长而增长，达到一定阶段后，又随年龄增长而下降。当神经细胞受到反复刺激时，RNA 在这些神经细胞中的浓度会增加。RNA 的合成被阻断，记忆就遭到破坏。

RNA 的分子相当长（可能有几千个单元），容易变化。这就是说，一个 RNA 分子能潜在地编码极大量的信息。但是，记忆信息是否确实在 RNA 中编码？是如何编码的？这种编码又是什么？至今仍是一个谜。因此，目前我们只能说 RNA 可能是记忆分子。

### （四）记忆的脑定位说

记忆脑定位说得到许多研究的支持。潘菲尔德（Penfield，1952，1963）在医治癫痫病人时，用电极刺激其右侧颞叶，引起患者对往事的鲜明回忆。科恩（Cohen，1968）等人在研究中给抑郁症患者的脑的不同部位以电击。研究将被试分成三组：一组只击右脑，另一组只击左脑，第三组电击脑的两侧。在电击前所有患者都有言语记忆（有词的联想）和形象记忆（画了一幅图画）。电击治疗后几小时，再测验他们记忆保持的情况。结果表明，电击左脑损害言语记忆，但不损害形象记忆。电击右脑损害形象记忆，但不损害言语记忆。电击脑的两侧，形象记忆和言语记忆都受到损害。因此，可以推论，言语记忆可能储存在脑的左半球，形象记忆可能储存在脑的右半球。

# 第二节　记忆的信息加工系统

**案例展示**

#### 测一测你的记忆力

下面列出 3 组数字，每组 12 个。在 3 分钟内读完（平均每 5 秒钟读一个数），然后把记住的数字默写出来（可以颠倒位置）。记录你正确记住的数字的个数。

73、49、64、83、41、27、62、29、38、93、74、97

57、29、32、47、94、86、14、67、75、28、79、24

36、45、73、29、87、28、43、62、75、59、93、67

能记住 10 个以上为优秀，5～9 个为一般，4 个以下较差。

你是如何记忆的？记忆过程是怎样的？下面我们来分析记忆的信息加工过程。

20 世纪 50 年代以来，心理学界兴起了一种用信息加工的理论解释记忆的派别。目前，关于记忆系统的学说可以分为具有代表性的两大派别：三级记忆说和单一记忆说。

# 一、三级记忆说

三级记忆说是由美国著名认知心理学家阿特金森和希夫林提出来的。该学说按记忆在人脑中存留时间的长短，把整个记忆系统分为三级或三个阶段，即感觉记忆、短时记忆和长时记忆。

## （一）感觉记忆

### 1. 感觉记忆的含义

感觉记忆也叫作感觉登记或瞬时记忆，是指感觉刺激停止后所保持的瞬间映象（0.25～4秒）。感觉刺激停止后，感觉信息并不立即消失，它还能以感觉痕迹的形式在一个极短的时间内保存下来。它是记忆系统的开始阶段。如在看电影、电视时，由于有感觉记忆，眼动和眨眼的时间并不影响我们知觉的连贯性；与他人交谈时，能把别人的话语知觉成连贯的谈话。

感觉记忆保留的时间非常有限。据研究，视觉的感觉记忆在 1 秒以下，听觉的感觉记忆一般都在 0.25～2 秒，最长时超过 4 秒。感觉记忆自己意识不到，但它确实存在，后像是最明显的例证。

### 2. 感觉记忆的特点

感觉记忆主要有以下特点：（1）形象鲜明。感觉记忆贮存的信息是未经任何加工处理的，以感觉痕迹的形式存在，完全按客观刺激的物理特性编码，并按感知的先后顺序被登记。（2）时间极短。图像信息贮存的时间为 0.25～1 秒，音响信息贮存的时间为 2～4 秒。如此短的时间，如果不加注意，信息很快就会消失，如加以注意就转入短时间记忆。（3）容量较大。一般来说，凡是进入感觉通道的信息都能被登记，几乎没有容量限制。（4）信息原始。正因为感觉记忆中的信息是未被注意、未经心理加工的信息，所以感觉记忆登记的信息是分类前的原始信息。

### 3. 感觉记忆的作用

尽管感觉记忆只有一瞬间，但它却是记忆系统的开始阶段，是信息处理过程的第一站。学者们认为，感觉记忆为信息的进一步加工提供了材料和时间，这个过程对知觉活动本身和其他高级认识活动都有重要意义。

### 4. 感觉记忆的种类

人的视觉、听觉、味觉和嗅觉等都存在感觉记忆，不过人们研究较多的还是视觉、听觉的感觉记忆。

（1）图像记忆。

视觉刺激停止以后，视觉系统对信息的瞬间保持叫作图像记忆。图像记忆是最常见的一种感觉记忆。当作用于视觉器官的图像刺激迅速移去后，图像随即在视觉通道内被登记，并保持一瞬间。

（2）音响记忆。

听觉系统对刺激信息的瞬间保持叫作音响记忆。

## （二）短时记忆

### 1. 短时记忆的含义

短时记忆是指信息的保留时间在 4～60 秒的记忆。这种记忆在日常生活、学习和工作中经常遇到。它是介于感觉记忆和长时记忆之间的一种记忆。与时间极短未被意识加工的感觉记忆相比，短时记忆是服从当前工作需要的，正在操作着的记忆。短时记忆又叫作操作记忆或工作记忆。如我们拨打电话，看一遍电话号码后拨打出去。短时记忆的信息如果经过复述、运用或进一步加工，就被转入到长时记忆中去，否则，就容易遗忘，一旦遗忘，则不易恢复。

### 2. 短时记忆的容量

短时记忆的容量是有限的。美国洛克菲勒大学心理学教授米勒通过实验，在 1956 年发表了《神奇的数字 7±2：我们信息加工能力的限制》一文，明确提出了短时记忆的容量为 7±2。后来人们利用数字、单词、字母、无意义音节等各种实验材料得到的结果都和米勒的结果一致。

短时记忆的容量是 7±2，是以单元（组块）来计算的。一个单元可以是一个数字、字母、音节，也可以是一个单词、短语或句子。单元的大小随个人的经验的组织不同而有所不同。在编码过程中，将几种水平的代码归并成一个高水平的、单一代码的编码过程叫作组块。以这种方式形成的信息单位叫作块。可见，"组块"是记忆的特殊的单位，是一个有一定可变度的客体，它所包含的信息可多可少。若要增加短时记忆的容量，可以利用已有的知识经验，通过信息加工，将若干较小单位联合成熟悉的、较大的单位，扩大每个组块中的信息量来实现。对短时记忆的容量的决定因素，往往不是信息的绝对项目数，而是其组块数。研究表明，在汉字材料的组块记忆中，以 4 字组块的记忆效果最好，而数字材料则以 4 和 6 字组块的记忆成绩最优。

### 3. 短时记忆的特点

实验结果表明，短时记忆中信息的提取是以系列全扫描的方式进行的。较长的有意义的词、句子、文章则以系列自中断扫描方式进行的。短时记忆主要有以下特点：（1）信息保存的时间不太长。短时记忆信息保持的时间是 4～60 秒，如果信息得不到复述，转眼就会遗忘。这些信息要想长期保持，必须予以加工处理，转入长时记忆。（2）容量有限。与感觉记忆和长时记忆相比，短时记忆的容量是有限的，正常人的短时记忆容量是 7±2 个组块，平均值是 7 个组块。（3）意识清晰。短时记忆是服从当前任务需要，主体正在操作、使用的记忆，主体有清醒的意识。而感觉记忆是未被主体意识到的，也未来得及对信息进行加工。（4）操作性强。一方面，它加工感觉记忆中的信息以为当前工作服务，同时把其中的必要信息经复述储存在长时记忆系统中；另一方面，它又根据当前工作的需要，从长时记忆库中提取所需要的信息完成某种操作，正因为如此，有人把短时记忆称作工作记忆。

### 4. 短时记忆的作用

虽然短时记忆信息保存时间短，但它却是信息从感觉记忆通往长时记忆的中间环节，起着承上启下的作用，它对信息的储存与加工不可或缺。例如，自动化控制系统中对仪表的操作，翻译人员从听到译的过程，查号台的服务，学生听课做笔记等，靠的都是短时记忆。

### 5. 短时记忆的编码和提取

（1）短时记忆的编码。

传统的观点认为，储存在短时记忆中的信息主要是语音听觉编码。这是根据短时记忆中产生的错误与正确信息之间存在着语音上的联系而推测出来的。康拉德在记忆广度实验中观察到，回忆正确与错误反应间有语音上的关联。如呈现字母系列 ADQFHJP，被试回忆为 ATQFHJP，是以 T 代替 D，而不是以视觉上相似的 0 来代替。但这个结论不具有普遍意义。后来，莫雷进行的实验表明，汉字的短时记忆以形状编码为主。对于绘画、脸和身体动作以视觉观察事件所属范畴的短时记忆，倾向于用视觉编码和语义编码。因此，短时记忆的编码方式似乎是随记忆材料而相应变化。

（2）短时记忆的提取。

人们是怎样从短时记忆中提取信息的？斯腾伯格对这个问题以实验的形式进行了研究。实验中向被试呈现短时记忆容量以内的不同长度的数字系列（如 52946），接着呈现一个探索数字（如 4），要求被试做出是与否的回答（按键方式）。以反应时作为指标分析短时记忆提取的特点。所谓反应时，是指从个体接受刺激到做出回答反应所需要的时间。可以推测：被试在做出是与否的反应前必须将探索数字与记忆中的系列数字进行比较。那么，这一比较过程是如何进行的呢？这里有三种可能：① 平行扫描，将探索数字同时与记忆中的所有项目相比较。如果用这种方法，则反应时将不会因数字系列的长短而变化。② 系列自中断扫描，将探索数字逐个与记忆中的项目比较，发现有与探索数字相同的就中断扫描。如果用这种方法扫描，则长数字系列的反应时比短数字系列的要长；同时，做出"否"反应比做出"是"反应的反应时长。因为做出"是"反应被试即可终止扫描，但要做出"否"反应需要扫描记忆中的所有项目。③ 系列全扫描，将探索数字逐个与记忆中的所有项目进行比较，不论记忆中有没有探索数字。如果用这种方法，扫描长数字系列的反应时就比短数字系列的要长，做出"是"或"否"的反应时是相等的。

## 知识窗

### 个体的知识经验对组块有着很大的影响

蔡斯和西蒙（Chase & Simon，1973）对象棋大师、一级棋手和业余新手的棋局记忆能力进行了研究。结果发现，对一个随机设置的棋局，大师、一级棋手和业余新手的回忆正确率没有差别；而对一个真实的棋局，大师的记忆准确率为 64%，一级棋手的记忆准确率为 34%，业余新手的记忆准确率只有 18%。研究者认为，之所以产生这种差别是因为在真实的棋局中，高水平的大师和一级棋手可以利用丰富的经验发现和建立棋子之间的关系，形成组块，而在随机摆放的棋局中，大师和一级棋手的经验就很难发挥作用了。由此可见，个体的知识经验对组块有着很大的影响。

### （三）长时记忆

#### 1. 长时记忆的含义

长时记忆是指信息的保持在一分钟以上直至多年甚至终生不忘的记忆。从它的信息来源看，大部分是对短时记忆内容的加工复述，也有些信息因印象深刻而从瞬时记忆进入长时记忆。长时记忆的容量非常大，至今还没有人给它确定出一个为大家公认的范围。曾有人研究提出大约是 10 亿比特。诺贝尔奖（经济学类）获得者、美国心理学教授西蒙对此有过具体阐述，他认为在记忆语词方面，若以语词为组块，中国人能记 25 000 ~ 50 000 个汉字；若以单字为组块，最多的能记一万个汉字；棋类大师能记五万个模式。西蒙估计，熟练地掌握英语，需要在长时记忆中储存 50 000 ~ 200 000 个组块。这么多的信息是怎样储存起来的呢？最近的研究表明，长时记忆的信息是依不同的方式进行复杂编码，以组块的形式，有系统、有组织地储存起来的。长时记忆的信息是能意识到的，遗忘后还可以恢复。

#### 2. 长时记忆的特点

长时记忆主要有以下特点：（1）容量无限。与感觉记忆和短时记忆相比，长时记忆的容量没有限制，有人估计是 50 000 ~ 100 000 个组块，相当于美国国家图书馆藏书的 50 倍（该馆藏书 1000 多万册）。（2）储存时间长。长时记忆中的信息保持时间是按分、时、日、月、年计算的，最长可以保持终生，因此，长时记忆也被称为永久记忆。（3）信息储存有高度的编码组织，以意义编码为主。

#### 3. 长时记忆的编码

一般认为，长时记忆是以语义的方式来编码的。例如，给被试呈现钢笔、熊猫、沙发、文具盒、老虎、桌子、纸张、大象、圆规、书橱等单词。他们在回忆时，往往不是按原来词出现的先后顺序，而是按它们的意义加以归类。如文具类（钢笔、文具盒、纸张、圆规），家具类（沙发、桌子、书橱），动物类（熊猫、老虎、大象）。20 世纪 70 年代以后，又有人提出长时记忆除语义编码外，还存在表象编码，即双重编码。双重编码说认为，在长时记忆中，对言语信息的储存用的是语义编码，而对非言语信息的储存用的是表象编码。两者既彼此独立又相互联系。现在人们一致认为长时记忆以语义编码为主。

#### 4. 长时记忆的遗忘

识记过的内容不能回忆或回忆错误，这种现象称为遗忘。遗忘可分为部分遗忘和完全遗忘、暂时遗忘和永久遗忘。识记过的内容，只有部分不能回忆，是部分遗忘；如果全部不能回忆，则是完全遗忘。暂时遗忘是指，识记过的内容一时不能回忆，但在适当条件下还可以恢复；永久遗忘是指不经过重新学习，识记过的内容就不能恢复。

人为什么会遗忘？是什么导致了遗忘？对遗忘的解释有痕迹消退说、干扰抑制说、动机性遗忘说、提取失败说等。

痕迹消退说认为，遗忘是由于记忆痕迹得不到强化而逐渐减弱，消退以至消失，如果记忆痕迹被经常提取使用，记忆就会得到巩固。

干扰抑制说认为，遗忘的主要原因是由于在学习和回忆时受到了其他刺激干扰的结果，一旦排除了这些干扰，记忆就可以恢复。干扰抑制理论与记忆消退理论的不同点在于记忆痕迹并没有从头脑中消失，只是由于相互抑制而造成了遗忘。干扰抑制分为两类：前摄抑制与倒摄抑制。前摄抑制是指先学习的材料对后继学习的材料的干扰。倒摄抑制是指后学习的材料对先前学习材料的干扰。一般说来，先、后学习的两种材料越相近，干扰作用越大，所以对于不同内容材料的学习要进行合理安排，以减少彼此之间的干扰。同样，在学习某一种材料的过程中也会出现前摄抑制干扰和倒摄抑制干扰。例如，学习一个较长的句子或一篇文章，往往总是首、尾部分记忆效果好，不易遗忘，而中间部分往往识记比较难，也容易遗忘，这就是因为中间部分同时受到了两种干扰抑制影响所致。

动机性遗忘说（又称为压抑说）认为，遗忘是由于某种动机的压抑所致。例如个体会把一些痛苦经历压抑到潜意识层面而导致遗忘，因此，遗忘是维护自我自信的动态过程，以避免生活中的痛苦记忆而引起焦虑、羞耻感或不安等。但通过某种方式，例如催眠或自由联想等，能够恢复被压抑的记忆。如果能消除人为的压抑，消除记忆材料与消极情绪之间的联系，那么遗忘现象就可能被克服。

提取失败说认为，遗忘就是找不到线索，检索方式不恰当，无法搜寻到所需要的信息。如有时候明明知道某个字，但是却想不起来，事后却能想起来，这种现象就是提取失败。这样的遗忘只是暂时的，一时难以提取出需求的信息，一旦有了正确的检索方式，就能把信息提取出来。

### 5. 长时记忆的提取

从信息加工的观点来看，提取就是信息的输出过程。长时记忆的提取包括再认和重现。再认就是识记过的内容再次出现时能识别和确认。重现就是识记过的内容不在面前时，能在头脑中重新复现。根据重现时有无预定目的和是否需要意志努力，可以把重现分为有意重现和无意重现；根据重现过程是否以中介物为依托，可以把重现分为直接重现和间接重现。长时记忆信息的提取由产生线索、搜寻、决定和做出反应四个步骤所组成。

以上三种记忆就是记忆的三级信息加工系统，或称之为记忆过程的三个阶段。其关系可用下列模式表示（见图4-1）。

这个模式显示：当外界刺激引起感觉后，它所留下的痕迹便是感觉记忆，如不注意，便很快消失，如果给予注意，进行初步处理，便转入短时记忆。对短时记忆的信息，如不及时加工和复述，其信息也会很快遗忘或被新信息所替代。如果经过复述，就转入长时记忆。在长时记忆中，其信息被继续编码、储存起来。当需要时，这些信息又从长时记忆中提取或检索到短时记忆中来供人们使用。认知心理学家认为，记忆系统的信息加工过程从开始到结尾都受整个心理结构，包括意识的控制。这个典型的记忆信息三级加工模式是目前认知心理学中最流行的关于记忆结构的图示。

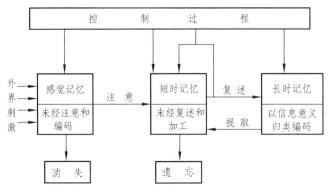

图 4-1　记忆信息的三级加工模式

## 二、单一记忆说

单一记忆说是由卡瑞克和洛克哈特最早提出的，他们反对三级记忆说的观点，认为人实际上只有一种记忆类型，而人们对某一事物或经验记得长久与否以及是否清楚，与我们对信息的处理有关。也就是说，我们能在几种水平上进行信息加工，这些水平大体和我们所花的时间、注意和努力程度有关。如果我们对某一事物只做粗枝大叶的处理，看得并不细致，那么，对这一事物的印象就很容易消失。瞬时记忆实际上是对信息进行最低水平的加工处理，所以储存时间很短。如果记忆材料比较重要，那么，我们又可以对信息做程度深一些的处理，使其有一个较长（虽然仍属短时）的保持。假如我们认为材料十分重要，便会花更多的时间和精力去深入分析、理解这一信息，实质上就是在最深刻、最高一级水平上的信息加工。自然，其加工后的信息所保持的时间就会更长、更牢固。

三级记忆说是以不同的储存位置为基础的，单一记忆说是以记忆信息加工程度为基础的。到目前为止，不同的记忆学说都还是假说，到底哪个学说更能解释记忆的本质还有待更多的实验结果来确定。

# 第三节　记忆的基本规律

**案例展示**

### 读一篇陌生的英文文章，写读后感

当我们读一篇陌生的英文文章时，会遇到熟悉的词和陌生的词。熟悉是什么意思？熟悉就是能够"再认"。陌生是什么意思？陌生就是不认识，没见过。然后查词典学习、记住陌生的词。记住陌生的词，记住是什么意思？记住就是"识记"。一周后重新读这一篇文章。熟悉的词增多，有以前就熟悉的词，有才熟悉的词。"才熟悉"就是这一周才"识记"和能够"再认"。陌生的词减少了，"减少"说明已经"识记"并且能够"再认"一些一周前的陌生的词了。有一些词的意思"似是而非"。"似是而非"说明"识记不深刻，因此不能够再认"一些一周前学习过的"陌生的词"。有一些词和语法轻车熟路。"轻车熟路"是什么意思？"轻车熟路"就是能够"再现"这些词和语法。有一些词和语法没有把握。"没有把握"是什么意思？"没有把握"就是不能够很好地"再现"这些词和语法。有一些词和语法想不起来。"想不起来"是什么意思？"想不起来"就是不能够"再现"这些词和语法。

记忆的过程是怎样的？它包含哪些基本环节？各环节间有何关联？记忆过程的进行有无规律可循？本节将探讨这些问题。

记忆是复杂且不断变化的过程。记忆是从记到忆的过程，包含识记、保持、再认和回忆三个基本环节，每个环节的进行和效果的取得都会受到多种因素的影响，这些因素与记忆效果有着规律性的联系。

# 一、识记的规律

识记就是人们识别并记住事物的过程。依据不同的标准，可将识记分为不同的种类。根据识记有无明确目的，是否需要意志努力，可以把识记分为无意识记和有意识记。有意识记是有预定目的而又自觉运用方法去识记事物的过程。无意识记是无特定目的，也不用采用专门的记忆方法，自然而然记住某一事物的过程。根据识记材料有无意义以及对材料是否理解，可将识记分为机械识记和意义识记。机械识记是根据事物外部的联系，机械重复、死记硬背的记忆。意义识记是根据事物内部联系，反复领会、理解，揭示其实际意义的方法，也称为逻辑的或理解的记忆。

识记是记忆过程的第一个环节，识记效率的提高对记忆效果的改善很重要。识记效果与下列因素存在内在的、规律性的联系。

## （一）记忆的目的、任务

识记的目的性是影响识记效果的首要因素。实验表明，有明确目的的识记比无目的的识记效果好，也就是有意识记优于无意识记。赞可夫曾以成人为被试做过实验。他把成人分成甲乙两组读课文，要求甲组尽可能完全记住课文，而对乙组则不提出任何要求。结果甲组被试平均记住了课文的 125 个句子，而乙组只记住了 87 个句子，甲组识记效果明显好于乙组。彼得逊也曾做过对比实验，他让两组被试分别在有记忆目的和无记忆目的的情况下学习 16 个单词，然后用回忆法进行效果检测。结果表明，无论是当时回忆，还是 2 天后回忆，有意识记的效果均比无意识记的效果好（见表 4-1）。在有意识记中，记忆目的越明确、任务越具体，识记的效果越好。记忆任务持久度也会影响识记的效果，任务越持久，识记效果越好。

表 4-1　有意识记和无意识记效果对比

| 识记性质 | 当时回忆单词数 | 2 天后回忆单词数 |
| --- | --- | --- |
| 有意识记 | 14 | 9 |
| 无意识记 | 10 | 6 |

## （二）识记材料的数量

识记材料数量的多少对识记效果有很大影响。识记所需要的时间往往随材料数量的增加而增加，增加的时间量要比材料的增加量大得多。一般来说，要达到同样的识记水平，材料数量越多，平均用的时间或诵读的次数就越多。所以，一次识记的材料不宜过多，数量少的材料适合整体识记，数量多的材料分段识记效果更好。

## （三）记忆材料的性质

识记材料的性质对识记的效果也有较大影响。一般来说，人们对直观形象的材料的识记效果比抽象的词的材料的识记效果好些，对视觉材料的识记效果比听觉材料的识记效果好些，对有意义、有韵律的材料的识记效果比无意义、无韵律的材料的识记效果好些，记忆材料与操作或活动结合起来，识记效果会增强。

## （四）对记忆材料的理解

意义识记比机械识记效果好。进行识记时，应尽量少用机械重复的方法而多用意义识记和理解记忆。理解是智力活动的一种表现，理解有两个标志：一是找出材料的本质特征和内在联系；二是找出新旧知识之间的关联，这样在对材料的理解过程中就增加了分析与综合的智力活动，记忆会更长久、牢固。对于有意义的学习材料，如果用机械重复的方法来识记学习，意味着长时间地使用大脑的同一部位，容易导致神经细胞的兴奋性降低，并且容易遗忘。所以要尽量找出材料的内在意义，材料之间的本质联系、因果关系，以及新旧知识之间的联系来进行识记，即在理解的基础上识记，记忆的理解效果越好，遗忘得就越慢。肯斯雷对此做过专门的实验，他让 384 位被试学习三组不同材料，每次向被试呈现一个单词或音节，时间为 2 秒，练习一遍，然后要求被试默写出结果（见表 4-2）。

**表 4-2　材料的理解对识记效果的影响**

| 材料 | 默写出的平均数 |
| --- | --- |
| 15 个无意义音节 | 4.47 |
| 15 个由三个字母组成的孤立英语单词 | 9.95 |
| 15 个彼此意义相关联的英语单词 | 13.55 |

为什么三组数量相同的材料识记的效果大不一样呢？这是因为，第三种材料是有内在联系的有意义材料，被试可以在理解的基础上进行识记；第一种材料无内在意义，被试只能靠机械识记；第二种材料中，虽然每个单词是有意义的，但前后不连贯，意义孤立，所以测得的成绩高于第一种材料，但低于第三种材料。可见，理解的识记比不理解的识记效果好，识记效果随理解的加深而增强。

## （五）多种感官参与

运用多种感官参与识记可以更好地强化识记效果。1981 年心理学家巴纳特（J. E. Banaett）

等人以大学生为测试对象，研究了三种听课方法的效果。他们把大学生分为三组，同时听一段含有 1 800 个词的美国公路史的录音。其朗读速度是每分钟 120 个词，但三个组分别是以不同的方法听录音的。A 组是一边听，一边做笔记，摘出要点；B 组是边听边看已列好的要点，但自己不动手写；C 组单纯听。听完后进行回忆测验，结果是 A 组成绩最好，B 组次之，C 组成绩最差。说明学习时调动的感觉器官越多，记忆效果就越好。所以，复习时应避免只使用一种感官来进行识记，注意运用多种感官协同记忆。通过眼看、耳听、口读、手写、脑思相互配合，以增加信息输入的强度，使储存在脑中的信息相互产生联系，形成记忆痕迹，在回忆信息时，可以有多个神经部位提供信息，增强识记效果，同时也可以避免长期使用同一个感官而导致疲劳。

此外，主体的知识经验、意识倾向、情绪状态和个性特征等心理条件也会影响识记的效果。

## 二、保持和遗忘的规律

保持是经历过的事物在头脑中储存和巩固的过程，也就是信息的储存过程。保持是记忆系统的中间环节，是重现和再认的前提，也是记忆力强弱的重要标志之一。相反则是遗忘。

### （一）遗忘曲线

如果在保持过程中出现信息失真、缺损或丢失，则会造成遗忘。尽管人脑储存的信息量非常大，但很多时候，我们仍会把曾经记住的知识和信息遗忘掉。遗忘有时会导致尴尬，使自己在工作、学习和生活中出现失误，但遗忘也是正常记忆不可缺少的基本条件，一个人要把经历过的事都记住的话，是不可能也不必要的，因此遗忘掉一些没用的东西，减轻记忆负荷，才能有对重要内容的高效率的记忆。当然，健忘是一种不良的心理品质，但一般遗忘则是一种正常的心理现象。

最早对遗忘现象进行研究，并发现其规律的是德国心理学家艾宾浩斯。艾宾浩斯用无意义音节作材料，采取学习法共识记 7 组（每组 13 个音节）材料。初次测试和再次测试时间隔 20 分钟、1 小时、9 小时、1 天、2 天、6 天、31 天，测试结果如表 4-3 所示：

表 4-3　不同时间间隔保持与遗忘的百分比

| 时间间隔 | 保持的百分比 | 遗忘的百分比 |
| --- | --- | --- |
| 20 分钟 | 58.2 | 41.8 |
| 1 小时 | 44.2 | 55.8 |
| 8～9 小时 | 35.8 | 64.2 |
| 1 日 | 33.7 | 66.3 |
| 2 日 | 27.8 | 72.2 |
| 6 日 | 25.4 | 74.6 |
| 31 日 | 21.1 | 78.9 |

根据上表中数据，以纵坐标为保持百分比，横坐标为间隔时间，可制成曲线，称为艾宾浩斯遗忘曲线（见图 4-2）。

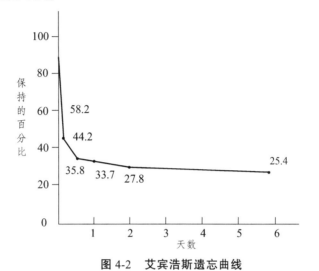

图 4-2　艾宾浩斯遗忘曲线

从遗忘曲线可以看出，遗忘进程不均衡，先快后慢，先多后少。这就是人们通常所说的遗忘规律。虽然遗忘会受到记忆目的、记忆材料性质、数量及记忆方法的影响，但先快后慢的总趋势是不变的。

遗忘与下列因素存在内在的、规律性的联系。

### 1. 记忆的目的性

记忆目的不明确，意图就不强烈，就容易产生遗忘。

### 2. 记忆内容的性质

抽象的内容比形象的内容更容易使人遗忘，无意义材料比有意义材料更容易使人遗忘。

### 3. 干扰（抑制）

抑制有前摄抑制和倒摄抑制，它们对遗忘有重要影响。先后两种学习材料，其难易程度、巩固程度、相似程度会影响倒摄抑制。我国学者认为，初级相似倒摄干扰最大，高相似和不相似的干扰则小。

### 4. 主体状态

遗忘受主体的动机、情绪和兴趣的影响。动机性遗忘是下意识想忘却不愉快的经历的一种意图。压抑性遗忘是下意识地把罪恶感、羞耻感以及不能被自己接受的记忆压抑起来造成的遗忘。没有兴趣的事情容易引起遗忘。

## （二）保持的规律

保持并不意味着记忆的内容始终不变，记忆内容在量和质上都会发生变化。

### 1. 保持的量变规律

识记内容随着时间进程呈减少的趋势，甚至可能产生遗忘。可以用回忆法、再认法、节省法等来测量我们识记过的材料在我们头脑中的情况。如果我们能对识记材料进行准确回忆，表示我们的记忆保持效果最好。如果我们能够将识记过的材料再认出来，这种保持的效果次于回忆的效果。曾经识记过的材料不能回忆，也不能再认，但是通过重新学习时节省的时间越多，则保持效果越好。

### 2. 保持的质变规律

记忆内容中相对不重要的细节部分逐渐消失，而主要内容及显著特征部分较好保持，保证记忆资源高效利用。另外，记忆内容中的某些特点和线索有选择地被保留下来，同时增加一些特征，记忆内容更加容易理解。

## 三、再认和回忆的规律

再认和回忆是过去的事物不在面前时能在脑中呈现，并加以确认的过程。从信息加工的观点来看就是信息的提取和输出。再认和回忆是识记和保持的目的，是检验识记和保持效果的唯一标尺，以及强化识记和保持的重要手段。要提高再认和回忆的效率，就必须研究影响和制约再认和回忆的过程及其效果的基本因素。

### 1. 再认

再认是对过去感知过的事物的再次接触，有熟悉感，能辨认出来。如多年不见的老朋友再度相逢，一见面就彼此叫出对方姓名。再认是比较简单的记忆现象。对识记过的事物进行再认比回忆容易。从个体心理的发展来说，再认要比回忆早出现。从记忆巩固程度来看，再认要低于回忆，能再认未必能回忆，但是能回忆就一定能再认。

再认有不稳定和动摇的特点。再认要迅速、正确和稳定，取决于对旧事物巩固程度及其与新刺激类似的程度。无论简单的再认还是复杂的再认，都是依据事物的组成部分和特征（即线索）来进行的。特别熟悉的事物，再认的时候所需要的线索简洁；不熟悉的事物，再认时需要的线索很多。

再认受到一些因素的影响和干扰会出错，如未经复习而引起的暂时性消退，不能再认；身心疲惫，情绪紧张，外因干扰产生导致暂时抑制，不能再认；对相似的对象不能区分而产生错误再认；对事物再认的线索较为模糊而干扰了对记忆的搜寻；心理不正常也会导致再认错误。

### 2. 回忆

回忆是指经历过的事物不在面前时，在脑中独立呈现出来的过程，也称为重现。根据回忆有无任务要求，可将回忆分为随意回忆和不随意回忆。随意回忆是有目的、较为自觉的过程，个人在学习、科研、思考、解答问题时的回忆都属于随意回忆，如有人提起某位老朋友，你在脑海中通过搜索后浮现出他的容貌及一些往事。随意回忆就是通过意志努力，排除干扰，实现追忆的过程。不随意回忆是没有预定目的和任务，自然而然的回忆。自由联想属于不随意回忆，如触景生情、自然而然回想起一些往事。

根据回忆中有无中介物，可将回忆分为直接回忆和间接回忆。直接回忆是内容一下子被再现出来，不需要中间联想。间接回忆是碰到困难和障碍，经过复杂的中间联想，把所需要的内容再现出来。

回忆过程，特别是追忆的过程，往往以联想为线索来进行。联想线索主要有以下几种：（1）接近律。在空间和时间上接近的事物容易使人产生联想。（2）相似律。相似或有共同特征的事物容易使人产生联想。（3）对比律。在性质和特点上相反的事物容易使人产生联想。（4）因果律，具有因果关系的事物容易使人产生联想。遵循联想的规律，采用不同的联想方法，可以增强回忆的效果。

信息储存的组织水平、抑制干扰、主体的情绪状态，都会影响回忆效果。

在教学中，教师常常用考试的方法来检查学生对知识的记忆情况，其中选择题、判断题是以再认的方式进行检查，论述题、名词解释、填空题是以重现的方式进行检查，重现较之再认难度要大一些。

# 第四节　青少年记忆特点和记忆能力的培养

## 案例展示

欧阳修的"记字日诵"法是一种统计应精读或背诵的总字数，再分配每日进度，长期坚持直至读完的读书方法。

有人读书以页计数，规定进度，定日完成。欧阳修却很奇特，以字计数，规定每天应熟读成诵 300 字。他长期坚持，熟记了大量的范文，为他的写作打下了坚实的基础。他所写的散文，说理透彻，抒情自然，气势畅达，他的《醉翁亭记》成为千古名篇。

"记字日诵"是这样进行的：首先，精选材料，统计字数。欧阳修根据自己的需要，精选十部经典作为材料，逐一统计字数：《孝经》，1 930 字；《论语》，1 175 字；《孟子》，34 685 字；《礼记》，99 010 字；《周易》，24 107 字；《尚书》，25 700 字；《诗经》，39 234 字；《周礼》，45 806 字；《春秋》《左传》，196 845 字，总计 468 492 字。材料选得精，字数算得清，这是基础。其次，规定进度。他规定每天必须熟读 300 字，这样，每年就能熟读 109 500 字。上列 10 部书，总数不到 47 万字，只需 4 年多的时间就可以读完。最后熟读成诵。他认为，经典著作必须背诵。中等资质的人，每天熟读成诵 300 字是毫无疑问的。即使记忆力差的人，每天背诵 150 字也是能办到的，那么这 10 部书用 8 年时间也就能背熟。他还认为要做到熟读成诵，每日数量可以少定，总计划可以拉长，但必须持之以恒。

"读书破万卷，下笔如有神"，欧阳修能写成如《醉翁亭记》的不朽之作，成为大文豪，主要因为他诵读积累了大量的经典。欧阳修为什么能记住大量的经典？什么是记忆力？人们的记忆力为何存在较大差异？如何提升记忆力？怎样才能取得更好的记忆效果？通过本节的学习将会找到问题的答案。

## 一、记忆的品质

记忆品质是构成记忆力的稳定因素，是衡量记忆力的重要标准。

### （一）记忆的敏捷性

记忆的敏捷性指识记速度的快慢，通常以单位时间内记住内容的多少来衡量。记忆的敏捷性存在很大的个体差异，对同一材料，有的人很快就能记住，而有的人则要花很长时间才能记住。据说当代科学家茅以升小时候旁观祖父抄写古文《东都赋》，他的祖父刚抄完，他就能全文背出来，其记忆力相当惊人。

当然，我们也不能单纯以记忆的敏捷性来判断一个人的记忆力的好坏，因为有的人虽然记得快，但忘记得也快；而有的人尽管记得慢，但忘记得也慢。记忆的敏捷性只有和记忆的其他品质相结合才有意义。

### （二）记忆的持久性

记忆的持久性指识记的事物保持时间的长短。有的人能把识记过的内容长久地保持在记忆中，而有的人却很快地遗忘。有些人记忆的持久性是非凡的，如郭沫若能一字不漏地背诵《红楼梦》前 80 回。

### （三）记忆的准确性

记忆的准确性指对识记的材料是否记得准确。有的人对识记的材料能准确无误地加以重现，而有的人在回忆时经常出现歪曲、遗漏。这是记忆准确性上的差异。我国东汉时期著名学者蔡邕的著作在兵荒马乱中失散，他也被杀害了，留传至今的 400 多篇蔡邕的作品乃是他女儿蔡文姬准确无误地背诵出来，才得以保存下来。记忆的准确性是记忆的重要品质，如果缺乏记忆的准确性，记得再快、再持久但记得不准确，也是没有价值的。

### （四）记忆的准备性

记忆的准备性指能否及时而准确地从记忆库中提取所需的知识。记忆的准备性存在个体差异，如在知识竞赛中，有的人反应很快，有的人反应较慢，有的人能答对问题，有的人则答错问题，虽然他们中不少人都掌握了回答某一问题的有关知识和能力，但在回答问题时却存在快慢和对错的差异。这是由于他们提取记忆信息的速度有快有慢，或者混淆了相关知识。

判断一个人记忆力的强弱，应从以上几个方面进行综合考察。

## 二、青少年记忆的特点

一般来说，20 岁以前的记忆力是向上发展的，青少年时期是记忆的黄金时段。心理学实验结果表明，将机械记忆和意义记忆结合分析，正常人 18～35 岁记忆力最好，如果此时的记忆分值为 100 分，那么 35～60 岁的平均成绩为 95 分，60～85 岁的平均成绩则为 80～85 分。

青少年记忆力的发展有以下特点：

### （一）青少年识记的有意性随目的性的增强而提高

刚进初中的学生的无意识记很明显，他们对直接感兴趣的材料记得好，对困难材料的记忆较差，以后才逐渐学会使自己的记忆服从识记的目的任务的要求，有意识记渐渐占主导地位。初中阶段学生识记还较为被动，到了高中阶段，学生才逐渐自觉地确定目的来支配自己的识记活动。

### （二）青少年意义识记逐渐占主导地位

从识记方法来看，初中生较之小学生而言，机械记忆成分仍然存在，但是不占主导地位。随着年龄增长，意义识记的成分越来越大，高中阶段已经越来越多使用意义识记，记忆更加深刻。

### （三）青少年抽象记忆内容发展较快

升入中学后，学生对语词的抽象识记能力有较快发展。从小学到中学阶段，具体形象记忆发展放慢，抽象记忆发展加快，儿童对具体形象材料的识记仍好于抽象材料，青年学生逐渐以抽象记忆为主。

### （四）青少年记忆的广度随年龄的增长而扩大

有研究表明，记忆的广度到儿童末期达到最高峰，之后记忆广度的增加速度逐渐放缓。记忆广度和智力的关联度随着年龄的增加越来越小。

## 三、青少年记忆能力的培养

记忆能力是学生的一种重要能力，对学生的学习和发展有重要作用。培养提高学生的记忆能力是重要的教育教学任务。

### （一）加强学习目的教育

进行学习目的教育，是培养学生记忆力的首要条件。学生只有明确了为什么而学后，才能自觉学习、主动记忆及积极思考。因此，在教学的各个环节都要把学习目的的教育置于首位。既要进行学习总目的教育，把当前的学习同学生日后参加国家建设的大目标联系起来，增强学生的社会责任感，又要进行具体的学习目的教育，通过阐述知识的价值，让学生明白学习的重要性，把学习与自身素质的提升、将来所从事的职业甚至人生幸福结合起来，从而激发学生的学习兴趣，强化学生的学习动机，使学生好学、乐学。

## （二）积极开展基础训练

提高记忆力必须通过实践进行积极的训练。设计科学合理的记忆训练方案，长期开展有针对性的训练，对提高青少年的记忆能力至关重要。训练内容要恰当，要适合学生的年龄和发展水平，每天坚持训练。

### 1. 文字训练

背诵文字是提高记忆力的直接、有效的方法。欧阳修"记字日诵"的故事说明，经常背诵经典文章，既可丰富知识，又能锻炼大脑，增强记忆力。可以选择三字、四字、五字、七字的词语、成语、唐诗宋词，经常诵读，长期坚持，并融入学习中，有利于促进记忆力的增强。

### 2. 数字记忆训练

经常进行背诵数字的训练可以刺激大脑，使脑细胞活跃起来，增强记忆力。比如桥梁专家茅以升就经常背诵圆周率，用记忆数字的方法刺激大脑，锻炼了大脑的灵活性。青少年每天坚持进行 10～20 分钟时间的练习，能够有效提高记忆力。

### 3. 经常进行健脑按摩

可以通过按摩头部穴位、五官穴位，刺激头面部，这样能缓解疲劳，使人尽快集中精力，投入学习和工作中。

## （三）掌握记忆方法

记忆方法既是完成记忆任务的保证，也是影响记忆效果的重要因素。使用科学、合理的记忆方法可收到事半功倍的效果。心理学已经研究、总结出许多行之有效的记忆方法，值得大家学习和借鉴。

### 1. 实物记忆法

这是一种直接观察实物，把实物与理论知识结合起来记忆的方法。17 世纪捷克教育家夸美纽斯认为，"凡是需要知道的事物，都要通过实物本身来进行教学。也就是说，应该尽可能地把事物本身或者它的图像放在面前，让孩子看看、摸摸、听听、闻闻等"。这说明实物在记忆中的重要作用。这种方法比较真实、具体，亲身获得的印象要比别人讲的、书本上看到的生动得多，记忆自然就较为深刻持久。

## 2. 直观形象法

把抽象材料加以直观化、形象化的记忆方法叫作直观形象法。心理学家研究认为，在人的大脑中，形象信息和语言信息之比为 1000∶1。可是，我们学习所要记忆的内容，却绝大部分是以语言文字形式出现的。对于这些东西的记忆往往使人感到枯燥乏味。如果将文字材料与鲜明生动的形象、图形等相结合，将抽象难记的材料，尽可能形象化，通过联想使它们变成看得见、听得到、摸得着，能强烈刺激视觉、听觉、嗅觉、触觉等感官的具体生动的东西，将大大减少记忆的劳动强度，而且生动有趣，记忆效果极佳。这种将感性认识与理性认识相结合的记忆法，学生不但容易理解，而且记得很牢。

进入初中后，学生随着年龄的增长，对抽象内容的理解和记忆水平有了很大的发展，但是具体形象记忆仍然占据重要地位。所以，在初中阶段，学生多利用直观形象的记忆，教学中把理论知识的学习与具体事物的形象结合起来，可以强化记忆效果，增强记忆能力。

## 3. 图表记忆法

图表记忆法是对复杂材料用图表简化的记忆方法。图表在工作和学习中被广泛应用，利用图表能简明清晰地揭示事物间的关系，便于掌握系统的知识。例如，学生学习政治经济学常识后，可用图表来标志生产力与生产关系、生产关系与经济基础、经济基础与上层建筑之间的关系，从而形成一个完整的知识结构。

## 4. 联想记忆法

联想记忆法是通过当前的事物回忆另一事物，建立事物间的联系而进行记忆的方法。它可以采取接近联想、对比联想、类比联想等进行记忆。如接近联想：学习散文，可以比较一下杨朔、秦牧、刘白羽等著名作家的散文作品在立意、选材、结构、语言、风格上各有什么特色，留下的印象往往是强烈而深刻的。又如类比联想：已经学过三角形面积的公式，再学习平行四边形面积的公式时，就可以借助类比联想来帮助记忆。再就是对比联想：学习数理化知识时，如果将对立的公式、规律、定理、逆定理收集在一起，进行对比联想，即可加深理解，又能巩固记忆。解释某个词语时，可以联系它的反义进行思索，印象就会深刻得多。经验证明，记忆以联想为基础，联想是记忆的重要途径之一。

## 5. 歌诀记忆法

歌诀记忆法是把识记材料编成歌词或口诀加以记忆的方法。学习中，如能把识记材料编成合辙押韵的歌诀，记忆效果就会更好。如中国古代启蒙教育读物《三字经》《百家姓》《千字文》就是以歌诀形式编写的，"人之初，性本善；性相近，习相远……"读起来朗朗上口，易读易记。

## 6. 谐音记忆法

谐音记忆法是借助汉字读音相近的关系，赋予材料特殊的意义，把所记内容与已经掌握的内容联系起来记忆的方法。这种方法能把无意义的材料变成有意义的材料，把晦涩难记的材料变成流畅易记的材料，在记忆数学、物理、化学等学科的公式，历史、地理的知识点以及外语单词方面非常实用。例如，化学中金属元素活动的顺序为：钾、钠、钙、镁、铝、锌、铁、锡、铅、铜、汞、银、铂、金。记忆它们时，常出现次序上的颠倒和内容上的错误。如果把它们谐音为"加那个美丽新的锡铅，统共一百斤"，这样就容易记住，而且印象深刻，不易忘记。

### 7. 特征记忆法

对无意义的材料应采用人为地寻找特点来记忆的方法。如马克思诞生于 1818 年 5 月 5 日，可记为两个 18 两个 5。五四运动爆发于 1919 年，可记为两个 19。明朝灭亡于 1644 年，可记为：后两个 4 相乘等于前两个数 16。如果把 13885024251 看成是由"138""8502"和"4251"组成的电话号码，就容易记住了。

### 8. 比较记忆法

比较记忆法是通过辨别事物之间的异同来记忆的方法。例如，对形近的己、已、巳三个字和戊、戌、戍、戎四个字，根据其笔画在空间上占有的位置的不同，进行比较，学生就容易辨认了，也容易记牢。

## （四）运用复习策略

复习是防止遗忘的最有效手段。早在两千多年前，孔子就提出"学而时习之""温故而知新"的学习原则。当然，复习的质量并不单纯取决于复习次数的多少，而是取决于复习方式是否合理、科学。遗忘有规律可循，为了减少遗忘，巩固所学知识，应利用遗忘的规律进行复习。

### 1. 及时复习

根据遗忘先快后慢的规律，及时复习，趁热打铁，才能有效防止学习之后的快速遗忘。著名教育家乌申斯基曾经说过，记忆就像建筑物，不要等快要倒塌时再去修复，否则等于重建。根据遗忘的规律，在学习后的第一天内遗忘最快最多，所以当天学完的内容当晚就整理复习，是符合心理学规律的、有效的学习方法。如果平时不注意边学习边复习，考试前才总复习，临时抱佛脚，通宵达旦地记、背，往往弄得疲惫不堪而且效果不佳。所以，教师要向学生强调"学而时习之"的重要性，每天布置适量作业，让学生及时巩固所学知识。

### 2. 尝试重现与反复识记相结合

尝试重现与反复识记相结合是一种十分有效的复习方式。对于学习材料简单地反复阅读效果并不好，有时会"小和尚念经，有口无心"。在初步阅读学习材料，还没有完全记牢时，就合上书本尝试重现，尝试重现的时间往往比阅读的时间长些，如用 20% 的时间阅读、80% 的时间尝试重现，可以增强保持的效果。有人做过这样一项实验：让两组学生识记同一篇课文，第一组连续阅读 4 遍，第二组用阅读与尝试重现交替的方法各识记 2 遍，然后检查保持效果。1 小时后，第一组平均保持率为 52.5%，第二组保持率为 75%；1 天后，第一组平均保持率为 30%，第二组平均保持率为 72.5%；10 天后，第一组平均保持率为 20%，第二组平均保持率为 57.5%。反复识记与尝试重现能使学生及时发现难以识记的那部分知识，有重点地进行重新阅读，不但节省了宝贵的复习时间，并且印象深刻，达到事半功倍的效果。

### 3. 合理分配复习时间

复习时间的分配有两种方式：一种是集中复习，另一种是分散复习。集中复习是指在一段时间内集中地连续复习一种学习材料的方法，分散复习是对一种学习材料分若干次复习，在两次复习中间有一定时间间隔的方法。有人做过这样一项实验：让两组学生背诵同一首诗，甲组逐字逐句地、一遍遍地反复阅读，直到能背诵为止；乙组每天阅读两遍，直到完全熟记为止。然后检测实验效果，准确背诵这首诗需要的阅读次数甲组平均 18 次，乙组平均 7 次；在回忆中出现的错误甲组平均 9 个，乙组平均 4 个。实验结果表明，分散复习的效果好于集中复习。

集中与分散复习的效果还与复习内容多少与难易有关。如果复习的内容比较少、简单，就选择集中复习的方式。而如果复习的内容比较多、难度较大，那么分散复习的效果大大优于集中复习。另外，在安排分散复习时，两次复习的间隔时间要科学，间隔时间太短，类似于集中复习，但间隔时间太长也不好。研究表明，每间隔一天复习一次效果最佳。比如期末考试前对整本教材的复习，就要注意合理分配复习时间，应选择分散复习的方式，有计划地进行复习。

### 4. 复习要适量

学习新知识后进行及时的复习和练习是必要的，但复习要适量，每次复习的数量不宜太多，否则容易导致大脑疲劳，严重时会引起神经衰弱。所以，在复习数量较多的材料时，应适当注意分组、分批、分期进行，以减少每一次的识记量，切忌贪多求快，欲速则不达。教学中教师如果不考虑学生的年龄特点，过多地布置家庭作业或进行大量的练习，盲目地增加复习量，会使学生课业负担过重，影响学生的健康。

### 5. 复习方式多样化

运用单一的复习方式取得的效果是有限的，要想取得理想的复习效果应综合运用多种复习方式。有人做过这样一项实验：让三组学生学习同样的英语单词，甲组，阅读一遍后，机械地复读三小时；乙组，阅读一遍后，理解、联想地复读三小时；丙组，阅读一遍后，不复读。学完后检测掌握单词的情况，乙组的成绩好于甲组，甲组好于丙组。实验结果表明，多种复习方式综合运用效果更加理想。

复习方式有随堂复习与课后复习，阅读、做作业、复述、问答与整理笔记，平时复习、阶段复习与总复习，只要多种复习方式合理配合、综合运用，就能取得理想的学习效果，增强记忆能力。

## （五）讲究记忆卫生

记忆卫生也是影响记忆效果的一个重要因素。愉快的情绪、清新的空气、全面而适量的营养、合理的作息制度和科学用脑等，都能增强记忆效果，提高记忆能力。另外，不同性质的学科交叉学习，找一个安静、舒适的学习环境，室内学习与室外运动相结合，理论学习与实践、操作结合，合理控制时间，长期坚持等也能改善记忆效果，发展记忆能力。如文科类复习材料和理科类复习材料性质不同，复习时在大脑上引起兴奋的区域不同，将它们交替进行复习，将大大提高复习效率。可先复习语文，后复习数学，再复习英语，这样可以大大减少前摄抑制和倒摄抑制的影响，增强记忆效果，有效提升记忆能力。

## 本章知识要点

记忆是人脑对经历过的事物的反映，记忆是从记到忆的复杂过程，包含识记、保持、再认和回忆三个基本环节，三个基本环节相互联系、相互影响。人们通过记忆积累知识、经验和技能，又通过对信息的加工和储存促进记忆力的发展。依据不同的标准可以把记忆分为不同的种类，常见和重要的分类是按记忆内容把记忆分为形象记忆、语词—逻辑记忆、情绪记忆和动作记忆，每种记忆各有其特点，不同的人擅长不同的记忆。从信息论的角度来看，记忆就是信息的输入、编码、储存、提取和输出的过程，这个过程可以分为感觉记忆、短时记忆和长时记忆三个阶段，每个阶段各有其特点和作用。记忆是有规律可循的，记忆的规律就是影响记忆效果的各种因素与识记、保持、再认和回忆这三个基本环节内在的、规律性的联系。人都有一定的记忆力，构成记忆力的稳定因素就是记忆品质，记忆品质主要包括记忆的敏捷性、持久性、准确性和准备性等。培养记忆力就是改善和提升记忆品质，培养记忆力就要按照记忆规律开展教学和学习活动。加强学习目的教育、积极开展基础训练、掌握记忆方法、重视复习、科学用脑等都能促进青少年记忆能力的增强。

## 思考与实践

1. 一位中学老师利用 8 位数字给中学生开展记忆训练：
（1）98721304　　　10145678　　　24307936
（2）24181638　　　65421087　　　46542790
（3）14589054　　　55364782　　　78400154
……
请根据老师列出的数字，利用记忆相关知识内容谈谈你的看法。

2. 狄慈根（1828—1888），德国著名作家和哲学家，一天，他在回答儿子提出的"到底什么是神奇的学习方法"这个问题时说，"当我阅读时遇到不懂的内容，我的方法是求得对内容有一肤浅的理解。浏览的文章越多，认识能力也就越强，以前不懂的内容也就渐渐明白了。这就是我能介绍给你的唯一正确的方法"。利用复习的原理说说你的看法。

3. 定桩记忆法训练
（1）记住人体 10 个部位的顺序：①脚趾头；②膝盖；③大腿；④背；⑤手；⑥肩；⑦脖子；⑧脸；⑨头顶；⑩眼睛。
（2）记忆 10 个单词：蛋、火腿肠、汉堡包、牛奶、香蕉、面包、芹菜、水果、胡萝卜、热狗小面包。

4. 什么是记忆？记忆的过程是怎样的？

5. 从信息论的角度来看，记忆就是信息加工的过程，那么，记忆是怎样进行信息加工的？

6. 记忆有哪些规律？如何利用记忆的规律进行有效学习？

7. 怎样培养、提升青少年的记忆力？

## 推荐阅读书目

[1] 佘文才，杨玉鸿，等．掌握高效学习方法[M]．北京：金盾出版社，2004．

[2] 程正方，高玉祥，等．心理学[M]．北京：北京师范大学出版社，2009．

[3] 周英，胡玉平．心理学[M]．长春：吉林大学出版社，2007．

[4] 黄希庭．心理学导论[M]．北京：人民教育出版社，2007．

# 第五章　思维与想象

**心理故事**

### 降落伞的故事

第二次世界大战时期，就在巴顿将军率领盟军即将在诺曼底登陆之际，他接到了前线的一份统计报告。报告显示，在牺牲的盟军战士中，竟有一半人是在跳伞时摔死的。这让巴顿将军很恼火。他立刻赶到后方制造降落伞的兵工厂。巴顿将军十分严厉地对兵工厂厂长说："每个降落伞都关系到一个士兵的生命，从现在开始，降落伞必须100%合格！"

厂长说："这怎么可能呢？没有什么产品能真正做到100%合格。这些年我一直在狠抓产品质量，降落伞的合格率已达99.9%。我已经尽力了，99.9%已经是最高极限了，再没有提升的空间了。"

巴顿怒不可遏，他从兵工厂的仓库里随意抓起一只降落伞包，大声对厂长说："这是你制造的降落伞，我现在命令你抱着它上飞机！请你这位厂长背着它去跳伞！"

厂长吓得要命，可是迫于将军的权威，只能胆战心惊地照他的话去做，幸运的是这次跳伞成功了。

望着一脸狼狈的兵工厂厂长，巴顿将军严厉地说："从今天起，以后我们每次验收就从1000件降落伞中任意抽出一件，你背着它从飞机上跳下去。"巴顿将军走后，兵工厂厂长立即将生产工人都召集起来，对他们说："以后在每一批降落伞出厂前，我会从整批的货品中随机抽取一些，让负责制造该产品的工人背着它去跳伞，以此来检验你们生产的产品是不是100%合格！"自这个方法实施后，该兵工厂所交付的降落伞的质量始终保持100%合格。此后，军队中再没有发生因降落伞质量问题而导致伞兵牺牲的事故了。

巴顿将军是怎样解决降落伞的质量问题，从而减少伞兵的死亡率？这实际上涉及解决问题方案的构想和解决问题的策略。而构想、策略与思维密不可分。什么是思维，思维的过程是怎样的？什么是想象，人是怎样展开想象的？思维和想象对于问题的解决、对于创造发明、对于人自身素质的提高、对于社会的进步有何作用？相信通过本章的学习能找到问题的答案。

# 第一节　思维概述

**案例展示**

### 曹冲称象

古时候有个大官叫作曹操，人家送他一头象。曹操很高兴，带着他的儿子和官员们一同去看象。

这头象又高又大，身子像堵墙，腿像四根柱子。官员们一边看一边议论：象这么大，到底有多重呢？曹操问："谁有办法把这头大象称一称？"有的说："得造一杆大秤，砍一棵大树做秤杆。"有的说："有了大秤也不行啊，谁有那么大的力气提得起这杆大秤呢？"也有的说："办法倒有一个，就是把大象宰了，割成一块一块地再称。"曹操听了直摇头。

曹操的儿子曹冲才七岁，他站出来说："我有个办法。把大象赶到一艘大船上，看船身下沉了多少，就沿着水面，在船舷上画一条线。再把大象赶上岸，往船里装石头，等船下沉到画线的地方，称一称船上的石头。石头一共有多重，大象就有多重。"

曹操点头微笑。他叫人照曹冲说的方法去做，果然称出了大象的重量。

人们在社会实践中经常会遇到各种各样的问题，这时应该怎么做呢？当用常规方法无法解决当前问题的时候又该怎么办？人们面临问题时总会进行思考，并试图解决，这就是心理学上所说的思维。思维不同于我们前面讲的感觉和知觉，它是一种更为复杂、更为高级的认知活动。

# 一、思维的概念

## （一）思维的内涵

《朗曼英语词典》把思维定义为："利用头脑产生思想的行为。"杨百顺在《思维是世间上美丽的花朵》一文中把思维定义为："是人类特有的，是人有意识的、能控制的认识活动。"《辞海》的定义是："亦作'思惟'。哲学上通常指人脑对客观事物间接和概括的反映，是认识的理性阶段。"《词源》中说："思维就是思索、思考的意思。"部分学者认为，思维是人借助语言实现的对客观事物概括、间接的反映，是反映对象本质和规律的认识过程。心理学上讲，思维是人脑对客观事物间接的和概括的反映，揭示事物本质和内在联系，是认识的高级形式。

## （二）思维的基本特征

### 1. 概括性

思维的概括性主要体现在两方面：第一，把同一类事物的共同属性和本质特征抽取出来加以概括。如将汽车、火车、飞机和轮船的本质属性概括为"运输"，并称之为交通工具。第二，将多次感知到的事物之间的关系加以概括，得出有关事物之间的内在联系的结论。也可以把思维和感知觉加以比较，就可以清楚地看出思维的特点。感知觉只能反映事物的个别属性或个别的事物；思维则反映一类事物的本质和事物之间的规律性联系。如通过感知，我们只能认识形形色色的具体的笔，通过思维我们就能概括出笔的本质属性。又如人们发现太阳、月亮东升西落与地球自转的规律，这就是思维的概括性。思维的概括性使人类的认识活动摆脱了对具体事物的依赖性和直接感知的局限性，拓宽了人类的认识范围，也加深了对事物的理解，使更迅速、更科学地认识世界成为可能。

### 2. 间接性

思维的间接性是指人们可以借助于一定的媒介和知识经验，理解那些没有直接感知过的或根本不可能感知到的事物。同样也可以把思维和感知觉加以比较，感知觉只能反映直接作用于感官的事物，而思维总是通过某种媒介来反映客观事物。如早上起床看到地面湿淋淋的，可能会推测"昨晚下雨了"；内科医生借助器械、通过各种方式去推测内脏的病情；史学家通过史料研究历史。正是由于思维具有间接性，人类才可能超越感知觉提供的信息，通过"去粗取精，去伪存真，由此及彼，由表及里"的思维活动，认识那些没有直接作用于人的感官的事物或无法直接感知的各种属性，揭露事物的本质和规律，预见事物的发展和变化。例如，牛顿发现万有引力的过程很好地体现了思维的间接性。间接反映的结果，可能正确，也可能不正确。但不管正确或错误的推测，都是一种间接的反映。

## 二、思维与语言的关系

### （一）思维与语言的区别

语言是以语音为物质外壳，以词汇为建筑材料，以语法为结构规律而构成的符号系统。语言是人类最重要的交际工具，人们利用它来互相交流，达到互相了解的目的。它与思维不同的是：语言是物质现象，思维是精神现象；语言是人们交流思想的工具，而人们却不能通过思维与别人直接交流；语言规律具有民族性，而思维规律则有共通性。思维、语言与外界的关系也不同，思维与外界的关系为反映与被反映的关系，语言与外界的关系为标志与被标志的关系。语言是社会的产物，是一种特殊的社会现象，它随着社会的产生而产生，随社会的发展而发展，"社会之外无所谓语言"。思维是人类认识现实世界时动脑筋的过程，是人们对客观对象进行概括分类，形成概念，并运用概念进行判断、推理的过程和能力。

### （二）思维与语言的联系

思维与语言之间究竟是什么关系，历来是语言学家、哲学家、心理学家、人类学家、生物学家、逻辑学家都十分关心的问题。然而对诸如语言和思维谁先产生，语言与思维是否可分，国内外学术界长期以来见仁见智，争论不休，占主导地位的一直是"语言和思维同时产生，语言离不开思维，思维也同样离不开语言"的观点。20世纪70年代以后，有人陆续对此观点提出质疑，但大部分有些偏颇，从一个极端走向另一个极端，不是只考虑内部言语的作用认为语言和思维不能分离，就是只考虑外部言语的作用认为语言和思维可以完全分离。

思维和语言是紧密相连的，研究语言要涉及思维，研究思维也要涉及语言。思维是语言的内容，语言是思维的工具。从思维的特点来看，思维和语言有着密切的联系。从思维的内容和结果来看，人的高级思维和语言是不可分离的。从思维的种系发展历程来看，思维和语言是同步发生的。从思维的个体发展历史来看，思维和语言也是密切联系的。思维的表达方式虽然有多种，但最重要的还是通过语言。抽象思维本身就是依赖语言来进行的，而形象思维在转化为语言时，也不可避免地使语言得到了锻炼。抽象思维需要用概念、判断、推理来进行，即抽象思维需要用语言来进行，语言的掌握程度会影响抽象思维的水平，语言掌握越准确，思维就越缜密。因此，思维的发展是语言发展的必要条件，也就是说，语言的水平应以思维的发展水平为前提，但思维的发展水平高并不意味着语言水平就高。一般来说，思维的内容越丰富，可进行语言表达的内容就越丰富；思维越周密，语言就越准确。

## 三、思维的种类

### （一）根据思维的形态分

#### 1. 动作思维

动作思维是伴随实际动作进行的思维活动。其特点是以实际操作来解决直观的、具体的问题。如儿童在垒积木的时候，他是边操作边思考的，操作的动作是思维的支撑；家电维修工就是通过具体的操作来发现和解决问题；工程师、运动员、修理工经常运用动作思维解决实践中遇到的问题。

#### 2. 形象思维

形象思维是运用已有表象进行的思维活动。它要解决的问题是把思想形象化，或者建立一个新的形象体系，其解决问题的方式是想象活动。如对房间布置的构想、技术发明等。文学家、艺术家经常使用形象思维，通过形象来表达自己的思想和情感。

#### 3. 抽象思维

抽象思维是运用概念进行判断、推理的思维活动，又叫作逻辑思维。如我们对"什么是道德""什么是法律""当今世界发展的趋势怎样"等理论问题的思考。这种思维借助语言或其他抽象符号来思考问题。哲学家、数学家经常运用这种思维来解决在实践中遇到的问题。

以上三种思维是对成人思维的分类，与儿童思维发展的四个阶段不同。儿童思维的发展包括四个阶段：婴幼儿期（1~3岁），学前期（3~6岁），小学儿童（10、11岁），高二（17、18岁）。这四个阶段是存在水平差异的，而三种思维往往是相互联系、相互渗透的。成人中哪一种思维占优势并不表明思维发展水平上的差异，不能将二者混为一谈。

### （二）根据思维活动（探索答案）的方向分

#### 1. 聚合思维

这种思维是把问题所提供的各种信息聚合起来得出一个正确答案或一个最好的解决方

案。只有当问题存在着一个正确答案或一个最好的解决方案时，才会出现。它是把问题所提供的各种信息重新加以组织，找出人们已知的一个答案。聚合思维是把各种信息聚合起来，朝同一个方向，得出一个答案。例如：甲>丙，甲<乙，乙>丙，乙<丁，可推出丙<丁。

### 2. 发散思维

这是一种沿着各种不同的方向去思考，去探索新的远景，去追求多样性的思维。只有存在着几种解决方案，或即使只有一个正确答案但没人知道，或不是人们都同意这是最好的答案的情况下才会出现。发散思维的主要特点有：流畅性，能在短时间内生出较多概念；变通性，思考方式变化多端，思维产品的种类不拘一格；独特性，对问题能提出超乎寻常的、新颖独特的见解。

聚合思维和发散思维是相辅相成、密切联系的。当需要沿着不同的途径去寻找问题的答案的时候，我们进行的是发散思维；当需要从各种可供选择的答案中去确定一个更合适的答案的时候，我们又要比较各种答案，进行聚合思维。

## （三）根据思维活动的指向分

### 1. 对外思维

对外思维是指思维活动指向外界客观事物的认识，就是对外界信息的思维加工。

### 2. 对内思维

对内思维指元认知或元思维，即思维的思维，是对头脑内部认识活动的认知和调控。首先是对头脑内部进行的思维活动的自我意识和跟踪监视；其次是通过反馈，发现偏差，并立即通过自我调控加以纠正。

## （四）根据思维的创新程度分

### 1. 常规性思维

常规性思维是运用已经获得的知识经验，按照制定好的方案和程序，用惯常的方法和模式来解决问题的思维方式，也称再造性思维。这种思维缺乏创造性、新颖性，一般不会产生新的思维成果，如运用学过的数学知识解决同类型题。

### 2. 创造性思维

创造性思维是以新异、独创的方式来解决问题的思维。当人们按常用的方式方法或现成的知识经验无法解决问题时，有些人就会积极地寻求新颖、独特的方式和方法，这种新颖、独特、非常规的思维就是创造性思维。创造性思维是人类思维的高级过程。如科学家发明创造中出现的直觉思维（顿悟）以及学生的发现学习。

# 第二节　思维的过程和基本形式

**案例展示**

### 一物二用的导游手帕

在日本东京,"夫妻店"随处可见,生机盎然。它们往往都有着自己极不平常的经营妙方。有一家专卖手帕的"夫妻老店",由于超级市场的手帕品种多、花色新,他们竞争不赢,生意日趋清淡,眼看经营了几十年的老店就要关门了,他们在焦虑中度日如年。一天,丈夫坐在小店里漠然地注视着过往行人,面对那些穿着娇艳的游客,忽然来了灵感,他不禁兴奋地叫出来,把老伴吓了一跳,以为他急疯了,正要上前安慰,只听他念念有词地说:"导游图,印导游图。""改行?"妻子惊讶地问。"不,手帕上可以印花、印鸟、印水,为什么不能印上导游图呢?一物二用,一定会受游客们的欢迎!"老伴听了,恍然大悟,连连称是。于是,这对老夫妻立即向厂家订制了一批印有东京交通图及有关风景区路线的手帕,并且广为宣传。这个点子果然灵验,手帕销路大开。他们的夫妻店绝处逢生,财运亨通起来。

这对夫妻是怎样让老店起死回生的?面对生存困境,夫妻俩是如何分析和解决问题的?思维活动是如何进行的?通过本节的学习将会找到问题的答案。

## 一、思维的过程

思维的过程主要是从具体到抽象,从抽象到具体,通过分析与综合、比较与分类、抽象与概括、具体化与系统化、演绎与归纳等思维操作方法,对事物和信息进行加工的过程。

### (一)分析与综合

分析是在头脑里把事物分解成若干属性、方面、要素、组成部分、发展阶段,而分别加以思考的方法。例如,分析一篇文章的结构时,常先将其分为几段,每段再分几句,每句再分为几个词。对事物的分析应有一个标准,如对于一块矿石可以从物理或化学的角度去分析。分析是否有效,取决于分析标准的选择是否恰当。分析使认识从表面逐渐深入到内部。与分析相对应的是综合。

综合是在头脑里把事物的属性、方面、要素、组成部分、发展阶段等按照一定关系组合成为一个整体进行思考的方法。例如,把几个单词组合成句子,把几个句子组合成段落,把几个段落组合成一篇完整的文章。综合应根据客观事物的内部联系来进行,是建立在分析的基础上的。

分析和综合的对象既可以是客观事物,又可以是记忆表象,还可以是概括性的知识和语言材料。没有分析的对象综合是不存在的。分析和综合既可以在抽象思维中进行,也可在形象思维和动作思维中进行；既可在创造性思维中进行，也可以在常规性思维中进行。

分析与综合是相互统一的，是思维过程的两个侧面。第一，分析和综合是相互依存的。没有分析认识不深入，对整体的认识只能是肤浅的；只有分析而无综合，认识只能囿于枝节之见而不能掌握事物的整体。有效的分析应做到将一个整体的几个部分或几个事物联系起来进行。第二，分析和综合是可以相互转化的。分析受到最初认识的整体性的指引，分析又是进一步认识整体的手段、途径和方法，从而使得对整体的认识更加深刻；对整体的深刻认识又会促进对事物各部分的认识。如教师对课文的讲解就是通过分析与综合来进行的。思维活动总是循着综合——分析——再综合——再分析的进程而不断前进的。

分析与综合有三种不同的水平：① 对实际操纵物体的分析和综合。如对机器的拆装。② 对感性形象的分析和综合。如建筑工程师对工程图纸的理解。③ 对语词符号的分析和综合。如数学问题和化学方程式的解答等。这三种水平的分析与综合可以相互转化和渗透。

分析和综合是思维操作的基本方法，也是教师传授知识和学生学习知识的基本方法。在课堂教学中，对于复杂的概念、原理，教师必须进行多方面的分析和整体性综合，才能深入浅出地把知识讲清楚，达到较好的教学效果。学生在听课和复习过程中，也只有反复地主动地分析和综合所学的知识，才能达到真正理解知识的目的。

### （二）比较和分类

比较是在头脑里确定事物之间的共同点和差异点的思考方法。认识到在空间上同时存在的事物之间以及在时间上先后相继的事物之间都存在着差异性和同一性，使得比较成为可能。比较应首先确定一个标准，且标准应该统一。人们通过分析和综合，认识了事物的许多特点和属性。为了进一步认识和辨别某一事物，还需要在分析和综合的基础上，对与这一事物相似的或对立的事物进行比较。通过比较找到它们之间的共同点和差异点。例如，教师要讲清"思维"这一概念，必须与相近的"思想"这一概念相比较，找出它们的共同点和差异点。它们的共同点是，二者都是理性；它们的差异点在于，思想是指理性认识的内容，思维是指理性认识的形式。这样一比较，学生对思维这一概念的认识就更准确了。

比较有横向比较和纵向比较，通过这两种比较有利于我们辨别不同的事物和同一事物的发展变化。例如，比较心理健康与身体健康的异同是横向比较，二者都是健康必不可少的条件，但二者所指有差异，一个指心理方面，一个指生理方面。过去很多人只重视身体健康而忽视心理健康，现在人们既重视身体健康，也重视心理健康，二者不可偏废。这就是纵向比较。在思维活动中，这两种比较往往是结合使用的。例如，教师对学生的了解就要用到横向比较和纵向比较，既要看到该学生与其他学生的差异，又不能忽视该生的努力和进步。

比较的难点在于同中求异、异中求同，也就是能从看似相同或相似的事物中找出不同点，能从不同的事物中找出相同点。例如，两个学生学习成绩一样好，经过比较发现：一个学生的学习动机是为了实现中华民族的伟大复兴；另一个学生的学习动机是为了出人头地。再如，中学生思想和性格虽然千差万别，但他们都是热爱祖国的。通过比较可以更深入地认识事物。

比较是学生思维能力高水平发展的标志之一，教师应注重培养学生的比较能力。比较对于学生学习和教师教学都有十分重要的意义。通过比较，学生可以更加准确地掌握基本知识、基础理论和基本技能。教师在传播知识时，也常常用比较法，使学生准确地辨别事物的异同，以突破教学上的难点。如语文教师常用同义词辨析方法比较同义词的异同，突破词语教学中的难点。

分类是按事物属性的异同，把事物分为不同种类的方法。比较是分类的基础。通过比较，了解事物之间的共同点和差异点，根据共同点可以把事物归为较大的类，根据差异点可以把事物划分为较小的类。这样能把事物区分为具有一定从属关系的不同等级系统，从而使知识系统化。

分类需有一定的标准，且每次分类只能用一个标准。分类有实用分类和科学分类之分。实用分类是人为的分类，是根据事物的外部特征或用途加以分类，是为了管理的方便而选择性地按事物的某一属性进行的分类。例如，图书馆里的目录有的按书名首字的笔画分类，有的按作者姓名首字笔画来分类。这种分类虽然未反映事物的本质属性，但却很实用，查起来比较方便。科学分类是以事物的本质属性为标准而进行的分类，是自然分类，它反映了事物之间的自然关系。例如，地质学对地层的分类，生物学对生物的分类等都是科学分类。幼儿和小学生往往根据事物的外部特征或用途分类，低年级学生容易把事物的本质特征和非本质特征并列起来进行分类。教师应注意培养学生的本质分类能力。另外，分类还需懂得一定的术语，用术语标志相应的事物。通过分类可以把概念的内涵和外延阐述清楚。

### （三）抽象和概括

抽象是在头脑里抽出事物的本质属性，而舍弃其非本质属性的思维方法。世界上的事物是十分复杂的，都具有多种属性、多种因素的结构。认识事物必须进行抽象。概括是在头脑里把抽象出来的事物的若干本质属性联合起来用到一类事物上，并使之普遍化的思维方法。如我们对各种鸟进行分析、比较后，抽取出"有羽毛""有翅膀""卵生""是动物"这些共同的本质属性，并把这些属性和其他属性（比如翅膀大小、羽毛颜色等）区别开来，这就是抽象。同时，我们把这些共同属性结合起来，从而认识到"鸟是有羽毛、有翅膀的卵生动物"。这就是概括。

抽象和概括是密切联系的。没有抽象就无从概括。客观事物具有各种属性，如果不能从它们的差异中抽取出所需概括的属性，概括就无法进行。同时，抽象又取决于概括，要概括哪些属性，才能确定从哪些方面进行抽取。经过抽象与概括，才能逐步舍弃事物的非本质属性，掌握事物的本质属性。如抽象"人"的本质属性：先分析各种不同年龄、职业、性别的具体人，找出共同属性（活动、说话、思考、制造和使用工具），再抽取其本质属性，舍弃其非本质属性，然后把本质属性结合起来，"人在本质上是一切社会关系的总和"。

抽象和概括实质上是在比较的基础上所进行的更为高级的分析和综合。抽象和概括有对事物具体属性的抽象、概括以及对事物联系和关系的抽象、概括等。抽象和概括是认识过程的一次飞跃，其结果是形成概念和理论。科学的抽象看来好像远离了现实，但是，由于它已经深入到一类事物内部的本质属性，掌握了事物的发展规律，所以实际上它更全面更深刻地接近了现实，也更正确地反映了现实。科学的抽象对于人们创造性地认识世界和改造世界具有十分重要的意义。

中小学生在学校里学习大量的科学概念和理论，必须在分析与综合、比较与分类的基础上，通过自己积极的抽象和概括，才能真正理解和掌握。学生如不善于进行抽象和概括，就不能理解和运用概念和理论；学生抽象和概括的能力越强，理解和运用知识的水平就越高。因此，教师在传授知识的过程中，必须把培养与提高学生的抽象和概括能力当作一项重要的任务。

### （四）具体化和系统化

具体化是指在头脑里把抽象、概括出来的一般概念、理论同具体事物联系起来的思考方法。如举例说明定律、规律，用一般原理来解答习题、做实验等。具体化能加深对知识的理解。在具体化的思维活动中，只有把理论和实际结合起来，把一般与个别结合起来，才能使认识不断深化。具体化有利于检验学生掌握的知识技能是否准确。具体化不能脱离一般的东西，局限于特殊事物。具体化是认识过程的第二次飞跃。它既是一个十分复杂的思维过程，又是一个十分复杂的实践过程。具体化的方法有划分、分类、编写提纲、绘制图表、编制单元小结、系统复习等。

系统化是在头脑里把所学到的知识分门别类地按一定程序整理成层次分明的系统的知识结构的思维方法。任何事物都是一个系统，反映事物本质和规律的科学知识也有一定的系统。所以，必须使学生将学习的知识系统化，形成一个合理的知识结构。如动物，有无脊椎动物和脊椎动物两种，无脊椎动物包括原生动物、腔肠动物、环节动物和节肢动物；脊椎动物则包括鱼类、两栖类、爬行类、鸟类和哺乳类。通过这样的分类，就能形成关于动物的知识体系，从而形成系统的、合理的知识结构。

系统化对提高学生的学习质量具有重要意义。建立了系统的知识结构才算是真正融会贯通地理解了知识。对知识的系统化有利于记忆。只有掌握了系统化的知识才能容易提取知识，在不同的条件下灵活运用知识，只有这样才算是真正掌握了知识。系统化是在复杂的分析与综合、比较与分类、抽象与概括和具体化的基础上实现的。学生运用这些思维操作方法进行学习，就可以大大提高学习能力和学习效率。学生学习知识应不断地系统化。教师在教学中，只有把这些基本学习方法教给学生，使学生通过自己的思维活动来理解知识、解决问题，才能真正提高教学质量。

## 二、思维的基本形式

思维的基本形式有概念、判断和推理。

### （一）概　念

#### 1. 什么是概念？

概念是人脑反映事物本质属性的思维形式，是在分析与综合、比较与分类、抽象与概括过程中形成的。概念是思维的最基本的单位。

思维的概括不同于表象的概括，表象的概括是在形象的基础上进行的概括，而思维的概括是一种抽象的概括，词是对事物本质的概括。所以，思维更多地借助词而非表象。概念总是和词联系着，用词来表示，以词的意义和形态出现，随着词的意义不断地充实和发展，概念的内容也在不断地扩大和深化。但是词与概念并不等同，有时一个概念可用几个词来表示，一个词又可表示几个概念。

概念是人类历史发展的产物。概念有其内涵和外延。内涵是指概念所包含的事物的本质属性。外延是指概念所包含的一切事物。

### 2. 概念的种类

概念可以从不同角度进行多种形式的分类。

（1）具体概念和抽象概念。

概念根据属性的抽象与概括的程度，可以分为具体概念与抽象概念。按事物的指认属性形成的概念称为具体概念，按事物的内在的、本质的属性形成的概念称为抽象概念。例如，给幼儿呈现香蕉、球、苹果、口琴等物品，要求他们分类，如果幼儿将苹果、球归为一类，香蕉、口琴归为另一类，这说明他们是根据物体的形状分类的，由此形成的概念称为具体概念。如果他们将香蕉与苹果归为一类，将口琴与球归为另一类，说明他们是根据事物的内在特征进行分类的，由此形成的概念称为抽象概念。

（2）前科学概念和科学概念。

根据概念形成的途径可以把概念分为前科学概念和科学概念。前科学概念又称日常概念，它是人们在日常交际过程中形成的，这种概念受狭窄的知识范围的限制，其内涵中有非本质属性，有片面性，甚至有错误。如人们把"会飞"作为鸟这个概念的内涵，一方面扩大了概念的内涵，会把蝴蝶、蝙蝠等误认为是鸟，另一方面又会缩小概念的外延，认为不会飞的鸡不是鸟。科学概念是在教学过程中形成的，教师直接以定义、定理、原理的方法向学生揭示概念的本质属性。科学概念形成的标志是把握概念的本质属性，并能在实际中运用。

### 3. 学生对掌握的概念

在学校中，教学是使学生掌握人类已经积累下来的现成的各种科学概念的主要途径。为了帮助学生有效地掌握科学概念，教师要注意以下几个问题：

（1）提供充分的感性材料。

感性材料是形成概念的基础，感性材料越丰富、越全面，概念的形成就越准确。在教学中，可使用直观教具、组织参观访问和实际操作等方式，向学生提供必要的感性材料。同时，要充分利用学生的日常概念中的积极作用，克服消极作用。当日常概念与科学概念的内涵一致时，日常概念的某些知识就有助于科学概念的形成，否则，就起消极的作用。

（2）正确运用变式。

变式是指从不同的角度和方面组织感性材料，使非本质属性变化，突出事物本质属性的方法，它可帮助学生更准确地掌握概念。提供变式的方法有两种，一是保持本质属性不变，变化非本质属性，即举正例。如学生学习鸟的概念时，呈现燕子、鸽子、企鹅、鸡、鸭等鸟类动物。二是保持非本质属性不变，变化本质属性，即举反例。如学习鸟的概念时，呈现蜜蜂、蝴蝶、蝙蝠等动物。在运用变式时要注意既不能扩大内涵、缩小外延，也不能缩小内涵、扩大外延。

（3）语言的正确指导。

感性材料是掌握概念的基础，但要形成概念，还必须借助语言（词）对感性材料进一步加工，经过分析综合、抽象概括，才能揭示出事物的本质特征。在教学过程中语言的说明可以使直观知觉更加鲜明、突出，可补充直观材料的不足，指出事物之间的关系等。另外，对抽象的概念，如友谊、忠诚等，也需要通过语言描述提供某些感性的情景，帮助概念的形成。

（4）准确下定义。

概念的定义是指对同类事物共同本质属性的概括。下定义是用简明的语言表达概念的内涵。人们掌握了概念的定义不仅有助于理解概念的实质，也可以根据定义去辨认事物。在教学中给学生的定义要恰当，一方面要能表述概念的内涵，另一方面要适合学生的接受能力和已有的知识水平。定义有不同的深度，同一概念在不同的情况下，可以采取深度不同的定义。

（5）形成概念体系。

概念体系是指学科相关概念之间形成既相互联系又相互区别的概念系统。帮助学生建立概念体系，既能使学生把握相关概念之间的区别和联系，更加准确有效地掌握概念，又有利于学科知识系统化。为此，教学中要注意让学生弄清楚概念之间的诸如从属、并列、复合等关系，可采取绘制表格、阅读教材、目录、标题等方式方法促进概念体系的形成。

（6）将概念运用于实践。

将概念运用于实践活动，是从一般认识回到个别认识的过程，既可以掌握概念的目的，又可以加深对概念的理解，检验概念掌握的程度，还可以激发学生掌握概念的兴趣、主动性和积极性。应用概念，可以在语言活动中，如说明概念、阐述概念的内涵等；也可以在处理实际问题中，如做习题、实验，以及解决日常生活、社会领域中的问题等。在实际生活中，概念并不是一次就可以形成的，人们需要经过多次反复地学习和应用，才能全面深刻地掌握它。

概念不是独立的，而是形成体系的。只有形成了概念体系才能算掌握了概念。

## （二）判断与推理

### 1. 判断

判断是肯定或否定某种东西的存在或指明某物具有某种属性的思维形式。判断是人们对事物的认识，它反映事物之间的关系。思维过程要借助于判断去进行，思维的结果也以判断的形式表现出来，如这是书，这是我的书，这支笔是灰色的。

### 2. 推理

推理是从已知的判断（前提）推出新的判断（结论）的思维形式。学生在理解新知识、解决新问题、检验新假设时常常运用推理。推理的主要形式有归纳推理和演绎推理两种。

归纳推理是从特殊事物推出一般原理的推理。归纳推理是以观察到的许多事例为根据，而推演出某个新的原理、定理等。例如，狮子是胎生的，是吃母奶长大的；牛是胎生的，是吃母奶长大的；猴子是胎生的，是吃母奶长大的；海豚是胎生的，是吃母奶长大的；蝙蝠是胎生的，是吃母奶长大的……狮子、牛、猴子、海豚、蝙蝠等都是哺乳动物。未发现有哺乳动物不是胎生不是吃母乳长大的。结论是凡是哺乳动物都是胎生的，都是吃母乳长大的。

　　归纳根据观察的样本多少而分为完全归纳和不完全归纳。完全归纳是根据对所有具体事物的观察进行的，除人口普查和个别组织运用外，很少运用。不完全归纳是只根据部分样本，通过观察下结论。在大多数情况下，人们不可能一个不漏地观察每一个事例，因而大都是运用不完全归纳。但是，通过不完全归纳得出的结论是或然的，不能保证百分之百正确。

　　演绎推理是从一般原理到特殊事物的推理。演绎推理是以一般原理为根据而推演到特殊事例，并得出肯定的结论。例如：

　　所有金属都是导电的（大前提——已知一般原理）

　　铅是金属（小前提——关于特殊事实的判断）

　　所以铅导电（结论——从一般原理推演出关于个别事实的新判断）

　　前提是推理的根据。演绎推理的前提是真的，结论才是正确的。如前提是假的，结论也是假的。由于这类演绎推理是由大前提、小前提和结论三部分所组成，也叫作三段论推理。演绎推理在数学中得到广泛应用。数学的全部理论体系几乎都是以少数公理为依据，经过一系列的演绎推理而建立起来的。学生在学习中也需要大量使用演绎推理。

　　归纳推理和演绎推理是密切联系、辩证统一的。任何科学原理、定律都是通过归纳得来的；而应用这些科学原理去解释有关的具体事物或具体现象时，又要运用演绎，二者往往是相辅相成的。在复杂的思维过程中，二者经常紧密地交织在一起。

　　概念、判断和推理是相互联系的。概念是判断和推理的基础，而它的形成又借助于判断和推理。判断是推理的基础，而它本身又可通过推理获得。

# 第三节　想　象

**案例展示**

### 鲁班发明锯子

　　相传有一年，鲁班接受了一项建筑一座巨大宫殿的任务。这座宫殿需要很多木料，鲁班就让徒弟们上山砍伐。由于当时还没有锯子，他的徒弟们只好用斧头砍，但这样做非常费力且效率低，工匠们每天起早贪黑拼命地干，累得筋疲力尽，也砍不了多少，远远不能满足工程的需要，以致工程进度一拖再拖，眼看着工程期限越来越近，这可急坏了鲁班。

　　为此，他决定亲自上山察看砍伐的情况。上山的时候，由于他不小心，无意中抓了一把山上长的一种野草，一下子手被划破了。鲁班很奇怪，一根小草为什么这样锋利？于是他摘下了一片叶子来细心观察，发现叶子两边长着许多小细齿，用手轻轻一摸，这些小细齿非常锋利。他明白了，他的手就是被这些小细齿划破的。后来，鲁班又看到一条大蝗虫在一株草上啃吃叶子，两颗大板牙非常锋利，一开一合，很快就吃下一大片叶子。这同样引起了鲁班的好奇心，他抓住一条蝗虫，仔细观察蝗虫牙齿的结构，发现蝗虫的两颗大板牙上同样排列着许多小细齿，蝗虫正是靠这些小细齿来咬断草叶的。

　　这两件事给鲁班留下了极其深刻的印象，也使他受到很大启发，陷入了深深的思考。他想，如果把砍伐的工具做成锯齿状，不是同样会很锋利吗？砍起来也就容易多了。于是他就用大毛竹做成一条带有许多小锯齿的竹片，然后到小树上去做试验，果然不错，几下子就把树皮拉破了，再用力拉几下，小树干就划出一道深沟，鲁班非常高兴。但是由于竹片比较软，强度比较差，不能长久使用，拉了一会儿，小锯齿就有的断了，有的变钝了，需要更换竹片。这样就影响了砍伐的速度，而且浪费了很多竹片。看来竹片不宜作为制作锯齿的材料，应该寻找一种强度、硬度都比较高的材料来代替它，这时鲁班想到了铁片。于是他们立即下山，请铁匠们帮助制作带有小锯齿的铁片，然后到山上继续实践。鲁班和徒弟各拉一端，在一棵树上拉了起来，只见他俩一来一往，不一会儿就把树锯断了，又快又省力，锯子就这样发明了。

在鲁班之前，肯定会有不少人碰到手被野草划破的类似情况，为什么单单只有鲁班从中受到启发，发明了锯子？鲁班是怎样发明锯子的？是什么因素启发了鲁班？鲁班发明锯子借助了想象，下面我们就来学习有关内容。

## 一、想象的概念

想象是人脑对已有表象进行加工改造而创造新形象的过程，是一种高级的、复杂的认知活动。想象就是从已有的表象中把所需的部分从整体中分解出来，并按一定关系把它们组合成新的形象。例如，人们在看小说时，在头脑中呈现各种各样的人物形象、情景；工程师设计建筑物形象；读了白居易的诗句"日出江花红胜火，春来江水绿如蓝"而在脑海中呈现出江南风光；电视剧《西游记》塑造经典形象孙悟空、猪八戒等，都借助了想象。

想象中的形象都不是凭空产生的，而是对过去感知得来并通过记忆保持下来的表象进行加工改造的结果。如飞机就是根据鸟飞翔的形象发明的。如果人们对于事物从来没有感知过，那么在他的头脑中就不会出现以这类事物表象为材料的想象。例如，外国作家不会塑造出阿Q、闰土这样的根植于中国社会土壤的人物形象；盲人不会以视觉信息为材料、聋人不会以听觉信息为材料进行想象。所以，一切想象的基本素材、原始材料，都源于客观事物，源于现实生活，在现实生活中都能找到原型，想象归根结底是人脑对客观事物的主观能动的反映。

形象性与新颖性是想象的基本特点。想象是在感知的基础上，改造旧表象、创造新形象的心理过程。它处理图形的信息，是以直观形式呈现在人们头脑中的表征。想象不仅可以创造人们过去未曾感知过的事物形象，还可以创造现实中不存在的或不可能的形象。想象受社会历史条件的制约，想象的内容、性质、水平和方向都要受社会生产实践的历史条件的制约。人类想象的发展同样也受社会生产关系的制约。例如，外国人想象出来的人物的形象与中国人想象出来的不一样，但都很像自己民族、国家的人。

想象有助于人们更广阔、更深刻地反映世界和认识世界，它是促使人的心理活动丰富和深化的重要因素，也是构成人的意志行动的内部动力的必要条件。

## 二、想象的功能

爱因斯坦曾说："想象力比知识更重要，因为知识是有限的，而想象力概括着世界上的一切，推动着进步，并且是知识进化的源泉。"

## （一）预见功能

想象能够使人类在现实的基础上对未来充满憧憬，对未来的活动具有主动性、预见性和计划性，这有助于活动的顺利完成。人们凭借想象，在实践活动开始之前，活动的结果就已经存在于人的头脑中，指导着人们活动进行的方向。比如在建造高楼大厦时，首先要确定其使用功能，并据此设计出图纸，最后依照图纸开始建造。

## （二）补充功能

在现实生活中，由于时间、空间的限制以及人的认识活动的局限性，有许多事情是人们不可能直接感知到的。如宇宙间的星球、原始人的生活等这些时空遥远的事物，人们要直接感知是很困难的，甚至是不可能的，但通过想象可以补充这种不足，扩大视野。在旧有表象的基础上，经过构思可以形成这些事物的形象。在这种情况下，我们可以借助想象，弥补人类认识活动的空间局限和不足，超越个体狭隘的经验范围，扩大视野，对客观世界产生更充分、更全面、更深刻的认识。

## （三）替代功能

在现实生活中，当人们的某种需要得不到满足时，可以利用想象在心理上得到一定的补偿和满足。例如：在寓言故事《狐狸和葡萄》中，饥饿的狐狸看见葡萄架上挂着一串串晶莹剔透的葡萄，口水直流，想要摘下来吃，但又始终摘不到。最后，它无可奈何地走了，边走边安慰自己说："这葡萄没有熟，肯定是酸的。"

# 三、想象的过程

想象是一个复杂的过程，由以下一系列想象方式相互联系而构成。

## （一）黏　合

黏合是想象活动中的一种主要形式，是指抽取几个客观事物中的部分属性和特征，把它们重新组合，在头脑中形成新形象的过程。例如，《西游记》中"孙悟空""猪八戒"等形象就是通过黏合而形成的。

## （二）夸　张

夸张又可以称为强调，是指通过突出事物的某些特点而在头脑中形成新形象的过程。人们通过对事物的特征、形象、作用进行夸大或缩小，从而创造出新的形象。例如漫画中的人物形象、神话中的"千手观音"形象、童话故事中"大人国"和"小人国"的形象等。

（三）典型化

典型化是根据一类事物所具有的共同特征创造新形象的过程。很多小说中的人物形象就是作家综合了许多人的特点塑造出来的。如鲁迅先生塑造的孔乙己，再现了封建教育制度迫害下的贫苦知识分子的生活。

（四）拟人化

拟人化是指把人类的特性、特点加在外界事物上，使之人格化的过程。例如黑猫警长、雷公、电母等许多形象。

## 四、想象的种类

根据想象活动是否有自觉目的性，可以把想象分为无意想象和有意想象两类。

（一）无意想象

无意想象是没有预定目的的，在一定刺激作用下，自然而然地产生的想象。事实上，日常生活中，无意想象是经常发生的。人们随着意境的出现，可以产生无限遐想。例如，当我们仰望天空中变幻莫测的浮云时，脑中就产生起伏的山峦、柔软的棉花、活动的羊群、嘶鸣的奔马等形象；当我们看到北方冬季玻璃上的冰花时，就会觉得它像梅花、像树叶等，这些都是无意想象的表现形式。还有人们睡觉时做的梦，也是无意想象。

梦是在睡眠状态下产生的一种正常的心理现象，是无意想象的一种极端形式。人在睡觉时为什么会做梦？巴甫洛夫认为，人在睡觉时，整个大脑皮层处于一种弥散性的抑制状态，但仍有少部分神经细胞兴奋活跃，由于意识控制力减弱，这些记载着往日经验的细胞便随意地、不规则地结合在一起，形成了一个个离奇古怪、荒诞绝伦的梦境。假如在睡眠中少数处于兴奋状态的细胞是皮层中某些与言语和运动有关的神经细胞，就不只是出现梦境，还会说梦话或发生梦游现象。由此看来，梦完全是脑细胞活动的结果，而在睡觉时引起脑细胞的活动从而发生梦境是有原因的，主要有两个方面：一是外界刺激，如声音、气味等。这些刺激在我们睡觉时仍不断地作用于我们的感官，当它传入大脑后就会引起变态反应成为梦境。例如门窗被风吹后的撞击声会引起打雷或放炮的梦境，冬夜被子掉落浑身冰凉会引起掉进冰窖的梦境，闻见食品的香味会梦见进餐或在家中宴客等。二是睡觉时人体的内部刺激或人体生理异常。例如膀胱充盈会引起找厕所的梦境。人体的某些部位有隐疾，在梦中也常会反映出来。

现代科学研究指出，梦是入睡后必然出现的一种心理活动，正常的梦不影响睡眠，而且还是保证人的正常活动所必须的。为了证明梦的重要性，有学者做了剥夺梦的实验，即每当被试出现有梦睡眠时就把他叫醒，以干扰他做梦。如果人为地剥夺被试有梦睡眠几天后，被试就逐渐变得注意力分散、记忆力减弱、思维紊乱、易暴躁发怒，并且出现错觉和幻觉。而后如果让被试恢复正常的睡眠，就会出现接连几天有梦睡眠量比原来明显增多的情况，以补偿前几天有梦睡眠的不足。人们常常以为夜间做梦会影响休息，这其实是一个误解。

## （二）有意想象

有意想象是根据一定的目的，在意识的控制下自觉进行的想象。科学家提出的各种假说，文学艺术家在头脑中构思的人物形象等都是有意想象的结晶。有意想象是人们从事实践活动的主要想象形式。按其新颖性、独立性和创造性程度，又可将有意想象分为再造想象、创造想象和幻想。

### 1. 再造想象

再造想象是根据语言的描述和非语言的描绘，在头脑中产生有关事物新形象的心理过程。如我们看鲁迅先生的《孔乙己》时头脑中出现穿长衫、站着喝酒的人物形象，机械制造工人根据图纸想象出机器的主要结构等，这些都属于再造想象。

再造想象产生的新形象是相对的，虽然它反映的事物形象已经存在，但对于想象者来说是新的，所以再造想象仍然有一定的创造性。正所谓一千人眼中有一千个哈姆雷特。由于每个人的知识、经验、个性特征等主观因素不同，再造想象的内容和创造水平必然有一定的差异。

再造想象可以帮助人们摆脱狭小的生活圈子，生动形象地认识自己没有感知过的或不可能直接感知的事物，扩大认识范围，充实主观世界。在教学过程中，教师通过生动形象的语言表述或图表、模型的演示，可以使学生通过再造想象在头脑中形成与概念相应的形象，从而更深刻地理解和掌握知识。

形成正确的再造想象有赖于两个条件：一是正确理解语词描述和图样、符号标志的意义。不懂外语的人，无法在头脑中形成外语作品中描绘的人物、场景的形象。二是丰富的表象储备。表象是想象的基本材料，缺乏相应的表象储备，就难以进行想象。面对先天性盲人，不管你如何向他描述朝霞的美丽，他也是绝对想象不出来的。

### 2. 创造想象

创造想象是根据一定的目的、任务，运用自己以往积累的表象，在头脑中独立地创造出事物新形象的心理过程。飞机设计师在头脑中建构一架新型飞机的形象，作家在头脑中建构新的典型人物形象等都属于创造想象。这些形象不是根据别人的描述，而是想象者根据生活提供的素材，在头脑中通过创造性的综合，从而构成了前所未有的新形象。这种形象越新颖，它的创造性水平也就越高。

创造想象具有独立性、首创性、新颖性的特点，是人类创造性活动不可缺少的心理成分。无论是科学创造、技术发明，还是文艺创作，都必须首先在头脑中形成活动的最终或中间半成品的模型，即进行创造想象，可见，创造想象是创造性活动的必要环节。没有创造想象，创造性活动就难以顺利进行。

创造想象是一种比再造想象更复杂的智力活动，但二者又有密切联系。首先，它们都以感知为基础，都是在原有表象基础上进行加工改造，重新组合的新形象。其次，依据描述进行再造想象时，对想象者来说或多或少都含有不同程度的创造想象成分，而创造想象中也有再造想象的因素，如参照已有资料。所以，在理解上绝不能把二者对立起来。

### 3. 幻想

幻想是创造想象的一种特殊形式，是与个人愿望相联系，并指向未来的想象。它不同于再造想象，因为它比再造想象有较多的创造性成分。它也不同于一般的创造想象，区别主要有两点：第一，幻想中所创造的形象，总是体现着个人的愿望，是人们所追求、憧憬和向往的事物，如幻想自己成为一名艺术家；而创造想象中的形象不一定是个人所期望的形象，如作家创造的反面人物形象。第二，幻想不与目前的行动直接联系，不一定产生现实的创造性成果，而是对未来活动的设想，它常常是创造性活动的准备阶段。

根据幻想的社会价值和有无实现的可能性，把幻想分为积极的幻想和消极的幻想。积极的幻想是符合事物的发展规律，并具有一定的社会价值。可能实现的幻想，有科学幻想和理想。科学幻想是有一定科学成分的幻想，是科学预见的一种形式，它可以鼓励人们向科学进军，激励人们去创造发明。科学幻想与个人愿望相联系，虽然目前不能实现，但在未来是有可能实现的。如古人梦想"嫦娥奔月""龙宫取宝"等在今天已经成为现实。理想是符合社会发展规律并可能实现的幻想。例如，青年学生将来想当科学家、教育家，为社会建设做贡献。崇高的社会理想是符合社会发展规律的理想，是推动人们前进的精神力量。因此，培养学生的崇高理想，把学生引向美好的未来是教育工作者义不容辞的责任。

消极的幻想违背客观事物发展规律，且毫无实现的可能，如空想、妄想。空想是违反客观规律和不能实现的幻想。例如，历史上曾经有人想发明永动机，只要让机器转动起来，不用输入能量也会永不停息；封建迷信中向信徒鼓吹的情景等，这些都是不切实际的、不可能实现的幻想。一个长期陷入空想的人，只能碌碌无为，一事无成。教师的责任是使空想的学生认识事物发展的规律，回到现实中来。

妄想是不符合客观实际的、病态的错误信念和病态的判断推理，是精神病的症状之一。患者所想的东西根本不符合实际，但他却坚信不疑，即使有充分的理由和有力的证据也不能动摇这个错误的信念。常见的有被害妄想、夸大妄想、罪恶妄想、钟情妄想、疑病妄想、受控妄想。如钟情妄想，患者错误地认为自己已被异性爱上了，并常常给他（她）打电话、向他（她）发出约会邀请等，甚至觉得对方的一言一行都是在向自己示爱，即使遭到拒绝也不死心。钟情妄想常见于精神分裂症。出现妄想症状应及时到医院就医。

# 第四节　问题解决

**案例展示**

## 田忌赛马

赛马是春秋战国时期最受齐国贵族欢迎的娱乐项目。田忌多次与齐王及其他大臣赛马赌输赢，但屡赌屡输。

又一次赛马时，孙膑随田忌来到赛马场。孙膑了解到，大家的马按奔跑的速度分为上、中、下三等，等次不同装饰不同，各家的马依等次比赛，比赛为三赛二胜制。孙膑仔细观察后发现，田忌的马和其他人的马相差并不远，只是策略运用不当，以致失败。孙膑告诉田忌："大将军，请放心，我有办法让你获胜。"田忌听后非常高兴，随即以千金作赌注约请齐王与他赛马。

比赛前田忌按照孙膑的主意，用上等马鞍将下等马装饰起来，冒充上等马，与齐王的上等马比赛。第一局，田忌毫无悬念地输了。第二场比赛，按照孙膑的安排，田忌用自己的上等马与齐王的中等马比赛，赢了第二场。关键的第三场，田忌的中等马和齐王的下等马比赛，田忌的马又一次冲到齐王的马前面，结果二比一，田忌赢了齐王。

田忌的马比其他人的马差不了多少，为什么屡次比赛都输呢？孙膑是怎样帮助田忌赢得比赛的？下面我们就来学习和探讨有关内容。

# 一、问题和问题解决

## （一）问　题

从哲学的角度看待问题，事物有其自身的发展规律，当事物的发展没有按照既定的规律方向进行发展，便出现了所谓的"问题"。《辞海》中对问题的解释共有四种：① 要求解答的题目：考卷上有六个问题；我提一个问题，请大家思考。② 需要研究解决的疑难和矛盾：交通问题；不成问题；没问题；写什么是一个问题，怎么写又是一个问题。③ 关键，重点：问题在于廉政；问题在于资金。④ 意外事故：出问题；发生问题。此处需要探讨的问题即需解答的题目、疑难、矛盾等。问题是知识得以增加的源泉，学习者在不断地发现问题和解决问题的过程中得以进步，研究者在不断发现问题和解决问题中得以成长。

## （二）问题解决

问题解决是指在有特定目标而没有达到目标的手段的情景中，运用特定领域的知识和策略实现目标的一种思维活动。20世纪70年代，纽厄尔和西蒙使用计算机模拟的方式，提出了"问题空间"概念。问题空间指问题解决者对所要解决的问题的所有可能状态的认识，包括对目标状态和初试状态的认识，对如何由初始状态转化为目标状态的认识，以及找到从初试状态到目标状态的途径。问题解决即问题从初始状态到达目标状态。

# 二、问题解决的心理过程

问题解决过程是一个发现问题、分析问题，最后导向问题目标与结果的过程。因此，问题解决思维过程包括相互联系的四个阶段：发现问题、分析问题、提出假设、验证假设。

## （一）发现问题

问题就是矛盾，发现问题就是发现矛盾的存在，并产生解决矛盾的需要和动机，这是把社会的需要转化为个人思维活动的过程。发现问题是问题解决的开端，也是问题解决的动力，只有发现问题，才能激励和推动人们投入问题解决的思维活动之中。问题是客观存在的，有的问题较为明显，易于发现，有的问题则比较隐蔽或不易被人发现。有的人善于发现问题，有的人对问题则熟视无睹。只有发现了问题，才需要人们去做出正确处理、解答。爱因斯坦说过，"提出问题比解决问题更重要，因为后者仅仅是方法和实验的过程，而发现问题则要找到问题的关键、要害"。所以，善于发现问题是思维发展水平的重要标志。

能否发现具有重大社会价值的问题，取决于多种因素。

### 1. 依赖于人的思维活动的积极性

勤于思考、善于钻研的人，才能从细微平凡的事件中发现关键性问题，思想懒惰、因循守旧者难以发现问题。例如，牛顿发现地心引力、瓦特发明蒸汽机、巴甫洛夫发现狗的"心理性唾液分泌"等，都是勤于观察、思考的结果。

### 2. 依赖于人的认真负责的态度

人的活动积极性越高，社会责任感越强，态度越认真，越容易发现问题。例如，一个工作认真负责的教师，很容易发现学生中出现的学习、心理等问题，而一个没有认真负责态度的人，对周围的一切问题将会熟视无睹。

### 3. 依赖于人的兴趣爱好和求知欲望

兴趣广泛、求知欲望强烈的人，一般不满足于对事物公认的、表面的解释，而是力求探究事物的内部原因，能够见人所未见、想人所未想，发现事物的本质和规律。

### 4. 依赖于人的知识与经验的丰富程度

一般来说，知识渊博、经验丰富的人，能够提出深刻而有价值的问题；而知识贫乏的人，不容易提出问题，也不容易抓住要害提出深刻性的、有价值的问题。

教学中，教师利用教材提出问题的目的是激发学生积极思维，通过对问题的解决，让学生掌握科学知识，培养学生分析和解决问题的能力。在教学中，教师要善于提出问题，并引导学生发现问题、提出问题，激发学生学习的积极性。

## （二）分析问题

分析问题是分析问题的要求与条件，找出它们之间的联系与关系，把握问题的实质，确定问题解决的方向。这是解决问题的起点、关键环节。明确问题依赖于以下两个条件。

### 1. 依赖于是否全面系统地掌握感性材料

问题总是在具体事实上表现出来的，只有当具体事实的感性材料十分丰富且符合实际时，才能通过分析、综合、比较等，使矛盾充分暴露并找出主要矛盾。这是明确问题的关键。

### 2. 依赖于已有的知识与经验

人的知识与经验越丰富，越容易抓住主要矛盾，越容易对问题进行归类，使思考具有指向性，便于有选择地应用原有知识与经验来解决当前的问题。

教学中，学生解决学习问题，实际是从理解问题开始的。教师根据教材向学生提出问题，要求学生解答，那么学生理解问题就成了解决问题的关键。没有对问题的正确理解，不能明确问题的要求和条件，找不出它们之间的关联，解决问题就无从下手，思维就没有目标方向。分析问题依赖于个人的已有知识与经验，也受到注意、记忆和思维等能力的影响。

### （三）提出假设

提出假设就是在明确问题的基础上，对问题解决的具体方案提出假定和设想。问题解决的方案常常是先以假设的方式出现，经过验证逐步完善。假设是人们推测、假定和设想问题的结论与问题解决的原则、途径和方法。

解决问题的中心环节是提出假设。提出假设是在分析问题的基础上，提出解决问题的方案、策略，根据一定的原则、方法和途径去解决问题，这个阶段是具有创造性的阶段。提出假设绝不是盲目乱猜，一个假设的形成，常常需要经过反复酝酿，在实施中还需要不断修正。

假设的提出为问题解决搭起了从已知到未知的桥梁。假设的提出依赖于许多条件，已有的知识经验、智力水平、创造想象力、直观的感性形象、尝试性的实际操作、言语表达和创造性构想等都对其有重要影响。

### （四）验证假设

假设只是对解决问题的一种假定和推测，假设是否正确，还有待于检验。验证假设就是通过一定的方法确定所提出的假设是否符合实际、符合原理，它是问题解决的最后步骤。

实践是检验真理的唯一依据，任何假设正确与否最终都要接受实践的检验。检验假设的方法有两种：一种是直接检验，即通过实验和实践活动来检验，这是检验的最根本、最有效的手段。例如，机器坏了，我们找到坏的原因，提出解决方案，进行实际维修，看一看这种维修方案是否能解决问题。另一种是间接检验，即在头脑中根据已掌握的科学原理、原则，利用思维对假设进行论证。对于那些不能立即通过实践直接检验的复杂的假设常采用间接检验。例如，科学家研制卫星、导弹、运载火箭等不可能一遍又一遍地进行直接检验，而是反复地进行间接的理论论证，认为万无一失了再进行直接检验。医生设计的治疗方案、军事指挥员提出的各种作战方案等，都总是先在头脑中进行反复的推敲、论证，最后付诸实际。假设的正确与否最终都要接受实践的检验，其结果有两种情况：一是假设与检验的结果符合，这样的假设是正确的；二是假设与检验的结果不符合，这样的假设就是错误的，这种情况下就要重新提出假设。正确的新假设的提出有赖于对以前失败的原因进行充分的了解和分析，检验假设直到结果正确为止。

## 三、影响问题解决的因素

影响问题解决的因素有主观因素和客观因素，主观因素相较而言可调控的范围更大。我们主要从主观因素探讨影响问题解决的思维过程的相关因素。问题解决的思维过程受多种心理因素的影响。有些因素能促进思维活动对问题的解决，有些因素则妨碍思维活动对问题的解决。

### （一）问题表征

问题表征是在头脑中对问题进行信息记载、理解和表达的方式。要解决一个问题，不仅有赖于我们分解该问题的策略，也有赖于我们对该问题进行表征的形式。如图 5-1 所示的九点方阵和火柴排图两个问题，看似简单，做起来并不容易，不容易的原因是受到知觉情境的限制。左图，将 9 个五角星用四条直线连起来，要一笔画好，人在知觉上很容易把 9 个五角星看作是一个封闭的四边形，从而让人难以突破知觉经验，但四条直线必须延伸到 9 个五角星构成的区域之外才能达到目的；右图，将 6 根火柴拼成 4 个等边三角形，6 根火柴是在平面上排列的，但想在平面上排成 4 个连接的三角形，6 根火柴无法达到目的，唯一的可能是将 6 根火柴架成立体的。

图 5-1　问题表征形式

### （二）思维定式

思维定式是个体先前的思维活动形成的心理准备状态对后继同类思维活动的决定趋势。定式常常是意识不到的，有时有助于问题的解决，有时会妨碍问题的解决。最初研究定势在解决问题中的作用的是梅尔（Maier，1930）。在他的实验中，对部分被试利用指导语给指向性的暗示，对另一些被试不给予指向性暗示。结果，前者绝大多数能解决问题，而后者则几乎没有一个能解决问题。

定式对问题解决的妨碍作用可以从陆钦斯（Luchins，1942）的实验中有所了解。在实验中告诉被试有 3 个大小不同的杯子，要求他利用这 3 个杯子量出一定量的水。其实验程序如表 5-1 所示。实验结果表明，通过序列 1~5 的实验，由于被试形成了利用 B-A-2C 这个公式的定势，结果，对序列 6 和序列 7，也大都用同样方式加以解决，竟然没有发现原本应该显而易见的简单办法（即 A-C 和 A+C）。在这个例子中，定式使问题解决的思维活动刻板化。

表 5-1　陆钦斯的量水问题实验序列

| 序列 | 三个杯的容量 | | | 要求量出水的容量 D | 公式 |
| --- | --- | --- | --- | --- | --- |
| | A | B | C | | |
| 1 | 21 | 127 | 3 | 100 | D=B-A-2C |
| 2 | 14 | 163 | 25 | 99 | D=B-A-2C |
| 3 | 18 | 43 | 10 | 5 | D=B-A-2C |
| 4 | 9 | 42 | 6 | 21 | D=B-A-2C |
| 5 | 20 | 59 | 4 | 31 | D=B-A-2C |
| 6 | 23 | 49 | 3 | 20 | D=B-A-2C　　D=A-C |
| 7 | 15 | 39 | 3 | 18 | D=B-A-2C　　D=A+C |

## （三）功能固着

功能固着指一个人看到某个物品有一种惯常的用途后，就很难看出它的其他新用途。如果初次看到某物品的某种用途很重要，那么就很难看出它其他的用途。这是一种特殊类型的定式。这个概念是德国心理学家东克尔（Duncker，1945）首先提出的。他在一个实验中，让学生们想办法在一块垂直的木板上放置蜡烛，并要使蜡烛能够正常地燃烧。东克尔给每个学生三支蜡烛，以及火柴、纸盒、图钉和其他东西。被试中有一半人分到的是放在纸盒里的材料，另一半人分到的东西都散放在桌面上。东克尔发现，把东西放在盒子里提供给被试，会使问题解决变得更困难，因为此时盒子被看作是容器，而不是能够参与解决问题的物体。在这个实验中，解决问题的方法是要先将盒子钉在木板上，把它当烛台用。

功能固着也是思维活动刻板化现象。人们在日常生活中经常碰到这种情况，硬币好像只有一种用途，很少有人想到它还能导电；衣服好像也只有一种用途，很少有人想到它可以扑灭烈火。这类现象使我们趋向以习惯的方式运用物品，从而妨碍以新的方式去运用它来解决问题。

## （四）酝酿效应

当反复探索一个问题的解决而毫无结果时，把问题暂时搁置一段时间，几小时、几天或几个星期，然后再回过头来解决，反而可能很快找到解决办法，这种现象称为酝酿效应。在酝酿期间，个体虽在意识中终止了解决问题的思维过程，但其思维过程并没有完全终止，而仍然在潜意识中断断续续地进行着。通过酝酿，最近的记忆和已有的记忆被整合在一起，弱化了心理定式的效应，并容易激活比较遥远的思维线索，因而容易重构出新的事物，产生对问题的新看法，使问题得以顺利解决。例如浮力定律的发现。阿基米德为了检验皇冠的真假，冥思苦想，费尽周折，始终找不到解决问题的办法，到后来他干脆懒得去思考，把问题搁置起来，在洗澡放松的时候，由于浴盆里装满了水，当他进入浴盆时，水就溢出来了，于是他灵光一现，大叫着冲出了浴室，说"找到了"，最后他根据浮力原理检验了皇冠的真假。阿基米德正是在经过艰苦的思索后暂时放松下来的时候产生了解决问题的心像，这就是酝酿效应。

（五）知识经验

解决问题的知识经验越丰富，越有利于问题的解决。善于解决问题的专家与新手的区别，在于前者具备有关问题的知识经验并善于实际运用这些知识来解决问题。例如，一位老医生与一名刚参加工作的年轻医生，在面对一名具有很多症状的患者时就采取了不同的处理方式。年轻医生不确定病人患了什么病，于是便为病人开出了各种各样的医学检查单，在有了一套几乎完整的信息之后，才可能做出正确的诊断。但有经验的老医生很可能会立即认定这些症状符合某种或少数几种疾病的诊断病征，仅仅对病人做了有限的检查后便很快做出了相当准确的诊断。

知识经验为什么能促进问题的解决呢？西蒙等人对这个问题进行过研究。他们把有 25 颗棋子的国际象棋盘向国际象棋大师和棋艺不太好的一般棋手呈现 5 秒钟（5 秒的时间，被试完全能看清棋盘，但不能存入长时记忆）。分两种实验条件：第一种是把象棋好手下到一半的真实棋盘布局呈现给两组被试；第二种是随机在棋盘上摆上 25 颗棋子，然后呈现给两组被试。棋盘撤走后，要求被试把刚才看过的棋盘布局在另一棋盘上摆出来。结果发现：对于真实的棋盘布局，象棋大师能恢复 25 颗棋子中的 23 颗，而一般棋手则只能恢复 6 颗左右；对于随机排列的棋盘布局，象棋大师和一般棋手能恢复的数量是相等的，都是 6 颗左右。研究还表明，专家在看棋盘上的有规律的 25 个棋子时，并不是孤立地看待，而是以组块为单元，加上组块之间的关系来看棋盘的。西蒙通过研究认为，任何一个专家必须储存有 5 万~10 万个组块的知识，而要获得这些知识不得少于 10 年。由于专家储存有大量的知识以及把这些知识运用于各种不同情况的丰富经验，因而他能熟练地解决本领域所遇到的各种问题。需要新手冥思苦想才能解决的问题，对专家来说也许检查一下储存的解法就可以了。

（六）动机和人格

人在解决问题的过程中，总会伴随一定的动机，如人们的社会责任感、学习态度、学习兴趣等都可以成为活动的动机。心理学家的研究表明，动机水平与问题解决效果之间并非线性关系，适中的动机水平有利于问题的解决，过强或过弱的动机水平不利于问题的解决。因为太强的动机水平会使人处于高度的紧张状态，因而容易忽视解决问题的重要线索，而动机太弱，个体又容易被无关因素所吸引（见图 5-2）。

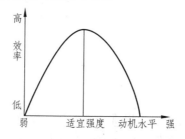

**图 5-2　动机强度与问题解决效果的关系**

个体的人格差异也会影响解决问题的效率。具有理想远大、意志坚强，自尊、自信、自立、自强的人在解决问题的效率方面会有所提高，而缺乏理想、意志薄弱、骄傲懒惰，缺乏自尊，自卑的人在问题的解决方面不会太顺利。

总之，影响问题解决的心理因素是多方面的。它们不是孤立地起作用，而是互相联系、互相影响，并综合地影响着问题解决的思维过程。

# 第五节　青少年思维能力和创造力的培养

## 案例展示

### 创造性思维

丹麦天文学家第谷观察行星的运动规律长达 30 多年，积累了大量资料，但是他总是按照当时已经问世的托勒密的"地心说"去考虑问题，所以没有得出行星运行规律的最终结果。开普勒成了第谷的学生后，分析了他的资料，进行了发散思维，按照当时哥白尼的"日心说"观点，假设火星在圆形轨道上绕太阳运行，然后进行集中思维，发现理论的计算结果与资料不符。他又进行第二次发散思维，假定火星沿着椭圆形轨道绕太阳运行，太阳处在椭圆的一个焦点上，然后又进行集中思维，进行资料运算，结果验证了他的假说是对的。最终，行星运动三大规律被发现，奠定了天体力学的基础，开普勒也因此获得了"天空立法者"的美誉。

什么是创造性思维？创造性思维的重要性有哪些？创造性思维能力与创造力有何关联？创造性思维能力的发展对培养创新型人才有何作用？青少年思维能力的发展有哪些特点？如何提升青少年的创造力？本节将探讨有关内容。

"创新是一个民族进步的灵魂，是国家兴旺发达的不竭动力"，如今我国越来越注重对青少年的创造力的培养，创造力教育也成为未来教育工作的核心。托兰斯将创造力定义如下：① 敏锐地感觉到问题的存在、事物的不完善、知识的空白、成分的残缺、关系的不协调等。② 查明困难所在。③ 寻求解决问题的途径。④ 对问题、空缺成分等做出猜测、提出假设。⑤ 反复检验、修改假设。⑥ 最后得出结论并将结果告知于他人。简而言之，创造力就是人在各个领域进行活动时所展现的一种独有的品质和能力。庞学光曾阐述："任何一个人进行任何一项创造性活动，都是以其整个创造性人格出现的，而不仅仅是其某一方面的能力在发挥作用。"因此，创造能力及创造性思维的培养在青少年的教育中显得尤为重要。

## 一、思维的品质

有的学生思维能力很强，有的学生思维能力一般，而有的学生思维能力又较差。排除年龄的因素，我们用思维的品质来衡量。良好的思维能力有以下五个特性：

### （一）思维的广阔性和深刻性

世间万物是辩证统一的一个整体，我们的思维必须要能全面地反映客观世界，防止片面看待事物。思维的广阔性即指善于全面地辩证地思考问题。

思维的深刻性指看待事物要透过现象看本质，善于在平凡的事件中发现重大问题，探索和揭示事物的发展规律。

### （二）思维的独创性和批判性

思维的独创性指每个人思考问题的角度和方式不一样，会形成自己独有的思维方式。因此，要鼓励学生善于独立思考，独立发现和解决新问题，不要人云亦云。

思维的批判性指对已有的研究成果不盲从、不迷信，在充分了解事实的基础上给予公正客观的评价；同时，要允许别人对自己的思考提出异议，在共同辩论中成长。

### （三）思维的灵活性和敏捷性

思维的灵活性指主动克服思维定式的影响，在思维活动中机动灵活地、多角度、多层次地去探求解决问题的新方案，从多个角度探索事物的规律。需要做到的是旧瓶装新酒或新瓶装新酒，而不是新瓶装旧酒。

思维的敏捷性指在思维过程中能快速找到解决问题的新方案，果断地处理事情。

### （四）思维的目的性和可控性

思维的目的性指思维活动要自始至终都有明确的目的，时刻记得需要解决的问题，沿着既定的目的和方向前进，防止思维的盲目性。

思维的可控性指为提高思维效率，元认知（元思维）对思维活动的跟踪、评价、调节和控制，既有对智力操作的控制，也有对非智力因素如动机、情感等的控制。

### （五）思维的条理性和逻辑性

思维的条理性指在思维过程中必须条理清晰，有条不紊，思维中的各事物间互不干扰。

思维的逻辑性指思维过程中对事物的各个概念要判断恰当，推理论证合乎逻辑。

## 二、青少年思维发展的特点

心理现象的发展有一定的顺序性和阶段性，而且有一个最佳年龄阶段，称为"关键期"，错过这个时期，心理现象就难以获得较好的发展。思维发展的最重要时期是在青少年时期。其中，初中二年级是学生的抽象逻辑思维能力开始从经验型水平向理论型水平转化的关键期；到高中二三年级，就明显实现了这种转化，思维能力基本成熟，接近成人水平。青少年思维发展的特点主要有以下几点：

## （一）抽象思维占优势，并由经验型向理论型过渡

从总体上看，进入青少年时期，个体的抽象思维能力迅速提高，并占据优势地位。正如皮亚杰所认为的：到了 11 至 15 岁，青少年思维进入"形式运算阶段"，即可以在头脑中把形式和内容分开，脱离具体事物进行逻辑推演。抽象思维的凭借物是概念，青少年在概念发展上表现出其思维与儿童的明显区别：在概念掌握的种类上，逐步由前科学概念转向科学概念；在概念分类能力上，逐步由不自觉的、非本质的划分转向自觉的、本质的划分；在获得概念的途径上，逐步由概念形成扩展到概念同化，进而形成概念体系。在此基础上，演绎推理能力有所发展，学生掌握了一定的定理、假设，能对许多现象进行概括和抽象。

需要注意的是，青少年的抽象思维在很大程度上尚属于经验型，在掌握复杂的概念和原理时，还需要具体的、直观形象的感性经验的直接支持。例如，学生要掌握物理、化学方面的知识，需要通过实验观察物理现象和化学变化，才能加深对有关概念和原理的理解。青年初期（高中生）的抽象思维则属于理论型，能够在理论指导下，分析综合各种事实材料。

## （二）辩证逻辑思维迅速发展，但明显滞后于形式逻辑思维

抽象逻辑思维中的辩证逻辑思维在整个中学阶段得到了迅速发展。儿童只有辩证逻辑思维的萌芽，到了青少年期，由于学习活动、社会生活、人际交往等都发生了本质的变化，促使了他们辩证思维的发展。初三是辩证思维迅速发展的阶段，即发展的关键期；高二有 85% 的学生能正确地进行辩证逻辑思维，其辩证逻辑思维已达到基本成熟的水平，接近成人。

但从发展的绝对水平上看，整个中学阶段辩证逻辑思维仍明显滞后于形式逻辑思维。进一步具体研究（朱智贤，1990）发现，在辩证概念、辩证判断和辩证推理三个方面，辩证概念发展较早，辩证判断次之，辩证推理出现得最晚。辩证概念和辩证判断的水平较为接近，辩证推理的发展水平最低。也就是说，青少年在说明一般道理时，似乎也能侃侃而谈，能用"一分为二""具体问题具体分析"等颇有辩证意味的用语（这往往仅涉及辩证概念、辩证判断），但一接触到实际问题和某些社会现象时，则常常偏颇，暴露出他们的许多缺乏辩证观念造成的思想方法上的弊端，这涉及辩证推理。

## （三）对问题情境的思维与儿童相比有质的飞跃

首先，在提问方面，与儿童相比，青少年对问题情境的思维具有三个质的飞跃。第一，提问趋于探究性。儿童时期的提问主要在于扩充知识，因而问题偏重于"是什么"；青少年也善于提问，但作用主要转向寻求真谛，探究事物的内在联系和本质特征，因而问题偏重于"为什么"，尤其到了高中阶段，提问更富有思辨性、哲理性、耐人寻味，发人深省。第二，提问具有开拓性。儿童提问范围较狭窄，主要围绕自身周围所能直接接触到的事物，富有直观性；青少年则随着社会生活领域的扩大，学习内容的增多，加之自我意识的发展，内心世界打开，提问的范围大大扩展，从而涉及诸多社会现象甚至人生意义，尤其到了高中阶段，青少年摆脱时空的束缚，在更广阔的背景上思考社会与人类、历史与未来、理想与信仰、存在与人生

等一系列问题。第三，提问富有逆反性。儿童提问往往满足于成人的现成答案，多持接受的态度；青少年则不囿于成人的答案，多持怀疑、批判的态度，甚至敢质疑书本上的"金科玉律"从而使问题富有逆反性和挑战性。因而，青少年也就更会从习以为常、约定俗成的现象中发现问题、提出问题。

其次，在求解方面，与儿童相比，青少年对问题情境的思维具有两个质的飞跃。第一，能运用假设。儿童求解问题，要么向成人直接索取答案，要么根据经验进行归纳，缺乏假设过程；青少年能撇开具体事物，使用以概念支撑的假设进行思考，使问题解决过程具有科学性。例如，在钟摆实验中（Piaget，Inhelder，1959），要求被试找出影响钟摆速度的变量。6～12岁年龄组被试倾向于直接认为四个变量（摆绳长度、摆锤重量、起始高度、首次推力）都可以引起摆速变化，而缺乏对每一个变量的假设与实验。11～15岁被试则倾向于假设某个变量会起作用，并依次保持三个变量恒定而检验某个变量，最终找出答案（摆绳长度）。第二，具有预计性。儿童求解问题缺乏步骤、方法上的预先考虑，想到哪里就做到哪里；青少年则有预计性，会撰写计划、思考步骤、有条理地求解问题。在化学试剂混合实验里（Piaget，Inhelder，1958），研究人员提供7瓶不同颜色的化学试剂，并告诉被试，其中一瓶是由其他4瓶中的某两瓶混合而成的，要求被试找出那两瓶。6～12岁被试往往盲目进行配对尝试，而11～15岁被试倾向于先判断几种可能的配对组合，然后逐一尝试。

### （四）思维中的自我监控能力显著增强

在一般情况下，儿童只能对外界客体进行思维，而不能对自己正在进行的思维过程本身进行思维。但青少年由于自我意识的发展，主体和客体自我发生分化，能做到对思维的思维，即反省思维，被皮亚杰称为对运算的运算。这使青少年能对自己的思维活动进行自我监控、调节，以改进思维策略。这就是思维中的元认知现象。初中生思维的自我监控能力开始发展，能够根据思维活动的结果，对简单的思维活动进行一定的调节，但这种调节只是初步的。一方面，思维的计划性还不够完善，不能根据严密的逻辑规则确定思维活动的程序，存在着一定的不随意性；另一方面，主要靠思维活动的结果的反馈信息调节思维活动，不善于在思维过程中对思维活动进行控制。在高中阶段，随着高中生对思维方法和相应逻辑规则的掌握日益熟练化，高中生思维的自我监控能力有了明显的提高，他们能根据需要确定解决问题的思路，并在思维过程中对思维活动进行监控，以确保思维活动的正确性和高效率。

### （五）思维的创造性日益增强

创造性思维是人类的高级思维。10～11岁的儿童已具有初步发展水平，而青少年期则是创造性思维发展的最关键时期。初中生在思维上表现出了明显的创造性和批判性，他们具有强烈的求知欲和探索精神，喜欢奇特的幻想，喜欢别出心裁和标新立异。他们不满足于被动地接受教师的讲解，力图证实自己的能力和才华，因此不轻易地接受别人的观点，对别人的意见往往要进行一番审查，有时甚至持过分的怀疑和批评态度。初中生思维的创造性与思维的批判性的发展是一致的，高中生思维的创造性与初中生的相比有很大的发展，他们能创造性地学习，独立地分析问题、解决问题，小制作、小发明、小论文的数量明显增多，质量也明显提高。

无论是初中生还是高中生，其思维的创造性都是不成熟的，具体表现为独创性还不明显，鉴别力不强，易受错误思维的影响；在遇到困难时，容易动摇。

## 三、青少年创造性思维能力和创造力的培养

青少年时期是人的创造性思维发展的黄金时期。尽管用教育的手段来培养青少年创造性思维不是件轻而易举的事情，但良好的教育，可为学生的创造性思维的发展与提高提供必要条件。创造性思维能力的培养应从以下几个方面下功夫。

### （一）激发学生的求知欲和好奇心

求知欲和好奇心人皆有之，但青少年学生更强烈。在求知欲和好奇心的驱使下，学生往往不满足于书本上的结论和问题的现成答案，而会积极地去思考去探索，试图发现新问题，做出新解释。教师在教学中要善于激发学生的求知欲和好奇心。这就要求教师做到：一要创设能激发学生求知欲、好奇心的教学环境；二要善于组织学生观察学习，考察社会生活；三要珍视学生在观察和考察中发现的新情况、提出的新问题；四要启发学生自己寻找答案，或帮助学生对问题进行满意的解答；五要经常结合教学向学生提出一些学生乐意做且又需要动脑思考才能解答的有趣的思考题。

教学中通过激发学生的求知欲、好奇心，有利于培养学生的学习兴趣。学习兴趣是激励学生深入钻研和思考问题的动力因素之一，兴趣对正在进行的活动有推动作用，对活动的创造性态度有促进作用。学生有了学习兴趣，才会孜孜不倦地去学习，才可能博学广识，积累大量的知识与经验，为创造性思维的发展奠定坚实的基础。

### （二）进行发散思维的训练

创造性思维是形象思维和抽象思维的统一，是聚合思维和发散思维的统一，是多种思维形式的结晶，其中，发散思维是核心。发散思维更集中地体现了思维活动的创造性特点，同时，传统教育又较多地注重聚合思维的培养，造成对创造性思维的有意或无意的压制。要摆脱思维定式，教师必须结合各种实际活动，有意识地对学生进行发散性思维训练。教学中应如何培养学生的发散思维呢？

#### 1. 端正对发散思维的本质与作用的认识

发散思维这一概念，早在1918年就已由心理学家武德沃斯提出，后来也有一些心理学家使用过，但并未引起人们的注意。直到1967年美国心理学家吉尔福特（J. P. Guilford）在研究能力倾向的基础上提出了"三维智力结构模型"，其中，将发散思维作为智力结构的主要因素之一提出来，并编写了一系列培训发散思维的教材，制订了相应的培训程序和测试发散思维能力的具体方法。一时间在美国、日本和其他一些国家形成了一股追捧发散思维的热潮。在吉尔福特的鼓吹下，许多研究者甚至认为，发散思维实际上等同于创造性思维。这样，发散

思维的影响日益扩大起来。为了创新，必须强调发散思维，没有发散思维（求异思维、逆向思维或多向思维）就不会有任何创造性的萌芽和创造性的成果。

### 2. 革新传统的教育思想与教育观念

传统教育只强调聚合思维（集中思维、求同思维、正向思维），而不讲发散思维（求异思维、逆向思维、多向思维），这是有其深刻的教育思想根源的。传统教学模式强调以教师为中心，强调教师对学生单向讲授知识，把学生当作知识灌输的对象，其目标是把学生培养成能很好地理解、消化和应用前人的知识与经验（但不善于创造新理论、新知识）的应用型人才。若仅从知识传授角度考虑，传统教育并非没有优势，传统教育的主要弊病在于不能培养出大批具有创造性思维的创新人才，因为这种教育的目标就不是要培养"创新"能力，而是要向学生灌输知识，不是把学生看成活生生的有主观能动性和创造性的认知主体，而是把学生看成是外部刺激的接收器。

在这种教育思想的指导下，理解、消化学科的基本理论、基本概念，理解、消化老师讲授的内容就成为教学的最高要求、最高目标。学生的思想观念、学生对一切问题的认识与理解都必须集中、统一到学科的理论体系和基本概念上来；学生的全部言行都必须符合教师的要求和传统的规范。这正是聚合思维（集中思维、求同思维、正向思维）所要达到的目标。

可见，要不要培养发散思维，绝不仅仅是思维方法问题，而是涉及教育思想、教育观念和教学模式的根本性问题。不改变传统的教育思想、观念，不打破以教师为中心的教学模式，就不可能摆脱聚合思维的束缚，就谈不上积极、自觉地培养学生的发散思维。所以要对青少年学生进行发散思维的培养，首先要解决的问题是转变传统的教育思想、观念，改革以教师为中心的教学模式，建构能充分体现学生认知主体作用的新型教学模式。在此基础上，才有可能谈论如何进行培养的问题，否则一切都无从说起。

### 3. 培养学生发散思维的主要方法

一是要发散性地提问。其典型的形式是：除此之外还有哪些？还有什么新的见解？如果怎么样又会怎么样？这类问题重在启发学生求异，多方面、多角度、多层次地进行思维操作。更应当提倡让学生自己提出问题、分析问题和解决问题。如应用题：王师傅做一批零件，8天做了零件的 25%，这样，剩下的工作还要几天才可以完成？学生一般都能根据题意做出解答：（1-25%）÷25%×8。此时，我们可以做如下诱导：（1）完成这批零件需要多少天？（2）已做零件数是剩下零件数的几分之几？（3）剩下零件数是已做零件数的几倍？（4）能从这些数量中找出相等关系列方程解吗？（5）能从这几种数量中找出比例关系用比例解法来解吗？通过这些诱导，使学生掌握题中的数量关系，从而能自由变通，自然地从一个思维过程转换到另一个思维过程，这对培养学生的发散思维是极为有益的。

二是提倡一题多解。学生在解计算题时，往往满足于一个正确答案，对具有多种解法的题目，教师要引导学生打破思维定式，从相反的方向去思考、探索，另辟蹊径解决问题，这有利于培养学生的发散思维。

三是鼓励质疑问难。在教学中要鼓励学生不惧权威，不迷信书本，敢于对教材和教师的授课内容提出质疑。鼓励质疑问难的方式有：① 自疑——围绕教学内容鼓励学生自己发现问题。② 激疑——当学生无疑时设法激起疑问。③ 辩疑——发动学生围绕疑点展开讨论。④ 释疑——在学生充分讨论的基础上解释疑问。⑤ 存疑——有些疑问留给学生课后进一步思考。鼓励学生质疑问难关键是看教师要筛选哪些问题解疑和如何解疑。如果说，教师筛选的是只限于课本内容方面的问题，那么它就不属于创新思维训练，而只是传统的疑难解答；相反，应筛选能反映学生跳跃式思维、逆向思维，甚至"反"内容，具有创新火花的问题，然后启发引导他们的想象力、联想力，使其多维思维能力不断得到激发，以达到分析、综合和解决问题的目的。假如有些问题在课堂上解决不了，教师则引导学生通过查阅资料、调查研究等手段寻求解决，实现培养学生综合能力的社会大课堂教学目标，这才是真正的创新思维训练。

四是引发形象思维。形象存在于各科教学中，如语文中的人物形象，数学中的几何图形，物理、化学中的实验现象，地理中的地貌图示，历史中的画面插图等都可以引起学生丰富的联想。教师在教学中要结合学科内容，不失时机地抓住切入点，用语言、表情、装置、操作、图示以及多媒体手段等引发学生的形象思维。

## （三）对学生进行摆脱习惯性思维的训练

习惯性思维有时可能阻碍我们的思路，摆脱习惯性思维训练，可打破某种固定不变的思维框架，使思维具有流畅、变通、灵活、独创等特点。

### 1. 排除观念定式训练

训练学生对任何事都要考虑各种可能性。如爸爸的衬衣纽扣掉进了已经倒入咖啡的杯子，儿子连忙从杯子里拾起，不但手不湿，连纽扣都是干的，请问儿子是怎样取出来的？答案很简单：已经倒入的咖啡是固体粉末。在人们的观念里，总以为咖啡是一种"液体饮料"，这成为解决问题的障碍。

### 2. 排除功能固着训练

训练学生从崭新的角度思考问题，可防止思维刻板、僵化，打破思维定式的影响。如天花板上悬挂着两根相距五米的绳子，桌上放有一把剪刀，聪明的被试能站在两根绳子中间不动，伸开双臂，两手各抓一根绳子。你知道被试用的是什么办法吗？被试先用一根绳拴住剪刀并使其振荡，然后走过去抓住一根绳，另一只手抓住振荡过来的剪刀。人们很少想到用剪刀来当重锤，只想到它"剪"的功能，想不到剪刀的其他功能，问题就很难解决。要排除功能固着，可通过列举事物用途来加以训练。

### 3. 核查表法训练

为了打破习惯性思维方式的影响，人们把应该考虑的各个要点编成一个表格，进行发明设想，按表格内的要点逐一考虑，从中得到启发，从而提高创造性思维的效率。如可以通过奥斯本提示表引发人的发散思想，摆脱思维桎梏（见表 5-2）。

表 5-2 奥斯本提示表

| |
|---|
| 有无其他用途？（例如，一支笔除了写字以外，还有什么新用途？）比如，能否修改一下产生新的用途？ |
| 有无相仿的事物？比如，有无类似的东西？有无可以效仿的榜样？有无相当的人或物？ |
| 能否修改？比如，能否改变颜色、动作、气味、形式、形状？ |
| 能否增添？比如，能否增加内容、时间、频率、体积？ |
| 能否缩减？比如，能否缩减内容、时间、频率、体积？ |
| 能否重新组合？比如，能否重新组合系统？能否采取其他方式？ |
| 能否替换？比如，能否采用其他的人、物、方法和途径？ |
| 能否颠倒？比如，能否用相反的方法？能否换一个角度观察和思考？ |
| 能否结合？能否把不同的方法、手段、目的、要求和观念结合起来？ |

## （四）鼓励学生大胆猜想

直觉对创造性思维而言具有不可忽视的作用，它的主要表现形式是猜想。因此，教师要摒弃只重视严密的逻辑推理而轻视猜想的偏见，鼓励学生习惯于在创造性地解决问题的各个环节上都敢于和善于大胆猜测。如数学中的哥德巴赫猜想、西塔潘猜想、费尔马猜想等都是在缺乏论证的情况下，提出的假设。教师在教学中要允许学生在缺乏论证的情况下大胆猜想，不要压制或训斥。当然，教师要注意引导，使学生的猜想建立在一定的知识的基础之上，提出有意义的想法。为使学生的猜想更多地贴近现实，能把握问题的关键，要引导学生平时做有心人，不仅让学生拓宽学科知识面，做到文理相通，而且要注意积累大量的社会、生活经验。

## （五）教会学生捕获灵感

灵感在个体运用创造性思维解决问题的过程中起着"画龙点睛"的作用，但对许多学生来说，灵感似乎是可望而不可求的东西，包括许多教师也是做此理解的。化学上"苯"的结构式，是凯库勒在小憩时想出来的；华莱士在发疟疾卧床时闪出了进化论中自然选择的观点；贝尔纳·库尔特瓦在小猫碰翻硫酸瓶子的偶然事件中发现并认识了碘……灵感建立在思维饱和之上，又与紧张之后的松弛有关，还离不开敏锐的观察力和一丝不苟的研究。教师要教给学生捕捉灵感的方法，使学生产生顿悟，创造出新的作品。

其实，只要把握住灵感出现的某些规律，积极创造条件，灵感是可以捕获的。

首先，对某一创造性问题的解决要有充分的预备性劳动，即对问题本身以及有关资料进行长时间的、反复的探索，直到把握问题的实质。这是捕获灵感的最基本的条件。

其次，对某一创造性问题的思考要达到沉迷的程度，即不仅在集中思考时要全身心地投入，而且在平时也要留心。当个体处于这一状态时，似乎使创造性解决问题的思维"触角"遍及各处，为捕获灵感创造了又一重要的条件。

再次，经过一段长时间的穷思竭虑后转入松弛状态，即把问题暂时搁置下来，使自己处于平静、悠闲的状态。当个体处于这一状态时，往往能摆脱习惯性思维的束缚，而使创造性解决问题的"触角"充分舒展,随时接受来自灵感的思想火花。这是最易为人们所忽视的捕获灵感的重要秘诀之一。

最后,还要养成携带纸笔,随时记录瞬间闪现的念头的习惯。这是因为灵感具有突发性、瞬时性的特点,一个灵感的闪念稍纵即逝,只有随时捕获,方能有效。

## 本章知识要点

思维与想象是认知过程的理性认识阶段。思维是对事物间接与概括的反映,想象是对头脑中已有表象的加工组合。思维的基本过程是通过分析与综合、比较与分类、抽象与概括、系统化与具体化实现的。可以根据不同的标准把思维和想象分为不同的种类。影响问题解决的主要心理因素有问题情境、思维定式、功能固着、知识经验等。想象主要通过黏合、夸张、拟人化、典型化等实现。在学习与生活中要培养良好的思维品质与创造性思维。

## 思考与实践

1. 思维有哪些种类?它们各具有什么特点?
2. 思维和语言有什么关系?
3. 思维过程中有哪些操作方法?
4. 举例说明再造想象在教学中的意义?
5. 结合教学实际,说明应如何培养学生的创造性思维能力。
6. 试述解决问题的思维过程和影响解决问题的因素。

## 推荐阅读书目

[1] 李美华. 新编心理学[M]. 沈阳:东北大学出版社,2014.
[2] 朱智贤,林崇德. 思维发展心理学[M]. 北京:北京师范大学出版社,2002.
[3] 韩永昌. 心理学[M]. 上海:华东师范大学出版社,2009.
[4] 黄景碧,黄纯国.教育原理与工程信息互动系统的视角[M].北京:清华大学出版社,2013.
[5] 李梅,陈明立. 中学教育心理学[M]. 南京:南京大学出版社,2014.
[6] 廖全明. 中学心理学[M]. 成都:西南交通大学出版社,2015.
[7] 夏凤琴,姜淑梅. 教育心理学[M]. 北京:清华大学出版社,2015.

# 第六章　情绪和情感

**心理故事**

### 爱地巴跑圈

从前有一个叫爱地巴的人，每次生气的时候，就以很快的速度跑回家去，绕着自己的房子和土地跑 3 圈，然后坐在田地边喘气。爱地巴工作非常努力，他的房子越来越大，土地也越来越广，但不管房地面积有多大，只要与人争论生气，他还是会绕着房子和土地跑 3 圈，爱地巴为何每次生气都绕着房子和土地跑 3 圈？所有认识他的人，心里都非常疑惑，但是不管怎么问他，爱地巴都不愿意说明。

直到有一天，爱地巴很老了，他的房地面积已经很大了，他与人争执后，还是会拄着拐杖艰难地绕着土地跟房子走，等他好不容易走完 3 圈，太阳都下山了，爱地巴独自坐在田边喘气。他的孙子在身边恳求他："阿公，您年纪已经大了，这附近没有人的土地面积比您的更大，您不能再像从前，一生气就绕着土地跑啊！您可不可以告诉我这个秘密，为什么您一生气就要绕着土地跑上 3 圈？"

爱地巴禁不住孙子恳求，终于说出隐藏在心中多年的秘密，他说："年轻时，我若和人吵架、争论、生气，就绕着房地跑 3 圈，边跑边想，我的房子这么小，土地这么少，我哪有时间、哪有资格去跟人家生气，一想到这里，气就消，于是就把所有时间用来努力工作。"孙子问道："阿公，您现在年纪大了，又是最富有的人，为什么还要绕着房地跑？"爱地巴笑着说："我现在还是会生气，生气时绕着房地走 3 圈，边走边想，我的房子这么大，土地这么多，我又何必跟人计较？一想到这，气就消了。"

爱地巴的生气是一种情绪吗？情绪除了生气外，还有哪些？情绪是怎么产生的？爱地巴控制情绪的方法充满智慧吗？对同学们有什么启发？

# 第一节　情绪与情感概述

**案例展示**

### 情绪连锁反应

心理学上有个著名的情绪连锁反应案例：老板骂了员工，员工心情不好回家和妻子吵架，妻子心情郁闷，看到孩子不听话，就打了孩子一个耳光，孩子满腹怨气，就狠狠踢了狗一脚，狗就去找猫撒气，结果猫很惊恐地跑到了大街上，这时迎面开来一辆车，司机为了躲避突然冲出来的猫，就猛打方向盘，没想到却撞到了路边的一个行人……

坏情绪犹如多米诺骨牌，造成了一系列的连锁反应，具有巨大的破坏性。不让坏情绪起作用的唯一方法，就是要懂得及时对坏情绪"叫停"，不要让坏情绪蔓延，做一个理性的人，做一个有强大自制力和健康心态的人。当我们生气，一时冲动想要说什么、做什么的时候，马上让自己停下来。当我们心情不好，想拿身边的人当作出气筒时，更要及时对坏情绪"叫停"。只有我们及时有效地缓解自己的坏情绪，才能保持良好的心态。

这个案例说明情绪具有什么特点？人非草木，孰能无情，人都有喜怒哀乐，那么什么是情绪和情感呢？情绪、情感有哪些功能？这是我们在本节要学习的内容。

# 一、情绪和情感的概念

## （一）什么是情绪、情感

人们在认识世界、改造世界的实践活动中，不但认识了客观事物，而且还表现出不同的态度，对这些态度的体验就是情绪和情感。例如，人们欣赏一幅画，除了感知它的内容外，还可能产生愉快的心情和美的感受；听了一个朋友不幸的遭遇，你可能会愤怒或悲伤；面对危险你可能会震惊或恐惧。愉快、愤怒、悲伤、恐惧、美感等就是各种形式的情绪和情感。

情绪和情感不同于感知、想象、思维等认识过程。认识过程是对客观事物本身的反映，而情绪和情感则是人对所反映的对象的态度。这种态度，是以该事物是否满足人的需要为中介的。一般来说，凡是能直接或间接满足人的需要或符合人的愿望的事物，会引起愉快、喜欢、热爱等肯定性质的情绪和情感；凡是与人的需要相抵触或违背人的意愿的事物，则引起厌恶、愤怒、悲哀等否定性质的情绪和情感；而与人的需要无关的事物，往往只引起微弱的体验或不引起人的情绪和情感。另外，情绪情感所体现的态度总是以带有某些特殊色彩的体验形式表现出来。例如，一些事物让人喜欢，一些事物使人悲伤，一些行为令人赞赏，一些想法使人羞愧。离开了"体验"，就谈不上情绪和情感。所以说，情绪和情感是客观事物是否符合人的需要而产生的态度体验。

## （二）情绪和情感的外部表现

情绪和情感的外部表现形式称为表情。个体的表情包括面部表情、语言声调表情和身体姿态表情。表情有信号作用，特别是面部表情，它是人际交往的重要工具。

情绪表现具有先天遗传性。世界上所有的儿童当受伤害或悲伤时都哭泣，快乐时都发笑。刚出生就双目失明的盲童不可能通过学习来模仿别人的表情，对他们的研究表明，随着成熟，和不同情感有关的面部表情、姿势和手势就会自然地显现出来。达尔文认为人类的情绪表达是从其他动物的类似表情进化而来的。

有些面部表情似乎全世界都是一样的，代表着相同的意义而和个人生长的文化无关。在一项研究中，把代表快乐、愤怒、厌恶、恐惧和惊奇的面部表情的照片给五种不同文化背景（美国、巴西、智利、阿根廷、日本）的人观看，结果表明，他们很容易指出每种表情所代表的情绪，甚至与世隔绝的部落人也能正确判断表情。一般情况下，人们也能辨别部落人的表情。

情感表现具有一定的社会制约性，受到自己所处文化环境的制约和影响，情绪越复杂，受文化影响越明显。在日益复杂的社会环境中，个体情绪的表现也与其所处的环境相关，有时候往往需要掩盖一些真正的情绪，夸大或者修饰自己的表情，或者表露出与自己真实情绪不一致的表情，这是心理学上的"表露规则"。

## （三）情绪和情感的关系

### 1. 情绪与情感的区别

首先，情绪出现较早，多与人的生理性需要相联系；情感出现较晚，多与人的社会性需要相联系。婴儿一生下来，就有哭、笑等情绪表现，而且多与食物、水、温暖、困倦等生理性需要相关；情感是个体在成长中，随着心智的成熟和社会认知的发展而产生的，多与求知、交往、艺术陶冶、人生追求等社会性需要有关。因此，情绪是人和动物共有的，但只有人才会有情感。

其次，情绪具有情境性和暂时性，情感则具有深刻性和稳定性。情绪常由身边的人或周围发生的事所引起，又常随着场合的改变和人、事的转换而变化。所以，有的人情绪表现常会喜怒无常，很难持久。情感可以说是在多次情绪体验的基础上形成的稳定的态度体验，如对一个人的爱和尊敬，可能是一生不变的。

最后，情绪具有冲动性和明显的外部表现，情感则比较内隐。人在情绪左右下常常不能自控，高兴时手舞足蹈，郁闷时垂头丧气，愤怒时又暴跳如雷。情感更多的是内心的体验，深沉而且久远，不轻易流露出来。

### 2. 情绪和情感的联系

情绪和情感虽然不尽相同，但却是不可分割的。因此，人们时常把情绪和情感通用。一般来说，情感是在多次情绪体验的基础上形成的，并通过情绪表现出来；反过来，情绪的表现和变化又受已形成的情感的制约。例如，当人们从事某种工作的时候，总是体验到轻松、愉快，时间长了，就会爱上这一行；反过来，人们对工作建立起深厚的感情之后，会因工作完成出色而欣喜，也会因为工作中的疏漏而伤心。由此可以说，情绪是情感的基础和外部表现，情感是情绪的深化和本质内容。

## 二、情绪和情感的功能

情绪和情感是基本的心理过程之一，它对人的生存和心理活动有着重要的影响，具有某些功能。对这些功能的理解，有助于人们认识情绪和情感的本质。

## （一）适应功能

有机体在进化的过程中，为了生存和延续种族，有着许多适应的方式。例如，鱼类具有流线形体态，适宜游泳；鸟类具有敏锐的视觉，适宜在飞行的条件下捕食；哺乳类动物的嗅觉灵敏，适宜觅食、求偶。随着动物的进化，由于神经系统的发展，感情的功能也成为重要的适应生存的手段。例如，人类祖先在捕猎、搏斗和防御时，产生的愤怒反应和愤怒表情，有助于战胜猎物或敌手；在认识和探索环境中，认知体验获得的快乐和愉悦驱使他们趋向新异事物；恐惧情绪提醒他们回避危险。而后的人类，在婴儿时期的情绪反应是第一个有效的心理适应工具。新生儿最初的情绪反应是自发的，带有反射的性质，这些反应表示他们机体内部的某些适宜或不适宜状态。例如，婴儿在身体不适时哭闹，饱足时微笑。婴儿的哭声，是呼唤母亲接近和照顾他们的最有效信号。当母亲接近时，婴儿立刻报以微笑和全身欢跃反应，这些情绪性反应激起母亲对小宝宝的抚爱，这正是婴儿健康成长所必需的。

## （二）动机功能

情绪是动机的源泉之一，是动机系统的一个基本成分，它对人的活动起发动、促进和调控的作用。适度的情绪兴奋，可以使身心处于活动的最佳状态，进而推动人们有效地完成任务。情绪能够以一种与生理性动机或社会性动机相同的方式激发和引导行为。有时我们会努力去做某件事，只因为这件事能够给我们带来愉快与喜悦。从情绪的动力性特征看，情绪分为积极增力的情绪和消极减力的情绪。快乐、热爱、自信等积极增力的情绪会提高人们的活动能力，而恐惧、痛苦、自卑等消极减力的情绪则会降低人们活动的积极性。有些情绪同时兼具增力和减力两种动力性质，如悲痛可以使人消沉，也可以使人化悲痛为力量。

## （三）组织功能

情绪作为脑内的一个检测系统，对其他心理活动具有组织的作用。这种作用表现为积极情绪的协调作用和消极情绪的破坏、瓦解作用。其组织作用还表现在人的行为上，当人处在积极、乐观的情绪状态时，容易注意事物的美好方面，其行为比较开放，愿意接纳外界的事物。当人处于消极情绪状态时，容易失望、悲观，放弃自己的愿望，甚至产生攻击性行为。许多研究证明：通过各种不同的信息加工方式，情绪对认知起着驱动和组织的作用，并产生多方面的效应。其影响不仅在加工的速度和准确程度方面，而且可以在类别和等级层次上改变认知的功能，或在信息加工中引起阻断或干扰质量的变化。也就是说，情绪不仅在量上影响认知，而且影响认知的结构。

## （四）信号功能

情绪和情感的信号功能表现在个体将自己的愿望、要求、观点、态度通过情绪、情感表达的方式传递给别人以影响他们，它是非言语沟通的重要组成部分，在人际沟通中具有信号意义。如点头微笑、轻抚肩膀表示赞许；摇头皱眉、摆手表示否定；面色严峻表示不满或者问题严重等。

在人际交往中，人们除借助言语进行交流外，还通过情绪的流露来传递自己的思想和意图。比如听朋友叙述不幸遭遇时，会一同落泪或表现出悲伤的情绪，传达自己的同情和理解的情绪和情感。情绪的这种功能是通过表情来实现的。表情具有信号传递作用，属于一种非言语性交际。人们可以凭借一定的表情来传递情绪信息和思想愿望。在社会交往的许多场合，人们之间的思想、愿望、态度、观点，仅靠言语无法充分表达，有时甚至不能言传，只能意会，这时表情就起到了信息交流的作用。比如，学生上课不注意听讲，教师的一个眼神或者一个手势都会起到提示、警醒的作用。在表情当中，面部表情和体态表情更能突破一些距离和场合的限制，发挥独特的沟通作用。如马路两侧的熟人打招呼，说话听不到时就可以通过招手和微笑来示意。

## （五）健康功能

情绪对健康的影响作用是众所周知的。积极的情绪有助于身心健康，消极的情绪会引起人的各种疾病。我国古代医书《内经》中就有"怒伤肝，喜伤心，思伤脾，忧伤肺，恐伤肾"的记载。有许多心因性疾病与人的情绪失调有关，例如溃疡、偏头痛、高血压、哮喘等。有些人患癌症也与长期心情压抑有关。一项长达30年的关于情绪与健康关系的追踪研究发现，年轻时性情压抑、焦虑和愤怒的人患结核病、心脏病和癌症的数量是性情沉稳的人的 4 倍。因此，对不良情绪进行控制、引导尤为重要，用积极乐观的情绪取而代之，不但能提高生活质量，也能有效地防治身体疾病。所以，积极而正常的情绪体验是保持心理平衡与身体健康的条件。法国化学家法拉第患了神经衰弱症，发病时不能工作，不能休息，痛苦不堪。他虽遍访名医，但治疗效果不佳，病情越来越重。当他一筹莫展之时，一位朋友对他说："一个小丑进城，胜过一打医生。"于是，他一有时间就去马戏团看小丑表演。自此，法拉第的病情奇迹般地一天天好转。他的康复就是消极情绪转化为积极情绪的结果。

# 三、情绪、情感与认识的关系

## （一）情绪、情感与认识的区别

### 1. 情绪、情感与认识的性质不同

认识过程反映客观事物本身，而情绪和情感则反映客观事物与人的需要之间的关系。

### 2. 情绪、情感与认识反映事物的方式不同

认识活动是通过形象或概念来反映客观事物本身，反映的是各种对象和现象的属性、本质和发生、发展的规律；情绪和情感是通过体验来反映客观事物与人的需要的关系。

### 3. 情绪、情感与认识的意识性不同

认识活动的发生、改变在一定程度上具有随意性；情绪、情感的发生、改变则具有不随

意性，发生往往具有突发性，非预谋性。

## （二）情绪、情感与认识的联系

（1）认识活动是产生情绪、情感的前提和基础。

（2）人的情绪、情感对认识活动有促进或阻碍作用。

20 世纪 90 年代情绪智力的概念被提出。1995 年，美国的戈尔曼（D. Goleman）出版了《情绪智力》一书，充分体现了情绪、情感与认识的紧密联系。

# 四、情绪理论

## （一）情绪的生理理论

美国心理学家詹姆斯（W. James）和丹麦生理学家兰格（C. Lange）分别于 1884 年和 1885 年提出内容相同的一种情绪理论，他们强调情绪产生是内脏活动和肌肉活动的产物。后来的研究者称之为外周情绪理论，即詹姆斯-兰格情绪理论（见图 6-1）。

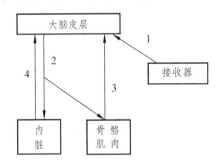

**图 6-1　外周情绪理论图解**

詹姆斯认为情绪是一种躯体表达，是伴有明显的生理反应的心理过程。他认为："在对我们周围的现实知觉之后，躯体便发生一系列的变化，我们对这些躯体变化的感受就是情绪。"例如，一般人认为当一个人面对陌生的场景演讲时，他首先紧张焦虑，然后才出现胃痉挛、发抖或结巴等身体反应。但詹姆斯认为，当一个人面对陌生的场景演讲时，他首先出现胃痉挛、发抖或结巴等身体反应，然后才变得紧张焦虑。不是因为悲伤才哭泣，恐惧才发抖，而是因为哭泣才悲伤，发抖才恐惧。詹姆斯认为对外界刺激的知觉首先引起躯体与内脏反应，随着我们知道或体验到这种反应，就导致了我们的情绪。

丹麦生理学家卡尔·兰格（1885）提出了相同的观点。他认为血管运动的混乱、血管宽度的改变以及各个器官中血液量的改变，乃是情绪真正的最初原因。兰格认为自主神经支配加强和血管扩张的结果引起愉快，自主神经支配减弱、血管收缩与器官肌肉痉挛引起恐惧。他说："假如把恐惧的人身体症状除掉，让他的脉搏平稳，目光坚定，动作迅速而稳定，语气强而有力，思维清晰，那么他的恐惧还剩下什么呢？"所以情绪就是对机体状态变化的意识。

从詹姆斯-兰格情绪理论中，两位心理学家看到了情绪与机体变化的直接关系，强调了植物性神经系统在情绪产生中的作用；但是，他们片面强调植物性神经系统的作用，忽视了中枢神经系统的调节、控制作用以及其他因素，因而引起了很多的争议。

## （二）情绪的认知理论

### 1. 阿诺德"评定—兴奋"理论

阿诺德（Arnold）的情绪理论是第一个比较系统的情绪认知理论。该理论以评价概念为依据，认为情绪产生的基本过程是刺激→评价→情绪，即人们往往立即、自动而几乎不知不觉地评价所遇到的任何事情——关于它们与个体自身的关系，由此产生情绪。

"评定—兴奋理论"详细解析了情绪产生的历程：情绪产生是大脑皮层与皮层下组织协同活动的结果，大脑皮层的兴奋是情绪行为产生的最重要条件。外界刺激作用于感受器，产生神经冲动，通过传入神经元传至丘脑，在此更换神经元后传到大脑皮层，刺激情境在大脑皮层得到评估，形成一种特殊的态度，如恐惧及逃避、愤怒及攻击，这种态度通过传出神经将皮层冲动传至丘脑的交感神经，将兴奋发送到血管或内脏，所产生的变化使其获得感觉。这种来自外周的反馈信息，在大脑皮层中被评价，使得纯粹的认识经验转化为被感受到的情绪，如恐惧、愤怒、厌恶等。阿诺德的情绪理论将情绪的产生与高级的认知活动联系起来，把环境影响引向认知，把生理激活从自主神经系统推向大脑皮层，把认知评价与外周生理反馈结合起来。

### 2. 拉扎勒斯的认知—评价理论

拉扎勒斯（Lazarus）认为情绪是一种"反应症候群"（Response Syndrome），并认为情绪是人与环境相互作用的产物。在情绪活动中，人不仅反映环境中的刺激事件对自己的影响，同时要调节自己对于刺激的反应。也就是说，情绪是个体对环境知觉到有害或有益的反应。因此，人们需要不断地评价刺激事件与自身的关系。

拉扎勒斯的认知评价理论强调个体对自己与环境关系的认知评价、理性认识对情绪产生的作用。评价和核心关系主题是拉扎勒斯理论中两个关键概念，通过评价，个体得到了个体与环境的核心关系主题。也就是说，通过评价，个体意识到自己与环境的关系，知道自己的处境。情绪作为一种综合的反应症状，通过认知、行为、生理反应、主观报告等范畴显示个体与环境的关系。

## （三）情绪的综合理论

在情绪理论中，许多理论把情绪与动机、人格关联起来，认为情绪是一种动机系统或者人格系统的一个重要的子系统。这些理论也对生理唤醒、认知评价对于情绪的意义做了充分的论述，因此可以看作是情绪的综合理论。

### 1. 汤姆金斯的情绪理论

汤姆金斯（Tomkins，1978）的情绪理论主要有三个特点：第一，认为情绪有三种基本成分，即表情行为、生理、主观体验。这三种成分之间相对独立，同时也相互联系和相互作用。在这几种主要成分中，情绪开始于面部表情，面部表情引起主观体验和生理变化。这三种成分之间的运动如滚雪球一样逐渐放大，使个体的情感生活充满了动力。

第二，汤姆金斯强调情绪是生物体内部的生物性动力机制，将情绪的动力性与本能的动力性区别开，并进一步指出，情绪是内驱力的放大器，内驱力是纯粹的生物的力量，而情绪使它放大或缩小。

第三，汤姆金斯提出的情绪脚本也是一个重要的理论概念，对于情绪发展和情绪记忆的研究具有重要意义。脚本是什么呢？在一个戏剧里，脚本相当于戏剧中的主要剧情或剧本。情绪脚本主要指那些与情绪有关的习惯，可以在儿童早期形成，相当于个体的情绪规则，用于预测、解释当前的情境，并对当前情境做出反应，控制这些情境被放大的程度。

### 2. 曼德勒的情绪理论

曼德勒（Mandler，1976）情绪理论建立在唤醒、认知解释和意识的基础上。未分化的唤醒是对交感神经活动的知觉，它出现的条件取决于认知解释，特别是当遇到干扰和阻碍时。曼德勒认为表情动作导致自动化的认知反应，重新解释又导致表情动作的改变。唤醒与认知解释的交互作用导致情绪体验与情绪行为。唤醒赋予情绪的内脏特性与情绪的强度，认知解释提供情绪体验的分类。情绪体验发生在意识的基础上，这种意识上的输出可以被转译为习俗的语言，情绪与意识的联系可以被反复。曼德勒情绪分析的核心是"意义"。情绪输入的复杂性使得情绪非常丰富，而这种丰富性的意义是由输入的结构、输入与其他输入的关系、输入与已有心理结构的关系所赋予的。意义分析告诉个体，个体身处何处，周围情况如何等。如果所得到的信息证据与已有的图式预期存在差异，将导致唤醒与某些情绪的合成。有些意义分析是自动化的，有些则需要进行有意识的评价。

# 第二节　情绪、情感的种类

**案例展示**

#### 小月的烦恼

小月前几天遇到了一件不顺心的事。好几天她都一直阴沉着脸，不说也不笑。别人问她怎么了，她头一低就躲开了。这样一来，同学们对她就疏远了，她的学习成绩也下降了。知道这些情况后，班主任王老师把小月叫到办公室，语重心长地对她说："小月，老师知道你心里有事，希望你能说出来，好吗？如果一个人的情绪不好，把烦恼总是放在心里不释放出来，不但会影响学习，还会影响与同学的关系，对自己的身体也有坏处。所以当你心情不好的时候，最好找一个值得你信任的人把心里的话告诉他，这样你的心情就会变好的。你觉得老师值得信任吗？如果值得，你就尽管跟我说吧！"小月听了，眼泪一下子涌了出来，"哇"地一声哭了。小月哭了半天，王老师慢慢地擦干了她的眼泪，接着说："你尽管哭吧！这对你有好处。"

小月不哭了，向老师倾诉了长时间闷在心里的事。接下来的几天里，大家发现，小月变了，又跟以前一样了。

小月为什么近几天与同学关系疏远了，学习成绩也下降了？王老师告诉小月一个什么道理？人有哪些情绪和情感？

## 一、情绪的种类

客观世界纷繁复杂，人的需要也是复杂的。同样事物可能满足了人某一方面的需要，却不能满足另一方面的需要，由此，引起的情绪和情感就十分复杂，人们常说的"啼笑皆非""哭笑不得""又惊又喜"等就是这个道理。为了更好地研究情绪，人们把情绪按照不同的分类标准进行了分类。中国古代就有"七情六欲"之说。在国外，普拉切克根据自己的研究，提出人的基本情绪有恐惧、惊讶、悲痛、厌恶、愤怒、期待、快乐、接受共八种。

### （一）基本情绪

基本情绪也是初级情绪，是人类和动物共有的、与生俱来的。目前，大多数心理学家都认同人类有四种基本情绪：快乐、愤怒、悲伤和恐惧。人的情绪虽然很复杂，但都是在四种基本情绪（或原始情绪）的基础上形成和发展起来的。

#### 1. 快乐

快乐是期盼的目的达到、紧张解除后随之而来的情绪体验。快乐的程度取决于愿望满足的意外程度。一般来说，愿望较低，目的无足轻重，快乐的体验程度会比较低。而目标高远，且意外达到目标，更容易体验到极大的快乐。快乐情绪通常会对个体产生积极的影响，快乐的人认为世界更安全，做决定更容易，更容易表现出亲社会行为，人际关系更加协调。快乐可按强度大小分为：狂喜、兴奋、喜悦、愉快等。

#### 2. 愤怒

愤怒是由于愿望或者目的不能达到或者一再地受到妨碍而慢慢积累形成的。愤怒有一定的积极作用，可以激发能量以自我防卫，可以向对方表达负向感受，引起别人注意而调整不平衡关系。但是如果长期被愤怒情绪困扰，容易使意识狭窄，理性分析问题的能力降低，自我控制能力减弱，容易导致攻击或暴力行为。同时，长时间的愤怒情绪也容易导致身心疾病，不利于身心健康。

#### 3. 悲伤

悲伤是失去所期盼的、所追求的东西或有价值的东西而引起的以不愉快、心情低落为主要表现的负面情绪。悲伤通常会伴随着哭泣、失眠、难过、抑郁、焦虑、食欲减退等身心反应。悲伤对人有消极反应，严重的悲伤可能会转化为抑郁或忧愁，使人失去动力，陷入无助，个人幸福感降低，也会使认知能力下降，同时导致身心功能失调。但悲伤也具有积极意义，个体因悲伤而获得社会同情和支持，也会激发个体面对问题而勇于改变。

### 4. 恐惧

恐惧是企图摆脱、逃避某种可怕情境而产生的强烈的、不愉快的、害怕的情绪体验。恐惧通常是由于缺乏处理或摆脱可怕情境的力量和能力而导致的，通常伴有强烈的生理唤醒，具有很强的感染性。恐惧是一种报警系统，可以让身体为逃避和避免危险做好准备，但恐怖程度过强或时间过长容易使人产生回避动机，降低主观满意度，也会出现身体不适、倦怠和枯竭等身心症状，出现焦虑症和恐惧症，从而影响个体的社会适应和生存。

在上述四种基本情绪的基础上，又派生出许多情绪，组成各种复合的形式。比如，与接近外界事物的愿望有关的惊奇、兴趣、厌恶，与自我评价有关的害羞、骄傲、自信、自卑、罪过等，与他人有关的热爱、怨恨、羡慕、嫉妒等体验。

## （二）情绪状态

根据情绪发生的强度、持续时间的长短可把情绪分为心境、激情、应激。

### 1. 心境

心境是一种微弱、平静而持久的带有渲染性的情绪状态，往往在较长一段时间内影响人的言行和情绪。心境有别于其他情绪状态之处在于它不具有特定的对象，是一种带有渲染性的情绪状态。生活中的重大事件、工作成败等都会对心境有不同程度的影响。

心境具有弥散性和长期性。心境的弥散性是指当个体具有某种心境时，这种心境表现出的态度体验会朝向周围的一切事物。例如，一个人在单位受到领导表扬，觉得心情愉快，回到家里会同家人谈笑风生，遇到邻居笑脸相迎，走在路上也会觉得天高气爽；而当他心情郁闷时，在单位、在家里都会情绪低落、无精打采，甚至会"对花落泪，对月伤情"。同一种事物，"忧者见之而忧，喜者见之而喜"，也是心境弥散性的表现。

心境的长期性是指心境产生后要在相当长的时间内主导人的情绪表现。虽然基本情绪具有情境性，但心境中的喜悦、悲伤、生气、害怕却要维持一段较长的时间，有时甚至成为人一生的主导心境。如有的人一生历尽坎坷，却总是豁达、开朗，以乐观的心境去面对生活；有的人总觉得命运对自己不公平，或觉得别人都对自己不友好，结果总是保持着抑郁愁闷的心境。

导致心境产生的原因很多，生活中的顺境和逆境，工作、学习上的成功和失败，人际关系的亲与疏，个人健康的好与坏，自然气候的变化，都可能引起某种心境。但心境并不完全取决于外部因素，还同人的世界观和人生观有联系。一个有高尚的人生追求的人会无视人生的失意和挫折，始终以乐观的心境面对生活。

心境对人们的生活、工作和健康都有很大的影响。心境可以说是一种生活的常态，人们每天总是在一定的心境中学习、工作和交往。积极良好的心境可以提高学习和工作的绩效，帮助人们克服困难，保持身心健康；消极不良的心境则会使人意志消沉，悲观绝望，无法正常工作和交往，甚至导致一些身心疾病。所以，保持一种积极健康、乐观向上的心境对每个人都有重要意义。

## 2. 激情

激情是一种爆发强烈而持续时间短暂的情绪状态。人们在生活中的狂喜、狂怒、深重的悲痛和异常的恐惧等都是激情的表现。和心境相比，激情在强度上更大，但维持的时间一般较短暂。

激情具有爆发性和冲动性，同时伴随有明显的生理变化和行为表现。当激情到来的时候，大量心理能量在短时间内积聚而出，如疾风骤雨，使得当事人失去了对自己行为的控制力。《儒林外史》中的范进听到自己金榜题名，狂喜之下，竟然意识混乱，手舞足蹈，疯疯癫癫；有些人在暴怒之下，双目圆睁，咬牙切齿，甚至拳脚相加。但这些激情在得到宣泄后，人又会很快平息下来，甚至出现精力衰竭的状态。

激情常由生活事件所引起，那些对个体有特殊意义的事件会导致激情，如考上大学，找到满意的工作等；出乎意料的突发事件会引起激情，如多年失去音信的亲人突然回归，常会欣喜若狂。另外，违背个体意愿的事件也会引起激情，中国古书中记载，春秋战国时期的伍子胥过昭关，因担心被抓回楚国，父仇不能报，一夜之间竟然愁白了头。可见，不同的生活事件会引起不同的激情。

激情对人的影响有积极和消极两个方面。一方面，激情可以激发内在的心理能量，成为行为的巨大动力，提高工作效率并有所创造。如战士在战场上冲锋陷阵，一往无前；画家在创作中，尽情挥洒，浑然忘我；运动员在报效祖国的激情感染下，敢于拼搏，勇夺金牌。但另一方面，激情也有很大的破坏性和危害性。人有时会因为激情而任性而为，不计后果。一些青少年就是在激情的控制下，一时冲动，失足酿成大错或大祸。激情有时还会引起强烈的生理变化，使人言语混乱，动作失调，甚至休克。所以，在生活中应该适当地控制激情，多发挥其积极作用。

## 3. 应激

应激是出乎意料的紧张状况所引起的情绪状态，是一种复杂的生理和心理反应，通常个体会调动各种资源来应对。在应激状态下，生理的强烈变化可能会带来焦虑、烦躁、恐惧、激动、自责、自卑、害羞等诸多负面情绪体验，也会随之产生注意力不集中、思维中断或混乱、记忆力减退、决策力下降等诸多心理问题，不利于身心健康，故个体一般不宜较长时间处于应激状态。如在日常生活中突然遇到火灾、地震，飞行员在执行任务中突然遇到恶劣天气，旅途中突然遭到歹徒的抢劫等，无论天灾还是人祸，这些突发事件常常使人们心理上高度警醒和紧张，并产生相应的反应，这都是应激的表现。

人在应激状态下常伴随明显的生理变化，这是因为个体在意外刺激作用下必须调动体内全部的能量以应付紧急事件和重大变故。这个生理反应的具体过程为：紧张刺激作用于大脑，使得下丘脑兴奋，肾上腺髓质释放大量肾上腺素和去甲状腺素，从而大大增加通向体内某些器官和肌肉处的血流量，提高机体应付紧张刺激的能力。加拿大心理学家塞里把整个应激反应过程分为动员、阻抗和衰竭三个阶段：首先，有机体通过自身生理机能的变化和调整做好防御性的准备；其次，借助呼吸心率变化和血糖增加等调动内在潜能，应对环境变化；最后，如果刺激不能及时消除，持续的阻抗使得内在机能受损，防御能力下降，便会引起疾病。

应激的生理反应大致相同，但外部表现可能有很大差异。积极的应激反应表现为沉着冷静、急中生智，全力以赴地去排除危险，克服困难；消极的应激反应表现为惊慌无措、一筹莫展，或者发动错误的行为，加剧了事态的严重性。这两种截然不同的行为表现，既同个人的能力和素质有关，也同平时的训练和经验积累有关。例如，接受过防火演习和救生训练的个体，遇到火灾等突发事件，也能正确及时地逃生和救人。

### （三）特殊的情绪——挫折

#### 1. 挫折的含义

挫折是一种特殊的情绪，它指在实现社会目的和个人抱负的过程中，目标活动遇到障碍或干扰，致使目的不能实现，需要和愿望不能满足时的消极情绪状态。在现实生活中，任何人的一生都可能遇到挫折。挫折是社会生活中普遍存在的一种客观现象，许多挫折是不以人的意志为转移的。挫折对一个人来说，有利也有弊。挫折能磨炼人的意志，增长人的见识，"吃一堑，长一智""自古雄才多磨难，历来纨绔少伟男"，人的才能和智慧是在与挫折做斗争中增长和发展的。挫折也会造成人的心理创伤，使人感受到心理压力，产生心理失调，甚至形成"心因性疾病"。

#### 2. 挫折产生的原因

引起挫折的原因是多种多样的，主要有以下几种：一是自然的原因。即需要受到自然环境或物理作用的阻碍，如恶劣的气候、强烈的噪音、火灾等引起的挫折。二是社会的原因。即需要受到社会习惯、传统或人为因素的阻碍，如人际关系紧张引起的挫折。三是经济原因。即由于收入不高，个人的需要直接或间接地受到阻碍。四是生理原因。如想当歌唱家又没有好嗓子。五是期望水平过高。如对自己的期望超过了能力所及的范围，通过努力未能实现而产生失败感。

#### 3. 挫折对个体心理和行为的影响

一般认为挫折带给人的只有灾难、失意和无情的打击。事实上，挫折并不完全是消极的，它具有两面性。挫折对个体的行为和活动结果既有积极作用又有消极作用。挫折对人的行为和活动结果的积极作用在于：挫折能培养其坚强的意志、克服困难的毅力，增长知识才干和提高适应能力。在社会生活实践中，人们很难事事如意，总有成功和失败的时候。挫折对人是一种打击，同时又给人一定的压力，它能磨炼人的意志和毅力。古今中外有大成就的人，大多是历尽艰辛，在挫折中磨炼出坚强的意志，在逆境中不懈奋斗的人。如歌德因失恋而著《少年维特之烦恼》，蒲松龄科场失意乃作《聊斋志异》等。人在遭遇挫折之后，总是想方设法总结经验教训，探究失败的原因，寻找摆脱困境的办法。这一过程使得人更加聪明，适应能力更强。孟子说过："故天将降大任于斯人也……所以动心忍性，增益其所不能。"有这么一个故事：草地上有一个蛹，被一个小孩发现并带回了家。过了几天，蛹上出现了一道小裂缝，里面的蝴蝶挣扎了好长时间，身子似乎被卡住了，一直出不来。天真的孩子看到蛹中的蝴蝶痛苦挣扎的样子十分不忍，于是，她便拿起剪刀把蛹壳剪开，帮助蝴蝶出来。然而，由于这只蝴蝶没有经过破蛹前必须经过的痛苦挣扎，以致出壳后身躯臃肿，翅膀干瘪，根本飞不起来，不久就死了。自然，这只蝴蝶的欢乐也就随着它的死亡而永远地消失了。由此可见，要得到欢乐就必须能够承受痛苦和挫折。

　　挫折对人的行为和活动结果的消极作用在于：由于一个人屡遭失败而积累过多的挫折经验，使人消极悲观，丧失信心，畏首畏尾，失去前进的动力，对心理发展和从事的活动产生消极影响。例如，一些大学生面对生活中的不如意，深感痛苦和疲惫，或是心灰意冷、不思进取，抱着混世态度，无聊地打发日子；或是甘愿把它当作人生的苦刑，自我煎熬，自我摧残；也有想挣脱困难枷锁的，但不是积极应对，而是想寻找与世无争的世外桃源。结果这些学生最终都成了这种生活态度的牺牲品，学业无成，身心衰败。

### 4. 个体对挫折的反应

　　个体遭受挫折后，必然会有所表现，以减少内心的冲突与不安，缓解挫折情绪，取得暂时的心理平衡。这种自我心理保护措施称为心理防卫机制。心理防卫机制主要有积极的、消极的和妥协的三种形式。

　　（1）积极的自我防卫。

　　积极的自我防卫是对挫折的理智性对抗行为，主要有升华和补偿。升华是指将不为社会所接受的动机或欲望加以改变，并以较高境界表现出来，以求符合社会标准的要求。如某人因某种原因遭受爱情挫折时，他可以转向写诗、写小说或绘画等，抒发自己压抑的情感，这就是升华。补偿是指个体在某种活动中遭受挫折，从另一种活动中谋求成功，以弥补失去的自信与自尊。即一个人因种种原因无法达到原定目标，或者个人的动机与行为不为社会所接受时，用另一种比较崇高的、具有创造性和建设性的、有社会价值的目标来代替，借此弥补因受挫折而丧失的自尊与自信，减轻挫折所造成的痛苦。例如，一些相貌身材不好的大学生，由于长相身材的原因在最初的社会交往中难免受到制约，于是他们在学问、个人修养上下功夫，最终得到大家的认可。在社会生活中，由于主客观条件的限制和障碍，使人的某一个目标无法实现时，他便会重新选择相对容易实现的行为目标，以此来弥补原有失败的痛苦。例如，某大学生物理成绩欠佳，于是便着力使外语水平名列前茅，以此来减轻消极情绪带来的压力。

　　（2）消极的自我防卫。

　　消极的自我防卫是非理智的对抗行为，主要表现为攻击、冷漠、压抑、轻生。

　　第一，攻击。人们在受挫后即刻产生的反应多半是攻击性行为。主要表现为对他人讽刺、谩骂、殴打，甚至加以杀害，以及损害物品等行为，这是一种破坏性的行为。攻击性行为有两种，即直接攻击与转向攻击。直接攻击是指攻击目标直接指向造成障碍的对象。如受到他人无故谴责时，你可能"以牙还牙""反唇相讥"来对付无故谴责你的人；也可能把愤怒情绪发泄到其他人或物上去，即转向攻击。转向攻击是个人受到挫折后，愤怒情绪十分强烈，由于种种原因使攻击目标不能直接指向造成障碍的对象（如父母、老师、领导等），于是将愤怒的情绪指向自己，或者指向与之无关的人员、物品等。例如，某学校的一位老师受到领导批评以后，就把愤怒的情绪转而发泄到某学生身上。

　　第二，冷漠。人在反复遭遇挫折后，感到孤立无望，往往会表现出对挫折情境漠不关心、冷淡，活动上表现出茫然与退让，情绪、情感上失去喜怒哀乐，对一切无动于衷。冷漠是愤怒暂时受抑时，以间接方式表示的反抗。

　　第三，压抑。在现实生活中，人们常常把不愉快的经历不知不觉地压抑在潜意识里，不再想起，不去回忆。由于压抑，痛苦的经历似乎被遗忘了，使人在现实意识中感受不到焦虑和恐惧。压抑是行为主体的一种"主动的有动机的遗忘"，指个体把不为社会所接受的本能冲动、欲望、情感、痛苦经验等，不知不觉地从现实意识压抑到潜意识中，从而避免痛苦。但这些使人压抑的东西并没有消失，往往不知不觉地影响着人们的日常心理和行为，一旦出现相似的场景，它们就会冒出来，对个体造成更大的威胁与危害。它不仅影响个体的正常活动，而且会引起心理异常和心理疾病。

第四，轻生。某些挫折容忍力极小的人在遭受严重挫折而又无外援的情况下，往往悲观、绝望，甚至产生自杀的念头。据统计，在我国，自杀人数在死亡人数中列居第五，是 15～34 岁人群的首位死因。我国每年有 287 万人死于自杀，20 万人自杀未遂。就是说，每两分钟就有一人死于自杀，0.8 人自杀未遂。

（3）妥协的自我防卫。

妥协的自我防卫是采取折中的办法对待其所遇到的挫折，以此消除心理不平衡的形式，主要有合理化和逃避。合理化是心理自我防卫机制中最常见的一种，是指个体由于挫折使预定目标无法实现时，为避免精神上的痛苦和不安，找出种种借口或理由为自己的失败辩解。其表现形式有"酸葡萄"反应和"甜柠檬"效应。"酸葡萄"效应是借否定不能达到的目标的优点，夸大其缺点以维护心理平衡的一种防卫手段。如某生考试成绩差，就说自己重能力不重分数。"甜柠檬"效应是借夸大既得利益的好处，以减轻未能实现目标的痛苦。如丢了钱，就说破财免灾，以此安慰自己。

逃避就是在现实生活中，个体受挫或预感要受挫，便逃避到自认为比较"安全"的情境中。逃避是受挫后回避现实，避开原来挫折情境的妥协行为，"眼不见心不烦"就是逃避的表现。逃避主要有三种表现方式。其一是逃到另一个"现实"中。如由于努力学习受挫，一些大学生会以学习之外的活动避开因学习压力给自己带来的焦虑与不安。其二是逃向幻想之中。受挫者沉溺于不合实际的幻想之中，以非现实的想象方式来应付挫折，以求得暂时的精神解脱。其三是逃向疾病。个体在失败或可能失败之时，就巴不得生病或真的病倒，但危机过后，身体自然恢复。这一类疾病，心理学上称为机能性障碍。当事者的器官是正常的，在检查时没有发现什么机体性的疾病，而他们的功能却出了问题。例如，四肢是正常的，却出现瘫痪的现象。这些人不自觉地将心理方面的困难转换成生理方面的症状，借以逃脱他人对自己的责备，从而维护自己的尊严。但逃避并不能真正解决问题。

### 5. 挫折的应对

人生道路不是平坦的，我们应该正确地对待挫折。我们应注意在生活中不断磨炼自己，不断提高承受挫折的能力，而且要能正确应对挫折。具体做法如下：

①冷静地接受挫折，积极地看待挫折。

②认真分析挫折产生的原因，有针对性地调整自己的状态，争取新的成功。

③寻求他人帮助，增强自我抵御挫折的力量。

培养学生对挫折的承受力和应对力，是现代教师的职责之一。它要求老师做到：使学生懂得挫折是不可避免的，对挫折要有心理准备；引导学生辩证地、达观地看待挫折；教给学生一些应对挫折的方法。

## 二、情感的种类

情感是人所特有的心理现象之一，是同人的社会需要相联系的主观体验。人类的高级社会性情感主要有道德感、理智感和美感。

### （一）道德感

道德感是个体根据一定的道德标准去评价人的思想、意图和言行时产生的情感体验。人生活在社会上，在与周围的人交往中掌握社会道德标准，并转化为自己的道德需要。人类根据已掌握的道德标准去评价自己或别人的思想、意图和言行时，认为符合自己的道德需要，就会产生肯定性情感，如果不符合自己的道德需要，就会产生否定性情感。例如，对别人大公无私的行为产生敬佩之情，对别人的损人利己行为产生愤怒、蔑视之情。又如，自己尽到了社会责任感到心情舒畅，未尽到责任则感到内疚惭愧等。这些都属于道德感。

道德感具有社会性。不同的社会、不同的历史时期、不同的社会集团或民族，有着不同的道德标准和行为规范，不同的人对这些标准和规范又有着不同的理解，于是就会产生不同的道德需要，因而也就有着不同的道德感。例如在婚姻观上，封建社会认为"父母之命，媒妁之言"是合理的，男女自己做主谈情说爱则是伤风败俗；现代人看来，没有爱情的婚姻是不道德的。道德感在社会情感体系中占有特殊地位，对人的活动具有重要的指导作用。

### （二）理智感

理智感是人在智力活动过程中，对认识活动进行评价时产生的情感体验。它是与人的好奇心、求知欲、探求和热爱真理的需要相联系的。

理智感的表现多种多样。它体现出人对自己智力活动过程与结果的态度。如发现问题时的惊奇感、疑虑感，百思不解时的焦虑不安与苦闷，获得结论时的喜悦、陶醉与自信，以及对真理的维护与热爱，对偏见、谬误的鄙视与痛恨等，都属于理智感。

理智感是在人的认识和实践活动中产生和发展起来的，反过来，它又成为人认识和实践活动的动力。任何学习活动、科学发明、艺术创造都与理智感分不开。一个人的思想只有被深厚的情感渗透时，才能引起积极的注意、记忆、思维，并获得克服困难的力量。

### （三）美　感

美感是人们根据自己的审美标准对自然或社会现象及其在艺术上的表现予以评价时产生的情感体验。如人对浩瀚的大海、蔚蓝的天空、秀美的田园、漂亮的容貌、名胜古迹、艺术珍品等表示的赞美、喜爱等都是美感的表现。美感具有如下特性：

美感是内容美和形式美的统一。美感往往是个体接触事物时立即、直接发生的。因此，物体的外表形式对美感有很大的影响，物体的形状、颜色、声音、气味方面的特点在美感产生中起重要作用。事物的内容决定美感。例如，苍蝇的外形和蜜蜂相似，前者往往使人产生厌恶感，而后者则可以使人产生美感。对于人来说，虽然仪表是令人产生美感的重要条件，但更重要的是心灵美，那些人格高尚、心灵美好的人，即使身残貌丑也会受到人们的敬佩和赞赏。

美感具有社会性。同道德感一样，美感也受社会历史条件的制约，不同的社会、不同的时代、不同的民族、不同的阶级，人们的审美标准各不相同，因而也就有不同的美感。例如，在封建社会，人们认为弱不禁风是美；在资本主义社会，人们认为袒胸露背、放荡不羁是美；而我们则认为健康、大方、自然、协调是美。

美感具有个体性。对于同一客观对象，不同的人可以产生不同的美感，有人觉得美，有人觉得不美。当然人类也有共同的美感，鲜艳的花卉、秀丽的风景、动听的音乐、优美的诗歌、雄伟的建筑，任何人都认为是美的。多彩的桂林、静谧的西湖、雄伟的长城、庄严的故宫，常常使中外游客流连忘返。这说明虽然人们的生活地域不同、种族各异，但人们的审美观点存在着相同之处。

# 第三节　青少年情绪、情感的特点与调节

## 案例展示

### 女儿变了

刚上初中，珍珍就发生了很大的变化，变得妈妈都有点不认识她了。她不像以前那样活泼外向了，有的时候，她好像郁郁寡欢，心事重重。小的时候，不论学校里发生了什么，珍珍总是像"实况录像"似的在家叙述一遍。吃饭的时候，爸爸妈妈就听她不停地说呀说呀，连插话的机会都没有。可现在，珍珍不在饭桌上讲学校的事了，即使有时妈妈问起来，她也只是敷衍几句，爱理不理的样子。吃完饭，就把自己锁在她的小屋子里，在一个小本子上写啊写啊的。那个本子可是珍珍的宝贝，她还特意买了一把小锁把它锁在自己的抽屉内，爸爸和妈妈是难得一见的。珍珍有时写着写着，还会莫名其妙地流眼泪；有时又什么也不做，就那么望着窗外发呆。别看珍珍在家里的话越来越少，和朋友在一起的时候可不这样。有一次，妈妈在下班的路上看到她和几个要好的同学在一起，那眉飞色舞的样子绝对是家里见不到的。珍珍的妈妈真的读不懂女儿，她这是怎么了？

珍珍的妈妈为什么觉得珍珍变了，她为什么读不懂女儿了？青少年的情绪和情感发展有哪些特点？如何管理、控制情绪和情感？怎样培养青少年健康的情绪和情感？

## 一、情绪异常的表现

在现实生活中，由于社会期望过高、心理压力大、工作学习负担重、竞争激烈，人们的情绪容易处于紧张状态，如果这种紧张状态得不到缓解就容易患上各种身心疾病。异常的情

绪、情感是指那些强度较大，持续时间较长，严重妨碍了学习和生活的情绪反应。在日常生活中常见的异常情绪有如下几方面：

## （一）抑　郁

抑郁是一种感到无力应付外界压力时而产生的消极情绪，它常常伴随着厌恶、痛苦、羞愧、自卑等情绪体验。它常使人处于一种消沉、沮丧、失望、无助的状态之中，给人的生活带来极大的负面影响。

## （二）焦　虑

焦虑是一种复杂的综合性的负性情绪，是人们在社会生活环境中对于可能造成心理冲突或挫折的某种事物或情境进行反应时的一种不愉快的情绪体验，即预期到的一些可怕的、可能会造成危险或需要付出努力的事物和情境将要来临，而又感到对此无法采取有效的措施加以预防和解决时所产生的情绪体验。此时，心理上会产生紧张的期待情绪，表现出不明原因的忧虑和不安。

## （三）自　卑

自卑是自我情绪体验的一种形式，是个体由于某种生理或心理上的缺陷或其他原因所产生的对自我认识的态度体验，表现为对自己的能力或品质评价过低，轻视自己或看不起自己，担心失去他人尊重的心理状态。

## （四）情感淡漠

人人都有喜、怒、哀、乐，这些都是正常的情绪反应。如果一个学生对周围的一切事物都丧失兴趣，一概采取漠然的态度，这就是情绪不正常。

## （五）过度恐惧

过度恐惧是指具有病理性特点的恐惧，即对常人一般不害怕的事物感到恐惧，或者恐惧体验的强度和持续时间远远超出常人的反应范围，这就是所谓的恐怖性神经官能症，也称恐怖症。它是对某一类特定的物体、活动或情境产生持续紧张的、难以克服的恐惧情绪，并伴随着各种焦虑反应，以及逃避行为和植物性神经系统的变化。

# 二、中学生情绪、情感发展的特点

两千多年前古希腊哲学家亚里士多德曾说："天性使年轻人激动，就像酒让酒鬼兴奋一样。"卢梭对青春期做过类似的描述："如同暴风雨到来前波涛的咆哮，激情的积蓄将预示着喧嚣的迸发。"也许他们没有对青少年情绪做过系统研究，但历经千年他们所描述的人类在青春期的表现在现在看来依然适用。青春期是个人成长最为迅速的时期，青春期的个体，其生理上正经历着巨大的变化，这些生理上的巨变也预示着心理上的巨变。可以说，青少年时期的个体，其情绪上正经历着与以往乃至将来完全不同的变化。青春期，相对于婴儿期、幼儿期、儿童期是更为长久的发展阶段，在较长的时间跨度内，青少年有比以前更多的社会交往，随着自我意识的发展、社会经验的积累以及社会交往技能的提高，青少年的情绪由强烈的外部表现逐步转变为较为稳定的内心体验，情绪的表现方式由外在冲动性向内在文饰性转变，情绪持续时间逐渐增长，出现心境化的趋势，情绪体验的内容更加深刻丰富，社会性情绪占主导地位。通过对青春期情绪状态的日常变化的研究（拉森的经验取样法）发现，青春期早期，情绪状态的积极方面较少，消极情绪较多；情绪稳定性较差，起伏变化较多。到青春期后期，情绪稳定性增强，情绪起伏变化逐渐趋缓。具体而言，个体在初中和高中两个阶段，其情绪存在不同的特点：

## （一）初中生情绪、情感发展的特点

### 1. 情绪、情感的丰富性

随着学习、生活范围的扩大以及自我意识的觉醒，中学生出现多样性的自我情感（如自尊心、自卑感等），而且两性的情感与社会性情感也日益丰富。例如，对民族前途与个人前途关系的情绪体验，对人与人之间关系的情绪体验，对学习重要性的情绪体验，对升学与就业的情绪体验等。

### 2. 情感倾向逐渐定型

情感倾向是指一个人的情感是针对什么性质的事物发生的。中学生自我意识的发展、世界观的基本形成，对其情感倾向的定型起着重要作用。例如，有的同学的情感经常对具有社会意义的事情发生，有的同学的情感则是对生活琐事发生。到了中学阶段，学生的情感倾向变得较为固定。

### 3. 情绪的强烈性

中学生的情绪是强烈的。因此有人形容中学阶段是"暴风骤雨"时期，中学生的情绪经常具有不可遏制性。部分中学生常常因为一点小事就欣喜若狂、手舞足蹈，或者垂头丧气、无精打采，有时彼此之间只因为一句话不合就怒不可遏、拔拳相向。在正确的世界观与理智的支配下，他们的强烈情感有助于帮助他们取得出类拔萃的成就，但如果他们被人利用，或盲目狂热，也会给社会带来很大的危害。

### 4. 情绪的不稳定性

中学生的情绪不仅是强烈的，而且是不稳定的，容易从一个极端走向另外一个极端。在苦闷时受到鼓舞则为之振奋，在热情澎湃时受到挫折则容易灰心丧气。情绪的不稳定与此时期他们的生理和心理特点有关，也与家庭和社会上的某些因素有关。

### （二）高中生情绪、情感发展的特点

#### 1. 情绪表现具有内隐文饰性

高中生情绪表现并不都是外露的，开始带有文饰的、内隐的、曲折的性质。这是善于控制、调节自己情绪能力的表现，是适应能力增强的表现，它与表里不一的虚伪性格是两回事。原因如下：

（1）高中生心理闭锁，渴望有自己的生活和心理空间，而不愿直接流露自己的想法，尤其是不愿与老师和父母说。

（2）高中生社会化逐渐完成，心理逐渐成熟，他们能够根据一定的条件或目的表达自己的情绪，形成外部表现和内心体验的不一致性。

（3）由于社会方面的原因和文化背景的影响，部分高中生有可能在童年时期就学会了隐藏情感，委婉地表达。这样一来，有可能导致真实的情感得不到表达，难以让人了解。教师和家长应鼓励学生自由表达。

#### 2. 情感反应具有两极波动性

尽管高中生的自控能力提高了，但是，由于生理方面、学业方面以及心理的发展还未成熟等种种原因，情绪表现的两极性明显。顺利时得意忘形，受挫时垂头丧气；喜时花草好笑，悲时草木伤心，情绪的反应强烈，很容易走极端。研究者对数名高中生进行调查，发现70%的人的情绪经常两极波动，即"像曲线，一会儿愉快，一会儿忧愁"。

#### 3. 情绪体验具有丰富性和特异性

高中生情绪体验丰富，具体表现为：他们常常对自己喜爱的对象和活动表现出狂热；对自己佩服的人表露出羡慕，对自己关心的人表露出感激；为失败而苦恼或忧伤；触景生情，向往美好的生活，对人世间的不平表示愤慨，等等。另外，在情绪体验的内容上，也是千头万绪、丰富多彩。比如，"惧怕"的情绪，高中生所怕的事物，主要与社会的、想象的、抽象的、复杂的事物有关，与幼儿时期所惧怕的猫、狗之类的具体的、单纯的实物不尽相同。尽管幼儿时期的惧怕经验可能遗留在他们身上，但是，高中生的惧怕多与社会等因素相联系，如怕考试，怕寂寞等。高中生自我意识迅速发展，为他们的情绪体验增添了一圈独特的"光晕"，这里面包含个性的差异、自我感知的差异、性别的差异。例如，同是消极情绪体验，男生倾向于愤怒，女生倾向于悲哀和惧怕。

## 三、中学生情绪的调节和管理

中学阶段是一个特别的年龄阶段，中学生心理处于半幼稚、半成熟的状态，具有明显的独特性和过渡性。这一阶段，随着课业负担的加重，竞争的日益激烈，自身思维意识的发展，

比较容易出现情感问题及心理健康问题。因此，学校教育应当特别注重考虑中学生的心理发展特征，引导中学生的情绪情感朝着积极、健康的方向发展。具体可从以下方面引导他们调节和管理自己的情绪。

## （一）理性情绪认知法

理性情绪认知法，是由美国临床心理学家阿尔伯特·艾利斯创立的，这一方法根源于他提出的 ABC 理论，A 代表诱发事件（Activating Events），B 代表信念（Beliefs，人对 A 的信念、认知、评价或看法），C 代表结果（Consequences）。艾利斯认为，人们的情绪或伴随而生的行为 C，并非由事件 A 直接引起，而是 A 和 C 的中介因素 B 起决定作用，换言之，引起个体情绪的并不是事件本身，而是个体对该事件的看法和观念等。因此，同一事件 A，因个体的观念或看法 B 不同，则会产生不同的 C。例如，好友约周末去逛街，却一整天都没联系，经历同样的事件，张同学可能会生气，因为他认为好友不讲信用或不把自己当朋友；李同学可能会担心，因为他想好友是不是出什么意外了；而王同学情绪平和，他认为好友只是突然有急事来不及通知自己而已。

艾利斯创立的 ABC 理论解释了个体情绪产生的原因，并进一步指出错误逻辑、非理性认知或不合理信念，都会导致个体产生负面情绪，因此要改变个体的情绪，就需要改变 B，通过驳斥原有看法或寻找反证的方式，用正确逻辑、理性认知或合理信念取而代之，则情绪即可调整。因此，当中学生产生愤怒、沮丧、悲伤等负面情绪时，需要引导学生反思自己是如何解释所遭遇的事件的，存在哪些不恰当的看法或观点，是否可以替换为更合理的解释，由此调节情绪。长期这样训练可让中学生逐渐学会以合理的视角来看待事件，进而拥有良好的情绪。

## （二）转移注意力

中学生的生理或心理发展特点，使他们容易为生活或学习中的琐事，从而令情绪起伏跌宕。因此，可以引导中学生尝试用转移注意力的方式调节情绪，即将注意焦点从引发自己不愉快情绪的事件或看法脱离出来，转移到自己感兴趣或能激发愉悦情绪的事情上。例如听音乐、看书、散步、品尝美食、逛街等，都可以在一定程度上帮助中学生摆脱烦恼，获得快乐。

## （三）适度释放或宣泄情绪

情绪是由内心体验、外部表现和生理唤醒共同构成的，因此，一旦情绪产生，个体需要通过适宜的方式表达出来，尤其是愤怒、郁闷和悲伤等情绪更是如此，如果不表露、不释放，长期压抑，就会使人产生剧烈的生理反应或过重的心理负荷，容易引发身心疾病。当然，个体也有可能宣泄不当，表现过于激烈或迁怒不相干的人，对己、对人造成伤害。这些状况在中学生身上也常有发生，所以，让中学生学会适度地释放和宣泄情绪的方法极为必要。具体的方法有以下几点：

（1）向亲朋好友或值得信赖的人倾述。

（2）在无人的场所尽情呐喊或放声歌唱。

（3）参加较为剧烈的运动，例如奔跑、爬山、击打沙袋、球类运动等。

（4）将令人烦恼的心事写在日记本上等。

## （四）自我安慰法

自我安慰法是指当个体无法达到自己的预定目标或遭遇挫折时，为减少内心的痛苦和不安体验，常为自己的失败寻找一个自认为合理而且能够接受的理由或借口来安慰自己。这种情绪调节的方式，在心理学上称之为"酸葡萄心理"。例如，某同学参加英语竞赛，经过努力依然未能取得理想佳绩，于是他心想，这个竞赛其实对自己并不重要，即使失败也不影响其他的学业成绩和表现，于是内心释怀许多。除了"酸葡萄心理"外，心理学中还有一种调节情绪的方法称为"甜柠檬心理"，这是指个体未达到预定的期望或目标，而通过提高目前现状的价值或意义，由此缓解焦虑和痛苦，使心理趋于平衡的现象。例如，某同学在优生选拔考试中，因成绩较低未能入选，而心想，"这样也好，可以跟自己的好友继续同班"，于是，沮丧情绪减轻许多。中学生可以采用"酸葡萄"和"甜柠檬"方法调节和管理自己的情绪，以此缓解失败或挫折带来的负面情绪。

## （五）自我暗示法

自我暗示指个体通过主观想象某种特殊的人或事物的存在来进行自我刺激，对自身施加影响，从而达到放松紧张心理、缓解不良情绪目的的一种方法。中学生调节和管理自己的情绪，就可以借助这种积极的自我暗示。例如，经常对自己说如下的话："我是出类拔萃的""我是最棒的""我已经很努力了，相信成功属于我""我能实现自己的美好愿望""今天我很高兴"。诸如此类的积极自我暗示，不仅能缓解焦虑，还可以增强自信。

## （六）情绪升华法

个体在体验负面情绪时，能够将这种强烈的情绪冲动所带来的能量转化为建设意义或有价值的事件的力量，就是情绪升华法。这是一种高水平的情绪调适方法，主要通过其他方面的成功来改变自己的失败处境和低落情绪。"化悲痛为力量"，就属于情绪升华法。具体到中学生，也可采用这种方法调节情绪。例如，某同学由于某种生理缺陷被他人嘲笑奚落而感到沮丧悲伤，就可以通过发奋学习，取得优异成绩，体验成功的方式获得快乐。

**本章知识要点**

情绪和情感是人对客观事物的态度体验及相应的行为反应，情绪和情感同属于感情性心理活动的范畴，它们既有区别也有联系。情绪和情感具有适应、动机、组织和信号四大功能。四种基本情绪分别是快乐、愤怒、悲伤和恐惧，而情绪主要状态有心境、激情、应激，挫折是一种特殊的情绪。人的社会性情感有道德感、理智感和美感。不同的学者从不同的角度，采用不同方法对情绪进行了研究，从而形成了不同的情绪理论。青少年的情绪和情感有其独特性，初中生情绪和情感的特点表现为丰富性、趋于定型性、情绪的强烈性和情绪的不稳定性，高中生情绪和情感发展的特点表现为情绪表现具有内隐文饰性、情感反应具有两极波动性、情绪体验具有丰富性和特异性。中学生调节和管理情绪的方法有：理性情绪认知法、转移注意力、适度释放和宣泄情绪、自我安慰法、自我暗示法以及情绪升华法等。

## 思考与实践

1. 什么是情绪、情感，它们在我们的工作和生活中发挥着什么作用？
2. 情绪和情感有何区别与联系？
3. 情绪的基本状态有哪些？
4. 如何对不良情绪进行调控？
5. 怎样培养良好健康的情绪？
6. 主要的情绪理论有哪些？

## 推荐阅读书目

[ 1 ] 张庆林，Sternberg R.J.创造性研究手册[M]．成都：四川教育出版社，2001．

[ 2 ] 黄希庭，郑涌．大学生心理健康与咨询[M]．北京：高等教育出版社，2002．

[ 3 ] Burger．人格心理学[M]．陈会昌，等，译．北京：中国轻工业出版社，2004．

[ 4 ] 斯托曼．情绪心理学[M]．张燕云，译．沈阳：辽宁人民出版社，2006．

[ 5 ] 卢家楣．情感教学心理学[M]．上海：上海教育出版社，2010．

[ 6 ] 余嘉元．当代认知心理学[M]．南京：江苏教育出版社，2003．

[ 7 ] 孟昭兰．情绪心理学[M]．北京：北京大学出版社，2005．

[ 8 ] 李虹．健康心理学[M]．武汉：武汉大学出版社，2007．

# 第七章　意　志

**心理故事**

### 狄青百钱定军心

北宋名将狄青被誉为"天下第一名将"。到广西征讨侬智高时，由于前将领几次征讨失败，士气低落，如何振奋士气便成了个问题。

狄青看到南方有崇拜鬼神的风俗，便心生一计：他率官兵刚出桂林之南，就拜神祈佑。只见他拿出一百个制钱，口中念念有词："此次用兵胜负难以预料，若能制敌，请神灵使钱面全都朝上！"左右官员对此感到茫然，担心弄不好反会影响士气，都劝狄青不必这么做。而狄青却不加理睬，在全军众目睽睽之下，一挥手，一百个制钱全撒到地面。大家凑近一看，一百个钱面全部朝上。官兵见神灵保佑，雀跃欢呼，声震林野，士气大振。狄青当即命左右侍从，拿来一百根铁钉，把制钱原地不动地钉在地上，盖上青布，还亲手把它封好，说："待胜利归来，再收回制钱。"于是率官兵南进，结果大败侬军，平定了邕州，带领胜利之师北还，如约到掷钱处取制钱。僚属们将钱起出一看，原来这一百个制钱两面都是钱面，大家才恍然大悟。

一千多年后，我们再看这则历史轶事，仍获益匪浅。狄青通过了解当地风俗，利用两面一样的钱币，虚构了"神灵的暗示"，使士兵们相信此乃将要胜利的吉兆，从而信心满满，取得了战争的胜利。实际上，没有什么神灵相助，真正帮助他们在连连战败的局势下取得胜利的，就是他们必胜的信念和决心。

在心理学上，我们为完成预定目标，自觉地组织自己的行为，克服困难的心理过程，称之为意志。强大的意志力能帮助我们克服困难、挑战不可能。然而，意志行动有什么特点？意志与自由的关系如何？意志行动的过程是怎样的？意志的心理结构又有哪些？如果个体的意志力薄弱，该如何培养？待本章学习完毕，相信大家就能找到答案。

# 第一节　意志概述

**案例展示**

### 唐玄奘取西经

玄奘（602—664 年），唐朝著名高僧，今河南洛阳偃师人，被尊称为"三藏法师"，与鸠摩罗什、真谛并称为中国佛教三大翻译家。

玄奘为探究佛教各派学说分歧，于贞观元年一人西行五万里，历经艰辛到达印度佛教中心那烂陀寺取真经。前后十七年学遍了当时的大小乘各种学说，共带回佛舍利150粒、佛像7尊、经论657部，并长期从事翻译佛经的工作。玄奘及其弟子共译出佛典75部、1 335卷。玄奘的译典著作有《大般若经》《心经》《解深密经》《瑜伽师地论》《成唯识论》等。《大唐西域记》十二卷，记述他西游亲身经历的110个国家及传闻的28个国家的山川、地邑、物产、习俗等。

玄奘的足迹遍布印度，影响远至日本、韩国以至全世界。他的思想与精神如今已是中国、亚洲乃至世界人民的共同财富。同学们是否思考过是什么力量促使玄奘法师一行西行十七年取得真经？你是否有自己的人生理想，并有为之奋斗的志向呢？

## 一、意志的概念

意志是个体为完成预定目标，自觉地组织自己的行为，克服困难的心理过程。它是意识能动性的体现。意志具有引发行为的动机作用，比一般动机具有更强的选择性和坚持性。面对不同的目标，意志行动的表现也相应不同。例如，学生们为了学好外语，无论严寒酷暑都坚持晨读；士兵们为了保卫人民群众的安全与利益，几天几夜不眠不休地抗洪抢险；突发心脏病的公交车司机为了保障乘客的安危，在生命最后一刻也要坚持把车停放在安全地带等，这些都是意志行动的表现。

## 二、意志行动的特点

意志这种心理过程，往往借助个体具体的行动表现出来，即意志行动，它具有三个基本特点：

其一，意志行动具有明显目的性。在意志行动之前，行动的目的和结果已经以观念的形式存在于人的头脑中，并且以这个目的来指导自己的行动。人有目的的行为与动物有目的的行为截然不同。虽然动物在生存过程中也对周围环境起到反作用，但它们行为的作用是无意识的。恩格斯指出："一切动物的一切有计划的行动，都不能在自然界上打下它们的意志的印记。这一点只有人才能做到。"因而，人们有明确的目的，且在该目的调节和支配下产生的行动才是意志行动。例如，中学生为考上大学而勤奋刻苦地学习，大学生为获得满意工作而努力提升自己的综合能力。

其二，意志行动以随意行为为基础。人的行为以是否受意识支配为标准可划分为不随意行为和随意行为两种。不随意行为即不受意识支配，也不以人的意志为转移；相反，随意行为则是受意志支配的行为。而受意志支配的随意行为，则是意志行动的基础，它具有一定的目的性和方向性，且熟练程度越高，意志行为效果越佳。例如，钢琴演奏，有的人胡乱弹琴，毫无章法，有的人则弹得旋律优美，如行云流水，后者就是一种随意行为，也是长期意志努力的结果。

其三，意志行动与克服困难相关。通常情况下，意志往往会随着困难场景出现。在现实生活中，人会遇到各种各样的困难挑战，其意志品质就是在克服困难中体现的。对人而言，困难一般包括内在和外在两种：外在困难往往指那些来自个体外部的障碍，比如完成一项任务时缺乏物质条件、政策的支持、家人和社会的理解等；内部困难一般指个体身心方面的障碍，比如个体不具备相关经验、知识储备、时间和精力去完成一项任务。克服困难是意志行动的核心，个体克服困难的水平与个体意志强弱程度相关。

## 三、意志与认识、情感的关系

### （一）意志与认识的关系

#### 1. 认识活动是意志行动的前提

意志具有自觉目的性，而目的又是在认识的基础上产生的，是受客观规律制约的。对于目的的选择以及用什么样的方式来达到目的也是在认识活动的基础上产生的。人在确定目的、选择方法和步骤时，要分析客观形势，分析主观条件，回顾过去的经验，设想将来的结果，拟订方案，编制计划，并对这一切进行反复的权衡和斟酌，所有这些都必须通过感知、记忆、思维、想象等认识过程才能实现。人们只有认识了客观规律，才能提出合理的目标，采取恰当的行动去实现目标。

20世纪60—70年代，心理学家关于习得性绝望的研究，证明了人对自己行为结果的认识会制约人的意志行为表现。赛利格曼发现，狗在连续多次受到电击而无法躲避的情况下，会产生一种反应，即使可以设法躲避也不躲避，这就是"习得性绝望"。20世纪70年代中期，海若托等以大学生为被试作了类似的研究。

#### 2. 意志对认识过程的影响

人在进行认识活动时，总是会遇到一定的困难，要克服这些困难就需要作出意志努力。如观察的组织、注意的维持、追记的进行、解决问题时思维活动的展开以及想象的形象化过程等，都要有意志努力。

### （二）意志与情感的关系

#### 1. 情绪和情感对意志的影响

情绪和情感既可成为意志行动的动力，也可成为意志行动的阻力。当某种情绪或情感对人的行动起推动作用或支持作用时，这种情绪或情感就成为意志行动的动力。当某种情绪或情感对人的行动起阻碍或削弱作用时，这种情绪或情感就会成为意志行动的阻力。如对所要达到的目的抱漠然的态度，产生畏难情绪、不切实际的骄傲情绪以及高度的焦虑情绪等，都会妨碍意志行动的贯彻，动摇以至削弱人的意志。当然，消极情绪对意志行动的干扰作用取决于一个人的意志力水平。意志坚强者可以克服消极情绪的干扰；相反则会被消极情绪压倒。

### 2. 意志对情绪和情感的影响

意志也可以控制情绪和情感，使其服从于理智。在日常生活、工作学习中，对于不利的消极情绪和情感，意志坚强者能用意志加以控制。如意志坚强者能够控制失败时的痛苦和愤怒，以及胜利时的狂喜之情。

认识、情感和意志是密切联系的。意志过程包含着认识和情感的成分，认识和情感过程也包含着意志的成分。

# 四、意志与自由

意志既然是人所独有的、能动的心理过程，那么它是否自由且无所约束？对于这个问题，人们在哲学、心理学、法学几大领域都有所见解。以叔本华和尼采为代表的唯意志论者认为，人的意志行为不受任何约束，是绝对自由的。但以华生为代表的机械论者认为，人所有的行为，包括意志行为，都是外界刺激所决定的。可见这两种见解都是极端的、错误的。

以马克思、恩格斯为代表的辩证唯物主义者认为：第一，人的意志是受历史约束的。因为，个体意志的自由程度不仅受历史条件制约，而且人们对意志品质的评价会以具体社会历史条件为转移。第二，人的意志是相对自由的。一定条件下，人能够根据自己的意愿自主地选择目的，发动或制止某种行为，按某种方式、方法行事，它就是自由的。但是，人不可脱离客观规律去做事，所以人的意志是不自由的。恩格斯指出："自由不在于幻想中摆脱自然规律而独立，而在于认识这些规律，从而能够有计划地使自然规律为一定的目的服务。……因此，意志自由只是借助于对事物的认识来做出决定的那种能力。"个体对知识的掌握越丰富，对客观规律的运用越熟练，个体的意志就越自由。

### 知识窗

#### 自由意志——你认为你拥有自由就拥有自由吗？

我们的意志是自由的吗？也就是说，我们的行为和做出如何行动的决定时听命于我们自己，还是事先设定好的？

这是在西方宗教和哲学存在了两千年并不断争论了两千年的终极问题之一，到了20世纪末，这个问题也进入了心理学、法学、医学领域。也许，在不远的将来，科学将对这个问题做出终极裁判……人们通常认为，人类的自由意志体验就像一个真实存在的神话：一方面，我们无法从科学的角度阐释这种现象，但另一方面，我们真切地感到自己主宰着自己的思想与行动。然而这个所谓的神话，只不过反映出我们思想上的混乱与困惑。可以说，自由意志并不是一种简单的错觉，在整个过程中，不仅我们的体验误解了现实，而且我们也误解了自己的体验。我们并不像自己所认为的那样自由，而且，我们对自由的感觉也并非我们所认为的那样。我们之所以会感觉自己拥有自由，是因为我们并没有真正关注自己的生存状态，一旦我们洞悉其中原委，就能发现自由意志其实并不存在，而我们自身的体验其实与这个真相并不矛盾。所有的想法和意图只不过是"出现"于我们的头脑之中，除此之外别无他途。有关自由意志的真相显然出乎许多人的意料：自由意志的错觉本身就是一种错觉。

# 第二节　意志的结构与过程

**案例展示**

### 渡过卢比孔河

在西方，"渡过卢比孔河"（Crossing the Rubicon）是一句谚语，引申为"破釜沉舟"。它来自真实的历史事件：公元前49年，罗马建国第705年，时任高卢总督的盖乌斯·尤利乌斯·恺撒（Gaius Julius Caesar）由于优秀的战绩而引起了其政敌的妒忌与恐惧，这些人逐步谋划剥夺他的指挥权，对他造成了巨大的威胁。当年冬，他们终于将恺撒逼到了绝境，因此他决定要渡过卢比孔河。

卢比孔河是罗马共和国时代山南高卢与意大利的界河。当时的法律规定，任何将领都不得带兵渡过卢比孔河，否则将被视为叛变。因此，当恺撒带领着自己的军队到达岸边后，他就面临一个艰难的决策。据古罗马历史学家阿庇安（Appianus）记载，当恺撒到达卢比孔河畔时，他停了下来，注视着河里的流水，心里思考着渡河将会引起的后果。之后，他对身边的人说："朋友们，如果不渡河的话，我会遭遇多种的灾难；如果渡河的话，全体人类会遭遇多种灾难。"于是，他像着了魔一样，一冲就渡过了河，口中说出了一句俗语："骰子已经掷了，就这样吧！"从此，"渡过卢比孔河"成为一句谚语，意思多指不顾一切，为了胜利而下定决心。

后来，心理学家分析恺撒当时的意志行动，总结出卢比孔河行动阶段模型（Rubicon Model of Action Phases）。当恺撒在岸边等待的时候，他处于"决策前阶段"，结合目标，思考每条道路潜在的风险与利益。然后，他停止思考，渡过卢比孔河，进入"决策后阶段"。

我们在重要关头时会怎么样做呢？意志行动中包含哪些心理要素？意志行动过程是怎样的？相信通过本节的学习能找到答案。

## 一、意志的心理结构

意志的心理结构非常复杂，国内外学者也没有统一定论，本书将介绍意志心理结构的几种主要成分，即目标、抱负水平、心理冲突和决策。

### （一）目　标

目标是个体确立并指导其行为的内部心理表征。它在意志中起导向作用，因为，个体在行动前确立目标、制订计划，在行动过程中，以目的的心理表征来检验行为是否接近目标，从而决定是否继续或调整行为。例如，我们要完成一场马拉松比赛，必须知道比赛时间、地点、规则、路线和目的地，只有遵循规律、沿着线路、调整节奏、清楚终点，才能完成比赛。但要注意的是，有时候，我们并不能准确说出自己的目标，甚至无法解释自己的行为，或者无法给出一些为社会所接受的合乎情理的理由，且难以言明行为背后真正的动因。这是因为目标具有以下特性：

### 1. 目标的多样性

目标是复杂多样的，根据不同标准，可以将目标划分为若干门类。根据目标的重要性，可以将目标分为重要目标和不重要目标；根据目标复杂程度，可以将目标分为复杂目标和简单目标；根据目标的方向和性质，可以将目标分为正向的接近目标和反向的回避目标；根据目标的实现周期，可以将目标分为近期目标和长远目标……同时，对于同一个体，在不同时候，同样的目标呈现的重要程度是不同的；对于不同个体，同样的目标对于他们可能产生截然相反的效果；两个或多个目标在个体身上可以完全协调整合，但在另一个体身上可能相互冲突。

### 2. 目标的组织性

个体在人生中实现的众多目标，可以按一定规则组成一个完整系统，人们通常按照重要性或时间进程来排列这些目标，这就是目标的组织性。例如，有的人认为，只有先满足最基本的生存需求才能追求个人的爱好或梦想；但有的人却认为将时间和精力投放到自己的爱好上，是人生最基本的目标，否则就寝食难安。当然，在一定条件下，目标系统的结构会发生改变，同时，意志水平也会进行相应调整，此时个体通常会因为目标冲突、系统改变而产生沮丧或痛苦情绪。

### 3. 目标的动力性

目标的动力性表现为：个体在实现目标的过程中，始终与情绪相关。如果行动朝向目标，个体会产生自豪感、成就感等积极的情绪；如果行动偏离目标，个体通常会产生羞愧、沮丧等消极的情绪。这些情绪会对个体进行自我强化，使意志行动继续进行。班杜拉（Bandura，1989）的研究表明，特定的、有挑战性的、现实的和近期的目标能较好地激发自我完成行动。所以，我们应当建立分阶段目标子系统，在前进过程中不断激励自己，最终达到更有价值的目标。

## （二）抱负水平

所谓抱负水平（Level of Aspiration）是指个体在承担某项实际工作之前估计自己所能达到的成就水平，他与一个人目标的确定和选择密切相关。例如，一个学生在参加数学竞赛前预计自己能获第二名，但实际只获得了第三名，此时就会产生失败感；如果下一次比赛还是预计自己能得第二名，但实际却获得了第一名，此时该学生就会产生成就感。所以，成就高于抱负时，个体的抱负水平与实际成就之间就会产生"负差"，从而导致成功感；反之，成就低于抱负时，则会产生"正差"，导致失败感。因此，抱负水平制约着对行动目标的追求。个人的抱负水平是后天形成的，下列因素会促使抱负水平的提高：

### 1. 自信心

自信心是一种反映个体对自己是否有能力成功地完成某项活动的信任程度的心理特性，是一种积极、有效地表达自我价值、自我尊重、自我理解的意识特征和心理状态，也称为信心。它既是过去成功经验的结果，反过来又会在某种程度上促使个人成功。有自信心的个体比没有自信心的个体所设定的抱负水平更符合实际，也更有勇气挑战较难的任务。

### 2. 个体成败经验

一般情况下，个体成功的经验越多，今后面对任务，特别是同类任务的抱负水平就会越高；反之，个体失败的经验会导致抱负水平降低，并且变化较大。

### 3. 团体成败经验

个体的抱负水平也受到团体成败经验的影响。当面对自己从未从事过的工作时，人们常常会以他人或团体的成败经验来确定自己的抱负水平。当团体失败率高时，个人的抱负水平则低；反之，团体的成功率高，则个人的抱负水平高。

这些现象可具体应用到教育中，当老师遇到抱负水平和自信心偏低的学生时，要鼓励、激发他们的自信心，帮助他们提高自己的抱负水平；面对抱负水平过高的学生时，要帮助他们清晰认识自己，设立近期的、客观实在的目标，调节抱负水平。

## （三）心理冲突

在意志行动的全过程都有可能产生冲突心理，它是很复杂的。冲突指个体因有两个或多个追求目标且需要从中做出抉择时出现的内心纠结心理。根据心理学家勒温（K. Lewin, 1935）的划分，心理冲突包含以下四类：

### 1. 双趋冲突

双趋冲突（Approach-approach Conflict）指一个人同时倾向两个目标，但是迫于客观条件，只能从中选一的心理状态。例如，一名大学生在节假日期间，既想回家与父母团聚，又想趁假期好好提高英语水平，但由于时间有限，这两个目标只能选择一个，这名学生就面临了双趋冲突。

### 2. 双避冲突

双避冲突（Avoidance-avoidance Conflict）指一个人同时遇到两个有威胁又想躲避的目标，但是迫于现实情况，而不得不选择其一的心理状态。例如，一个学生由于懒惰，不想早锻炼，但是如果有同学缺席就会影响整班的操行分。一方面，他害怕被大家指责没有集体主义精神，也不想班级被扣操行分；另一方面，又不想参加早锻炼，但不得不在两种情况中作出选择，这时他就面临了双避冲突。

### 3. 趋避冲突

趋避冲突（Approach-avoidance Conflict）指人在追求一个目标时，既看到了这个目标的好处而趋之，又看到了这个目标的坏处而避之，这样对同一目标兼具好恶的心理状态。例如，一名大学毕业生在求职时遇到一份工作，虽然有理想的报酬，但工作的地理环境糟糕，该如何抉择，这时该名大学生就会产生趋避冲突心理。

### 4. 多重趋避冲突

多重趋避冲突（Multiple Approach-avoidance Conflict）指一个人在追求两个或两个以上目标时，对每一个目标又分别具有趋避两方面不同的情感，而产生的矛盾心理状态。例如，一个学生很喜欢摄影，想创办一个介绍摄影知识的"微信公众订阅号"平台，又怕耗费太多时间；想将自己的作品转发给大家看，又怕没人关注；想组织校园摄影爱好者协会，又没有经验。这些目标虽然不同，却交织在一起，这时该生就会产生多重趋避冲突心理。

## （四）决　策

决策（Decision Making）是指在选择的过程中，需要形成各种相关方案，然后对形成的各种方案进行评估，最后做出抉择（Medin & Ross，1992）。决策过程一般有六个阶段：第一，确定问题（对现状和目标进行分析）；第二，寻找各种可供选择的方法；第三，对各种可供选择的方法进行评价；第四，做决定（在各种方案中择一）；第五，贯彻执行；第六，监督（使各阶段链接）。由于人无法在决策前准确无误地评估成功概率，所以决策一般都带有一定风险，并且会使人感到压力和紧张。但是人们极少意识到决策的困难，往往会对自己的决策质量过分自信。所以，正确决策必须建立在充足的证据之上。


# 三、意志的过程

意志过程（Will Process）是指意志行动的发生、发展和完成的历程。这一过程大致可以分为两个阶段：采取决定阶段和执行决定阶段。

## （一）采取决定阶段

采取决定是意志行动的开始阶段，它决定意志行动的方向，是意志行动的动因。一般包含选择目标、设定标准、制订计划、解决心理冲突和矛盾、做出决策等许多环节。在选择目标阶段，我们有时只可以选择一个目标，有时候又可以选择多个目标。这些目标性质不同，有的长远，有的近期，有的清晰，有的模糊……这时，往往会产生心理冲突，所以个体在此阶段需要做出意志努力。当目标确定以后，需要选择行动的方式、方法，主要工作就是比较各种方式、方法的优缺点及可能导致的结果。这时也可能因为分析、考虑各种方法而难以下决心。因此，在确定行动计划、做出决策时也需要做出意志努力。

## （二）执行决定阶段

目标选择之后，个体需要通过执行将设想转化为实践。在执行阶段，我们会面临许多复杂的情况。如果一项任务目标清晰、主观个体已做好充分准备、执行的方法具体可行，且行动也要求立即完成，那么个体在目标选择完成后，会立即进入执行决定阶段。如果目标是长期的或在未来才能进行的，客观条件也不具备，那么这样的目标只是一种设想。

在执行决定阶段，有四种情况会动摇个体原本下定的决心和信心：第一，当执行决定时遇到阻碍，需要付诸较大努力，而个体受阻后又产生消极情绪（如沮丧、懒惰、自暴自弃等），或个体发现与原本的兴趣产生矛盾时。第二，在执行之前，选择的目标与个体内心隐藏的目标发生冲突，个体内部被压抑的目标和想法重新萌芽，并展示出吸引力。第三，在执行目标时，发现更适合的新目标、新方法，在新旧方法的选择中踌躇不前。第四，在做出决定时，没有充分考虑实际情况，导致行动执行后产生没有预见的新问题，而主体又缺乏解决问题的心理素质和实践经验。这些矛盾会影响意志行动的执行，只有勇于克服困难，解决矛盾，才会将意志行动贯彻到底。

# 第三节　意志品质与教育

**案例展示**

### 萝卜实验

20世纪末，美国佛罗里达大学心理学教授罗伊·鲍迈斯特（Roy F. Baumeister）做了一项有关意志力的心理实验：将处在饥饿状态下的大学生志愿者带入实验室，并在里面摆放了热气腾腾的饼干和一些还未烹饪的萝卜。接着，实验人员将学生随机分为两组，并告知他们一组可以吃饼干，但另一组只能吃生萝卜。之后，实验人员离开实验室，透过隐形窗观察他们。萝卜组的学生显然在与诱惑做斗争：有些学生盯着饼干许久之后才认命地吃起萝卜，而且表情很勉强；有些学生不由自主地拿起饼干闻了闻香味；有些学生不小心把饼干掉在地板上，又迅速拾回碗里。但是，没人忍不住吃了饼干，大家经受住了考验。

然后，实验人员又把所有学生带到另一个房间，让他们解答同样的一道几何题，并告知他们是为了测试其智力水平。但事实上，这道几何题根本无解，实验人员只是为了测验他们能坚持多久。可以吃饼干一组的学生，一般坚持了大约20分钟，结果和对照组（很饿，但没有经历考验）一样。但是那组耗费了意志力抵抗饼干诱惑的学生，平均只能坚持8分钟。

人在面临各种诱惑时是否能抵御住？意志力在我们面临重大困难或遭受重大挫折时发挥着重要作用，我们怎样才能拥有强大的意志力？这就是本节要学习的内容。

# 一、意志品质

具有强大意志力的个体，遇到问题往往能独立思考、客观决定、果敢判断，且具备良好的自制力。这些都属于意志品质，具体内容如下：

## （一）独立性

独立性（Independency）是指人的意志不易受他人的影响，有较强独立提出和实施行为目的的能力，它反映了意志的行为价值的内在稳定性。这是一种遇事有主见，有成就动机，不依赖他人就能独立处理事情，积极主动地完成各项实际工作的心理品质，它伴随勇敢、自信、认真、专注、责任感和不怕困难的精神。如果意志的独立性过强，个体会产生执拗、我行我素；但如果意志独立性过弱，个体就易人云亦云、摇摆不定。真正的独立不是一意孤行，而是理智分析、客观地考虑社会要求和道德准则，以及吸取他人的合理意见。

## （二）坚定性

坚定性（Steadfastness）主要表现为长时间坚定不移地相信自己选择和决定的合理性，并坚持不懈地克服困难，将任务执行到底。意志坚定性强的个体往往善于总结经验、克服困难、对目标充满成功的信念，不为无效的目标而困扰，也不会被预想的执行方法、方式而束缚。如果个体坚定性过弱，对待困难产生了消极的情绪，形成了错误的态度，则会产生刚愎自用和摇摆不定的表现。前者对自己的行为缺乏客观认识，一意孤行，在错误的道路上越走越远；后者遇到困难就会怀疑自己的目标和方法，容易放弃自己原有目的和追求。要树立意志的坚定性，必须有达成目标的正确信念，理解执行过程中出现困难是不可避免的，主动克服困难，始终相信自己能够执行决策到底。

## （三）果断性

果断性（Determination）是指一个人善于当机立断，毫不犹豫地做出行为决策的能力，它反映了意志的行为价值的效能性。意志的行为价值的效能性越高，人对行为方案的编制速度、决策速度和激发速度就越高，就能在紧急状态下迅速做出有效的行为反应。正确的果断是毫不动摇、当机立断、及时行动，而不是滥下结论、轻举妄动。人的意志的果断性如果过弱，就会总处在矛盾冲突中，患得患失，左右为难，优柔寡断；但如果过强，人往往会缺乏思考就草率决定，马马虎虎，鲁莽粗心。

## （四）自制力

自制力（Self-control）是指一个人控制自己思想感情和举止行为的能力。人区别于动物的根本点之一，就在于人是有思想的，因而可以按照一定的目的，理智地控制自己的感情和行动。自制力是意志的抑制功能，当个体在执行决策时，遇到与原目标不符的欲望和诱惑，或产生一些诸如惰性、迷茫、怯弱等消极状态时，自制力会帮助个体控制自我、远离诱惑、摒弃与原目标不一致的思想、情绪，迫使自己继续完成原任务。自制力强的人能够克服执行目标过程中出现的困难，甚至磨难。如果个体自制力不强，就容易冲动，知过不改，并且很难完成自己原先制定的目标，更谈不上成功。

## 二、青少年意志品质的特点

青少年时期是身心发展由半幼稚、半成熟逐渐趋于成熟的时期，其意志品质呈现出如下特点：

### （一）自觉性品质有所提高

青少年学生意志自觉性程度与小学生有显著不同，但由于认识的局限性，自觉性和幼稚性仍处在错综复杂的矛盾状态。青少年已逐渐能把个人目的和社会价值联系起来，使个人的目的自觉地服从于社会利益。青少年自觉性品质是随着年龄增长而发展的，但初中生和高中生的意志发展状况又表现出不同特点。

初中生比小学生更加独立、能干、勇敢，但自觉性还不十分稳定，有时把鲁莽冒险、顽皮、顶撞、破坏纪律误认为是勇敢。自觉性动机起着更为重要的作用。在学习中，真正经常影响他们行为的可能是与他们利益密切相关的具体事物，如学习不努力，会导致考试成绩不佳，会受到老师和家长的批评，也影响自己在班里的威信等。到了高中阶段，学生的自觉性有了较大的发展，他们已有了比较明确的学习目的，并且能为自己制定短期的和较长远的学习目标，为了实现既定的目标，学习的自觉性增强，并能积极主动地克服学习上的困难。比如，为了今后能考上自己心目中的大学，刻苦努力地学习，坚持自己的意愿，最终达到目的。

### （二）果断性品质有所发展

果断性是以正确认识为基础，以自觉性为前提，以大胆勇敢为条件的。果断性品质是在社会实践中锻炼出来的，往往在复杂的现实中表现出来。

初中生的果断性水平总体来说还比较低，他们经常在口头上表决心，而真正付诸行动的并不多；另外，他们反应快、行动快，常常做出决定后就轻率地行动，他们还把这种不假思索的冒失看成是果断。而高中生的认识能力的发展趋于成熟，他们的知识更加丰富，社会和生活经验不断积累，对新事物、新情况反应快、行动也快，处理事情都是经过再三思考，反对犹豫不决，能以积极的态度果断处理学习中的问题和生活中的各种矛盾。

### （三）坚持性品质逐渐形成

青少年学生的坚持性品质和他们的兴趣、动机及对任务意义的认识有关。初中生意志的坚持性、恒心、毅力还不成熟，做事容易虎头蛇尾、见异思迁、半途而废。例如，对自己感兴趣的课程，学习起来劲头十足，注意力也能较长时间地维持，但一遇到困难就会畏缩不前，败下阵来。相对来说，高中生责任感比较强，坚持性、忍耐性、刚毅性都有很好的发展，即使智力水平一般的学生，在学习遇到困难时，也能以坚强的毅力和恒心，善始善终地完成既定的任务。

### （四）自制性品质有所增强

自制性同样也是以人的意志自觉性为基础的。青少年学生自制性的发展有一个循序渐进的过程。

相对小学生来说，初中生自我约束能力有了质的提高。他们愿意承担艰巨的任务，在课堂纪律的维持等方面表现出更好的自律能力。但是初中生的自制能力还很有限，他们抗拒诱惑的能力、控制冲动情绪的能力还有所欠缺，对自己的行为举止难以控制，容易沾染上不良习气，品德不良学生往往多出现在初中阶段。相对初中生来说，高中生情绪比较稳定，道德认识也逐渐成熟，能较好地控制和调节自己的行为举止。

总之，青少年学生的意志品质是随着年龄的增长而逐步发展的，且存在着年龄差异。他们意志品质的发展总体来说还不完全成熟，遇到挫折和困难，可能会出现易激动、缺乏自制力的行为，产生动摇、悲观的情绪。因此，学校应重视对青少年意志品质的培养。

## 三、青少年坚强意志品质的培养

意志不是人生来就具有的，并且有较大的可塑性。青少年时期意志品质逐渐定型。坚强的意志是后天教育与实践锻炼和培养的结果。马克思曾经指出："生活就像海洋，只有意志坚强的人，才能达到彼岸。"青少年学生在学习、生活和社会实践的"大海洋"中拼搏，良好的意志显得尤其重要。在学校教育过程中，重视意志在青少年学习中的积极作用，锻炼和培养青少年坚强的意志，是教育工作者的一项重要任务。

### （一）引导学生树立远大的理想、坚定的信念和正确的世界观

人的意志是在一系列有目的的行动中表现并发展起来的，它是意志行动达到理想境界的根本保证。如果一个人善于在人生道路上的每一个阶段都制定目标，并在行动过程中努力克服困难，就能逐渐培养优良的意志品质。对青少年加强目的性教育可以从以下几方面来进行。

#### 1. 树立正确高尚的学习目的和远大的理想

教师可采取适合青少年身心发展规律的生动活泼的教育形式，把学习目的与理想教育结合起来。因为只有目的明确，青少年才有一个正确的行动方向，从而推动他们去积极行动。

#### 2. 要使学生认识到实现理想的道路是曲折的

可举办诸如"展望未来，面对现实""我的未来不是梦"等主题活动，借用演讲、朗诵等

形式进行教育，使学生认识到实现理想的道路是曲折的，要对未来可能遇到的困难做好心理上的准备。

### 3. 利用正确舆论的评价，激发青少年的积极性

善于发现青少年的优点和长处，但也不忽视他们的缺点和弱点。为青少年设置恰当的奋斗目标，而且善于将目标分解为阶段性的可实现的目标，促使他们保持自信。还要善于发现青少年的每一个进步，及时加以肯定、鼓励和强化，使他们相信自己能行，努力克服前进道路上的各种困难和障碍，并努力地克服自身的缺点和弱点，勇往直前地攀登学习上的一个又一个高峰。

## （二）引导学生参加各种实践活动，磨砺意志

良好的意志品质是在实践活动中，在与困难做斗争中产生和发展起来的。人只有经过艰苦的磨炼，才能形成坚强的意志品质。青少年学生锻炼意志的途径主要有：

参加公益劳动、科学实验、课外活动、实习等。只有通过各种各样的实践活动，并在实践活动中克服大大小小的困难，才能逐步锻炼一个人的坚强意志。

努力读书学习。人的意志与知识有着密切关系，只有掌握知识、运用知识，才能认识客观规律。读书学习，可以开阔一个人的眼界，有利于确立远大的理想。

体育锻炼。体育活动是青少年增强体质、锻炼意志的最好活动之一。体育锻炼，不仅能使人形成健康的体格，还能培养一个人的勇敢、机智、坚强、果断、勤奋、团结的意志品质。可根据青少年的不同特点，采取有针对性的训练措施。

从日常生活小事做起。确切地说，意志品质的培养，是从许许多多的小事开始的。只有在小事上严格要求自己，克服困难，锻炼自己，才能形成坚强的意志。

值得一提的是，教师在创设困难情境时，要注意适度把握。既要避免使青少年遭受重大的精神打击和接连不断的挫折，又要严格要求，不过分呵护。要引导学生主动地在生活实践中克服困难，在战胜挫折中取得经验，不断成熟起来。从小受到适当的耐挫训练，长大后才能善于应对环境的变化，成为意志坚强的、有教养的人。

## （三）加强意志的自我锻炼

青少年学生良好意志品质的培养，自我锻炼显得非常重要。

### 1. 要善于认清目标，并做好自我评价

在给自己拟订目标之前，要充分估计主客观条件，做到所定目标合理可行，同时对自身意志行动做好分析评价，既能看到意志品质上的优点，以增强自信心；又能注意到自身的不足和弱点，以增强自我锻炼的决心。

### 2. 树立学习的榜样

伟大人物、英雄模范、同学中的先进典型、刻苦攻关的科学家等，都可以成为自己学习

模仿的榜样。例如,美国发明大王爱迪生,在发明电灯时,共做过 14 000 次实验,直到发现一种可行的方法。美国总统林肯一身中经历了无数次大的失败,但他一直没有放弃自己的追求,终于成为自己生活的主宰。

### 3. 制订切实可行的自我锻炼计划

从具体的小事入手,改掉自己身上的毛病,制订出关于个人学习、生活、娱乐、体育锻炼等方面的计划,并在行动中持之以恒,培养顽强的毅力。

### 4. 要善于约束自己、要求自己

优良的意志品质离不开自我约束和自我控制,排除一切诱因,以达到预期的目的。如严格遵守作息时间、培养良好的生活习惯、主动扮演领导角色等。正如有一段话是这样描述的:自制是你的警察,你的守护神,你的推动器,它监督你不做坏事,保护你免受诱惑,推动你不断取得成就。

### 5. 要善于自我反省,自我激励

人最大的困难就是不能认识自己,特别是发现和承认自己的缺点。因此,一个人应反思人生,反思自身存在的问题,修正消极的自我评价,用积极的态度对待自己。尤其是在自己付出一定努力,取得一定成就时,要多鼓励自己。例如,收集格言警句,当作座右铭自勉,以促进意志的自我锻炼;利用榜样的言行鼓励自己等。

## (四)严格管理教育,发挥纪律对培养意志品质的作用

遵守纪律不仅是学生顺利完成学习任务的重要条件,也是良好的意志品质的重要表现。纪律不仅约束人们的行动,更主要的是它给社会中的每个人的行动规定了方向。一些意志薄弱的学生,常常不能抗拒诱因或干扰,不能控制自己的行为而违反纪律,这就需要教师用严格的纪律来规范他们的行为,使他们养成遵纪守法的好习惯。例如,对学生进行校纪、校规、班规等教育,使学生的行为有章可循,有规可依。同时,要加强监督检查,及时纠正学生的不良行为。根据青少年活泼好动的特点,组织有益于身心健康的活动。关心、尊重学生,这样有利于良好的学风、班风、校风的形成,使他们在良好的环境氛围中,自觉地规范自己的行为,保证自己意志行动的发展方向。

## 知识窗

### 拖延症

一、什么是拖延症

拖延症是指自我调节失败,在能够预料后果有害的情况下,仍然把计划要做的事情往后推迟的一种行为。一项调查显示,有超过半数的国内大学生认为自己存在拖延症状。严重的拖延症会对个体的身心健康带来消极影响,如出现强烈的自责情绪、负罪感,不断地自我否定、自我贬低,并伴有焦虑症、抑郁症等心理疾病,一旦出现这种状态,就要引起重视。

二、引发拖延症的原因

拖延症形成的具体原因尚不清楚，一种观点认为，拖延是由一种或数种相对稳定的人格特征造成的，个体在各种不同的环境和条件下都可能拖延；另一种观点认为，拖延多是由环境决定的不稳定因素造成。

（一）环　境

拖延者的拖延行为与完成任务所受的时间压力和来自外界的娱乐方面的诱惑有关。拖延者往往难以抵制外界的诱惑，尤其是娱乐方面的诱惑，从而导致了拖延行为。

（二）任务特征

第一，任务的难易程度会影响个体拖延行为的发生，任务越复杂，人们越容易拖延，当个体认为某项任务超出自己的能力时，由于缺乏对成功的控制感，通常会采用拖延的方式推迟或逃避执行该项任务。第二，任务的奖惩时限也影响任务的完成。如果任务奖赏及时，拖延情况会有所缓解。第三，对于可能带来令人乏味、产生挫败感和怨恨的任务，人们会首先选择回避，如果不能回避，就会尽可能地推迟面对。

（三）个体差异

第一，如果个体认为回避失败动机高于追求成功动机时，个体将倾向于以拖延的方式逃避可能的失败。第二，从心理层面分析，部分人对工作能力不自信是导致拖延行为的一个重要原因。工作上曾遭遇过重大挫败，对自己不够自信的人，容易产生逃避心理，不断地推迟完成任务。第三，拖延者从事某任务时，经常会因为某些外界刺激因素推迟开始任务的时间；在执行任务的过程中，也更容易出现中断该任务去进行其他活动的情况，并且不断地推迟任务的继续。第四，在远离期限时，拖延可以让个体焦虑减少，但随着任务期限的临近，拖延者会体验到更多的焦虑。第五，冲动有时可以激励人们追求一些东西，但是过分活跃可能导致决定太快、注意范围缩小的情况，这些将导致个体拖延行为。由于冲动让人更多关注即时激励，而忽略长期责任，因而冲动的人更可能拖延。第六，完美主义倾向与拖延之间存在正相关。完美主义可分为积极完美主义和消极完美主义，积极完美主义者会积极寻找方法完成学习任务以达到理想的成绩，而消极完美主义者则更多采用拖延来逃避失败。

三、拖延症的临床表现

做事拖拉或是懒得去做，并影响情绪，如出现强烈的自责情绪、负罪感，不断地自我否定、自我贬低，伴生出焦虑症、抑郁症、强迫症等。尽管不愿承认，但潜意识里确实觉得自己如果花了很多时间却成绩平平，是一件非常丢脸的事，于是再次强化拖延习惯。

四、怎么样检查拖延症

通过问卷调查协助诊断。

五、对拖延症的诊断

心理学研究者以三个标准来界定拖延症：

一是这种行为会阻碍你达到预期目标，它是没有必要的，仅仅拖延完成事务；二是拖延经常为患者带来压力、负罪感、降低效率、恐慌，及其他人对你不能完成任务，不能尽责的不良评价；三是恶性循环，导致进一步的拖延行为。

六、如何治疗拖延症

（一）改变认识

拖延与一些认知心理呈负相关，可以通过一些方法来改变这些不正确的认知，如运用积极暗示、增加成功体验和放大优点等方法获取自信；改变完美主义，帮助拖延者分析完成任务带来的益处。

（二）积极情绪和调节动机

可以通过适当休息，转移注意力，适当地放松娱乐等形式来转换心情，获得暂时的积极情绪，不能逃避现实，忽视长远利益和问题的根本解决。在动机方面，对任务的厌恶导致拖延，所以需要将厌恶的任务转换为喜欢的任务或附加一些奖励。

（三）增强自我效能感

增强自我效能感，可以在很大程度上预防拖延的发生。鼓励个体在任务完成过程中对自己进行自我管理，积极监控自己的行为并评估预期。

（四）发挥群体的作用

群体氛围可以为成员提供一种特殊的情境，充满理解、关爱、信任的环境必将引起个体行为的改变。

## 本章知识要点

意志是个体为完成预定目标，自觉地组织自己的行为，克服困难的心理过程。意志行动具有明显目的性，以随意行动为基础，并与克服困难相关。意志的心理结构十分复杂，主要有目标、抱负水平、心理冲突和决策。其中目标是指个体确立并指导其行为的内部心理表征，其具有多样性、组织性和动力性；抱负水平指个体在承担某项实际工作之前所能达到的成就水平，它与一个人目标的确定和选择密切相关，由自信心、个体成败经验、团体成败经验组成；冲突指对一个目标追求过程中所产生的混杂感情，可将其分为双趋冲突、双避冲突、趋避冲突和多重趋避冲突；决策是指在选择的过程中，需要形成各种相关方案，然后对形成的各种方案进行评估，最后做出抉择。意志行动的过程可分为采取决定阶段和执行决定阶段。意志具有独立性、坚定性、果断性和自制力等品质。我们应正视意志力培养的重要性，家庭、学校、社会多方配合，个体不断加强自我意志锻炼，从而磨砺坚强的意志。

## 思考与实践

1. 什么是意志？意志行动有什么样的特征？
2. 意志与认识、情绪、情感和个性的关系是怎样的？
3. 意志行动具有怎样的心理过程？
4. 青少年意志品质有什么样的特点？如何培养坚强的意志品质？
5. 讨论知、情、意三者间的关系。
6. 当你在实现目标的过程中遇到困难，会怎么解决？
7. 作为未来的老师，如果你的学生意志薄弱，你会给学生什么帮助和建议？

## 推荐阅读书目

[1] [法]柏格森. 时间与自由意志[M]. 吴士栋，译. 北京：商务印书馆，1958.

[2] [美]吉姆·兰德尔.时间管理:如何充分利用你的 24 小时(漫画版)[M].舒建广,译.上海:上海交通大学出版社,2012.

[3] [美]萨姆·哈里斯.自由意志——用科学为善恶做了断[M].欧阳明亮,译.杭州:浙江人民出版社,2013.

[4] [美]弗兰克·哈多克.意志的力量——自控力练习[M].春天,译.北京:北京大学出版社,2017.

# 第八章　个性心理特征

## 心理故事

### 《红楼梦》和《水浒传》人物描写赏析

中国古典四大名著，同学们都耳熟能详，还记得里面的人物描写吗？我们一起回顾《红楼梦》和《水浒传》中的几段内容：

两弯似蹙非蹙罥烟眉，一双似喜非喜含情目。态生两靥之愁，娇袭一身之病。泪光点点，娇喘微微。娴静时如姣花照水，行动处似弱柳扶风。心较比干多一窍，病如西子胜三分。（林黛玉）

一双丹凤三角眼，两弯柳叶吊梢眉，身材苗条，体格风骚，正是粉面含春威不露，丹唇未启笑先闻。（王熙凤）

——《红楼梦》

眼如龙凤，眉似卧蚕，滴溜溜两耳悬珠，明皎皎双睛点漆。唇方口正，髭须地阁轻盈，额阔顶平，皮肉天仓饱满。坐定时浑如虎相，走动时有若狼形。年及三旬，有养济万人之度量。身躯六尺，怀扫除四海之心机。上应星魁，感乾坤之秀气；下临凡世，聚山狱之降灵。志气轩昂，胸襟秀丽。刀笔敢欺萧相国，声名不让孟尝君。（宋江）

身躯凛凛，相貌堂堂。一双眼光射寒星，两弯眉浑如刷漆。胸脯横阔，有万夫难敌之威风；语话轩昂，吐千丈凌云之志气。心雄胆大，似撼天狮子下云端；骨健筋强，如摇地貔貅临座上。如同天上降魔主，真是人间太岁神。（武松）

——《水浒传》

上述的描写中，你能找出属于心理描写的内容吗？这些人物都有什么特点？在其他文学著作或者现实生活中，你是否能想到类似的形象？为什么人们的心理会有如此显著的差异？我们一般会从哪些方面描述亲朋好友的心理特点？通过本章学习将能获得答案。

# 第一节　个性心理概述

## 案例展示

### 谁适合当广告编辑

汤森现年 37 岁，在中学时成绩优秀，并且是学校啦啦队的队长。后来汤森进入州立大学，专修英语，并以优异的成绩毕业。在校时，他还是学生会的副主席。汤森毕业后，应聘于某广告公司，一直工作了 15 年，并且拥有良好的工作记录。托德现年 43 岁，是汤森的一位同事。在中学时，他很少参加课外活动，中学毕业时，成绩在班上位于前 10 名。在洛杉矶大学，他攻读的是新闻通讯专业，而且在学生运动中十分活跃。毕业后应聘于同一家广告公司，已经为兰仕公司效力 15 年，并且拥有良好的工作记录。现在公司广告编辑的职位空缺，而汤森和托德是两位最佳候选人。广告公司的老总斯达的要求是："这个职位需要一位具有良好品质的人。他将要和办公室里所有的人打交道，要求他能够和其他人相处融洽，还能够协调工作并且在紧迫的期限内按时完成任务。"

你认为汤森和托德谁更适合广告编辑的职位？为什么？你将从哪些方面考虑这些问题？

大千世界，人心不同，和中国古典四大名著所描述的人物角色一样，也如同上述案例的两位广告编辑候选人一样，现实生活中的人都具有自己的独特性。正如世界上没有完全相同的两片叶子，我们似乎也很难发现心理特征绝对一致的人。你认同这样的观点吗？为什么？事实又是怎样的呢？针对上述案例，如果你是上级领导，你会从哪些角度考虑？这些问题的答案都与"个性"密切相关。

## 一、个性的内涵

个性，也称为人格，英语为"personality"，其词源为拉丁语"persona"，意指演员的面具，也可理解为一个人的外部表现，此后其意延伸，将一个人的外部表现和内部特征交融一体。现今，比较统一的观点认为，个性就是个体独特而相对稳定的心理行为模式。个性也是一个人的精神面貌，它借助个体的言行举止、情绪反应等彰显。那么，为什么个性这种心理行为模式既独特又相对稳定呢？这需要深析个性的结构，它包含三个方面，即个性心理特征、个性心理倾向性和自我意识。

个性是个体心理发展到一定水平后形成的。"一定水平"指个体的认识发展到抽象思维水平，具有正确的自我体验、良好的自我控制、完整的自我意识以及良好的自我倾向性。当这些发展到一定水平的心理品质在人的活动中变得相对稳定和完整之后，便整合成个体的一种稳定的精神面貌，这就是个性。个性的形成因人而异。

## 二、个性的基本特征

### （一）个性的独特性

独特性即一个人在个性方面与众不同的特性，是个体区别于他人的特性。个性心理表现在心理活动中的速度、强度、稳定性方面都有差异。独特性突出地表现为人的气质、性格、能力的差异。例如，性格方面，有的含蓄内敛，有的热情奔放；能力方面，有的大智若愚，有的聪明伶俐，有的迟缓愚钝；兴趣方面，有的兴趣单一而精通，有的兴趣广博而浅显……总之，每个人的个性都不尽相同。

当然，个性具有独特性，并非意味着个体之间在个性上截然不同。个体是社会一分子，其个性的形成受到社会环境共同因素的影响，使得个体有共同的地域心理特点、共同的民族心理特点、共同的集体心理特点等。例如，我国传统观点认为，北方人豪爽、大方，而南方人则温婉、细腻，虽然并非所有的北方人和南方人都如此，但在一定程度上体现出共同地域心理特点。

## （二）个性的整体性

个性作为一种综合性的心理品质，它包含着人的心理现象的整体特征。个性一旦形成，将对心理活动产生直接影响。个性的各种成分或特征既不是孤立地存在着，也不是机械地联合在一起，而是错综复杂地相互联系、交互作用组成一个有机的整体，表现为个性的内在统一性、整体识别和多层次、多侧面、多水平性。

在理论层面，德国心理学家斯腾（L.W.Stern）颠覆传统的元素主义心理学，认为人的各种心理机能不是割裂的，也不是个别元素的单纯叠加，而是各个心理机能有机结合、相互影响。随着这一观点的推广和延伸，研究个性的心理学家们都认为个性具有无懈可击的组织性和整体性。

在现实生活中，个体的言行举止和情绪反应所表现出的个性是整合的，例如，性格内向的个体，对人的态度友好，会以比较内敛的方式表现，而非热情奔放；在能力方面，即使才华横溢，也会比较低调；在兴趣方面，含蓄深沉，以较为静默的姿态面对……

## （三）个性的相对稳定性

个性是一个人一贯的表现，个性是个体比较稳定的一种心理行为模式。一个人出生以后，通过教育和参加社会实践，逐步形成一定的行为动机、理想、信念、价值观；在一定倾向性的指引下，使自己的心理面貌在不同的生活情境中都显示出一贯的品质，构成稳定个性。正因为个性具有稳定的特征，才能表明一个人是具有个性的个体；才能把一个人与他人在精神面貌上区分开来，并能预测一个人在特定情境中将会怎样行动。这是从人格的结构和功能上讲的。例如，一个胆小懦弱的人，通常会谨小慎微，瞻前顾后，前怕虎后怕狼，偶尔可能表现出胆大的举动，但不能因此就判定他勇敢无畏。

个性的稳定是相对的，从发生论的角度讲，个性又是变化的。个体在其整个人生历程中，由于经验与内部成长的相互作用，其人格及其各成分随年龄增长会发生连续的积极变化。个体在成长的过程中，尽管个性在一定程度上受遗传因素影响，但是后天所处的环境会潜移默化地影响个性，使其发生改变。如前例胆小懦弱的人，若在面临挫折和机遇时，总是鼓励暗示自己迎难而上，并因此而获取成功，其个性就有可能变得勇敢坚韧。

## （四）个性的生物社会性

个性的产生与发展，既依托于生物因素，又受制于社会环境因素。生物因素为个性的生成和发展提供物质基础和可能，而社会环境因素将这种可能转变为现实。因此，个性兼备生物性和社会性，简称为生物社会性。正如鲁宾斯坦所说，个性既包括个体发展中由社会活动和社会关系所决定的社会特性，也包括人类历史发展过程中所形成的生物特性。

人们常说"近朱者赤，近墨者黑"，反衬出个性的社会性，它因个体结交的人群、所处的环境，而有可能变为"赤"或"黑"。但是，现实中却存在另一种情况，"近朱者未必赤，近墨者也未必黑"，其缘由，即个性还由本真的生物性决定。例如，不同的学生，由同一位音乐才能卓越不凡的声乐老师指导，学生同样的认真努力，可有的学生收获巨大，有的学生则所获甚微。可能的原因之一，就是前者具有音乐才智或天赋，而后者欠缺，甚至五音不全。由此可见，生物因素和社会因素对个性的发展都起着举足轻重的作用。因此，对于个性的认识、理解和研究，要从生物和社会的角度去剖析。

# 第二节　气　质

**案例展示**

## 四个看演出的人

有一次，四个人去剧院看演出，都迟到了，面对工作人员的阻拦，四个人却有截然不同的反应，如图8-1所示。

**图8-1　四个看演出的人**

为什么在同一情境下，不同的人有不同的反应？你认为每个人的反应有什么特征？在现实生活中你是否会发现类似的现象？我们能在生活中找到与这四个人相似的人吗？

在日常生活中，有的人总是活泼好动，有的人总是安静稳重，有的人左右逢源，有的人孤僻……人们在这些心理特征方面有差异就是由于气质的不同。

## 一、气质的概念

气质就是我们通常所说的人的"性情""脾气""禀性"。气质是表现于个体心理活动过程中的典型的、稳定的动力特征。所谓动力特征是指：
（1）心理过程的强度，例如情绪的强烈程度、意志的坚忍程度。
（2）心理过程的速度，例如记忆的快慢、思维的敏捷性。
（3）心理过程的稳定性，例如意志的坚持性、情绪体验的持久与短暂。
（4）心理过程的指向性，心理活动指向于内还是外，例如更关注于自己的内心体验、所思所想，还是更关注与他人交往互动的境况。

一个人的气质有极大的天赋性、稳定性，可塑性较小。个体的气质较大程度上受先天生物因素的影响，它主要受个体神经活动过程的特征所制约，是一种在出生后即表现出来的、具有"天赋性"的个体特征。婴儿一生下来就有明显的气质差异，如有的婴儿神情不安容易哭闹，难以安抚，羞于见陌生人，日常活动量大；有的婴儿神情安宁快乐，即使因生理需要哭闹，也容易安抚，在陌生人面前安然自得，日常活动量小；还有的则介于两者之间。气质一经造就将伴随人的一生，所谓"江山易改本性难移"说的就是气质的稳定性。同时，由于遗传素质千差万别，使得每个人都有独特的气质。

## 二、气质的类型学说

尽管个体的气质差异明显，但也不难发现，气质存在类同，如何把握这种类同，这是个性心理学家们所关注的焦点之一，也因此有许多不同的理论应运而生。

气质类型的研究源远流长，最早可追溯到公元前 5 世纪，古希腊医学家恩培多克勒（Empedocles，约公元前493—432年）提出"四根说"。恩培多克勒认为，人的身体由四种成分构成，即土、水、火和空气，每种成分各司其职，进而对个体产生不同的影响。此后，气质类型的理论逐步丰富发展。

### （一）体液说

古希腊伯里克利时代，被尊称为"医学之父"的医师希波克拉底（Hippocrates，公元前460—370年），在其所著的《论人的自然性》一书中，在四根说的基础上，提出了四液说。

他认为人体内有四种液体：血液、黏液、黄胆汁、黑胆汁，这四种体液的不同混合就形成了不同的气质类型。他认为，"所谓的自然性就是指这些东西，而且人就是靠这些东西而感到痛苦或保持健康的。"每一种体液都是由寒、热、湿、干四种性能中的两种性能混合而成。血液具有热—湿的性能，多血质的人温而润，好似春天一般；黏液具有寒—湿的性能，黏液质的人冷酷无情，好似冬天一样；黄胆汁具有热—干的性能，黄胆汁（胆汁质）的人热而躁，如同夏天一般；黑胆汁具有寒—干的性能，抑郁质的人冷而躁，好似秋天一样。这四种体液配合恰当时身体便健康，配合异常时身体便异常。希波克拉底所说的气质含义很广，指人的整个体质（包括气质），不单指气质。在五百年后，罗马医生盖伦（130—200年）发展了该理论，他将四种体液进行各种组合而产生了13种气质类型，并用拉丁语"Temperameteum"一词来表示气质这一概念，这便是近代气质（Temperament）概念的来源，四种气质类型也因此而得名。

## （二）四液特征说

希波克拉底的"四液说"将人类的气质划分为四大类并赋予名称，并从生物学的角度概括四类气质的特征。此后苏联心理学家沿用多血质、黏液质、胆汁质、抑郁质这四种气质类型的名称，并从心理学的角度阐述四种气质类型的特点。他们首先确立了人类气质的基本特征有哪些，而后具体分析这些基本特征是如何构成四种气质类型的，由此，四种气质类型各自的特征也一目了然。

气质主要有以下六种特征，分别是：

（1）感受性，即个体对最小刺激的感觉能力。

（2）耐受性，即个体对客观刺激在时间和强度上的承受能力。

（3）反应的敏捷性，这又分为两类特性，即不随意的反应特性（例如不随意注意的指向性、不随意运动反应的指向性），以及心理反应和心理过程进行的速度（例如记忆的速度、思维的敏捷度、动作的灵活性等）。

（4）可塑性，即个体在多大程度上能根据外在环境的变化，改变自己的言行举止以适应外在环境。

（5）情绪的兴奋性，即个体以不同速度应对微弱刺激而产生的情绪反应。

（6）外倾性和内倾性，即个体的心理活动或言行举止指向于外还是内。

上述这些特性在多血质、黏液质、胆汁质和抑郁质的表现上不尽相同，具体状况如下：

多血质的个体，感受性低，耐受性高，反应敏捷（无论是不随意的反应特性，还是心理反应和心理过程进行的速度都快），可塑性大，情绪的兴奋性高，属于外倾性。

黏液质的个体，感受性低，耐受性高，反应缓慢且较为稳定（无论是不随意的反应特性，还是心理反应和心理过程进行的速度都慢），可塑性小，情绪的兴奋性低，属于内倾性。

胆汁质的个体，感受性和耐受性都与前面两种气质类型相同，反应迅捷，可塑性较小，情绪的兴奋性高，抑制能力弱，属于外倾性。

抑郁质的个体，感受性高，耐受性低，反应滞缓且稳定，可塑性小，情绪的兴奋性高，体验深刻，却很少表露于外，属于内倾性。

## （三）激素说

伯曼等人认为，气质的差异是由不同的内分泌腺分泌的激素决定的。他根据人的某种内分泌腺特别发达而把人划分为甲状腺型、脑垂体型、肾上腺型、副甲状腺型以及性腺过分分泌型。如甲状腺型，其体态为身体健康，头发茂密，双眼生辉，其气质特征是知觉灵敏、意志坚强、不易疲劳。

## （四）高级神经活动气质类型说

高级神经活动类型说，由苏联生理学家巴甫洛夫于 1935 年在《人和动物的高级神经活动的一般类型》中详细界定并阐述。在此文中，巴甫洛夫提出，大脑皮质的神经活动过程（兴奋和抑制）具有三个基本特征，即强度、平衡性和灵活性。神经活动过程的强度，是神经细胞和神经系统工作的性能，具体而言，就是指神经细胞能接受的刺激的强弱程度，以及神经细胞持久工作的能力。神经活动过程的平衡性，指个体两种神经过程兴奋和抑制的相对强度关系。神经活动过程的灵活性，指个体神经的兴奋过程和抑制过程的转化速度，这种更迭速度，使个体与外界环境能有效互动，应对环境变化。

巴甫洛夫根据神经活动过程的三个特性，将个体的高级神经活动类型划分为四类，以此为基础形成四种典型的气质类型（见表 8-1）：

**表 8-1　高级神经活动类型及特征**

| 神经活动（气质）类型 | 神经活动特点 | 典型行为特点 |
| --- | --- | --- |
| 兴奋型（胆汁质） | 强　不平衡 | 攻击性强，易兴奋，不易约束，难以抑制 |
| 活泼型（多血质） | 强　平衡　灵活 | 活泼好动，反应灵活，好交际 |
| 安静型（黏液质） | 强　平衡　不灵活 | 安静，坚定，迟缓，有节制，不好交际 |
| 抑制型（抑郁质） | 弱 | 胆小畏缩，消极防御反应强 |

## （五）两维度气质类型说

围绕四种气质类型说，心理学家从不同角度研究，有以气质特征的视角研究各种气质类型的，还有以高级神经活动类型的视角研究，除此而外，英国心理学家艾森克（H. J. Eysenck）另辟蹊径，从另外两个维度来划分四种气质类型（见图 8-2）。他所确立的两个维度分别为：情绪稳定或不稳定，以及心理指向内倾或外倾，在此基础上，将个体分为四种类型：分别为稳定内倾型、稳定外倾型、不稳定内倾型、不稳定外倾型，这四种类型分别对应黏液质、多血质、抑郁质、胆汁质。

**图 8-2　艾森克气质类型图**

心理学家们从不同的视角对气质进行分类，大多将个体的气质类型划分为四类：多血质、胆汁质、抑郁质和黏液质，我们可以从中对四种气质类型的特征有更明晰或全面的理解。但是，无论是理论阐述还是现实生活，我们不难发现，单纯属于某一种气质类型的个体较少，更多的个体是两种或两种以上气质的叠合，也正因为此，才让大千世界里的人们的气质表现得丰富多彩。另外，关于气质的类型的学说，还有血型说、体型说等。

## 三、气质与实践

气质类型说在我们的生活和教育实践中有着重要的意义。

### （一）气质差异在个体生活中的意义

个体之间的气质差异使社会斑斓多彩，也因此生成复杂的人际交流和互动形式，有些相似却不尽相同，有些则相差甚远。气质类型学说，可以帮助我们了解自我、理解他人，又能帮助我们增进人际交流和互动、改善人际关系。

人际交往中，多血质的个体热情似火、精力充沛、伶牙俐齿，而抑郁质的个体则显得淡然静默、内敛低沉、寡言少语。这些差别是气质造就的，我们不能因此而认为多血质的个体待人友善，抑郁质的就一定待人冷漠，只是两种气质类型的人待人接物方式不一致，因为一旦深入接触，我们就会发现抑郁质的个体含蓄深沉，珍情重义，思想深邃，却不像多血质的言表于外。了解二者的气质差异的根源，我们在与之交往时，就不会厚此薄彼，也能相应调节自己的交往策略，面对抑郁质个体时，可以活跃积极，营造欢快的交往氛围。

胆汁质的个体容易冲动、性情急躁、坦率直接，因此，在人际交往中容易引人不悦、让人反感，对此，只要对方不是非原则性的错误，我们若能保持镇定冷静，而非针锋相对、激惹是非，则可以减少人际冲突和摩擦。

总之，针对每种气质的独特性，一方面，我们要去理解并接纳那些与我们气质类型不同的个体，并以适宜的方式与之相处；另一方面，对于我们自身气质中存在的欠缺之处，我们也要竭力去改善，或取长补短。

### （二）气质差异在职业活动中的意义

个体的气质差异，不仅在生活中表现得格外突出，在职业活动中也彰显得淋漓尽致。对各自气质特征的了解，一方面，可以帮助个体做好职业规划和抉择；另一方面，可以帮助个体在职场中因循气质的特点而扬长避短。

其一，由于职业性质的不同，需要不同气质特征的个体参与其中，而不同气质类型的个体，如若能根据自己的气质特征选择适宜的职业，则如鱼得水、挥洒自如。

多血质的个体，比较适合从事富有变化和创意，需要人际协作和沟通，能发挥其言语表达优势的工作，可选择公关、导游、营销、设计等职业；抑郁质的个体比较适合深度探索、按部就班、人际沟通较少的工作，可选择科学研究、收银员、图书管理员、程序员等职业；胆汁质的个体比较适合具有挑战风险、存在一定压力、需要一定魄力的工作，可选择自主创业或律师、消防员、武警等工作；黏液质的个体比较适合那些需要耐心，并能服务于他人的工作，可选择教师、护士、售后服务、客服等职业。

其二，在职场中，不同气质类型的个体从事同一职业，如若气质类型的特征与职业性质契合，则个体在职场上能驾轻就熟、游刃有余；如若气质类型的特征与职业性质不符合，甚至背离，则个体需要扬长避短，方可弥补一些缺憾。例如，胆汁质的个体，从事医护行业，可能会时常出现缺乏耐心、性情急躁的状况，而医护行业却需要个体耐心细致，因此，胆汁质的个体可尝试着控制自己的情绪，发挥自己抗压力强、乐于挑战的精神，应对任务繁重的工作，同时，还可与黏液质的同事互补所短。

### （三）气质差异在教育中的意义

身为教师，需要了解学生的气质差异，才能高效开展教育工作，并帮助学生形成良好的个性。

首先，教师须明确每一个学生的气质都有优点和缺点，每个学生有自己的独特性，都能以自己的方式掌握知识技能，形成良好的个性品质。因此，老师要因势利导，帮助学生克服缺点，发扬优点。

多血质的学生反应敏捷，学习热情高涨，善于、乐于与老师和同学交流，但难免虎头蛇尾、粗枝大叶；而抑郁质的学生的优点是心思细腻、喜欢思考探究、富有同情心，缺点是优柔寡断、性情怯懦、不喜欢接受挑战；胆汁质的学生有勇于进取、意志坚韧、精力旺盛的优点，也有性情急躁、容易冲动、易于僵化人际关系的缺点。据此，教师可因材施教，采用不同方式有针对性地帮助学生发扬优点，弥补缺点。另外，教师也应知道，不同气质类型的学生，由于自身气质中缺点的束缚，使其在形成某些优良品质时，可能比其他气质类型的学生迟滞、困难一些。例如，抑郁质的学生若想拥有热忱开朗的个性，则比多血质的学生困难。

其次，对于不同气质类型特点的学生，教师应采取不同的教育方法。尤其是针对抑郁质和胆汁质两种气质类型的学生，更要慎重。例如，四种气质类型的学生犯错，黏液质和多血质的学生，教师可以直接指正批评；面对胆汁质的学生，则不可采用严厉批评的方式，否则会引发其狡辩反驳，并点燃他的愤怒情绪，不仅解决不了问题，还会激化矛盾；抑郁质的学生犯错，老师如若严肃训斥，学生则会情绪低落、自责自怨，甚至自暴自弃。

再次，教师可以根据学生的气质特点进行职业指导和生涯规划指导。这一点，初高中老师或大学老师尤其需要了解，以便给予学生适时指导。

最后，教师不仅要知道学生的气质特征，还要了解自己气质的优缺点，尽可能利用自身气质的优点，调节和控制自己气质的缺点，更好地开展教育工作。如胆汁质的老师，谨防容易冲动、性情急躁的缺点，学会适时地释放和宣泄自己的负面情绪，避免将怒火带到工作中去；而抑郁质的老师则需要克服寡言少语、不善于与学生互动的缺点，督促自己融入学生群体中，与学生交流，了解学生的内心世界，从而建立良好的师生关系。

## 四、气质的测量

气质的测量，与其他心理现象的研究方法一致，可使用观察法、实验法和问卷法等。气质的观察法，就是根据四种典型气质类型的特征勾勒观察指标，在日常生活中观察个体的言行举止、态度情绪等，对照指标，确定其气质类型。气质的实验法，即通过实验测定个体神经过程的基本特征，或气质的心理特性等，由此了解个体的气质类型。而气质的问卷法，不同心理学家的研究视角不同，测量内容也大相径庭。

### （一）瑟斯顿气质量表

1953 年，瑟斯顿通过梳理以往心理学家关于人格的测试问卷，归纳出七种气质因素，分别是冲动性、深思性、社会性、稳定性、支配性、健壮性、活动性，并对照正常人、适应不良者和精神病人的行为资料，编制了有 140 道题的气质测量问卷，其中每一个气质因素有 20 题。这套问卷也是最早建立在因素分析基础上的多变气质量表。

问卷测验时间为 30 分钟，被试可从 "是" "否" "？" 三项中选一作答，测试者用百分等级来统计被试的测验分数，由此了解被试的气质类型。

以下是瑟斯顿气质量表中的部分题目：

2. 你通常都是工作迅速而且精力充沛吗？（活动性）

7. 你爱体育活动吗？（健壮性）

16. 开会时，你喜欢做主席吗？（支配性）

18. 你能在嘈杂的房间里轻松地休息吗？（稳定性）

21. 你常常称赞和鼓励你的朋友吗？（社会性）

26. 你常因专心思考某一问题，以至忽略其他的事情吗？（深思性）

65. 你喜欢有竞争性的工作吗？（冲动性）

### （二）斯特里劳气质量表

斯特里劳气质量表是立足于巴甫洛夫的神经活动过程基本特性的理论而编制的，本量表共有 134 道题，其中关于兴奋强度的题共计 44 道，抑制强度的题也是 44 道，神经过程灵活性的题则有 46 道，没有神经过程的平衡题。此套问卷依然是根据被试对每题做出 "是" "否" "？" 的选择后，予以统计。根据三类神经过程题目的计算结果，得到被试神经活动的特性，再根据巴甫洛夫的 "高级神经活动类型及特征表格"，可推断出个体的气质类型。

以下是斯特里劳气质量表的部分题目：

3. 短时间的休息就能消除你工作的疲劳吗？（兴奋过程强度）

5. 讨论时，你能控制无理的、情绪性的争论吗？（抑制过程强度）

11. 你能够十分容易恢复一项停止了几周或几个月的工作吗？（神经过程灵活性）

51. 噪声会干扰你的工作吗？（兴奋过程强度）

64. 你转换工作容易吗？（神经过程的灵活性）

90. 如果某人工作很慢，你能适应他吗？（抑制过程强度）

## （三）安菲莫夫检查表

安菲莫夫检查表，也是依托于巴甫洛夫神经过程理论而编制的，但是它不是以问卷的形式了解个体的气质，而是让个体完成俄文字母或符号检查表，按要求划掉指定字母或符号，研究者根据被试测试结果分析其神经过程的特性和气质类型。

安菲莫夫检查表的具体任务有两项。首先，被试在表格上从左向右看完每一行，并按要求划掉指定字母或符号，此项测试时间为 5 分钟，休息 1 分钟后，继续完成第二项任务，即看另一组俄语字母或符号，当看到第一项任务要求划掉的字母或符号与某个规定字母或符号在一起时，则不用划掉。例如，第一项任务要求划掉 H，第二项任务则是当出现 ИН 时，则不需要划掉 H。检查表通过三个方面进行统计：

（1）正确划掉的总字母或符号数。正确划去 1 400 个字母或符号以上表明神经过程的强度强，正确划去 1 200 ~ 1 400 个字母或符号表明神经过程为中度，划去数量少于 1 200 个字母或符号则神经过程为弱。

（2）统计个体每分钟正确划掉字母或符号的数量，以此勾画曲线，根据变化趋势确定个体的活动类型。例如，曲线一直下降，则说明个体属于强、不平衡、不灵活型。

（3）统计错（漏）划字母或符号的数量。错（漏）字母或符号超过 5 个，则表明个体平衡性弱，3 ~ 5 个表明平衡性一般，低于 3 个则表明平衡性高。

## （四）陈会昌气质量表

我国心理学家陈会昌等人根据四种气质类型的划分方式，以及各种气质类型的典型特征编制了陈会昌气质量表。该量表共 60 道题，其中每种气质类型的题量为 15 道，计分方式很简单，采用数字等级制，很符合个体实际情况的为 2 分，比较符合的为 1 分，在符合与不符合之间的为 0 分，比较不符合的为-1 分，完全不符合的为-2 分，综合计分结果，可判断其气质类型。这套气质量表的优点是简单易学易懂，非心理专业人员也可以自行统计。

以下是陈会昌量表的部分题目：

5. 厌恶那些危险的刺激，如尖叫。

6. 和人争吵时，总是先发制人。

18. 当注意力集中于某一事时，别的事物很难让我分心。

19. 理解问题总比别人快。

36. 认准一个目标就很希望尽快实现，不达目的誓不罢休。

37. 与别人同样学习或工作同样一段时间后，常比别人更疲倦。

50. 和周围人的关系总是相处不好。

51. 喜欢复习学过的知识，重复做已掌握的工作。

# 第三节 性 格

## 案例展示

### 什么样的人适合做秘书？

刘小姐，31 岁，某大学毕业，文秘专业，性格内向，毕业后父母托人推荐其进入一家企业上班，因为是朋友的女儿，所以领导尽量安排一些文字的工作给她做，倒也轻松。

刘小姐 5 年的秘书生涯一直平平淡淡，没有来自工作的压力，生活也相当安逸。然而许多事情并非人们所能预测，这家企业的领导退休了，换了新的领导，他对刘小姐的工作并不满意，他希望自己的秘书能够八面玲珑，善于和别人沟通。然而，这些要求与刘小姐的个性相差很大，为了保住这份工作，刘小姐只能硬着头皮干，她不得不接待不同的来访者，这对性格内向的她来说很难适应。刘小姐感觉到了前所未有的职业压力，她想重新找一份工作。

做秘书本来就是为上级分忧解难的，需要一定的交际能力，八面玲珑也是秘书工作的一大要求。刘小姐性格内向且文静内敛，做一些文书工作还比较适合，但是当秘书必须具备社交能力，这对一贯含蓄的刘小姐来说很困难。

刘小姐为什么不能胜任秘书工作？你是什么样性格的人？是内向还是外向？温柔还是暴躁？粗心还是细腻？活泼还是文静？勤劳还是懒惰？性格对我们的学习、生活、工作甚至人生命运有何影响？

## 一、性格的概念

由国外心理学文献可知，性格一词源于希腊语，意为雕刻的或戳印的痕迹。性格是个体比较稳定的心理特征，是人对现实的比较稳定的态度和习惯化的行为方式。

人在活动的过程中，客观事物的各种影响，特别是社会环境的各种影响，通过认识、情感和意志活动在个体的反映机构中保存下来、固定下来，构成一定的态度体系，并以一定的形式表现在个体行为之中，形成个体所特有的行为方式。例如，一个人在各种场合总是表现出热情忠厚、与人为善、虚心谦逊、严于律己，遇事坚毅果断、深谋远虑；有的人在各种场合总是表现出对人尖酸刻薄、冷嘲热讽，自高自大，遇事优柔寡断，鼠目寸光。

当然，并不是人对现实的任何一种态度都代表他的性格特征。在有些情况下对待事物的态度具有情境性、偶然性。同样，也不是任何一种行为方式都可以表明一个人的性格特征。所以，性格是稳定的、习惯化的。

## 二、性格与气质的关系

在日常生活中，性格和气质是一个经常被人们混淆的概念，有时人们把某些性格特点说成是气质，如"老实稳重"的气质；有时又把气质说成是性格特点，如"性格活泼""文静"等。其实，性格与气质是两个既有联系又有区别的概念。

## （一）性格与气质的区别

### 1. 性格与气质的本质不同

性格是指人对现实的稳定态度和习惯化的行为方式方面的心理特征，它反映的主要是人的社会性本质特征。因为个体对待现实的态度及其行为方式必然具有社会性质，而其中反映出的人生观、价值观、世界观更是只有在人与人共同生活的社会关系中才可能形成与发展。气质是人的高级神经活动类型特征在人心理过程和行为中表现出来的动力特点，它更多反映的是人自然的、先天本质的特征。

### 2. 性格与气质的形成机制不同

气质是以人的高级神经活动类型特点为生理基础的，后天的环境因素只能改变气质的某些具体表现形式，但很难改变人的气质。而性格则是高级神经活动类型特点与后天暂时神经联系系统的"合金"，其中起主要作用的是人后天形成的各种复杂的条件反射。

### 3. 性格与气质的性质不同

气质具有明显的天赋性，没有好坏之分，也不是衡量一个人社会价值高低、成就大小和智力发展水平的标准；而性格主要是在后天获得的，具有明显的社会性，有好坏之分，它是衡量一个人的品性特征及其在社会关系中的价值和地位的主要指标。

### 4. 性格与气质的外部表现不同

气质的稳定性很强，可塑性较小，变化也较慢，即使可能变化，也不容易，它一般不需培养；而性格具有相对的稳定性，可塑性较大，变化较快，虽然已经形成的性格具有一定的稳定性，但改变起来比气质容易。例如，在某种家庭环境影响下成长的儿童，养成怯懦、孤独的性格特点，在他进入学校后，经过集体的熏陶及教师有意识地培养，可能使他原来的性格特点发生显著的变化。因此，良好的性格品质特别需要培养。

## （二）性格与气质的关系

### 1. 气质对性格的影响

气质会影响性格的形成。气质对性格形成的影响在早期阶段就表现出来：通过影响父母的教育方式和家庭环境，从而影响性格的形成。气质可以按照自己的动力方式渲染性格特征，从而使性格特征具有独特的色彩。例如，同样是助人为乐的性格，不同气质的人表现不一样。气质还会影响性格特征形成或改造的速度。

### 2. 性格对气质的影响

性格也可以在一定程度上掩盖或改变气质，使它服从于生活实践的要求。如胆汁质的侦察兵形成的冷静沉着、机智勇敢的性格特征，在军事活动中有可能掩盖或改造胆汁质易冲动和不可遏止的气质特征。

性格和气质是密切联系的，在日常生活中，甚至用心理学知识都很难把二者严格区分开来。因为人具有生物性和社会性。

## 三、性格的结构

性格是十分复杂的心理现象，它包含着各个方面，具有各种不同的特征。

### 1. 性格的态度特征

性格的态度特征具体表现为三个方面：对待社会、集体、他人的态度特征，如善交际、孤僻、正义感、正直、诚实、狡诈、虚伪、同情心等；对待工作、学习、劳动的态度特征，如勤奋、懒惰、认真细致、马虎粗心、首创精神、墨守成规、勤俭节约、挥霍浪费等；对待自己的态度特征，如自信、自强、自尊、自负、自卑等。当然这三个方面是相互联系的。

### 2. 性格的意志特征

性格的意志特征具体表现为四个方面：是否有明确的目标，如有明确目的性还是盲动蛮干、有主见还是易受暗示等；对行为的自觉调控能力，如是否主动或自制等；在紧急或困难情况时处理问题的特点，如是沉着冷静还是张皇失措、是果断勇敢还是优柔寡断、胆小怯懦等；在经常的和长期的工作中表现出来的特点，如是有恒心、坚忍不拔还是半途而废、缺乏坚持性等。这些特征表现与内容有关。

### 3. 性格的情绪特征

情绪活动的强度、稳定性、持久性及主导心境等方面的特征构成了一个人性格的情绪特征。

### 4. 性格的理智特征

性格的理智特征是指个体在感知、记忆、思维、想象等认识过程中表现出来的认知特点和风格的个体差异。如有的被动感知或主动观察，有的详细罗列或概括，有的积极思考或盲目模仿。

这里对性格特征的分析只是静态分析的一个方面（描述），除此之外，还有量化分析和动态分析。

## 四、性格的类型

性格能表现出我们每个人对现实的态度和与之相应的独特行为方式，这就构成了一个人区别于他人的独特性格。文学家笔下描写的人物，比如《红楼梦》里的贾宝玉、林黛玉、王熙凤，《三国演义》里的刘备、张飞、诸葛亮，《西游记》里的唐僧、孙悟空、猪八戒，《水浒传》里的宋江等 108 将，个个性格突出，形象鲜明。

根据不同的研究角度和方法，可以将人的性格进行不同类型划分。

## （一）荣格的性格类型理论

### 1. 两种态度类型

1913 年，荣格在慕尼黑国际精神分析会议上提出了内倾型和外倾型性格。1921 年，荣格在《心理类型学》一书中系统地阐述了这两种类型。

外倾型的人。重视外在世界，爱社交，活跃，开朗，自信，胆子大，勇于进取，对周围一切事物都很感兴趣，容易适应环境的变化。

内倾型的人。重视主观世界，好沉思，善内省，常常沉浸在自我欣赏和陶醉之中，孤僻，缺乏自信，易害羞，冷漠，寡言，较难适应环境的变化，害怕改变。

### 2. 八种机能类型

荣格把人的心理活动分为感觉、思维、情感和直觉四种基本机能。将两种态度类型与四种机能结合起来，形成了性格的八种机能类型。

（1）外倾思维型。

这种类型的人，经常深度地思考问题，他们观察自然现象，思考成因，试图解释自然现象，最后总结，以这样的过程来认识客观世界，创造独特的理论体系。比如他们会想"为什么天上会下雨？""天空为什么是蓝色的？""云是怎样形成的？""水有几种存在形式？"等。科学家多数是外倾思维型。

（2）内倾思维型。

这种类型的人，他们既思考外界的信息，又思考内在的精神世界，他们对思想观念本身感兴趣，同时收集外部的客观事实来验证自己的思想观念正确与否。他们既是内倾的，又是偏向于思维的。哲学家多属于这种类型。

（3）外倾情感型。

这种类型的人，情感符合客观的情境和一般价值。他们既是外倾的，又是偏于情感功能的。荣格指出，外倾情感型的人在爱情选择上，表现得最为明显。他们不太考虑对方的性格特点，而考虑对方的身份、年龄和家庭等方面，比较务实。外倾情感型的人思维压抑，很少深度思考事物的本质，情感外露，爱好交际，寻求与外界和谐。

（4）内倾情感型。

这种类型的人，情感由内在的主观因素所控制。他们既是内倾的，又是偏向于情感功能的。内倾情感型的人，思维压抑，情感深藏在内心，想法不易改变，不善交际，沉默，力图隐藏自己，气质常常是忧郁的，情绪不稳定，悲天悯人。

（5）外倾感觉型。

这种类型的人，头脑清醒，倾向于积累外部世界的知识经验，比较有探究精神，但对事物又不追根究底。他们既是外倾的，又是偏向于感觉功能的。外倾感觉型的人，寻求享乐，追求刺激，他们一般用情不会太深，"跟着感觉走"，无论学习、工作、情感还是生活都以快乐为主，缺乏毅力。

（6）内倾感觉型。

这种类型的人，远离外部客观世界，很在意自己的想法，常常沉浸在主观感觉世界之中。他们既是内倾的，又是偏于感觉功能的。内倾感觉型的人，知觉来自内部世界，情绪和行为表现深受自己心理状态的影响，似乎这个世界都随着我的意志转移，不顾及他人感受，艺术性较强。

（7）外倾直觉型。

这种类型的人，从客观世界中积累经验，进而发现多种多样的可能性，并不断地寻求新的可能性。他们既是外倾的，又是偏于直觉功能的。他们对于各种有着蓬勃生命力但还未被发掘的事物，具有敏锐的洞察力，并且喜欢不断追求客观新奇的事物或发掘事物的另外属性、用途等。外倾直觉型的人，创造性较强，可以成为新事业的发起人，但做事缺乏意志力。

（8）内倾直觉型。

这种类型的人，力图从精神世界中发现事物各种各样的可能性。他们既是内倾的，又是偏于直觉功能的。内倾直觉型的人，不以客观世界为主体，也不关心外界事物及客观存在的因素，脱离实际，好幻想，观点虽然新颖，但是稀奇古怪。部分艺术家属于内倾直觉型。

荣格并没有把人格简单地划分为八种机能类型，其性格类型划分只是作为一个理论体系用来说明性格的差异，实际生活中，绝大多数人都是兼有外倾型和内倾型的中间型。完全的内倾型的人或外倾型的人是不存在的，每个人可以同时拥有四种心理机能，只是遇到事情或解决实际问题时更偏向于哪一种心理机能。他关于内倾型和外倾型两种态度类型的理论已被广泛地应用到教育、管理、医学和职业选择等多个领域。

### （二）威特金的场型论

美国心理学家威特金根据场依存理论，将人划分为场依存型和场独立型两种类型。

#### 1. 场依存型

场依存型的人，独立性差，并且容易受暗示，容易受他人的影响，社会敏感性强，容易注意和观察周围的事物或者他人提供的线索，善于并爱好社交，社会工作能力较强。

#### 2. 场独立型

场独立型的人，独立性强，并且不易受暗示，不易受他人的影响，社会敏感性差，不大注意和观察周围的事物或者他人提供的线索，关心抽象的概念和理论，不太擅长社交，喜欢孤独。

## 五、性格与职业

美国心理学家J. L. 霍兰德根据性格特征与职业选择的关系，把性格划分为六种类型。不同的性格在职业选择上具有明显的差异（见表8-2）。

表 8-2 性格类型及其匹配的职业

| 性格类型 | 性格特征 | 相匹配的职业 |
|---|---|---|
| 社会型 | 喜欢社会活动和社交活动，对教育活动感兴趣 | 社会学家、社会工作者、护士 |
| 理智型 | 喜欢智力活动和抽象的工作 | 数学、物理、化学和生物等领域的工作者，计算机程序编程等 |
| 现实型 | 喜欢有规律的具体劳动和需要基本技能的工作 | 制图员、修理工、机械工、电工等 |
| 文艺型 | 喜欢文艺，善于用艺术作品来表现自己，感情丰富，爱想象，富有创造性 | 作家、艺术家、雕刻家、音乐家、管弦乐队指挥、编辑、评论家等 |
| 贸易型 | 敢于冒险，性格外向，喜欢担任领导，具有说服、支配、使用语言等能力 | 董事长、经理、营业部主任、推销员等 |
| 传统型 | 喜欢有条理和系统的工作，具有友好、务实、善于控制和保守等特点 | 办事员、办公室人员、打字员、档案工作人员、记账员、会计、出纳、秘书、接待员 |

霍兰德还研究了各种性格之间的关系。他指出，每一种性格类型都有两种与之相近的性格类型，即一个人也能适应这两种相似类型的工作；每一种性格类型又都有两种与之保持中性关系的性格类型；每一种性格类型也都有一种与之相斥的性格类型。

## 六、性格测验

长期以来，国内外常用的性格问卷测验有很多种，下面介绍几种性格测验。

### （一）明尼苏达多项个性问卷

美国明尼苏达大学教授哈撒韦（S. R. Hathaway）和心理治疗家麦金利（J. C. Mckinley）于 1943 年制定并发表了明尼苏达多项个性问卷（Minnesota Multiphasic Personality Inventory，简称 MMPI）。经过不断完善，MMPI 既可测定正常人的人格，也可鉴别各类精神病，如强迫症、精神分裂症、抑郁症等，所以称为"多项"个性问卷。

1966 年修订的 MMPI 量表中，共有 566 题，题目的内容很广，包括身体和精神方面的，还包括个人对政治、法律、宗教、家庭、婚姻和社会的态度。其中 16 题是重复的，用以检验被试回答是否认真。测验量表分为 14 个量表。凡满 16 岁，具有小学文化水平，没有视觉障碍和书写障碍等生理缺陷的人，均可参加测量。被测者对量表中的每一个问题要从"是""否""无法回答"三个答案中选择其中之一来回答。测试没有时间限制，正常人测试时间一般为 45 分钟，很少有超过 90 分钟的。

MMPI 是目前应用很广的人格量表。在我国，宋维真等人于 1991 年修订了 MMPI，最后确定为 167 题，成为心理健康测查表（Psychological Health Inventory，简称 PHI）。

## （二）卡特尔 16 种人格特质问卷

美国伊利诺斯大学教授卡特尔（R. B. Cattell）于 20 世纪 50 年代编制了 16 种个性因素问卷（Sixteen Personality Factor Questionnaire，简称 16PF）。16PF 适用于 16 岁以上的人群，一共有 A、B、C、D、E 五种复本，其中 A、B 为齐全本，每卷各有 187 题，C、D 为缩减本，每卷各有 106 题，E 是为文化程度较低的被试编制的，有 128 题。该问卷被认为是最典型的因素分析个性问卷。

卡特尔根据自己研究所确定的 16 种人格根源特质在某些情况下可能产生的表现，编制成16 组题目。每组包括 10～13 个题目，每题有三种选择方案，分别记 0 分、1 分、2 分。

卡特尔 16 种人格因素测验已在德、法、意、日等国进行了修订。20 世纪 60 年代，美籍华人学者刘永和博士在卡特尔的赞助下，与伊利诺州立大学人格与能力研究所梅尔瑞（G. meredith）博士合作进行了修订，于 1970 年发表了中文修订版。1979 年，中文版引入中国。此后，辽宁省教科所对 16PF 又做了简单修订。

## （三）艾森克个性问卷

英国心理学家艾森克（H. J. Eysenck）等人采用因素分析法归纳出三个基本因素：内外倾向性、情感稳定性和心理变态倾向。这三个基本因素构成了人格的三个相互交织的维度。在这三个维度上的不同表现程度，构成了各人不同的人格特征，并据此编制个性问卷。

艾森克等人所编制的个性问卷（Eysenck Personality Questionnaire，简称 EPQ）有成人问卷（16 岁以上）和儿童问卷（7～15 岁）两种，大约各有 100 道题目，其中每种问卷都包括四种量表：内外倾向量表（E）、情绪稳定性量表（N）、精神量表（P）和效度量表（L）。E量表中，高分为典型外倾性，低分为典型内倾性。N 量表中，高分为情绪不稳定，低分为情绪稳定。P 量表中，高分者表现为强烈的心理变态。L 量表为效度量表，高分为掩饰。

EPQ 问卷前印有答卷指导语。被试按每个项目的陈述，根据自己的实际情况答"是"或"否"，并把答案按题号写在答题纸上。测试者收卷后用记分套板算出四个量表的原始分数，再对照常模，将原始分数换算成以 50 为倍数，10 为标准差的标准 T 分，制成剖析图，就可以对一个人的人格进行鉴定了。

以上简单列举了在性格测试中几个具有代表性的量表，还有很多量表经过不断研究和修订，各自有不同的测试人群和方向，有信度和效度较高的，也有不足之处，可以在今后更深入的学习中掌握并提出质疑，也可提出自己的观点。

## 七、影响性格形成的因素

人一生下来时，并不具有某种性格，性格是遗传因素和环境因素相互作用的结果。其中，遗传因素是性格的自然前提，在此基础上，环境因素，尤其是家庭、学校和社会风俗，对性格的形成和发展起着决定性的作用。性格是人在社会生活过程中，在人与环境相互作用的过程中形成和发展起来的，它是一个人的生活经历的反映。

## （一）生物遗传因素

生物遗传因素是性格形成的自然基础，它为性格的形成和发展提供了可能性。首先，人的高级神经活动的类型对性格的形成有直接影响。比如，活泼型的人比抑制型的人更容易形成热情大方的性格；在顺利的客观条件下，兴奋型的人比抑制型的人更容易成为勇士，而在不利的客观条件下，抑制型的人比兴奋型的人更容易成为懦夫；活泼型的人善于交际，而安静型的人难以主动与人相处。据研究发现，脑损伤或脑病变对性格有影响：一名额叶受伤的病人，病后在性格上发生了明显的变化。盖奇曾是一个能干的工头，一日被铁棍扎穿了脑部额叶，这以后盖奇的个性发生了变化："他动静无常，无礼，有时爱说粗俗的下流话（他以往没有这种习惯），对伙伴不尊重，不能容忍约束或劝告；时而极端顽固却又反复无常，犹豫不决；他为将来的工作设计了许多方案，但由于其他似乎更为切实可行的方案很快又都被放弃了……他的心完全变了，因此他的朋友和熟人说他不再是盖奇了。"（Rowe & Fulton，1979）该案例表明大脑皮层的额叶与人的性格密切关联。

我国心理学家陈仲庚认为，作为一般的规律，脑组织的破坏易于使已经存在着的一些人格倾向更加明朗或加剧。在脑损伤后，一个一向多疑的人可以变为偏执狂者。另一个人在正常时一向敏感和有条理，病后却可能变得极端死板和易被激怒。

其次，人的体貌特征对性格的形成也有影响。一个人的身高、体重、体型和外貌等生物上的特点，会因其是否符合文化价值而经常受到人们的品评，进而影响一个人性格的形成。比如，有生理缺陷者容易被人们讥笑或怜悯，易形成内倾性格；长相俊美者容易被人称赞、欣赏而充满自信，易形成外倾性格。

最后，生理成熟的早晚也会影响性格的形成。研究表明，早熟者社会化程度高，爱社交，关心并遵守社会常规和社会准则，给人以良好的印象，而晚熟者则不太遵守社会常规和社会准则，常常以自己的态度和情感行事，很少考虑社会准则。

## （二）环境因素

### 1. 自然环境

世界各地自然环境各异，各国人民的性格也不同，同一国家不同地域的自然环境也迥然不同，身处不同地域的个体，其性格也有明显差异。就我国而言，由于南北地理环境存在差异，南方人和北方人的性格差异也较为明显。比如，多数人都会有这样一种看法，南方多小桥流水，气候宜人，人的性格一般比较温柔，善解人意，细心，会体贴和照顾他人，敏感多疑，委婉含蓄；而北方多平原，气候干燥，多风沙，人的性格一般比较直率、开朗、坚强，容易冲动。

### 2. 社会环境

（1）家庭。

心理学家认为，人的性格形成的关键时期是5~6岁。在这一关键的时期，父母一定要注意家庭环境对孩子的影响，要给予孩子足够的关注和爱。父母要经常陪伴孩子，以身作则，让自己成为孩子的表率，不要拿孩子撒气，在孩子面前尽量保持情绪稳定；同时，要关心孩子，让孩子体会到爱，最好能成为孩子的朋友，建立亲密友好的亲子关系。

首先，父母的教养态度和方式对儿童性格的形成和发展具有深刻影响（见表 8-3）。很多研究表明：如果父母对孩子采取关心、信任、合理、民主的教育态度，儿童就容易表现出行为积极、独立性强、态度友好、情绪稳定等性格特征；如果父母对孩子采取干涉、溺爱或拒绝、专制支配的教育态度，儿童就容易表现出消极被动、适应性差、情绪不安定、缺乏独立性等性格特征。

表 8-3　父母的教育方式与儿童性格的关系

| 父母的教育方式 | 儿童性格 |
| --- | --- |
| 支配性的 | 消极、顺从、依赖、缺乏独立性 |
| 溺爱的 | 任性、骄傲、利己主义、缺乏独立精神、情绪不稳定 |
| 过度保护的 | 缺乏社会性、依赖、被动、胆怯、深思、沉默、亲切的 |
| 过于严厉的（经常打骂） | 顽固、冷酷、残忍、独立；或怯懦、盲从、不诚实、缺乏自信和自尊 |
| 忽视的 | 妒忌、情绪不安、创造力差，甚至有厌世轻生情绪 |
| 父母意见分歧的 | 易生气、警惕性高；或两面讨好、投机取巧、好说谎 |
| 民主的 | 独立、直爽、亲切、机灵、安全、快乐、坚持、大胆、有毅力和创造精神 |

其次，家庭气氛和结构等对儿童性格的形成也有重要影响。研究表明，家庭气氛宁静、愉快，孩子在家里有安全感，乐观、愉快，充满信心，待人和善，并能很好地完成学习任务。如果家庭气氛紧张或时有冲突，孩子在家里就会缺乏安全感，情绪不稳定，容易紧张和焦虑，长期忧心忡忡，害怕父母迁怒于自己而受严厉的惩罚，对人不信任，容易发生情感问题和行为问题。如果家庭结构不健全（如父母离异），极易对孩子的性格发展带来不良影响。许多研究表明，破裂家庭中的孩子常因幼时情感缺乏以及缺少良好的教育，在人格的发展上易出现障碍。

（2）学校教育。

学校是对学生进行有目的、有计划地教育的场所。曾有人这么说过："教育人就是要形成人的性格。"学校教育对学生性格的形成和发展具有导向作用。

首先，教师对学生性格的形成和发展具有重要影响，如表 8-4 所示，教师的教育态度与学生的性格形成有一定的关系。教师是学生学习的榜样，教师对学生的态度和言传身教对学生性格特征的发展起着潜移默化的作用，会引起学生相应的反应，久而久之就会固定为相应的性格特征。学生年龄越小，受教师的影响越大。正如有人说："教师是学生的镜子，学生是教师的影子。"

表 8-4　教师的教育态度与学生性格

| 教师的教育态度 | 学生性格 |
| --- | --- |
| 专制的 | 情绪紧张，冷淡或带有攻击性；教师在场时毕恭毕敬，不在时秩序混乱，不能自制 |
| 放任的 | 无团体目标，无组织，无纪律，放任状态 |
| 民主的 | 情绪稳定、积极，态度友好，有领导力 |

其次，集体风气（班风、校风）和班级角色对学生性格的形成具有重要意义。学生在集体中生活，良好的集体风气会不断感染置身其中的学生，可以说，集体是锤炼、完善学生性

格的熔炉。比如，在一个有良好的班风或校风的集体中生活，学生会表现出有组织性、纪律性、合群、自制、勇敢、利他和意志坚强等优良的性格特征；同时也有利于学生改变自私、孤独等不良的性格特征。苏联教育家马卡连柯就着重通过集体进行教育。日本心理学家长岛真夫还对班级角色对学生性格发展的影响进行了实验研究，他在一个有 47 人的小学五年级的班上，挑选 38 名地位较低的学生担任班干部，并具体指导他们开展工作。一学期后，经过测试发现，这些人在班级中的实际地位发生了显著变化：从前他们一直不被人重视，现在变得更受学生欢迎，更容易得到老师和同学的关注，并且其中 6 名学生在第二学期自由选举时再次被选为班干部；他们在性格方面，如自尊心、安全感、开朗性、合作性、协同性、诚实性、责任心等方面，都有了明显发展。

（3）社会。

社会因素主要是指社会风气或风尚，也就是社会上普遍流行的爱好、风气和习惯。这种社会风气或风尚通过各种渠道影响学生的爱好、道德评价与行为习惯的形成。其中最有影响的渠道是电影、电视、虚拟网络和各种读物，它们宣传和提供的内容如果是健康的、积极向上的，则会激发学生丰富的情感和想象，引起他们强烈的模仿意向并付诸行动，经反复行动实践就会巩固下来，成为他们性格的一个组成部分。如果它们宣传和提供的内容是不健康的，消极有害的，那么就可能使学生形成消极的思想情感和性格，甚至会诱导他们走上犯罪的道路。美国史特尔等人曾进行过一项研究，他们让一组 8~9 岁的儿童每天看一些具有攻击性行为的节目，而另一组在同样长时间内观看没有攻击性行为的节目。结果发现，观看有攻击性行为节目的儿童，其攻击性行为有增多现象，观看不含攻击性行为节目的儿童，在行为上没有变化。

## （三）自我教育

任何一种性格的形成，都是个体把所接受的外部社会影响和自身遗传素质结合，并内化为内部素养，形成稳定特征的过程。在这个过程中，人的主体性起着越来越重要的作用。环境因素、一切外来影响都必须通过个体的自我调节才能起作用。因此，从这个意义上讲，每个人都在塑造着自己的性格。随着个体自我意识的发展，他们开始主动分析自己的性格特征，自觉地扬长避短，培养自己良好的性格特征。教师和家长要相信他们，以积极期待引导、感召学生，提高他们自我控制和自我教育的能力。

# 八、良好性格的塑造

## （一）现代人应具备的性格特征

"性格决定命运"，现代社会中性格会对一个人的人生产生重要影响。现代人为了更好地学习、生活和工作，应具备以下几个方面的性格特征：

### 1. 独　立

独立性格的基本特征是有高度的自主性和明确的是非标准，不屈服于周围的压力，不随波逐流，能依据自己的认识与信念，独立地采取决定和执行决定。由于性格是相对稳定的，因而一个人所具有的独立性格往往能体现在自己的各种行为方式中。

独立性之所以是现代人应有的性格特征，因为开放、竞争、进取的时代特征要求人必须具有独立性。具有独立性的人才敢于创新，才能在激烈的竞争中另辟蹊径，在事业中有所成就。反之，缺乏独立性格的人则容易接受别人的暗示，为别人的言行所左右，人云亦云，或左顾右盼，犹豫不决，不敢果断行事。

### 2. 自 信

自信是一种对自己态度的性格特征。常表现为：相信自己的价值，相信自己具有某种才能，相信自己能找到实现这种才能的途径，相信自己可以通过发挥自身才能来改变客观事物。因此，自信者凡事都会尽力争取，有一种"当仁不让"的主动精神。

### 3. 坚 韧

坚韧是性格的意志特征。具有坚韧性格的人能长时期坚信自己决定的合理性，坚持自己的行为方向，并能锲而不舍、百折不挠地克服种种困难，直至实现自己预定的目标。

### 4. 自 制

自制是调控自身行为方向的性格特征。具有自制力的人，能不为他人所诱惑，自主地决定自己的行为方向，并能克服主客观方面的种种干扰，将学习、工作贯彻到底。

### 5. 合 群

合群是指善于交往，能与人和睦相处。合群作为对待群体与他人态度的性格特征，在现代社会中具有重要意义。任何个人都是社会系统中的一员，不可能孤立地存在于社会之外。一个人要学习、工作、生活，必须同他人发生这样或那样的联系，于是形成了各种不同层次、不同性质和不同规模的团体。团体中的每个成员都存在一个与他人的关系问题。是归属于团体、善于交往、和睦相处，还是离群独处、洁身自好、孤僻敌对。尤其在竞争社会中，要提高生活质量，要在事业中有成就，更应具有合群的性格特征。合群才能得到别人的关心、支持与欣赏；合群才能使自己感到安全、有依靠，增强生活和活动的勇气；合群才能通过相互交流、传递信息，增进彼此间的了解，体验到愉快与幸福。

## （二）良好性格的塑造

在日常生活中，有的人常常为自己的性格缺陷感到不满、羞愧、烦恼，甚至焦虑不安。他们常说的一句就是："哎，没办法。我就是这种性格，没法改了。"其实，性格是具有可塑性的，良好的性格也是可以培养和塑造的。

### 1. 重视榜样的示范作用

父母、教师、同龄人的榜样和示范作用，在塑造学生良好性格上作用巨大。父母、教师自身应有良好的性格修养，要以身作则，做学生的表率。同时，还可以寻找社会生活中有说服力的事例引导学生。比如，列举居里夫人、诺贝尔、爱迪生等人的事迹，这样可促使学生建立正确的道德行为模式，优化性格特征。

### 2. 提供社会实践锻炼的机会，利用环境的潜移默化的作用

社会实践是培养学生接受正确的道德原则，并使之习惯化的有效途径。组织学生参加适当的社会政治活动、社区服务活动、科技活动、各种形式的劳动等，可以塑造坚强、沉着、勇敢、有爱心、热爱科学、追求真理、不怕挫折、遵守纪律等优良的性格。

如果某些学生已形成了某些不良的性格，那么有意识地利用好环境的潜移默化的作用，也可以达到矫正学生不良性格的目的。比如，教师有意让素质良好的学生与他们交往，形成一个志同道合的团体，久而久之，在团体气氛的感染下，他们也会变得积极进取、文明高雅、勇敢顽强、活泼开朗。这样可帮助学生不断克服消极因素，增强积极因素。

### 3. 加强个别指导

每个学生性格的发展有共同的特点，也有个别差异。教师有针对性地进行个别施教是非常必要的。首先，帮助不同性格类型的学生抛弃不符合社会要求的性格品质，激发其符合社会要求的性格品质，比如自制力、克服困难等品质的树立。其次，根据学生的性格特征，采取灵活而有原则的方法进行个别施教。比如，对固执的学生，要使他们认识到执着与固执的区别，懂得在真理面前修正自己的错误并勇于改正错误，让其明白这是性格修养问题；对于具有自卑感的学生，教师要注意言辞的使用，在他们取得点滴进步时及时鼓励，以增强其自信心。

### 4. 重视自我修养的作用

"金无足赤，人无完人"，每个人都有某种性格上的缺点，但每个人都可以通过自我修养来塑造自己良好的性格。

通过自我修养来塑造自己良好的性格特征，首先要注意树立正确的人生目标。正确的人生目标和崇高的追求是性格自我修养的航标。根据这个航标，个人才能通过自我认识、自我激励、自我监控等措施来完成自我修养的计划。要不断强化自我修养的决心。良好性格的形成和不良性格的克服都不是一朝一夕之事，只有坚持不懈、持之以恒，才能奏效。其次，在困难中磨炼自己。性格的自我塑造不可能是一帆风顺的，在改变自己已经形成的不良性格的过程中会遇到许多困难，其中最大的困难就是自己。因此，应时时注意，处处留心，从小事做起，不断约束自己的言行，逐渐改造不良的性格。

# 第四节　能　力

## 案例展示

1. 类比的审美感染力可以强化一个正当的说理，也可以用来逃避说理，成为一种_____，甚至还可以根本就是一个遮掩真相、_____的歪理。正因如此，我们在评价一个不当类比的时候，不仅要评估它是强是弱，而且更要判断它是否谬误。

依次填入划横线部分最恰当的一项是（　　）

A．甜言蜜语 改头换面 　　　　　B．花言巧语 乔装打扮

C．言不由衷 掩人耳目 　　　　　D．肺腑之言 涂脂抹粉

2．从所给的四个选项中，选择最合适的一个填入问号处，使之呈现一定的规律性（ 　 ）。

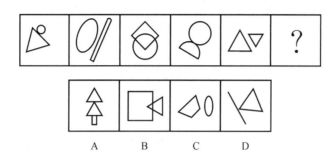

3．水：游泳：救生圈

A．风：风筝：风筝线

B．云：雨：雨伞

C．球场：网球：网球拍

D．雪：滑雪：滑雪镜

以上三道题，大家测一测，说出自己的答案和选择此答案的原因，分别都是运用哪个方面的能力解决问题的呢？为什么有的同学选得对，有的同学选得不对呢？请你总结什么叫能力？并描述一下你眼中的高能力者的特征。

# 一、能力的概念

## （一）能力的含义

能力是直接影响活动效率，并使活动顺利完成的个性心理特征。西方心理学把能力分为两种，一种为实际能力（Actual Ability），是已经具备和表现出来的能力，国外称之为"成就"；另外一种为潜在能力（Potential Ability），是还不具备的，通过日后的学习，知识的储备达到一定量的累积，可能发掘或发展的能力，又称为"性向"。潜在能力是实际能力的基础和前提，而实际能力是潜在能力的展现。我们说某人在文学上很有天赋，是指他在文学上具备突出发展的潜能，如果潜能转化为实际能力，他有可能会成为文学大师；但也有可能得不到发挥，无法转化为实际的能力，只能成为普通人。在我国，能力通常指的是实际能力。

能力是完成某种活动必备的心理条件。例如，学生进行学习活动，必须以注意力、记忆力、感知及抽象思维能力为前提，才能保证学习活动顺利完成。能力又总是在活动中形成、发展和表现出来。如在绘画活动中，一个学生在色彩辨别、空间比例关系的估计等方面都很强，画得逼真，我们说他具有绘画能力。

能力是直接影响活动效率的个性心理特征。人们在活动中表现出来的个性心理特征有很多，但并不都是能力。比如，急躁、谦逊、活泼、沉静、粗心、细心等个性特征，也表现在

人的活动中，并对活动产生一定的影响，但是它们不直接影响活动的效率，不直接决定活动的完成，不是完成活动的必备条件，因而不属于能力的范畴。只有那些直接影响活动效率的，才是顺利完成某种活动所必备的个性心理特征，才叫作能力。

能力的构成非常复杂，能力的运用是综合性的，完成某种活动或任务通常需要具备多种能力。比如，对一个合格的教师来说，较好的逻辑思维能力、言语表达能力、注意分配能力、观察力、板书设计能力、组织教材的能力、记忆力、管理能力是必备的能力，缺乏这些能力则难以保证教育教学活动顺利完成。能力可以通过理论学习、社会实践来开发和提升。

## （二）知识、技能与能力的关系

能力不等于知识技能。首先，知识是人脑对客观事物的主观表征，技能是指人们通过练习而获得的动作方式和动作系统，它们表现了一个人已经达到的成就水平。而能力是人们顺利完成某种活动所必备的心理条件，它不仅包含了一个人现在已经达到的成就水平，而且还包含了一个人在活动中可能达到的成就水平。其次，知识技能都是后天获得的，它们都随年龄的增长而增加，其增长是无限的。而能力是先天素质和后天教育的"合金"，它随年龄的增加有一个形成、发展和衰退的过程。一般认为人的能力在18~25岁达到顶峰，中年期处于平稳状态，中年后期一些能力开始衰退。所以，知识技能与能力不是同步发展的。

能力与知识技能紧密相连，相辅相成。首先，能力的形成和发展依赖于知识技能的获得。一个人掌握的知识越多，技能越强，就越有利于能力的发展提高，知识技能是能力形成与发展的基础。其次，能力的高低又会影响到掌握知识、技能的水平。一个能力强的人比较容易获得知识技能，其付出的代价也较小，而一个能力较弱的人可能要付出更多的努力才能掌握同样水平的知识技能。所以，从一个人获取知识、技能的速度与质量上，可以看出其能力的大小。

## （三）能力与才能、天才

人们要顺利完成某种活动，往往依靠一种能力是不够的，而是需要结合多种能力。如果一个人具备完成某种活动所必需的各种能力，并能把这些能力很好地结合起来，出色地完成了这种活动，就可以说这个人具有从事这种活动的才能。才能就是各种能力的独特结合。如果一个人完成某种活动所必备的各种能力得到最充分的发展和最完善的结合，并能独立地、创造性地、杰出地完成相应的活动；那么我们通常把这种人称为"天才"。但天才不表示一个人所有能力都超群，只是指在有限的领域中表现非凡。例如，贝多芬是音乐天才，但不表明他在其他领域中也具有超人一等的才华。才能不是天生的，它是在先天健全的生理条件基础上，通过后天环境、教育的影响，加上个人的勤奋努力而发展起来的。

## （四）能力与智力

智力又称智能或智慧。关于智力的定义，在心理学中争议颇多。如国外有人认为，智力是个体学习的能力（B. R. Buckingham，V. A. C. Henmon 等）；也有人认为，智力是个体适应环境的能力（W. Sterm，J. Piaget）；智力是个体抽象思维的能力（A. Binet，L. M. Terman）；还有人认为，智力是用智力测验所测得的能力（F. N. Frieman，E. R. Hilgard）。在我国，有人认为，"智力就是能力"（林传鼎等）；也有人认为，"智力是一种先天素质，特别是脑神经活动的结果"（吴天敏）；但大多数人认为，智力是一种偏重于认识方面的能力。智力是使人能顺利地从事某种活动所必需的各种认识能力的有机结合，其中抽象逻辑思维能力是智力的核心。智力是一种基本能力，而不是能力的全部。

## 二、能力的种类

人的能力是多种多样的，根据不同的标准，可以对能力进行不同的分类。

### （一）一般能力和特殊能力

按能力作用领域可把能力分为一般能力和特殊能力。

一般能力就是普通能力，具体表现为人在完成各项活动中表现出来的能力，比如观察力、注意力、记忆力、概括力、想象力、创造力等，一般能力以抽象概括能力为核心。一般能力也就是智力。

特殊能力是完成某种专门的活动所表现出来的能力，是某一特定的领域内才表现出来的，比如音乐能力、舞蹈能力、绘画能力、写作能力等。

在日常生活、学习和工作中，一般能力和特殊能力是共同起作用的，为了更好地完成一项活动或者任务，需同时具备这两种能力。一般能力的发展为特殊能力的发展与发挥创造了有利条件，而特殊能力的发展也会积极促进一般能力的进一步发展，二者很难截然分开。

### （二）认知能力、操作能力和社交能力

从认知对象的维度可以把能力分为认知能力、操作能力和社交能力。

认知能力是人们获得和应用知识的能力，也是对信息加工的能力，是人们顺利完成某种活动的最基本的能力。

操作能力是通过反复实践建立起来的，是在操作技能上积累起来的，比如体育运动能力、机械操作能力、劳动能力等，是顺利完成实践性活动的重要条件。

社交能力是指妥善处理组织内外关系的能力，是人们在社会交往过程中发展起来的能力，是在日常交际活动中表现出来的，与周围环境建立广泛联系和对外界信息的吸收、转化能力，社交能力需要多方面的协调，比如组织能力、管理能力等。这种能力对人们之间相互沟通、交流有着重要的促进作用。

### （三）模仿能力和创造能力

能力按创造性程度可分为模仿能力和创造能力。

模仿能力是指人们依照他人的言行举止以使自己的行为方式与被模仿者相同的能力。例如，儿童模仿父母的说话、表情，成年人学画、习字时的临摹等。模仿得越像，表明模仿能

力越强。模仿是动物和人类的一种重要的学习能力。

创造能力是指产生新思想、发现和创造新事物的能力。创造能力是成功地完成某种创造性活动所必须具备的心理条件。例如，作家在头脑中构思新的人物形象，创作新的作品；科学家提出新的理论模型，并进行实验验证等都是创造能力的具体表现。

模仿能力和创造能力虽然是两种不同的能力，但二者又相互联系，彼此渗透。一般人总是先模仿，然后再进行创造。模仿可以说是创造的前提和基础，创造是模仿的发展。

### （四）流体能力和晶体能力

根据能力在人一生中的不同发展趋势以及能力与先天禀赋、社会文化因素的关系可以把能力分为流体能力和晶体能力。

流体能力也叫作流体智力（Fluid Intelligence）。卡特尔认为流体智力"主要是先天的，能够适应不同的材料并且与过去经验无关的一般因素。"流体智力一般在解决问题的过程中表现出来，比如类比、推理、演绎等。在一定程度上不依赖于教育，它取决于个人的禀赋，它几乎参与到人类的一切活动中。流体能力一般发展到 20 岁达到顶峰，30 岁以后呈递减趋势。

晶体能力也叫作晶体智力（Crystallized Intelligence）。卡特尔认为晶体智力是"一种一般因素，大部分属于从学校中学到的那种能力，它代表了过去对流体智力应用的结果以及学校教育中的数量和深度，一般在词汇和计算能力测量的那些测验中表现出来。"晶体能力是获得知识的能力，取决于后天学习。晶体能力伴随着人的一生发展而发展，但在 25 岁以后发展速度趋于平缓。

### 知识窗

#### 成功智力

艾丽丝学习成绩优异，老师认为她是最好的学生，同学们也认为她是最聪明的人。艾丽丝虽然在学业上出类拔萃，可在之后的职业生涯中却一直表现平平，同班同学里 70%~80% 在工作中都表现得比她出色。这样的例子在许多国家、许多学校都不难发现。中国也开始关注"第 10 名现象"，即学习最好的学生不一定是工作最出色的人，而学习排名在第 10 名左右的学生，可能会在以后的工作中游刃有余。

这一现象说明了学业成就的高低并不能 100%地决定一个人是否成功，这涉及成功智力的问题。成功智力（Successful Intelligence）是一种用以达到人生中主要目标的智力，对现实生活的影响举足轻重。因此，成功智力与传统 IQ 测验中所测量和体现的学业智力有本质的区别。学业智力是一种"惰性化智力"（Inert Intelligence），它只能对学生在学业上的成绩和分数做出部分预测，而与现实生活中的成败较少发生联系。在现实生活中真正起作用的不是稳固不变的智力，而是可以不断修正和发展的成功智力。

成功智力包括分析性智力、创造性智力和实践性智力三个方面。分析性智力（Analytical Intelligence）涉及解决问题和判定思维成果的质量，强调比较、判断、评估等分析思维能力；创造性智力（Creative Intelligence）涉及发现、创造、想象和假设等创造思维的能力；实践性智力（Practical Intelligence）涉及解决实际生活中问题的能力，包括使用、运用及应用知识的能力。

成功智力是一个有机整体，用分析性智力发现好的解决办法，用创造性智力找对问题，用实践性智力来解决实际问题，只有这三个方面协调、平衡时才最为有效。一个人知道什么时候以何种方式来运用成功智力的三个方面，要比仅仅是具有这三个方面的素质更为重要。具有成功智力的人不仅具有这些能力，而且还会思考在什么时候、以何种方式来有效地使用这些能力。在各个领域中，这三种智力都发挥着作用。在自然科学领域中，利用分析性智力可以将假设的理论与其他理论进行比较；利用创造性智力可以形成一种理论观点或设计出一项实验；利用实践性智力可以将科学原理应用于日常生活或实践领域中。在文学领域中，分析性智力用于分析剧情、主题或人物；创造性智力用于写作诗歌或小说；实践性智力将从文学中汲取的知识与教训应用于每天的生活中。在艺术领域中，分析性智力用来分析艺术家的风格和想传递的信息；利用创造性智力可以创作艺术作品；利用实践性智力则可以确定什么样的作品受欢迎。在体育领域中，利用分析性智力可以分析出对手的策略战术；利用创造性智力可以用来形成自己的战术；利用实践性智力可以制定出合理的心理战术以赢得比赛。

## 三、能力理论

关于能力的理论，有双因素论、多因素说（群因素说）、多元智能理论等。下面主要介绍多元智能理论。

多元智能理论是美国心理学家加德纳（H. Gardner）根据对脑损伤病人等智力特殊群体的研究及正常儿童、成人的分析，于1983年提出的。他认为，智力的内涵是多元的，它由九种相对独立的智力成分所构成。即① 言语—语言智力，指学习与使用语言文字的能力；② 逻辑—数理智力，指数学运算及逻辑思维推理的能力；③ 视觉—空间智力，指凭借知觉辨别距离，判定方向的能力；④ 音乐—节奏智力，指对音韵节奏的欣赏及表达的能力；⑤ 身体—运动智力，指支配肢体以完成精密作业的能力；⑥ 人际交往智力，指与人交往且能和睦相处的能力；⑦ 自我反省智力，指认识自己并选择自己生活方向的能力；⑧ 自然观察智力；⑨ 自我存在智力。

显然，加德纳的智力理论对传统智力观念提出了新的诠释。按他所列的九种智力，如以传统的智力理论观点看，只有前三种能力才算智力；后面的六种能力，虽然在社会生活中都很重要，但一向并未将之视为能力，加德纳将这些能力综合为智力，符合我们现在所提倡的"全人教育"观念，在学校教育中意义深远。

## 四、能力的培养

能力有较大的天赋性，但可以通过后天培养和自身努力提升。

### （一）重视早期教育

心理学家们的研究，为早期发现和培养人才的主张提供了依据。瑞士心理学家皮亚杰指出，人的智力发展的关键期是从出生到四岁。关键期指某种心理发展的最佳年龄期。美国心理学家布鲁姆（B. S. Bloom）认为：如果把一个人17岁时达到的智力水平比作100%，那么，

5 岁之前就可达到 50%，5~8 岁又增长 30%，剩余的 20% 是 8~17 岁获得的。研究证明，儿童从出生到五六岁是大脑发育最迅速的时期，因此，要发展智力就要抓紧早期教育，不仅要对早慧儿童进行早期的精心培育，而且早期教育对于那些被认为"迟钝"的儿童也是必要的。推孟和其他心理学家的研究都表明，早期能力的发展与儿童以后能力的发展和事业的成就有较大关系。

### （二）通过教学活动培养学生的能力

能力是在学习领会知识、掌握技能的过程中形成与发展起来的。教师既要向学生传授知识，训练其各种技能，又要传授学习知识和训练技能的方法，促进学生能力的发展。

认知派心理学家杰罗姆·布鲁纳（J. S. Bruner）等提倡的"发现学习"是一种重要的新教学法，其特点是个人依靠自己的观察、经验、探索和思维进行学习，教师的指导或干预有限。促进能力的教学，既要发展求同思维，也要鼓励求异思维；既要传授知识，又要使学生学会自己去学习和运用知识；既不要轻视程序式的传统教学法，又要提倡"发现式教学"。比如，通过对数学知识的学习，可以使学生的概括力、空间想象力、计算能力、判断和推理能力等得到发展。教师应根据不同的目的灵活运用教育手段与方法，以促进学生能力的发展，培养学生的多种能力与才能。

### （三）在社会实践活动中培养兴趣，促进能力发展

能力是在活动中表现出来并发展起来的。好动是青少年的特点，引导他们在实践活动中培养广泛的兴趣，开阔的眼界，对发展能力是十分重要的。有益的实践活动可以振奋精神、增强体质、陶冶情操。有益的活动可以促进学生兴趣的养成和观察、想象、思维能力的发展。

### （四）注意能力的个别差异，实行因材施教

首先，应对超常儿童予以特殊形式的教育，以满足他们的学习和能力发展的需要。对能力超常儿童的教育已引起世界各国的重视，比如，美国正在实行一项专门发掘有数学天才学生的计划，让超常儿童在少年期就到大学和研究院攻读；中国科技大学及其他大学也开设了少年大学生班等。

其次，对于普通学生，也要针对他们的特点，进行有的放矢的教育。对那些有生理或智力缺陷的学生，我们应耐心、热情，不要歧视、厌弃他们，要长期坚持不懈地予以特殊的照顾和教育，以促进其能力的发展。

教师只要坚持正确的观点，认识到每个学生的能力都有潜在力量和独到之处，尽量挖掘学生身上最好的东西，就能促进每个学生能力的发展。

## 五、能力的测验

能力测量是使用一套比较系统的测量题目来测量并用数值来表示个人能力发展水平的方

法。测量能力的工具是按照标准化的程序所编制的各种能力测验量表。根据测验的方式不同，可将其分为个人测验和团体测验；根据测验的内容不同，可将其分为文字测验和非文字测验；根据能力的分类不同，将其可分为一般能力测验、特殊能力测验和创造力测验。实施这些测验的目的就是要把能力用数量化的方法精确地表示出来，以利于开发智力、选拔人才和因材施教。

## （一）一般能力测验

智力测验又称普通能力测验或一般能力测验，是目前世界上各国比较流行的用来测量人智力水平高低的一种测验方法。智力测验的工具叫作智力量表，智力量表有很多种，下面介绍几种影响比较大的。

### 1. 斯坦福-比奈智力量表

世界上第一个正式的智力量表是法国心理学家比奈（A. Binet）和医生西蒙（T. Simon）于1905年共同编制的"比奈-西蒙智力量表"（见表8-5）。该量表包括由易到难的30个项目，每个项目的难度逐渐增加。根据儿童通过项目的多少来评定3~15岁儿童的智力水平。

表 8-5　比奈-西蒙量表智商分布表

| 智力等级 | 智商范围 | 理论百分数 |
| --- | --- | --- |
| 非常优秀 | ≥140 | 1.6 |
| 优秀 | 120~139 | 11.3 |
| 中上 | 110~119 | 18.1 |
| 中等 | 90~109 | 46.5 |
| 中下 | 80~89 | 14 |
| 边缘状态 | 70~79 | 5.6 |
| 智力缺陷 | ≤69 | 2.9 |

智力缺陷又分为愚钝（IQ50~69）、痴愚（IQ25~49）和白痴（IQ25以下）

1916年，美国心理学家、斯坦福大学教授推孟对"比奈-西蒙智力量表"进行了修订，制定了适合美国应用的"斯坦福-比奈智力量表"。该量表的项目是按年龄编排的。每个年龄有六个项目，内容包括绘画、折纸、回忆故事、给单词下定义、推理等许多方面，题目难度随年龄增长而逐渐增加。该量表规定，每通过一个项目，即代表增加两个月的心理年龄。如果一个5岁儿童通过了5岁组的全部项目，又通过了6岁组的三个项目，那么，该儿童的智力年龄便是5岁半。得到智力年龄后，便可计算儿童的智商。智商是"智力商数"的简称，是根据一种智力测验的作业成绩所计算出来的分数，它代表了个体的智力年龄与实际年龄的关系。计算智商的公式为：

智商（比率智商）IQ=智力年龄（MA）/实际年龄（CA）×100（乘100是为了消除小数）

比如，如果一个10岁的儿童通过了10岁组的全部项目，那么他的IQ=10÷10×100=100，表明该儿童的智力水平为中等。

1924 年，我国学者修订了斯坦福-比纳智力量表，称为"中国比纳-西蒙智力测验"，当时只适用于浙江儿童；1936 年陈志韦与吴天敏对其进行修订；1982 年吴天敏再次对该量表进行修订，称为"中国比纳测验"，沿用至今。

斯坦福-比奈智力量表是以智力年龄随实际年龄的增长为基础的，然而，儿童到达某一年龄后，心理年龄不再随实际年龄的增加而增长，所以，对超过 15 岁的儿童，用上述方法计算 IQ 便不合理。为了解决这一问题，美国心理学家韦克斯勒编制了一套"韦氏智力量表"。

## 知识窗

### 斯坦福-比奈量表举例（1960 年版）

5 岁组测验题目：

1. 画一张缺腿人的画。

2. 在测验者表演后，将一张方纸叠两层，成一三角形。

3. 给下列单词下定义：球、帽子、炉子。

4. 描一个正方形。

5. 辨认两张画片的异同。

6. 把两个三角形组成一个正方形。

12 岁组测验题目：

1. 给 14 个单词下定义，如急速、功课等。

2. 看出下文的荒唐处：琼斯的脚太大，以致他必须从头上套他的裤子。

3. 理解在两张复杂图片上所描述的情景。

4. 按相反顺序重复五个数字。

5. 给抽象单词下定义，如遗憾、惊奇。

6. 在不完整的句子中填入遗漏的单词，如：一个人不能是英雄，_____一个人总可以是个人。

### 2. 韦克斯勒智力量表

（1）韦克斯勒成人智力量表（Wechsler Adult Intelligence Scale，简称 WAIS）。

韦克斯勒成人智力量表适用于 16 ~ 74 岁的成年人。他修改了智商的计算方法，把比率智商改为离差智商，公式为：IQ=100+15Z，其中 Z=（X-M）/S，公式中 Z 代表标准分数，X 代表个体测验得分，M 代表团体平均分数，S 代表团体分数的标准差。如果知道了某人的测验分数，他的团体分数和团体分数的标准差就可以代入公式计算出他的离差智商。

1981 年，韦克斯勒成人智力量表由龚耀先主持修订，修订后的 WAIS 适用于我国。修订后的量表称为"韦克斯勒成人智力量表中国修订本"（Wechsler Adult Intelligence Scale-Chinese Revised Edition，简称 WAIS-RC）。

（2）韦克斯勒儿童智力量表（Wechsler Intelligence Scale for Children，简称 WISC）

韦克斯勒儿童智力量表适用于 6 ~ 16 岁儿童，最初于 1949 年发表，其修订版于 1974 年出版。由我国北京师范大学张厚粲教授主持修订，于 2007 年完成修订工作。

（3）韦克斯勒幼儿智力量表（Wechsler Preschool Primary Scale of Intelligence，简称 WPPSI）

韦克斯勒幼儿智力量表适用于 4~6 岁儿童，于 1967 年出版。

## （二）特殊能力测验

特殊能力测验指用于测量个人在音乐、美术、体育和机械等方面的特殊才能的测验。特殊能力测验能预测人们在从事某种活动时的顺利性，是选拔人才的一种有效方法。特殊能力测验种类很多，包括机械能力测验、音乐能力测验、绘画能力测验、飞行能力测验、管理能力测验等。比如，西肖尔（C. E. Seashore，1933）编制的音乐能力测验以及安德罗（D. M. Andrew）等人编制的明尼苏达文书测验（Minnesota Clerical Test）。要测定从事某种专业活动的特殊能力，首先要分析并找出这种活动所需要的能力结构有哪些，然后编制有针对性的测验，以此来测量人的特殊能力。特殊能力测验对职业定向指导、安置和选拔从业人员、发现和培养具有特殊能力的儿童有非常重要的意义。

## （三）创造力测验

创造力测验不同于一般的智力测验。智力测验的内容一般为常识性的，并有固定答案的问题，因而测量的结果主要反映个人的记忆、理解和一般的推理能力。创造力测验的内容，不强调现成知识的记忆与理解，而强调思维的流畅性、变通性和独特性。目前常用的创造力测验有吉尔福特的创造力测验（主要用于测量发散思维）、托兰斯的创造思维测验、美国芝加哥大学盖泽尔斯和杰克逊编制的创造力测验。我国东北师范大学李孝忠于 1999 年在《中国教育报》上发表了《研究适合中学的新型创造力测验》，并与其他人一起编制了中学生语义创造能力测验。

能力的测量是一项十分严肃、复杂的工作，为了使测验结果可靠、有效，测验的编制、施测、评分及对分数的解释，都必须遵循严格的程序，切忌乱编滥用，以免产生不良的社会后果。

## 本章知识要点

个性就是个体独特而相对稳定的心理行为模式。它包括个性心理特征、个性倾向性和自我意识。个性具有独特性、整体性、相对稳定性和生物社会性。个性心理特征由气质、性格和能力组成。其中气质是表现于个体心理活动过程中的稳定的动力特征，典型的气质类型包括多血质、抑郁质、黏液质和胆汁质。气质差异在个体生活、职业活动以及教育中都有极为重要的意义。性格是个体对现实的稳定的态度和习惯化了的行为方式，它与气质既有联系又有区别，其类型学说有荣格的经典划分，以及威特金的类型论。个体性格的形成受遗传因素和社会环境因素共同影响。能力是直接影响活动效率，并使活动顺利完成的个性心理特征，根据不同的划分标准，能力可以划分为不同的类型，它的培养需要学校、社会、家庭和个人共同努力。气质、能力、性格的测量方式都有问卷法、观察法、实验法等，但是比较常用且简便的方法是问卷法。

## 思考与实践

1. 请同学们思考，图8-1四个看演出的人，分别属于哪种气质类型？为什么？

2. 请从我国古典四大名著中，寻找出典型的四种气质类型的代表人物。

3. 请将"四液特征说"改换成表格形式，使四种气质类型的差异能够一目了然。

4. 如何针对不同气质类型的学生开展教育？

5. 性格的类型有哪些？分别有哪些特点？

6. 影响性格和能力的形成因素有哪些？我们在教育中应该怎样做？

7. 如何测量个体的气质和性格？选择一个方法，测试一下你或者身边朋友的气质和性格。

8. 什么是能力？知识、技能与能力有什么关系？

9. 能力发展的个体差异表现在哪些方面？ 如何理解能力的个体差异？

10. 怎样发挥主观因素在能力发展中的作用？

11. 对于能力不足的儿童，我们能够做些什么？

## 推荐阅读书目

[1] 彭聃龄. 普通心理学[M]. 北京：北京师范大学出版社，2012.

[2] 荆其诚，林仲贤. 心理学导论[M]. 北京：科学出版社，1986.

[3] 叶奕乾，孔克勤，杨秀君. 个性心理学[M]. 上海：华东师范大学出版社，2016.

[4] 黄希庭. 心理学导论[M]. 北京：人民教育出版社，1999.

[5] 理查德·格里格，菲利普·津巴多. 心理学与生活[M]. 北京：人民邮电出版社，2016.

[6] L.A. 珀文. 人格科学[M]. 周榕，陈红，杨炳均，译. 上海：华东师范大学出版社，2001.

# 第九章　个性心理倾向性

## 心理故事

### 王老师的妙招

在一座宿舍楼下放着一辆废弃的卡车，夏季的中午，一群孩子老是在车上蹦蹦跳跳，闹得大家心烦意乱、无法休息。居委会大妈责骂、轰赶全没有用，越轰孩子们反而越蹦得起劲，大家拿他们实在没有法子。

住在该区的王老师主动请缨，愿意尽力将这件事处理好，但有一个条件，这几天其他人不得干预自己的行动，并请居委会大妈做好附近居民的工作，暂时忍耐几天。

王老师召集这些孩子宣布："今天起每天组织你们比赛，谁蹦得最高谁得奖，今天的奖品是这个。"王老师高高扬起一把漂亮的玩具手枪，孩子们欢呼雀跃，竞相蹦跳，累得筋疲力尽，其中一人得奖。第二天王老师宣布："今日的奖品是两块巧克力。"孩子们看到奖品档次降低很多，兴趣锐减，也有了牢骚，但他们还是继续参加蹦跳比赛。第三天王老师说："今天的奖品是一包花生米。"孩子们一听，大发牢骚，纷纷抱怨："不蹦了，不蹦了，累得要死，真没劲，还不如回家看电视！"

从此以后小区安静了。

王老师是怎样解决孩子午休时在车上蹦跳的问题？在此过程中，孩子的心理有什么变化？为什么会有这些变化？我们在生活中和学习中是否有类似的现象？如何解读这些现象？这对我们的行为会产生怎样的影响？对我们有什么启示？答案将在本章中揭晓。

# 第一节　需　要

## 案例展示

### 害怕孤单

居住在拥挤而嘈杂的人群中的人们，常常会希望自己能拥有一方安静的、属于个人的独立空间，不受任何人的打搅。为此，人们设计了可以随时开关的门窗、可以上锁的抽屉或箱子。甚至有许多人还幻想着有一天能退隐到深山幽谷中，过与世无争的"隐士"生活。问题是，这样的生活真的能给我们带来快乐吗？

18 世纪末，欧洲探险家史金克在一个荒岛上独居了 4 年。在这 4 年中，他可以自如地应付自然界的残酷，满足自己生存所需要的一切，但却无法忍受孤独的感觉。为此，史金克学着《鲁滨孙漂流记》中的鲁滨孙，养了一条狗、一只鹦鹉，以及几头野兽为伴，每天和这些动物们进行长谈。但是，他仍然常常陷入精神恍惚的状态，不能自拔。4年后，他虽然重新回到了家人的身边，但却无法完全恢复以前与人交往的能力。

海军上将伯尔在《孤独》一书中讲述了他在北极探险期间一个人独居6个月时的生活感受。这6个月，他是在被冰雪掩埋下的小木屋中孤独地度过的，伯尔当时是主动地要过与世隔绝的生活，他想真切地体验一下孤独生活所带来的和平与宁静，但不曾料到，他仅仅在冰雪下的小木屋里孤独地生活了3个月，就陷入了极度忧郁的状态，不得不在6个月后，悻悻地返回社会。

这两个案例说明人类很难长期独处，为什么会这样？这与人的需要密切相关。那么什么是需要呢？我们到底又需要些什么呢？如果没有需要，我们是否就停滞不前了？人类社会是否可以没有需要？本节内容将给你一些启发。

## 一、需要的概念

需要是个体内部的某种缺乏或不平衡状态。人为了求得个体和社会的生存和发展，必须需求一定的事物。例如，食物、衣服、睡眠、劳动、交往、尊重、工作等，这些需求反映在个体头脑中，就形成了他的需要。需要被认为是个体的一种内部状态，或者是一种倾向，它反映了个体对内在环境和外部生活条件的较为稳定的要求，并成为有机体进行各种活动的基本动力。它常以意向、愿望、动机、抱负、兴趣、信念、价值观等形式表现出来。我们对需要的理解应把握以下几点：

其一，需要是个体内部的某种缺乏或不平衡状态。这种不平衡状态既可以是生理上的也可以是心理上的。如血液中的血糖成分下降会产生饥饿求食的需要，社会动荡会产生安全的需要，孤独会产生交往的需要，一旦这些需要得到满足后，机体的某种不平衡状态就可以达到平衡，需要得以满足，而后又出现新的不平衡，新的需要又会产生。

其二，需要表现出个体对客观条件的稳定要求。如困了要睡觉，这种需要是由有机体内部的要求引起的；如父母希望自己的子女能干、有作为，孩子就会朝着父母的期望努力、前行，这种需要是由有机体外部的要求引起的。当这些要求没有得到满足时，就会引起个体内部的不平衡，继而转化为某种需要。

其三，需要是有机体进行各种活动的基本动力。人的各种活动和行为均是在需要的推动下进行的。

## 二、需要的作用

需要是个人的心理活动与行为的基本动力，它在人的活动、心理过程和个性中起着重要的作用。

### （一）需要是个体行为积极性的源泉

需要和人的活动紧密联系，正是个体的这种或者那种需要，推动着人们在某个方面进行积极的活动。比如，饥饿的人会通过各种渠道寻找食物；行走在沙漠中缺水的人会四处寻找水源，寻找绿洲；想改变自己命运的人就会想方设法改变自己的处境。需要越强烈，人的行为就越积极。需要永远具有动力性，它不会因暂时的满足而终止。研究表明：有一些需要明显地带有周期性的特征，如对饮食和睡眠的需要；而一些需要满足后，又会产生新的需要。例如，人的吃穿住行的生理需要得到满足后，就会向往安全、尊重，审美、自我实现的需要。新的需要能促进人们从事新的活动，不断地挖掘自己的潜能，推动社会的发展。

### （二）需要是个体心理过程的内部动力

人们为了满足需要必须对有关事物进行观察和思考。恩格斯曾指出："思维活动归根结底是由经济的原因引起的。"需要调节和控制着个体认识过程的倾向，对情感和情绪影响很大。情感和情绪是人对客观事物与人的需要之间关系的反映，喜怒哀乐是随着需要是否得到满足而表现出来的。需要得到满足，人就会感到开心快乐，需要得不到满足，就会出现负面情绪。需要推动意志的发展，个体为了满足需要，从事一定的活动，要用一定的意志努力去克服困难，同时，人在克服困难的过程中，也锻炼了意志。

## 三、需要的种类

人的需要是纷繁复杂的，有很多类型，根据不同的划分标准，可以将需要做如下划分：按起源可以分为生理需要和社会需要；按指向的对象可以分为物质需要和精神需要。

### 1. 生理需要和社会需要

生理需要是个体维持生命和延续种族而产生的需要，如进食、饮水、睡眠、运动、呼吸、排泄和性等需要。没有生理需要，人们就无法正常地生活，无法开展工作，会阻碍社会的繁荣与进步。生理需要是人类最原始、最基本的需要，是人和动物共有的，但人类的生理需要与动物的生理需要有本质的区别。人的生理性需要受社会生活条件所制约，具有社会性，带有社会历史的烙印；人的生理需要受道德伦理的约束，受地域的影响。人可以控制自己的生理需要，可以为满足自己的生理需要积极地改造周围的环境，通过社会生产劳动生产出自己所需要的对象，并且随着生产的发展，不断提高自己的生理需要。动物的需要则是其本能的反映。

社会需要是人类在社会生活中形成，为维护社会的存在和发展而产生的需要。如对劳动、交往、友谊、求知、美、爱情和道德等的需要。社会需要不是生来就有的，它是在生理需要的基础上，在社会实践和教育影响下发展起来的。社会需要是社会存在和发展的必要条件，是人类特有的，受社会生活条件制约，具有社会历史性。不同的历史时期、不同的阶级、不同的民族和不同的风俗习惯，人们的社会需要也会有所不同。社会需要推动着人积极改造社会，是挖掘人们潜力的动力与源泉。

### 2. 物质需要与精神需要

物质需要是人们赖以生存的一种需要，主要指向吃、穿、住、行有关的物品，如对劳动工具、房屋、家具、文化用品、科研仪器的需要等。物质需要既包括生理需要，也包括社会需要。

精神需要是人类特有的需要，是在物质需要的基础上形成的交往的需要、认识的需要、美的需要、尊重的需要、道德的需要、创造的需要等。在劳动过程中形成的交往需要是人类最早形成的精神需要。人无论在哪个地区，都需要和别人沟通交流，都渴望友谊，希望得到别人的尊重。交往需要在精神需要中占有特殊重要的地位，长期缺乏社会交往会导致人的个性发生变化。精神需要对人类自身发展及个性完善非常重要，对社会的发展与进步同样具有极其重要的作用。大学生属于高学识、高素质群体，要充分发挥精神需要，不断地完善自我。

## 四、需要层次理论

人的需要是多种多样的，有其复杂的结构。心理学家们曾致力相关的研究，并构建了相应的理论，其中最具深远影响的理论是由人本主义心理学代表人物之一的马斯洛（A. H. Maslow，1908—1970）提出的需要层次理论（见图 9-1）。

在需要层次理论中，马斯洛把人的需要分为五个不同的层次，分别是生理需要、安全需要、归属与爱的需要、尊重的需要和自我实现的需要，并认为每一层次的需要都有其独特的意义，并进行了翔实的解析。

图 9-1　马斯洛需要层次理论

生理需要（Physiological Need）包括吃、穿、住、行、医疗和繁衍后代等所必需的各种物质上的需求。它是最强烈的不可避免的最底层需要，也是推动人们行动的强大动力。当一个人为生理需要所控制时，其他一切需要均退居次要地位。例如，一个人在极度饥饿时不会对其他任何事物感兴趣，他的主要动力用于寻找食物。

安全需要（Safety Need），即当个体生理需要得到满足以后就会对人身安全、生活稳定以及免遭痛苦、威胁或疾病等产生需求。马斯洛认为，整个有机体是一个追求安全的机制，人的感受器官、效应器官、智能等都是寻求安全的工具。

归属与爱的需要（Belongingness and Love Need）包括两种需要，一是友爱的需要，即人人都需要伙伴之间、同事之间的关系融洽或保持友谊和忠诚；人人都希望得到爱情，希望爱别人，也渴望接受别人的爱；二是归属的需要，即人人都有一种归属于一个群体的情感需求，希望成为群体中的一员，成员间能相互交流和彼此照顾。

尊重的需要（Esteem Need），又可分为内部尊重需要和外部尊重需要。内部尊重需要是指一个人希望在各种不同情境中相信自己有实力、能胜任、充满信心，且能独立自主，换言之，内部尊重需要就是人的自尊。外部尊重需要是指一个人希望有地位、有威信，受到别人的尊重、信赖和高度评价。

自我实现的需要（Self-actualization Need），是一种最高层次的需要，指个体希望实现个人理想、抱负，并能发挥个人能力。达到自我实现境界的个体，能够接受自己也接受他人；且解决问题能力增强，自觉性提高，善于独立处事，要求不受打扰地独处。有自我实现需要的人，往往会竭尽所能，使自己趋于完美，实现自己的理想和目标，获得成就感。马斯洛认为，在个体自我实现的创造过程中，会产生出一种所谓的"高峰体验"的情感，这个时候的人处于最高、最完美、最和谐的状态，具有一种欣喜若狂、如醉如痴的感觉。

需要层次理论还提出，五种层次的需要都是人的基本需要，是天生的、与生俱来的，它们共同构成了不同的等级或水平。需要的层次越低，越基础，对人的影响也就越大。他还认为，人的低层次需要得以满足，高层次的需要才会出现。自我实现是最高层次的需要，是一种创造的需要，在此阶段人类寻求潜能的充分发展，已经超越了人类的基本要求。

马斯洛根据需要层次高低的不同，进一步界定了两类需要，即低级需要和高级需要，具体内容为：其一，低级需要，也叫作缺失需要或匮乏性需要。这类需要是人类最基本的、最原始，也是动力最强、潜力最大的需要，这一级的需要是否得到满足，会直接关系到个体的生存情况。其二，高级需要，也叫作成长的需要。高级需要不是维持个体生存所必需的，故而，这种需要在人的发育过程中，出现得较晚，人和动物均有生理需要和安全需要这样低级的需要，高级类人猿也许有爱的需要，但自我实现的需要则只有人类才有，所以，越是高级的需要就越为人类所有。

马斯洛的需要层次理论对于解释人类的很多需要现象有一定的价值和意义，例如一位很累很饿的学生是不太可能认真听讲的；相似的，也没有职员会饿着肚子通宵达旦地工作。但马斯洛的需要层次理论却解释不清楚如下现象：学生们会为了某次的考试而废寝忘食，或者会因为专注于某项活动而忘记了疲劳、饥饿或个人问题，这也反映了马斯洛理论的局限之处。但综合而言，马斯洛的需要层次理论还是有一定现实意义，在学校，教师可以借鉴其理论，通过关注学生较低和较高层级的需要，由此激励学生的学习。

## 知识窗

### 自我实现

自我实现是马斯洛人格理论的核心。他认为可以将其定义为"不断实现潜能、智能的天赋";"完成天职或称之为天数、命运或秉性";"更充分地认识、承认了人的内在天性";"在个人内部不断趋于统一、整合或协同动作的过程"。他认为,个体之所以存在,之所以有生命意义,就是为了自我实现。

马斯洛认为,所有人都有自我实现的需要,尽管真正实现这一需要的人还不到1%。马斯洛对自己的学生进行抽查,并对历史上和当时健在的著名人物,如贝多芬、歌德、爱因斯坦、罗斯福等人进行个案研究,概括出了自我实现的人所共同具有的人格特征:

1. 了解并认识现实,持有较为实际的人生观。

2. 悦纳自己、别人以及周围的世界。

3. 在情绪与思想表达上较为自然。

4. 有较广的视野,就事论事,较少考虑个人利害。

5. 能享受自己的私人生活。

6. 有独立自主的性格。

7. 对平凡事物不觉厌烦,对日常生活永感新鲜。

8. 在生命中曾有过引起心灵震动的高峰经验。

9. 爱人类并认同自己为全人类的一员。

10. 有至深的知交,有亲密的爱人。

11. 具有民主风范,尊重别人的意见。

12. 有伦理观念,能区分手段与目的,绝不为达到目的而不择手段。

13. 带有哲学气质,有幽默感。

14. 不墨守成规。

15. 对世俗,和而不同。

16. 对生活环境有随时改进的意愿与能力。

对那些希望自己的人生也能臻于自我实现境界的人,马斯洛提出了以下7点建议:

1. 把自己的感情出口放宽,莫使心胸像个瓶颈。

2. 在任何情境中,都尝试以积极乐观的角度看问题,从长远的利害做决定。

3. 对生活环境中的一切,多欣赏,少抱怨;有不如意之处,设法改善;坐而空谈,不如起而行动。

4. 设定积极而有可行性的生活目标,然后全力以赴求其实现;但却不能期望未来的结果一定不会失败。

5. 对是非之争辩,只要自己认清真理正义之所在,纵使违反众议,也应挺身而出,站在正义一边,坚持到底。

6. 莫使自己的生活僵化,为自己在思想与行动上留一点弹性空间;偶尔放松一下身心,将有助于自己潜力的发挥。

7. 与人坦率相处,让别人看见你的长处和缺点,也让别人分享你的快乐与痛苦。

# 第二节　动　机

**案例展示**

## 小辉又不见了

早上九点，"嘀——"第二节课上课铃声未落，高二（1）班班长急匆匆跑进办公室："报告老师，小辉又不见了！"

寻找小辉，已经成了班主任的日常工作之一，他已不知多少次把小辉从球场、马路、游戏厅"请"回来。每次小辉都痛哭流涕，信誓旦旦，说再也不逃课了，但他的每次誓言都不会是最后一次。

一提起小辉，数学老师就不由得提高嗓门："那孩子，哪次作业好好做了？别的同学交的是本儿，他可好，一张纸！背面还有语文笔记！上课不是打瞌睡就是发呆，常常答非所问，哪个同学不是笑掉大牙？上次考试卷该答题的地方打满草稿，还画了个哭泣的小人。这次考卷除了选择题外，什么都没写，角落里有蚊子腿一般大的几个小字：'老师对不起，我病了，头很痛，请不要给我零分'。"

语文老师拿出小辉的作文，字迹非常潦草。有一篇题目叫作《我最讨厌的一件事——上学》里面写道："XX 讨厌死了，见他的鬼去吧，把书扔进高压锅里，用小火煮上一天，拿出来再用锤子砸、砸、砸，再浸入浓氨水、浓硫酸、浓硝酸……用棒球棒打，狠狠地打、摔，送入转炉，烧成灰，最后为它拍张照，留做幸福的纪念！"

小辉的母亲何女士也是一所中学的教师，年年带初三，年年出好成绩，可是一提到自己的儿子，却一筹莫展："实在不好意思，我教别人的孩子一套一套，怎么教自己的孩子一点法子也没有呢？小学时可听话了，一放学就做作业，从不出去疯。一上初中怎么成了这个样子？现在在多好的学校呀，人人都羡慕，小学毕业，班里只保送了他一个，他怎么就不知道珍惜？我和他爸老跟他讲：'小辉你可得争气，回家咱们多自学，上课努把力，不也能跟上去吗？'小辉却说：'没用，人人都比我强，我怎么也争不到第一，努力有什么用？在教室里，我一分钟也待不下去了！'"

小辉怎么了？他为什么如此地讨厌上学？为什么从小学到初中他判若两人？你能理解他吗？假如你是小辉的老师或父母，面对这种情况，你该怎么办？这是本节将要探讨的内容。

## 一、动机概述

### （一）动机的含义

动机是由目标或对象引导、激发和维持个体活动的一种内在的心理倾向或内部动力，即动机就是让个体产生各种行为的内部动力或原因。正因为动机是一种内部动力，故而是无法直接观察的，要通过行为进行推论。动机的产生是以需要和诱因为前提的，当某种、某时的需要没有得到满足时，它就会推动人们去寻找满足需要的对象，从而产生活动的动机。例如，饥饿时寻找食物，口渴时寻找水源。

在动机中，需要与诱因是紧密联系着的。需要比较内在、隐蔽，是支配有机体行为的内部原因；诱因是与需要相联系的外界刺激物，它吸引个体的活动，并使需要有可能得到满足。没有需要，就不会有行为的目标；相反，没有行为的目标或诱因，也不会诱发某种特定的需要。在实际生活中，人的行为往往取决于需要与诱因的相互作用。

动机可能是意识到的，也可能是意识不到的。实际上，在活动的瞬间，动机通常是意识不到的。定势就是一种未被意识到的动机。例如，连续10到15次将两个大小不同的球放在被试手中，让其抚摸并判断哪只手上的球大些，然后让被试摸同样大小的两个球，这时被试会觉得这两个球大小是不一样的。另外，对各类人的刻板印象等社会定势有可能在不同程度上未被意识到，如认为山东人好爽、正直、吃苦耐劳，浙江人聪明伶俐、随机应变，认为学者都是文质彬彬的，商人都是唯利是图，等等。当然，大多数目的性活动的动机是我们能够意识到的。

### （二）动机的功能

动机在人类行为中起着十分重要的作用，人类动机是个体活动的动力和方向，它既给人的活动以动力又对人的活动的方向进行控制，动机被认为具有活动性和选择性。人类的动机就如汽车的发动机和方向盘，动力和方向被认为是动机概念的核心。

#### 1. 激发功能

动机能激发个体产生某种活动，尤其当个体在遭遇挫折或障碍时，动机的存在能引领个体想方设法克服困难，勇往直前。例如，渴望考上研究生的同学在准备考研的时候每天早上六点就会起床备考，即使在寒冷的冬日也不例外。

#### 2. 指向功能

动机使个体进入活动状态之后，还能指引个体的行为朝向某个特定目标。例如，个体在成就动机的支配下，选择具有挑战性的任务；个体选择了读书，在经历各种困难以后（如交不起学费、学校比较远等），仍然会坚持选择读书而不辍学。

#### 3. 维持和调节功能

当个体的某种活动产生以后，动机使活动始终针对一定目标，并调节着活动的方向、强度和持续时间。例如，中长跑运动员在参加训练和比赛时，通过自身的维持和调整，合理地分配体力，给予大脑适当刺激，当完成任务后，调节刺激强度，以驱使机体停止运动。

### （三）动机与需要的关系

需要和动机是紧密相连的，但需要并不一定就是动机。因为需要在主观上常以意向和愿望被体验着：其中模糊意识到的、未分化的需要叫作意向。有某种意向时，人虽然意识到一定的活动方向，却不明确活动所依据的具体需要和以什么途径、方式来满足需要。而个体明确意识到并想实现的需要叫作愿望，如果愿望仅停留在头脑中，不付诸实际行动，需要还不能成为活动的动因。因此，处于静止的需要还不是动机，只有当愿望或需要激起人进行活动并维持这种活动时，需要才能成为活动的动机。

引起动机必须有内在条件和外在条件。

引起动机的内在条件是需要，动机是在需要的基础上产生的。如果说，人的各种需要是个体行为积极性的源泉和实质，那么人的各种动机就是这种源泉和实质的具体表现。如学生的学习动机就是他们学习需要的具体表现。动机和需要密切地联系在一起，离开需要的动机是不存在的。当需要在强度上达到一定水平，并且有满足需要的对象存在时，就引起动机。

诱因是指能够激发个体的定向行为，并能满足某种需要的物体、情境或活动，也可以是有机体趋向或回避的目标。它是引起动机的另一个重要因素，诱因可以分为正诱因和负诱因。凡是个体趋向或接受它而得到满足时，这种诱因则即为正诱因；凡是个体因逃离或躲避它而得到满足时，这种诱因则称为负诱因。诱因可以是物质的，也可以是精神的。例如，老师对学生的表扬，就是一种激发学生学习的精神诱因。

个体在某一时刻有最强烈的需要，并在有诱因的条件下，能产生最强烈的动机。例如，有考大学需要的人，只有在高校招生的条件下，才能引起升学的动机。可见，需要和诱因是形成动机的必要条件，但是，在动机的内在条件和外在条件各自引起的作用上，心理学家所强调的侧面是有所不同的。一般认为，有些动机形成时需要的作用强些，有些动机形成时诱因的作用强些。例如，人在某些时候并不是很饿，但看到美味的食物时，也会有进食的动机和行为。

## 二、动机的种类

### （一）生理性动机和社会性动机

根据动机的起源，可以把动机分为生理性动机和社会性动机。

#### 1. 生理性动机

生理性动机起源于生理性需要，它是以有机体的生理需要为基础的。例如，饥饿、干渴、性、睡眠、痛苦等动机。人类的生理性动机也受社会生活条件所制约，并且打上社会的烙印。在生理性动机中研究得最多的是饥饿动机和干渴动机。

（1）饥饿动机。饥饿驱使个体求食。有机体缺乏食物引起饥饿，但缺乏食物如何引起饥饿感觉呢？这是一个复杂的问题。长期以来，人们一般认为胃部收缩是引起饥饿的主要原因。坎农（W. B. Cannon）曾做过一个著名的实验。他把一个气球放进被试的空胃中，然后充气使之与胃壁紧贴，当气球充气引起胃壁收缩时，被试产生饥饿感觉。但也有一些实验并不支持胃收缩就是饥饿产生的唯一原因的论点，旺杰斯坦（Wangensteen）等人发现，全部切除胃的人仍有饥饿感觉。坦善尔顿（Templeton）等人将饿狗身上的血输入到饱狗身上，发现饱狗的胃部收缩；将饱狗身上的血输入到饿狗身上，发现饿狗的胃部停止收缩。这说明血液中的某些化学成分的变化是引起饥饿的原因，血液中的化学成分变化，主要是血糖和激素含量的变化，饥饿可能是由血糖量降低、内分泌变化和胃部收缩三者共同引起的。

现代生理学研究表明，饥饿与下丘脑的机能有关，下丘脑有两个中枢对摄食行为进行调节，即摄食中枢和饱食中枢。摄食中枢位于下丘脑的外侧区，它发动摄食活动；饱食中枢位于下丘脑的腹内侧核，它抑制摄食活动。电生理学实验表明，刺激一个中枢会抑制另一个中枢的活动。中枢神经系统的许多部位都参与控制饥饿动机的行为，不能把下丘脑看作控制饥饿动机的唯一部位。

社会文化条件，个人生活习惯，食物的色、香、味等也都影响着人的求食活动。生活在不同地区的人，食物的品种受当地物产的限制。例如，沿海主要是海鲜，内地主要是家禽的肉。食物的制作方法在很大程度上受传统文化的影响。

（2）干渴动机。干渴驱使个体从事饮水活动。渴比饥饿对个体行为具有更大的驱动力，人可以几天不吃食物，但不能几天不喝水，体内如果严重缺水会导致机体的死亡。干渴动机是每个人都具有的，尤其是那些身处缺水困境的人。例如，行走在茫茫无边的沙漠中的人，更能体会渴的滋味。

### 2. 社会性动机

社会性动机又称为心理性动机，它起源于社会性需要，与人的社会性需要相联系。例如成就、交往、威信、归属和赞誉等动机。社会性动机具有持久性特征，是后天习得的，人与人之间的社会性动机有很大的差异。下面主要说说成就动机和交往动机。

（1）成就动机。成就动机指个体在完成某种任务时力图取得成功的动机。成就动机对个人的发展和社会的进步有重要作用，它好像一架强大的"发动机"那样，激励着人们努力向上，在前进道路上取得一个又一个的成就。成就动机和一个人的抱负水平密切相关。成就动机还与个人的性格、能力、价值观、世界观有关，也与周围的人群、环境有关。

（2）交往动机。交往动机又称为亲和动机。交往动机指个体愿意与他人接近、合作、互惠，并发展友谊的动机。人类的交往动机反映了社会生活和劳动的要求，人要参加社会活动，要劳动，就必须与他人接近、合作、保持友谊关系。人际交往也是个体心理正常发展的必要条件，只有在社会生活中通过人际关系，个体心理才能得到正常的发展。

人类的交往活动与恐惧有关。沙赫特（S. Schachter）将 64 名女大学生分为实验组和控制组。让实验组的女大学生看一个身穿白色实验服的实验者，并且在房间里布满了各种电器设备。告诉被试，实验是有关电击的问题，电击会伤害人，使人痛苦。控制组则尽量让被试感到轻松，并且告诉被试，电击不会感到不舒服，只会感到一些发痒或震颤的感觉。结果表明，高恐惧的人比低恐惧的人更愿意合群，越是恐惧，合群倾向越强烈。

人类的交往活动也与忧虑有关。人遇到的挫折越多，心中的忧虑也越多，他们选择逃避人群，担心人们发现他们心中的忧虑，合群倾向降低。

### （二）原始的动机和习得的动机

按学习在动机形成和发展中所起的作用，动机可以分为原始的动机和习得的动机。

原始的动机是与生俱来的动机，以人的本能需要为基础，不需要后天学习，如饥饿、性、渴，以及婴儿探索周围环境的动机。婴儿最初开始探求世界的动机就是原始性动机，他们通过对任何环境中表现出来的好奇与兴奋，并借助抓握、吸吮对周围环境进行感知，最后在原始性动机的基础上认识事物的概念和形态等。

习得的动机是后天获得的，它是经过学习而形成和发展的动机。如个体的学习动机、成就动机、交往动机，都是在其成长过程中通过个体的观察、模仿、练习或领悟等学习方式而获得。

### （三）有意识动机和无意识动机

按动机认识水平，可以将动机分为有意识动机和无意识动机。

有意识动机，是指动机发生在意识水平上，人们清楚知道自己行为的动机是什么，行为的目标是什么。例如中学生刻苦努力地学习，是为了能考上理想的大学。

无意识动机，是指无意识或没有清楚地意识到的动机。如一位教师，认为某个孩子很聪明，相信他的成绩一定很好，在改卷时很可能放松要求，但是这位教师却对自己的行为毫无意识。

### （四）内部动机和外部动机

按动机的来源，可以将动机分为内部动机和外部动机。

外部动机，是指在外界的要求与外力的推动下产生的动机。例如，有的学生为了得到教师的奖励或免受父母责备才努力学习。

内部动机，是指由个体的内部需要引起的动机。例如，有的学生对知识很感兴趣，能够积极主动地学习。

外部动机和内部动机有时是相互联系的，因为外界要求并不一定就能引发动机，只有当外界要求转化成人的内部需要时，才能成为行为的动力。如果外界要求没有被个体意识到，或没有被当回事，那么也不会产生动机作用。

## 三、动机理论

### （一）强化论

行为主义学派代表人物斯金纳的操作性条件反应理论中暗含着动机理论，即强化论。斯金纳认为，有机体有两种行为：一是应答性行为；二是操作行为。在斯金纳看来，个体行为之后的强化事件可以引发和维持有机体的学习行为。因此，他认为不必在强化之外去寻找有机体行为的原因，强化理论能解释有机体行为的产生。即无需将动机与学习区分开来，引起动机与获得行为并无二样，都可用强化来解释。人们为什么具有某种行为倾向呢？按照斯金纳的观点，完全取决于先前这种行为和刺激因强化而建立的牢固联系。如果学生因为学习而得到强化，就会产生努力的学习动机；如果学生因学习而受到了惩罚，则会产生避免学习的动机。

强化论可以解释幼儿和低年级儿童的许多学习行为产生的原因。例如，有些幼儿在幼儿园表现不佳而被取缔小红花，有可能使他更好地表现自己；某小学生写作文时受到教师的表扬后作文水平不断提高，这些行为产生的原因可以用强化来解释。

尽管强化论能解释学习行为产生的原因，但它强调外部动机作用，强调外部事件或来自外部的强化、惩罚的作用，而忽略学生本身的情况，这是强化论的不足之处。

## （二）驱力论

20世纪20年代武德沃斯提出了行为因果机制的驱力概念。所谓驱力，指个体由生理需要（如食物的需要、性的需要、逃避痛苦的需要）所引起的一种紧张状态，它能激发或驱动个体行为以满足需要、消除紧张，从而恢复机体的平衡状态。而后，赫尔又提出了驱力减少理论。他假定个体要生存就有需要。需要产生驱力。驱力是一种动机结构，它给机体提供力量或能量，使需要得到满足。赫尔还认为，人类的行为主要是由习惯来支配的，而不是由生物驱力支配。他强调经验和学习在驱力形成中的作用，认为学习对机体适应环境有重要意义。驱力给行为提供能量，而习惯决定着行为的方向。另外，赫尔提出，有些驱力来自内部刺激，不需要习得，成为原始驱力；有些驱力来自外部刺激，是通过学习得到的，成为获得性驱力。

驱力论的另一观点是：驱力、习惯强度共同决定了个体的有效行为潜能，它们的相互关系可以表示为：$P = D \times H$（其中 P 代表个体的有效行为潜能、D 代表驱力、H 代表习惯强度）。例如，个体感到孤独，他想远离孤独的驱力就要去认识和结交朋友，而这种想法越强烈，则有可能激发其人际交往的潜能。

驱力理论与强化论相比，考虑了个体的内在因素，有其进步的一面。但是，驱力减少理论不能解释另一些行为，例如，什么力量激发了过量的、强制性的进食行为？为什么一个人可以通宵达旦地工作？在特殊时期为什么有人可以绝食数日？在这些行为中，人的驱力不是减少，而是增加了。

## （三）归因理论

归因指人们对自己或他人的活动及其结果以及其他社会事件的原因做出的解释或推论。个体的归因方式和内容会有哪些差异？对人们的行为有何影响，这是研究归因的心理学家们的聚焦点，其中心理学家韦纳的归因理论影响最大，具有代表性。

韦纳沿袭了心理学家海德和罗特等人的归因观点，认为可以根据控制的位置把对成就行为的归因划分为内部原因和外部原因。所谓的"控制的位置"，是之前由罗特提出的，他把人划分为内控型和外控型。内控型的人认为自己可以控制周围的环境，不论成功还是失败，都是由于自己的能力和努力等内部因素造成的；外控型的人感到自己无法控制周围的环境，不论成功还是失败，都归于他人的压力及运气等外部因素。

在此基础上，韦纳还增设了一个"稳定性"的维度，把行为的原因分为稳定的原因和不稳定的原因，并进一步指出，在某些成就任务上成功或失败时，人们倾向于把结果归因为以下四种：能力、努力、任务难度、运气。这四个原因可以用稳定性和控制点两个维度加以划分（见表 9-1）。

表 9-1　成就归因表

| 稳定性 | 控制点 | |
|---|---|---|
| | 内　部 | 外　部 |
| 稳定 | 能　力 | 任务难度 |
| 不稳定 | 努　力 | 运　气 |

韦纳认为，归因不同会引起不同的心理变化，进而影响以后的成就行为。能力是一个稳定的内部归因，如果将成功归因为能力，个体会感到自豪，并期望以后还会成功；如果将失败归因为能力，个体则会感到羞愧，并认为以后仍将失败。努力是一个不稳定的内部归因，如果将成功归因于付出巨大的努力，个体会增加自豪感，但并不一定期望以后还会成功，一旦放弃努力，可能面临失败；如果将失败归因于缺乏努力，个体会增加羞愧感，并期望以后通过付出更多的努力获得成功。任务难度是一个稳定的外部原因，如果将成功归因于任务简单，个体会减少自豪感；如果将成功归因于任务太难，个体则会减少羞愧感，但认为下次还将是失败的结果。运气是一个不稳定的外部归因，如果将成功归因于运气好，个体会减少自豪感，也不会期望下次还会成功；如果将失败归因于运气差，个体会减少羞愧感，但可以期望下次碰到好运而成功。

韦纳将他的二维归因模式用于解释成就动机，发现成就动机水平不同的人，其归因模式存在着差异。高成就动机的人把成功归因于能力和努力，他们相信自己有能力，并不断探索与成就有关的新任务，如果失败了，则归因于努力不够，在以后他们会更加努力，并期望着成功。低成就动机的人则往往把成功归因于外在的因素（如碰到好运气），而将失败归因于稳定的内部因素（如缺乏能力），这使他们在未来逃避成就任务，并认为会再次失败。

### （四）自我效能论

美国心理学家班杜拉首次提出"自我效能感"这个词。他认为，自我效能感是指人对自己能否成功地进行某种成就行为的主观推测和判断。在此界定基础上，班杜拉还进一步阐述了自我效能感的成分、影响因素及主体作用机制。

#### 1. 自我效能感的成分

自我效能感包括两个成分，即结果预期和效能预期。结果预期是指个体在特定情境中对特定行为的可能后果的判断，如学生对顺利答完试卷产生结果的推测。而效能预期是指个体对自己有能力达到某种作业水平的信念，如学生对自己是否有能力顺利答完试卷的主观判断。班杜拉同时指出，一个人可能相信某种行为会导致自己所期望的结果（结果预期），但是他不一定感到自己有能力进行这一行为（效能预期）。人的行为主要受人的效能预期的控制，个人对某种行为觉察到的效能感不仅影响着个体处理困难时所采用的行为方式，也影响着他的努力程度和情绪体验。效能预期越强烈，所采用的行为就越积极，努力程度也就越大越持久，同时情绪也是积极的。

### 2. 自我效能感的影响因素

班杜拉认为，影响个体自我效能感产生的因素主要有五个方面：

（1）成败经验。一般而言，成功的经验能增强个人的自我效能感，多次的失败会降低自我效能感。但这还要受个体归因方式的影响。

（2）替代性经验。人们通过观察他人的行为而获得的间接经验会对自我效能感产生重要影响。

（3）言语劝说。言语劝说的价值取决于它是否切合实际。缺乏事实基础的言语劝说对自我效能感的影响不大，在直接经验或替代性经验基础上进行劝说的效果会更好。

（4）情绪反应和生理状态。个体在面临某项活动任务时的身心反应、强烈的激动情绪通常会妨碍行为的表现而降低自我效能感。

（5）情境条件。不同的环境提供给人们的信息是大不一样的。某些情境比其他情境更难以适应和控制。当一个人进入陌生而又易引起焦虑的情境中时，其自我效能感水平与强度就会降低。

### 3. 自我效能感的主体作用机制

班杜拉认为自我效能感是通过选择、思维、动机和身心反应等中介过程而实现其主体作用机制的，具体内容如下：

（1）选择过程。一般而言，个体选择自以为能有效应付的环境，回避自感无法控制的环境，而这些环境因素反过来又会影响其行为技能和人格的发展。这是自我效能感通过选择过程发挥主体作用的一种方式；另一种方式是自我效能感决定个体对行为活动的选择。

（2）思维过程。自我效能感通过思维过程对个体活动产生自我促进或自我阻碍的作用。首先，人类行为大多受其事先在头脑中设定的行为目标的调节，对其行为产生动机作用。而个体把什么样的成绩设定为行为目标则要受自我效能感的影响。其次，自我效能感通过思维过程对行为产生影响还表现为个体在想象中开展活动。

（3）动机过程。自我效能感通过思维过程发挥主体作用往往还带有动机的因素。例如，目标的设定要受个体成就动机水平的制约，作为思维过程的归因对活动产生的影响也是通过影响个体动机水平实现的。

（4）身心反应过程。班杜拉等人认为，自我效能感决定个体的应急状态、焦虑反应和抑郁程度等身心反应过程，这又会通过思维过程影响个体的行为及其功能的发挥。

**知识窗**

#### 习得性无助

习得性无助（Learned Helplessness）是指通过学习形成的一种对现实的无望和无可奈何的行为、心理状态。教学中常常会遇到这样的现象：学生在学习时毫无动力，缺乏进取心，遇到挫折时倾向于放弃，乃至对于力所能及的任务也往往不能胜任，他们认为自己无论怎样努力都不能取得成功。心理学家称这种现象为习得性无助，是指一个人经历了失败和挫折后，面对问题时产生的无能为力的心理状态和行为。

1. 习得性无助的来源

"习得性无助"是美国心理学家塞利格曼于1967年在研究动物时提出的。他用狗做了一项经典实验，起初把狗关在笼子里，只要蜂鸣器一响，就给以令其难受的电击，狗被关在笼子里逃避不了电击，多次实验后，只要蜂鸣器一响，即使在电击前先把笼门打开，狗也不会逃离，反而是不等电击出现就先倒在地上开始呻吟和颤抖，本来可以主动地逃避却绝望地等待痛苦的来临，这就是习得性无助。随后的很多实验也证明了这种习得性无助在人身上也会发生。

2. 习得性无助的表现

习得性无助现象在学生学习中也较为常见，主要表现在：学生形成了自我无能的策略，最终导致他们努力避免失败。他们拖延作业，或只完成不费力气的任务。他们沮丧，并以愤怒的形式表现出来。美国国家阅读委员会的报告描述这类学生是"懒散、怠慢、有时是破坏性的。他们不完成作业。他们面临困难的作业很快就放弃。他们在要求大声阅读、测验时变得焦虑。"

3. 习得性无助产生的原因

"习得性无助"是一种复杂的心理现象。习得性无助的学生在认知、动机、情感甚至个性品质上都会存在一定的问题，因此它是一个综合的概念，成因复杂。它是多种因素共同作用的结果，主要包括社会因素和学生自身因素。

其一，社会因素方面，主要是来自家长或教师对个体的消极评价，尤其是学生不能顺利完成学习任务、又常常受到教师或同学的批评和嘲笑时，而家长对他们的小小失败横加指责，且不容辩解，长此以往，学生就会觉得学习缺少最有力的精神支援，最终放弃学习。另外，受应试教育的影响，多数学校、教师和家长往往只把分数作为评价学生好坏的唯一标准，在这种不良的竞争环境里，学生为分数而努力学习，大多数教师也只会"以分数论英雄"。如果教师再要求学习困难的学生与成绩好的学生在同一起跑线上竞争，一些学生便会觉得这种竞争本身就不公平，觉得自己无论怎么努力都不可能达到教师的要求，最终只能绝望地放弃学习。因此，不良的竞争环境也是习得性无助行为产生的社会因素之一。

其二，学生自身因素方面包括：（1）不当归因。即学生长期经历失败而又找不到扭转局面的策略，那么他们就会把失败归因为无能或低智力等稳定、不可控因素，而不是客观分析需完成任务的难易程度，或归因为个体能够驾驭的努力和学习方法等因素，即便偶尔成功也会被他们归因为运气好、任务容易等不稳定的外部因素。这些不当的归因，最终使学生产生很强烈的习得性无助感。（2）消极的角色定位。来自家长和教师的消极评价，使其自尊心受到损害，不能较好地自我认同，形成失败的角色定位，对于学习采取消极态度，从而产生习得性无助行为。（3）不正确的比较。某些学生倾向于选择比自己差的人作为比较对象，选择较低的学习目标甚至丧失学习目标，不愿意付出较多的努力，这样就使得产生习得性无助感的可能性增大。

4. 对习得性无助行为有效干预的策略

针对学生习得性无助行为产生的原因，可以从以下方面矫正：（1）积极评价学生，培养学生自控信念。（2）创设良好环境，营造和谐师生关系。（3）引导正确归因，进行有效训练。（4）保证爱的持续，允许有差异地发展。

## 四、学习动机

### （一）学习动机与学习效果的关系

学习动机是指引发与维持学生的学习行为，并使之朝向一定学习目标的一种动力倾向。学习动机是学习的动力和源泉之一，那么是不是学习动机越强效果就越佳呢？关于这个问题，我们可以从心理学家耶克思和多德森所做的动机与工作效率的关系的研究结果中找到答案。

耶克斯和多德森的研究成果，被称之为耶克斯—多德森定律。该定律指出，动机强度与工作效率之间并非线性关系，而是倒 U 型，即个体只有在动机强度适中时，工作效率才最佳，而当个体的动机强度过弱或过强时，工作效率均欠佳。尤其是动机强度处于最弱或最强状态时，工作效率最差。耶克斯和多德森通过进一步的实验研究发现，工作任务的难易程度不同，其动机强度需要微调，才能达到最佳工作效率。即当工作任务简单时，个体的动机处于适中偏高的状态，工作效率最佳；而工作任务难度较大时，个体的动机处于适中偏低的状态，则工作效率最佳（见图 9-2）。

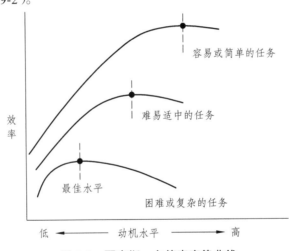

**图 9-2　耶克斯—多德森定律曲线**

耶克斯—多德森定律同样适用于学习动机和学习效果关系的解析，学生只有处于中等学习动机状态时，学习效果最佳。因为，学习动机过强，学生易出现欲速则不达或急躁紧张的情况，反而抑制学习效果；学习动机过弱，学生则会缺乏学习热情或无心投入学习，自然学习效果甚微。而学习任务的难度也会因学生的学习动机不同，而对学习效果产生不同的影响：学习任务难，学生可能会产生紧张或压抑的情绪状态，干扰学习效果，所以动机处于适中偏低可降低焦虑，使学习效果佳；而学习任务简单，学生有可能疏忽大意或掉以轻心，所以动机处于适中偏高，可使学生重视并认真对待学习，由此可取得较佳的学习效果。

### （二）学习动机的培养和激发

学习动机的培养和学习动机的激发既有区别又有联系，前者是使学生将教育或社会要求他学习转变为学生自己内在的学习需要的过程，后者是将已经形成的学习需要充分调动起来。

可以说，学习动机的培养是前提，而学习动机的激发是前者基础上的延伸。因此，可以采用多种方法，多管齐下，将培养和激发学生学习动机的方法联系起来，综合应用。

### 1. 创设问题情境，激发和维持学生的求知欲和好奇心

个体的求知欲和好奇心是内在学习动机的源泉，内在学习动机是指个体对学习任务或活动本身的兴趣所引起的动机。教师需创设符合下列条件的问题情境：其一，问题具有挑战性，有相对的难度与深度，能达到激趣引思的效果，使学生有能力且愿意参与对话，解决问题；其二，问题的初始状态与目标状态间的差异能够弥补，且弥补的内容是开放发散的，可使学生的想象驰骋或思维拓展。这样的问题情境才能让学生充满求知欲和好奇心，主动思考和积极探求问题的答案，其内在学习动机便由此萌发。

### 2. 帮助学生确立学习目标，并让学生获得成功体验

学习动机，始终是朝向某一目标的动力倾向。因此，要培养和激发学生的学习动机，需要帮助学生寻找对其有意义、有价值，且让学生感兴趣，并能符合学生实际情况的学习目标。目标一旦确立，学生就有奋斗的方向，能积极主动地投入到学习中，且能想方设法克服学习中的困难。而丧失学习目标的学习，会让学生感到茫然无措，进而缺乏学习动机。因此，学习目标的设定，对学习动机的培养和激发尤为重要。当然，学习目标的确立，需要结合学生的实际情况，且目标尽量细化和具体化，制订小步渐进式的学习目标，让学生通过自己的努力能不断获得成功体验，增强自信，进而激励其学习动机。

### 3. 帮助学生正确认识自我，形成恰当的自我效能感

学生在学习进程中，或多或少会遭遇各种学习困难或挫折，在历经困难或挫折后，学生能否正确认识自己在学习中的优势和缺陷，尤为重要。如果学生以偏概全，挫折之后认为自己一无是处，学习方面力不从心，那么就会形成低自我效能感，缺乏自信，不愿或不敢面对学习中的挑战。因此，教师应引导学生客观、全面了解自己的学习优势，通过扬长避短和查漏补缺，建立积极的自我效能感，才能拥有学习动机，自觉自愿去承担学习任务。

### 4. 引导学生对学习结果做出合理归因

韦纳的归因理论告诉我们，个体的归因方式会影响日后的动机和行为。因此，教师有必要引导学生在学习结束后思考成败的原因，并给予正确引导，让学生认识到，无论怎样的学习结果，学生都需要从内部、可控和不稳定的方面归因，即认为是自己的努力和学习方法等左右了学习结果，而非在失败时将原因归结为"我太笨了，我智商低"等内在稳定不可控的因素，也不应在获得成功时将原因归结为"运气不错，这次题目太简单我才能考得好"这些不稳定的外在因素。学生只有将学习成败归因于自己可以掌控且能够改变的原因，才会拥有学习动机，勤奋学习，并主动寻求适合自己的学习方法。

### 5. 选用合适的强化方式，激发学生的外部学习动机

外部学习动机是指由学习活动以外的情境提供奖励所维持的动机，它指向学习活动以外的目的。而外在学习动机的培养和激发，有赖于教师选择正确的强化方式。行为主义心理学

家斯金纳把强化分为正强化、负强化和惩罚。具体应用到学生的学习方面，当学生学习态度良好、学习习惯佳、学习方法适当或学习成绩优良时，教师可采用正强化，给予恰如其分的言语肯定和物质奖励；而学生在上述情况表现欠缺时，教师可采用负强化，取消物质奖励，且慎用惩罚。长期使用这些强化方式，学生会为了获得教师的言语肯定和物质奖励，而使自己的学习动机得以激活。

# 第三节　兴趣与价值观

**案例展示**

### 兴趣的魔力

达尔文小的时候并不是一个天资聪颖的孩子，甚至有人认为他很愚钝，根本成不了大器。但是达尔文从小就对各类昆虫感兴趣，把各种各样的昆虫捉回家制成标本。他对昆虫的爱好甚至达到了痴迷的程度。有次他在草丛里搜集昆虫标本，突然发现两只从未见过的小昆虫，他马上一只手捉住一只，接着他又发现了第三只，两手不够用，情急之中，他干脆将一只昆虫含在嘴里，此时，昆虫在他的口里动了起来，他感到又涩又恶心，但还是忍着没有吐出来，一直坚持到回家才小心翼翼地将其吐出来，这样，他才松了一口气，终于将其制成标本。由于达尔文从小对昆虫就有一种矢志不渝的兴趣和痴迷，再加上他仔细观察、勤奋努力，被别人所认为的他身上某些"先天不足"也消失了。达尔文在年轻时就成为英国乃至全世界的著名生物学家，他在1859年发表的《物种起源》一书，被公认为是生物学发展史上的一座里程碑。

兴趣为什么有这么大的魔力呢？到底什么是兴趣？你了解的兴趣有哪些种类？我们应该怎样培养和利用兴趣？兴趣都能对人自身的发展和社会进步产生积极作用吗？

兴趣这种心理现象，似乎具有神奇的魔力，一旦人们拥有它，就会伴随愉快紧张的情绪和主动的意志努力，去积极地认识事物。达尔文对昆虫的兴趣激发他自觉地探索和研究，以致为人类做出了巨大的贡献。这类事例很多，牛顿对苹果为什么会落地发生兴趣，才发现了万有引力定律；瓦特看到蒸汽对周围的物体产生动力，对此他非常好奇，经过潜心研究，终于发明了蒸汽机；爱迪生一生当中有1300多项发明，都离不开他广泛的爱好和对研究的兴趣；当诺贝尔在实验中发现了炸药的配方时，他的十指和脸已经被炸得血肉模糊，他却兴奋地叫道："我找到了！"……可见，兴趣对个人的成才是非常重要的，人类的许多发明创造都离不开兴趣，可以说，兴趣是学习和创造的动力，是成才的伴侣。

## 一、兴　趣

### （一）兴趣的概念

#### 1. 兴趣的含义

兴趣是力求探讨某些事物的带有情绪色彩的意识倾向，或认知需要的心理表现。它使人对某些事物给予优先注意。如对音乐感兴趣的人，总是对乐器以及有关音乐的书籍、刊物优先加以注意；有关音乐方面的信息，不论是歌剧还是广播或别人的演奏，甚至报纸上有关音乐的报道，别人有关音乐的议论，对他都有很大的吸引力，并总是以积极情绪去领会和掌握它。兴趣进一步发展为从事实际活动的需要时，就变成了爱好。所以，兴趣和爱好往往是联系在一起的。兴趣是价值观的初级形式，是用来评价事物好坏的一个内心尺度。

人们历来很重视兴趣在教学中的作用，爱因斯坦也说过："兴趣是最好的老师。"兴趣使个体在探究和认识活动上具有强烈的、肯定的情绪色彩，从而使这种活动为人所接受和喜爱。

### 2. 兴趣与需要、动机

兴趣是在需要的基础上产生和发展的。一个人只有对某种客观事物产生了需要，才有可能对这种事物发生兴趣。需要的对象也就是兴趣的对象，而且，他在满足某种需要的基础上又会产生新的需要，这就使原来的兴趣也得到丰富和发展。在生理性需要基础上所产生的兴趣是暂时性的兴趣。比如，一个人在口渴的情况下需要饮料，对饮料产生兴趣，但一旦需要得到满足，口不渴了，这种兴趣也就减退了。稳定的兴趣是建立在社会性需要基础上的，社会性需要的满足常常会引起更浓厚兴趣。例如，瑞士心理学家皮亚杰指出："兴趣，实际上，就是需要的延伸，它表现出对象与需要之间的关系，因为我们之所以对一个对象发生兴趣，是由于它能满足我们的需要。"

兴趣和动机既有联系，又有区别，它们都起源于需要，都是需要的表现形式，都是行为的动力因素，但是，兴趣是动机的进一步发展。对某一事物产生了动机，还不一定能发展为兴趣；若一旦成为兴趣，则必然有与之相伴随的动机。兴趣以行动结果获得的满足感而巩固、加深，一个人虽有学习动机，若无学习行动，是不会产生兴趣的；如果有动机也有行动，但行动结果反馈回来没有获得满足感，也难以产生兴趣；只有行动结果反馈回来获得满足感后，才会使学习动机得到强化，并使学习兴趣随之而生。

### 3. 兴趣与情感、认识

兴趣和认识、情感密切相联系。如果个体对某些事物没有认知，也就不会对它产生情感，也不会对它发生兴趣。相反，认识越深刻，情感越丰富，兴趣也就越浓厚。

## （二）兴趣的作用

兴趣是认识和从事活动的巨大动力，是推动人们去寻求知识和从事活动的心理因素。兴趣在人的学习、工作和一切活动中起动力作用。兴趣是引起和保持注意的重要因素，人们对自己感兴趣的事物，总是愉快地、主动地去探究它。兴趣使人集中注意，产生愉快、紧张的心理状态，对认识过程产生积极的影响。无论是无意注意还是有意注意，都与兴趣有关，若对某种事物不感兴趣，对它也就不能集中注意力。孔子说："知之者不如好之者，好之者不如乐之者。"意思是说，对于学识，懂得它的人赶不上喜欢它的人，喜欢它的人又赶不上醉心于它的人。诺贝尔奖获得者丁肇中说："任何科学研究，最重要的是看对于自己所从事的工作有没有兴趣，换句话说，也就是有没有事业心，这不能有丝毫的强迫。比如搞物理试验，因为我有兴趣，我可以两天两夜，甚至三天三夜待在实验室里，守在仪器旁。我急切地希望发现我所要探索的东西。"通过长期努力，他和他的同事们终于发现了"J粒子"。

兴趣对智力发展起促进作用，是开发智力的钥匙。皮亚杰指出："所有智力方面的工作都要依赖于兴趣。"研究表明，在学习过程中，学习兴趣有时能弥补智力发展的不足。

兴趣是人们从事活动的强大动力。凡是符合个体兴趣的活动，就能提高人们的积极性，使人愉快地从事某种活动。兴趣对活动有下列几种作用：① 对未来活动的准备作用；② 对正在进行活动的推动作用；③ 对活动的创造性态度的促进作用。

### （三）兴趣的种类

兴趣的种类多种多样，根据不同的划分标准可分为不同的类型。

#### 1. 物质兴趣和精神兴趣

根据兴趣的内容划分，可将兴趣分为物质兴趣和精神兴趣。物质兴趣是指人们对物质生活的追求和向往，例如关于衣、食、住、行方面的兴趣。而精神兴趣则是指人们对于精神生活的向往和追求。如对于科研、文学艺术作品、知识的兴趣等。

#### 2. 直接兴趣和间接兴趣

根据兴趣的倾向性，可将兴趣分为直接兴趣和间接兴趣。直接兴趣是由于事物本身存在的意义使个体在情绪上愉悦，并引人入胜而引发的。例如，学生对一堂生动的课、一部好看的电影、一首好听的歌曲等的兴趣就是直接兴趣。直接兴趣具有暂时性的特点。间接兴趣是指对某种事物或活动本身没有兴趣，但对其结果有需要而产生的兴趣。如有的学生对某些课程并不感兴趣，甚至觉得乏味，但意识到学好这些课程对将来就业很重要，因此刻苦学习，并对此产生兴趣。间接兴趣具有较稳定的特点。间接兴趣在一定条件下可以转化为直接兴趣。

#### 3. 个人兴趣和社会兴趣

根据兴趣的主体和对象不同，可分为个人兴趣和社会兴趣。个人兴趣的主体是个体，其对象是特定事物、活动，会产生积极的、具有倾向性、选择性的态度和情绪。例如，某个人对绘画有浓厚的兴趣，就会积极、热忱地参与绘画及相关的活动。而社会兴趣的主体是社会群体，对象是某一领域的普遍现象。例如，越来越多的人喜欢网购，或使用微信聊天等。

### （四）兴趣的品质

不同的个体，他们的兴趣既存在共性，也存有差异。其差异性主要体现在以下各异的品质方面。

#### 1. 兴趣的倾向性

兴趣的倾向性是指兴趣指向的内容，它既可以指向物质，与具体的事物，如衣物、食品、楼房、交通工具等密切相关；也可以指向精神，与抽象的事物，如信仰、思想境界、哲学等密切相关。这也就是为什么有的个体在旅游时热衷于品尝地方特色美食，而有的个体在旅游时喜欢了解当地民风民俗的缘故。

兴趣指向的内容，还可以有高尚和卑劣之分。例如，同样是对计算机科学感兴趣，有的人致力开发有利国家或社会发展的软件，有的人则想方设法制造各种病毒攻击公用或私人电脑。

### 2. 兴趣的广度

兴趣的广度是指兴趣的范围。不同的个体，兴趣的广度存在明显差异。有的个体兴趣狭窄，问及兴趣时只能罗列一二；而有的个体兴趣广博，问及兴趣时，如数家珍滔滔不绝。兴趣广博的个体，往往有以下优势：其一，知识渊博，因在兴趣中常需要累积相关的知识技能；其二，人际交往良好，因为个体的很多兴趣需要与他人互动，兴趣越广泛，人际交往活动就越频繁。当然，兴趣狭窄的人也有属于自己的优势，即可能比较执着，掌握透彻，技能娴熟，兴趣往往成为自己的特长，也常出类拔萃。

### 3. 兴趣的稳定性

兴趣的稳定性是指个体的兴趣长时间保持在某一或某些对象上。个体在兴趣的稳定性上存在差异。有的个体的兴趣稳定性弱，三天打鱼两天晒网，或者虎头蛇尾；而有的个体的兴趣稳定性好，能始终坚持。兴趣稳定性强，可使个体倾注更多时间和精力在自己感兴趣的事上，那么个体通过深度学习或钻研，有可能达到炉火纯青或登峰造极的境界。

### 4. 兴趣的价值取向

兴趣的价值取向是指兴趣对个体的意义是积极还是消极的，换言之，也就是兴趣对个体的影响力如何，是促进还是阻碍个体的成长和发展。例如，有的个体有吟诗作赋的雅兴，这会提升个体的文学素养；而有的个体则沉迷于电子游戏等活动中，消耗个体的能量，甚至无心于自己的学习或生活，造成留级或失学等恶果。因此，个体有必要选择对自己成长和发展有积极作用的兴趣。

## （五）兴趣的发展水平

兴趣的发展一般是由有趣到乐趣，再到志趣。

有趣，兴趣的第一阶段和最初水平。这是指学生容易被一时的新异现象和新颖对象所吸引，从而对它们发生兴趣。但是这种兴趣为时短暂，具有直观性、盲目性和弥散性，并且是不稳定和经常变化的。

乐趣，兴趣发展的第二阶段和中等水平。它是在有趣的基础上发展起来的，当有趣逐渐向专一的、深入的方向发展，并对某一客体产生特殊的爱好时，就成为乐趣。即对某一门学科或某一项操作活动产生了比较持久、稳定的兴趣。例如，一初中生认为打乒乓球是一种乐趣，他便积极参加乒乓球的活动。乐趣具有三个特点，即专一性、自发性和一定程度的坚持性。

志趣是发展到高水平的兴趣，是兴趣发展的第三阶段和高级水平。它是在乐趣的基础上发展起来的，它与人的崇高理想和远大志向相联系，和坚强的意志分不开，由乐趣经过实践和锻炼发展而来。人的志趣具有社会性、自觉性和方向性等三个特点。这是一种高尚的兴趣，对人的学习和工作有巨大的推动力。科学家、艺术家和社会活动家所取得的成就是与他们的志趣分不开的。

人与人之间在兴趣发展的速度上有较大的差异。有些人可以较快地由有趣经过乐趣，发展为志趣，有些人却长期停留在有趣和乐趣阶段，达不到志趣阶段。

### （六）学习兴趣的培养

人的兴趣不是天生的，而是在家庭、学校、社会的影响和自身成长中逐渐形成和发展起来的。有学者研究指出学习兴趣的形成模式是"学习需要→学习动机→学习行动→结果满足→学习兴趣"。因此，学习兴趣的培养一定要注重学习动机的培养和激发，通过创设各种情景，促使学生充分参与，使其对学习有一种积极的情感，并且长期保持下去。学习兴趣的培养可从以下几方面入手。

#### 1. 创设适宜的学习氛围

为了培养学习兴趣，应该营造出一种适宜学习兴趣产生的氛围，使学生耳濡目染，逐渐形成稳定的学习兴趣。

教师要热爱学生，与学生建立平等和谐的师生关系，以人格魅力吸引学生。这不仅是一种榜样作用，也是一种激励。瑞安斯（Ryans）研究表明，"起激励作用、生动活泼、富于想象并热心于自己的学科的教师，其教学工作较为成功，学生的行为也比较富于建设性。"

家庭也要为学生创造一个适宜学习的环境。许多家长虽然很关心孩子的学习成绩，但自己不爱学习。例如，自己在打麻将或看电视，但要求孩子去做作业，效果往往不是很好。孟母三迁正是为了创设一个良好的学习环境。一个适宜的学习环境应是较安静的、学习氛围较浓厚的。另外，学生学习取得成绩时，要给予充分的肯定和恰当的表扬。

#### 2. 让学生体验到学习的成功感

只有让学生体验到学习成功的快乐，并认为自己经过努力，能继续在学习上取得成功和进步，他们才会对学习充满兴趣。有人做过一个实验，教一些 3~5 岁的儿童识字。读第一课时，有几个儿童很成功，第二天他们很高兴地再来读这一课。有几个在第一次失败了，第二天他们就不热心了。再经过几回失败，他们甚至厌恶这个活动，不愿再继续下去，或者想做别的活动，或者躲着不愿意来了。即使经过称赞、表扬，他们还是不喜欢这个他们曾经失败过的活动。

有学者认为培养学习兴趣应先从以下几个方面开始：以前经历过，并且成功的事；最能获得成功的事；能使学生愉快的事；适合学生本人水平的活动；新奇的事物，特别是能引起学生本人的注意和好奇心的事物。这样做，主要是为了让学生能体验到学习的成功，从而使其产生浓厚的学习兴趣。

#### 3. 选择适当的学习材料

一般来讲，太难和太容易的学习内容都不易引起学习兴趣。有研究表明，难度超过学生实际水平20%的学习内容最容易引起学习动机。因此，学习内容对学生要有挑战性，但是经过努力又能取得成功。同时，教材编排要符合学生的兴趣发展特点，要能贴近学生生活，对其有启发性，这样能使学生感到学习有意义、有趣味。例如，美国大学心理学教材为了吸引学生，书中有大量的彩色照片及插图，几乎每一章都是从一个日常心理现象的实例开始，行文是探讨式、谈话式的，而不是从学术专著式的角度提出，并且比较注重引导学生关心自身的或身边的心理现象和心理问题。

### 4. 灵活运用教学形式和方法

许多时候，抽象的知识通过语言讲授不容易被理解，使学生感到学习困难，从而降低了学习兴趣。因此，在教学中运用多种教学手段、形式、方法，即降低学习难度，会收到极好的效果。

### 5. 创设情境

创设一定的情境，既能激发学生的好奇心和求知欲望，又能使学生尽可能地参与进来。调动了学生学习的主动性，其学习兴趣就容易被培养、激发出来。

## 二、价值观

### （一）价值观的含义

价值观是人们区分是非好坏的标准体系。价值观往往容易被看成仅属于认知的范畴，其实它通常是充满着情感和意志的。价值观是个性倾向性的核心，为人自以为是的行为提供充分的理由，是渗透于整个个性之中支配着人的行为、态度、观点、信念、理想的一种内心尺度。人不仅能认识世界是什么、怎么样和为什么，而且他知道应该做什么、要什么和选择什么，发现事物对自己的意义，确定并实现奋斗目标。这些都是由每个人的价值观决定的。

价值观是一种多维度、多层次的心理倾向系统，可以根据不同的标准对价值观进行分类。如施普兰格根据社会文化生活方式把人的价值观分为经济、理论、审美、社会、政治和宗教价值观；雷塞尔根据自我—他人维度把价值观区分为自我取向和他人取向价值观等。

价值观是多种人文、社会学科关注的一个问题，哲学、经济学、伦理学、教育学、人类学、社会学、社会心理学等学科都在这一领域进行过不同角度的探索。社会心理学关注的是价值观的心理结构、过程、功能及其测量。大都认为，价值观是比态度更抽象、更一般的，具有评价性、选择性、规范性的深层心理建构，是文化成员合理的信念体系。

总之，价值观是个性倾向性的核心成分，是人们用来区分好坏的标准并指导行为的心理倾向系统。价值观是一种非常复杂的心理现象，它与欲求、需要、兴趣、态度、信仰有着密切的联系，往往很难对它们做出严格的区分，或许可以把欲求、需要、兴趣、态度、信仰看作是价值观的不同表现形式。但价值观比兴趣、态度的概括化程度更高、更广，它对个性的影响更具有根本性。它不仅是态度的决定因素，也是自我观念和行为的决定因素。

## （二）价值观的特征

### 1. 评价的主观性

人一旦形成了某种价值观，其区分好与坏、美与丑、善与恶等价值观念就根据个人自己内心的尺度来衡量。虽然客体的结构和属性是客观存在的，但人对其意义的认识和评价却取决于自身的需要。比如，诗人可能视自己的作品为宝贵财富，而他人可能认为其作品只是一段莫名其妙的废话。需要是价值观的基础，人具有多种需要，而对于各种需要重要性的衡量，也是由价值观决定的。

### 2. 观念的一致性

价值观系统包含多种因素，如需要、兴趣、态度、政治价值观、道德价值观、职业价值观、婚姻价值观等。这些因素并不是杂乱的、相互矛盾的，而是相互联系的整体。由于价值观系统诸多因素相互联系，因而便反映出人的观念的一致性。当有些事与我们的价值观相抵触时，我们会感到不满和愤怒，而当它们与我们的价值观相符时，我们便会感到高兴、满意。

### 3. 行为的选择性

价值观对人的行为具有导向作用，透过人们的行为趋向，我们便可以窥见人们的价值观。由于价值具有两极性，如好与坏、美与丑、公正与不公正等，因此，人们对有价值的事物采取的态度要么倾向于正面，要么倾向于另一面：或是喜欢，或是排斥；或是接受，或是拒绝，当然这些态度的强度会有所不同。

### 4. 社会历史制约性

价值观并非是纯个人的产物，从其形成来看，价值观是人社会化的结果，是人在社会生活、社会实践和学习中，产生并形成的一种态度体系。从其内容看，它具有明显的社会性和阶级性，是人的社会认知、社会情感、社会行为方式的统一体。由于人的主体需要是具有社会历史性的，即主体的需要归根结底是一定社会历史条件的产物，而客体的价值属性也只有通过人的社会实践才能确立。因而，不同国家、不同民族、不同时代、不同阶级、不同职业等背景下的人们的价值观是不同的。

## 本章知识要点

需要是个体内部的某种缺乏或不平衡状态，它表现出人们对客观条件的稳定要求，并成为有机体进行各种活动的基本动力。根据不同的划分标准，需要有不同的类型：按起源可以分为生理需要和社会需要；按指向的对象可以分为物质需要和精神需要。马斯洛的需要层次理论是需要理论的经典，他将需要分为：生理需要、安全需要、归属与爱的需要、尊重的需要和自我实现的需要五个层次。动机是由目标或对象引导、激发和维持个体活动的一种内在的心理倾向或内部动力。动机具有激发、引导、维持和调整功能，并且与需要密切联系。动机按性质分为生理性动机和社会性动机；按在学习和发展中所起的作用分为原始的动机和习得的动机；按认识水平可分为有意识动机和无意识动机；按动机的倾向性可分为内部动机和外部动机。动机的理论有强化论、驱力论、归因理论和自我效能论。兴趣是指一个人积极探究某种事物及爱好某种活动的心理倾向。根据不同的标准可以把兴趣划分为不同的种类。兴趣的品质包括倾向性、广度、稳定性和价值取向等。动机和需要都是行为的动力，我们应该采取恰当措施培养和激发动机与需要。价值观是人们区分是非好坏的标准体系，价值观是个性倾向性的核心，为人自以为正确的行为提供充分的理由，会影响人们的人生信念和人生追求，我们应该积极认识价值观，形成正确的价值观。

## 思考与实践

1. 马斯洛的需要层次理论给予你哪些启示？
2. 每个动机理论的要点都有哪些？
3. 如何激发学生的学习动机？
4. 什么是动机，动机有哪些功能？
5. 什么是自我效能感，影响自我效能感的因素有哪些？
6. 什么是价值观？我们应该树立什么样的价值观？

## 推荐阅读书目

[ 1 ] 黄希庭等. 当代中国青年价值观研究[M]. 北京：人民教育出版社，2005.
[ 2 ] [美]Herbert Petri，John Govern. 动机心理学[M]. 郭本禹，等，译. 西安：陕西师范大学出版社，2005.
[ 3 ] [美]Robert Franken. 人类动机[M]. 郭本禹，等，译. 西安：陕西师范大学出版社，2005.
[ 4 ] 彭聃龄. 普通心理学[M]. 北京：北京师范大学出版社，2005.
[ 5 ] 张厚粲. 大学心理学[M]. 北京：北京师范大学出版社，2001.
[ 6 ] 路海东. 心理学[M]. 长春：东北师范大学出版社，2006.
[ 7 ] 皮连生. 教育心理学[M]. 上海：上海教育出版社，2004.

# 第十章 学习心理

## 心理故事

### 囊萤映雪

"囊萤映雪"是一个大家都耳熟能详的成语，是《三字经》里讲述的两个古代人车胤和孙康刻苦学习的经典故事。

晋代的时候，车胤出生在一个非常贫困的家庭，但小时候的车胤却非常的勤学好问。由于家庭贫困，父亲没有办法给小车胤一个良好的学习环境，常常为了维持家庭的温饱，没有更多的钱买灯油供他晚上读书。因此，小车胤只能在白天光线比较充足的时候来读书。在某个夏天的晚上，小车胤正在院子里背诵诗文，突然间发现有许许多多的萤火虫在不停地飞舞，一闪一闪地发出亮光，在漆黑的晚上显得尤为耀眼。于是，车胤突发奇想，把这些会发光的萤火虫装到透明的袋子里，不就可以当成一盏灯来看书了吗。说做就做，他把许许多多的萤火虫用网抓了起来，装到一只透明的白绢口袋里，然后扎起口袋，吊在书桌上方。虽然说这些萤火虫发出的灯光不是很亮，但还是可以勉强看书了。从此以后，只要有萤火虫，车胤就把它们抓起来，做成"灯"来看书。由于车胤的刻苦学习，他最终学有所成，官至吏部尚书。

孙康也是晋朝时期的人，小的时候酷爱学习，因为家庭贫困，买不起油灯看书，一到天黑，就没有办法看书。实在是没有办法，孙康就白天多看书，晚上背诵。长夜漫漫，他觉得晚上的时间看不了书，十分可惜。

有一次，孙康半夜醒来，当他侧向窗户的时候，发现从窗户外透进了一些白光。他起来一看，原来下了一场大雪，到处都是雪，反射着月亮的光，闪闪发亮。他站在院子里看着晚上银装素裹的雪景，突然想，我能否利用这些光来看书呢？于是，他匆匆地跑到屋里把书拿出来，利用雪的反光一照，果然字迹清晰。从此，冬天的晚上的时候，孙康经常跑到雪地上看书，夜以继日。功夫不负有心人，孙康最终成为一位有学问的人，官至御史大夫。

这是关于励志学习的故事，对我们有何启发？什么是学习？学习的过程怎样，包含哪些心理要素？哪些因素会影响学习的效果？

"学习"一词，是我们的生活和工作中最常见的一个词语，学习是人类生存、繁衍和发展的最重要的能力之一。

在今天的教育教学中，最重要的事情已经逐渐由如何"教"过渡到了学生怎么"学"的问题上来。"授人以鱼，不如授人以渔""学会学习""终身学习"等学习理念逐渐深入人心。

由此，探寻学习心理问题是教育领域中无法避开的重要论题。

# 第一节 学习概述

**案例展示**

### 两个踢足球的孩子

有两个小孩子非常喜欢踢足球，经常一放学就到空地上踢球。有一次，其中一个小孩 A 在踢足球的时候，不小心把别人家的窗户玻璃砸坏了，主人非常生气，找到了小孩 A 的父亲要求赔偿。小孩 A 的父亲赔偿后，并没有责骂自己的孩子，还跟自己的小孩说："你的球踢得真准啊！"无独有偶，另外一个小孩 B 也因踢球砸坏了人家的窗户玻璃，小孩 B 的父亲狠狠地责骂了他，并且不允许他再踢足球。许多年以后，A 成为著名的足球运动员，而 B 则很少再踢足球。

这个案例说明，人们对同样一种学习现象有不同的认识，进而采取不同的处理方式，最后导致了不同的结局。到底什么是学习？学习就是不犯错误吗？学习就是掌握书本知识吗？学习都是进步吗？适应是不是学习？在心理学中，学习是一个含义极广的概念。就人类而言，小孩学会解大小便、用筷子、系鞋带等是学习，科学家的发明创造是学习，学生的学习更是专门化的学习，而且动物也有习得行为。

## 一、学习的含义

学习在不同的心理学流派中的认识是不一样的，我们归纳起来，大概有以下几种较为有代表性的观点。

### （一）行为主义心理学的观点

学习是指刺激与反应的联结，即 S→R 的联结，是后天的教育与环境导致个体行为的改变。

### （二）完形主义心理学的观点

学习是一个完整的、不可分割的过程，整体不可分割为各个部分，各个部分相加也不能成为一个整体。

### （三）人本主义心理学的观点

学习是人的本能趋向，是人类"自我实现"的潜能。

### （四）认知主义心理学的观点

学习是指输入、储存、加工、提取与使用信息的过程。

在我国心理学者看来，以上各个心理学流派关于学习的观点各有优劣。一般来说，我国心理学界现在比较认同的观点是把学习分为狭义和广义两种。

狭义的学习特指人类的学习，是学习者通过观察、阅读、听讲、思考和练习等方式和途径获得知识、技能、情感和态度的过程。

广义的学习是指人和动物在生活、工作过程中，通过获取经验而引起行为和心理的相对持久的变化。首先，学习引起动物和人类的心理和行为的变化是持久的变化。其次，心理和行为的变化是由后天获得的经验而引起的，不是本能行为，也不是自然成熟。最后，这种变化是由主体与环境的相互作用而产生的。

## 二、学习的分类

根据不同的依据和分析方向，可以把学习分成不同的种类。

### （一）根据学习内容划分

以我国心理学者的一般观点，根据学习内容的不同，可以把学习分为知识的学习、技能的学习、能力的学习和行为规范的学习四种。

知识的学习，是指通过一系列的心智活动接受和占有知识的过程，从而在头脑中建立起相应的认知结构，也称为知识的掌握。它解决的是知与不知、知深与知浅的问题。

技能的学习，是指通过学习和练习，建立符合一定法则的活动方式的过程，包括心智技能和操作技能的学习。技能学习要解决的是会不会做、熟练与不熟练的问题。

能力的学习，是通过一系列的心智活动和实践锻炼来促进人的一般能力、特殊能力和创造能力发展的学习活动。所要解决的是做得好与不好、能否创造性地做的问题。

行为规范的学习，是指把外在于主体的行为要求转化为主体内在行为需要的过程，是品德形成的过程。它解决的是做得是否符合准则的问题。

### （二）根据学习层次划分

美国著名心理学家加涅在他的《学习的条件》一书中，根据学习层次不同，把较复杂的学习分为五个层次：言语联想学习、辨别学习、概念学习、规则学习、问题解决学习。

言语联想学习，是指学习联合了两个或两个以上的言语刺激与反应，形成了一系列言语联结的过程。

辨别学习，是指辨别两个或两个以上刺激并对之做出不同的反应。

概念学习，是指学习者认识某种事物的共同特征，并对同类事物的抽象特点做出同样的反应，也就是对事物本质的反映。

　　规则学习，规则是指两个或两个以上概念的联合，规则学习是指了解两个或两个概念之间的关系。

　　问题解决学习，是指学习者运用一般的原理和规则去达到学习目的，解决具体问题的过程。

　　加涅还根据学习的结果，把学习分为言语信息、智力技能、认知策略、动作技能和态度五种类型。

### （三）依据学习方式划分

　　美国心理学家奥苏贝尔根据学习方式的不同，把学习分为意义学习和机械学习。

　　意义学习，是指符号所代表的新知识与学习者的认知结构中已有的适当概念建立实质和非人为联系的过程。意义学习强调学习材料本身具有逻辑意义，是学习者在心理上可以理解的；学习者在认知结构上有相应的准备，且积极建构新知识与已有认知结构之间的联系。

　　机械学习，是指符号所代表的新知识与学习者认识结构中已有的知识建立非实质的和人为联系的过程。机械学习的材料本身没有逻辑意义，学习者在心理上无法理解；学习者在认知结构上没有相应的准备，不能建构新知识与已有认知结构之间的联系。

# 第二节　现代学习理论

**案例展示**

### 桑代克的"试误说"

　　桑代克（1874—1949）是美国著名的心理学家以及动物心理学的创始者，他于1898年曾经做过一个非常著名的实验，就是研究一只饥饿的猫如何学习逃出迷笼获得食物。

　　实验的具体过程是这样的：桑代克用木条做成了一个"问题箱"，这个箱子里有一个能打开箱子门的脚踏板，当猫按压到这个脚踏板以后，箱子门就会打开，猫就可以从箱子里逃出来，并获得一条小鱼的奖励。实验开始了，饥饿的猫刚开始会在箱子里乱窜乱跳，偶尔会按压到脚踏板，逃出了笼子，并获得了鱼。之后，桑代克又将猫抓进了箱子里，不断重复这一过程。桑代克记录每次从实验开始到猫逃出笼子所花费的时间，他发现，猫在这一过程中所花费的时间越来越少，直至最后，猫一进入箱子后，就会按压脚踏板逃出箱子。

　　桑代克认为学习过程是一个不断尝试错误的过程。在这个过程中，无关的错误的反应逐渐减少，而正确的反应最终形成。学习的实质就是有机体形成"刺激"（S）与"反应"（R）的联结。

　　桑代克通过实验，对学习进行了探索，并从试误的角度做出了解释。那么，我们应该怎样解释学习呢？不同流派心理学对此做出不同的解释。

# 一、格式塔心理学学习理论

格式塔心理学也称完形主义心理学。格式塔是德语 "Gestalt" 一词音译而来，意为完形、完整的意思。格式塔心理学的主要代表人物有韦特海默、苛勒、考夫卡等。

格式塔心理学提出了以下学习理论观点：

## 1. 学习就是要构造一种完形

在格式塔心理学看来，学习与知觉基本上具有相同的含义。从某种角度上来看，学习即知觉的重组。人在认知外部世界的时候，总是尽可能把知觉到的东西以一种完形的形式呈现出来。

人们通过学习，会在大脑中留下一些痕迹，即记忆的痕迹。这些记忆痕迹是因经验留在人们的神经系统里的。这些痕迹不是相互孤立的，而是一个有组织的整体，即我们所说的完形。

## 2. 学习是由顿悟来实现的

从某种意义上说，格式塔对心理学的最大贡献是关于顿悟的研究。顿悟是指人或动物突然间就明白了问题解决的方法的过程。

苛勒在非洲的特纳里夫岛上做了针对黑猩猩问题解决的研究。在一间空旷的房间里，关着一只饥饿的黑猩猩，在房间的屋顶中间吊着一串香蕉，在屋子的一角放着一些箱子。因为香蕉吊得太高，无论黑猩猩怎么跳跃，都无法拿到香蕉。看来，黑猩猩无法解决拿到香蕉的问题了。这时，黑猩猩就蹲在一边，仿佛在思考如何解决问题，过了一段时间，黑猩猩突然知道了如何够到香蕉。它把放在一边的箱子叠放在了一起，然后站在箱子上，拿到了香蕉。

在格式塔心理学看来，学习并不是一个渐进的试误过程，是通过顿悟来完成的。顿悟是由学习者把与问题解决的众多要素整合成一个完形而突然实现的。顿悟前，学习者会有一个困惑或沉默的时期，从无法解决问题到顿悟是一种突发式的质变的过程。

## 3. 发明、创造就是打破旧的完形，形成新的完形的过程

格式塔心理学认为，要创造性地解决问题必须让整体支配各个部分，必须把细节的问题放到整体当中去。虽然说，学习者脑中的知识有许许多多，但是这些知识组合不同，所得到的结果是不一样的。而且，组合的方式多种多样，因而，导致的结果完全不一样。因此，要创造性地解决问题，必须要形成新的知识组合方式和全新的整体，即形成新的完形。

## 4. 真正的学习是很难遗忘的

现在的心理学教科书中，基本上都会提到著名的德国心理学家艾宾浩斯的遗忘规律曲线，他把遗忘的规律描述为：遗忘是先多后少，先快后慢。

格式塔心理学认为，艾宾浩斯的遗忘规律曲线是有缺陷的。艾宾浩斯是对无意义的音节的研究得出了遗忘曲线，但是，人类所学习的众多材料，大部分都是有意义的。因此，遗忘曲线对人类的学习并不具有实践意义。

与遗忘曲线的结论相反，人们通过顿悟所学习到的内容，一旦掌握以后，很难遗忘，这

些学习的内容将长时间地保持在学习者的大脑中。

## 二、行为主义心理学学习理论

1913 年，美国心理学家华生出版了《一个行为主义者眼光中的心理学》，这标志着行为主义心理学诞生了。除了华生之外，行为主义的代表人物还有俄国的巴甫洛夫，以及美国的桑代克、斯金纳、托尔曼等人。行为主义有其鲜明的理论观点与体系，并在实践中展现出了其他心理学流派无法比拟的应用价值。

### （一）经典条件反射

#### 1. 经典条件反射原理

经典条件反射的原理是由俄国著名的生理学家巴甫洛夫发现的，这也为他赢得了极高的国际声誉。

巴甫洛夫根据谢切诺夫的著作《脑的反射》里的相关理论，从 1901 年起直至 1936 年，对条件反射现象进行了长达 35 年的潜心研究。

如图 10-1 所示，巴甫洛夫把狗固定在实验架上，在狗的唾液腺上打开一个口子，用一根导管连接狗的唾液腺和记录唾液分泌量的容器。于是，当狗分泌唾液时，就可以观察到唾液分泌量的多少。

**图 10-1　经典条件反射实验**

实验开始时，狗看到食物，会产生分泌唾液的反射行为。这种反射是不需要学习就能发生的，叫作无条件反射。食物是无条件刺激物，无条件刺激物可以用 US（Unconditioned Stimulus）表示；唾液分泌为无条件反射，无条件反射可以用 UR（Unconditioned Response）表示。

实验中，巴甫洛夫在不经意间发现，实验室里的狗刚开始要看到食物才会分泌唾液，但过了一段时间后，狗还未看到食物就开始分泌唾液了，而狗分泌唾液只需听到脚步声。巴甫洛夫认为，狗听到脚步声而分泌唾液这一反应不是先天的，而是通过后天的学习获得的。而且，脚步声之后必须给狗食物。巴甫洛夫把这一现象称为条件反射。

在条件反射形成的过程中，原来的一些中性刺激（NS，Neutral Stimulus），如脚步声，并不会引起狗分泌唾液，由于中性刺激物与无条件刺激物多次配对出现而导致中性刺激物不再中性。这些原本中性的刺激物变成了条件刺激物（CS，Conditioned Stimulus），而由这些条件刺激物所引起的反射，被称为条件反射（CR，Conditioned Response）。

### 2. 经典条件作用中的常见现象

（1）消退。

消退是指已经形成的条件反射，如果只出现条件刺激物而不出现无条件刺激物，那么，多次重复之后，条件反射会逐渐削弱直至最终消失的过程。

（2）刺激泛化。

刺激泛化是指当某个条件反射形成之后，与条件刺激物相类似的刺激，也会引起条件反射。一般来说，与条件刺激物越相似，引起条件反射的可能性越大。

（3）刺激分化。

刺激分化是指个体只对特定的条件刺激物产生条件反射，而对其他的条件刺激物不产生条件反射。刺激分化是与刺激泛化相反的一个过程。

（4）自发恢复。

自发恢复是指已经消退的条件反射再次出现的现象。一般来说，自发恢复是不完全的，即一般不会达到原来条件反射的强度。因此，只要自发恢复后的条件反射，如果再不伴随无条件刺激物，就会迅速消退，最终，条件反射无法自发恢复。

（5）高级条件作用。

高级条件作用是指，当一个条件反射形成，一个中性刺激与条件刺激物多次配对以后，这个原来的中性刺激物也会引起条件反射的现象。

## （二）操作性条件反射

在现实生活中，经典条件作用只能够解释人们生活中为数不多的例子，而大部分人的行为塑造的原理与经典条件反射的原理是不一样的。

在现实生活中，行为之后所跟随的结果会对今后类似行为的发生频率产生较为重要的影响。比如，某个小孩偷东西，会受到父母的惩罚，而小孩受到惩罚后，偷东西的行为将会大大减少或者消失。又如，如果某位学生因为上课举手发言而受到了老师的表扬，那么，这位学生会因为受到表扬而越来越喜欢举手发言了。

### 1. 操作性条件反射原理

斯金纳（1904—1990）是美国哈佛大学的心理学教授。1938 年，他出版了《有机体的行为：一种实验分析》。这本书描写了对老鼠和鸽子的观察情况，详细地描述了学习的行为法则。因此，这本书为操作性条件作用的原理奠定了重要的理论基础。

斯金纳设计了一个叫作"斯金纳箱"的实验装置，箱内放一只老鼠或鸽子，箱子里的结构尽可能地排除无关的干扰，老鼠或鸽子可以在箱子里自由地活动，箱子里有一个杠杆，杠杆连着一个机关，只要老鼠或鸽子按压了杠杆，就会打开机关，食物便掉进箱子里，它就可以吃到食物。

斯金纳的实验与巴甫洛夫的经典条件作用实验不同的地方在于：

（1）斯金纳箱里的动物可以自由活动，而巴甫洛夫的狗是被绑起来的，不能自由活动。

（2）斯金纳箱中的动物的行为不是由已知的某种刺激物引起的，操作性行为（按压杠杆）是获得强化物（食物）的手段。

（3）斯金纳箱实验的目的是为了表明刺激与反应的相互联系，从而影响有机体的行为。

实验证实，动物的学习是随着一个起强化作用的刺激而发生的。这种动物的学习同样适用于人类的学习行为，这就是操作性条件作用。操作性条件作用中的强化刺激不与反应同时发生，也不先于反应，而是反应后才发生。动物必须先做出相应的反应，才会获得强化刺激，进而使这种反应得到相应的强化。斯金纳还认为，人和动物的绝大部分行为都是操作性条件作用的结果。

### 2. 强　化

强化是指通过某一刺激增强某种行为的频率的过程，而能起到强化作用的刺激物，叫作强化物。斯金纳试图找出自变量（强化的类型、强化的安排等）与因变量（习得的速度、反应的速度、消退的速度等）之间的相应的特定关系，即自变量是如何影响因变量的，或者说，强化是如何影响学习结果的。

（1）正强化与负强化。

根据强化产生的作用性质可以把强化分为正强化和负强化。

正强化是指个体行为出现之后，伴随着积极的刺激的增加，而导致行为出现频率增加的现象。当个体反应后，出现的积极刺激物促使该反应有所增加，这种刺激物叫作正强化物。例如，孩子认真完成作业，而受到母亲的表扬，孩子认真完成作业的行为则会增加。

负强化是指个体行为出现之后，伴随着消极的刺激的减少，而导致行为出现频率增加的现象。当个体反应后，出现的消极刺激物减少从而促使这种反应增加，这种刺激物叫作负强化物。例如，孩子认真完成作业，就不再受到母亲的指责，那么，母亲的指责就是负强化物，孩子认真完成作业的行为因为少受或者不受母亲的指责而增加了。

（2）立即强化和延时强化。

根据反应与强化之间的时间间隔划分，强化可以分为立即强化和延时强化。

立即强化是指个体进行正确的反应之后，立即给予强化。例如，学生回答问题，答对了，老师当场给予表扬。

延迟强化是指个体进行正确的反应之后，不是立即给予强化，而是间隔一段时间才给予强化。例如，学生回答问题，答对了，老师当时并没有给予表扬，而是隔了一段时间后再给予表扬。

（3）连续强化和间断强化。

按照反应后强化是否连续，可以把强化分为连续强化和间断强化。

连续强化是指个体每次正确的反应后都给予强化。例如，学生每次回答对问题后，老师都给予表扬。

间断强化是指个体每次正确的反应后，有时给予强化，有时不给予强化。例如，学生回答对问题后，老师有时候给予强化，有时候不给予强化。

间断强化又可以分为时距强化和比率强化。

① 时距强化。

根据强化的时间间隔是否固定，可以把强化分为定时距强化和不定时距强化。

a. 定时距强化。

定时距强化是指间隔固定的时间后进行强化。例如，学校对期末考试成绩优秀的学生的奖励。或者，单位每月在固定时间里发放工资，都属于定时距强化。

b. 不定时距强化。

不定时距强化是指间隔不同时间进行强化。例如，在不定期、随机抽查的考试中，老师对成绩优秀学生的奖励。

② 比率强化。

根据强化的比率是否固定可以把强化分为固定比率强化和变化比率强化。

a. 固定比率强化。

固定比率强化是指按照固定次数的反应给予强化。例如，工厂利用计件工资来提高工人劳动的积极性。

b. 变比率强化。

变比率强化是指不按照固定次数的反应给予强化。例如，赌博的行为。赌博有赢有输，但这种赢或输都不是固定比率的，是变化的。

### 3. 惩 罚

惩罚是指通过某一刺激减少某种行为频率的过程。惩罚包括正惩罚和负惩罚。

正惩罚是指个体行为出现之后，伴随着消极的刺激的增加，而导致行为出现频率减少的现象。例如，小孩撒谎后受到家长的责罚，那么，以后小孩撒谎的行为频率将会减少。

负惩罚是指个体行为出现之后，伴随着积极的刺激的减少，而导致行为出现频率减少的现象。例如，小孩子不愿意吃药，家长便取消了小孩子看电视的机会，而导致不愿意吃药的行为减少。表 10-1 是关于正强化、负强化与正惩罚、负惩罚的比较情况。

**表 10-1 正强化、负强化与正惩罚、负惩罚的比较**

| 行为后的刺激 | 行为频率上的变化 | |
|---|---|---|
| | 增加 | 减少 |
| 增加 | 正强化 | 正惩罚 |
| 减少 | 负强化 | 负惩罚 |

## 三、社会学习理论

社会学习理论是由美国著名心理学家班杜拉所创立。班杜拉认为，以前的学习研究者大多忽视了社会变量对学习的影响。因为，许多心理学家在研究学习的时候，往往是用动物来做实验的。心理学家们把由动物实验所获得的结论用于人类，于是，问题就产生了。人是生活在社会上的，有群体生活，有人际交往，有信仰、追求，这些都是实验室里没有的变量。

因此，班杜拉强调要以人为基本的研究对象，主张要在自然的，而非实验室的社会背景中去研究人类的行为。

## （一）实验研究

班杜拉的学习观点是建立在他的一系列实验研究的基础上的。其中，最著名的是波波玩偶实验。波波玩偶实验是班杜拉于1961年做的关于儿童攻击性暴力行为研究的一个重要实验。

波波玩偶是与儿童体型相接近的一种充气玩具。实验中，班杜拉想知道成人的榜样作用对儿童的攻击性行为与非攻击性行为的影响。

班杜拉将3~6岁儿童置于两组不同的成人模特当中，一组是攻击性行为的模特，另一组是非攻击性行为的模特。之后，让他们进入一个没有成人榜样的新环境中，以观察儿童们是否模仿了成人的攻击性与非攻击性行为。

班杜拉通过实验发现，处于攻击性模仿环境的儿童比非攻击性模仿环境的儿童表现出更多的攻击性行为。

## （二）观察学习

在班杜拉看来，在社会情境中，人们往往是通过观察和模仿他人的行为来获得许多新的行为的，并非像行为主义的学习那样，需要亲自参与并获得强化。

班杜拉认为，观察学习是由注意过程、保持过程、再现过程和动机过程四个部分组成。

### 1. 注意过程

注意是心理活动对一定对象的指向和集中。只有当学习者注意了榜样的示范作用时，模仿的行为才可能发生。

### 2. 保持过程

如果不能记住榜样者的榜样行为，那么，学习者就不会受到影响。因此，学习者要表现出类似的行为，就必须把榜样行为存储在大脑的记忆当中。榜样的行为可以转化为映像和语言符号，这为以后学习者表现出类似的行为提供了可能。

### 3. 再现过程

再现过程是指将保持在记忆中的映像和语言表征转化为外显行为的过程。人们一般不能仅凭观察就熟练掌握技能。学习者只能通过榜样作用，大概掌握新的行为，然后不断摸索、练习和熟练，才能掌握某种技能。

### 4. 动机过程

这是观察学习的最后一步。动机是驱动人们行动的原因。学习者能否通过观察然后表现某种行为，有一部分的原因是由动机来控制的。

# 四、人本主义心理学学习理论

人本主义心理学兴起于 20 世纪 50 年代，该学派的创始人为美国心理学家马斯洛，代表人物有罗杰斯。人本主义心理学主张心理学应该研究正常人的心理，而不是像以前的心理学家那样，去研究动物的行为和心理，或者精神病人的行为和心理。实际上，人本主义心理学是对传统心理学的强烈挑战和颠覆。

## （一）人本主义心理学学习观的理论基础

马斯洛提出的需要层次理论是人本主义心理学学习理论的基础。

实际上，人本主义心理学认为，人性是善良的，每个人都有积极追求向善的本能动力，每个人都有积极地追求"自我实现"的潜能。

人们的需要是分层次的，需要层次从低到高分别是：生理需要、安全需要、爱与归属的需要、尊重的需要和自我实现的需要。当人们的低层次的需要得到满足之后，将会上升到更高层次的需要，层层递进，不断上升，最终达到自我实现的需要。需要的层次越低，动力越大。

## （二）人本主义学习观的基本观点

### 1. 学习是人生而有之的潜能

从达尔文的进化论观点来看，"物竞天择，适者生存"。人类在长期的优胜劣汰的过程中，逐渐由遗传而获得了许多的潜能。其中，学习便是其中之一，这是人类生存、繁衍和发展的重要潜能。这种潜能从小的时候便自然而然地表现出来了。好奇、探索和模仿，便是这种潜能的最明显的表现。某种程度上说，在有条件的前提下，只要环境合适，每个人都会释放出学习的潜能。

### 2. 意义学习才是有效的学习

在人本主义心理学看来，人们只会有意义地去学习他认为与自身利益相关的事情。只有学习存在意义，与自身相关，有帮助，这种学习才会有效。

例如，两个大学生学习某门课程，一个同学只是为了获得学分，完成任务，而另一位同学则是出于对课程内容的强烈兴趣与爱好，为了提升自己的能力，去学习这门课程。两者的学习效果自然会有着截然不同的结果，哪位同学学习得好，哪位同学学习得差，哪位同学学习的时间持续长，哪位同学学习的持续时间短，这些问题的答案是不言自明的。

### 3. 意义学习是从做中学的

从人本主义心理学来看，纯粹的理论学习是低效的，甚至是无效的。"从做中学"，从理论走向实践，亲自解决实践所面临的具体问题是进行有效学习的必要条件。

因此，在学习中，动脑、练习、总结和反思，是高效的学习方式。在学校教育中，只要构建真实的问题情境，提供必要的学习资源，就能够帮助学生提高学习效率。

### 4. 当学习涉及学习者的整个人时，学习就会深刻与持久

人本主义心理学认为，学习不应该只发生在"颈部以上"，只有全身心地投入学习，学习才会对学习者产生深刻而且持久的影响。

### 5. 学习需要自我评价

在人本主义心理学看来，学习者进行自我评价是让学习成为一种负责学习的重要手段。只有当学习者确定学习的目的是什么，哪些内容和准则是重要的，以及自己如何才能实现学习的目标时，学习者才会对自己负起责任，学习才会有效。

## 五、认知心理学学习理论

1967年，美国心理学家奈瑟的《认知心理学》一书出版，标志着认知心理学流派的诞生。美国心理学家布鲁纳、奥苏贝尔、韦纳和瑞士心理学家皮亚杰等人是认知主义心理学学习理论的代表人物。

认知心理学通过研究人的认知过程来研究学习的现象和揭示学习的规律。认知心理学学习理论认为，学习的关键在于人们大脑中认知结构的变化，学习是比行为主义所认为的学习，即 S→R 的联结更为复杂的心理过程。

认知心理学学习理论是对以前的各种学习理论的反思、批判与总结的结果，丰富了教育心理学理论的内容，对现代的教学理论和实践产生了非常巨大的影响。

### （一）重视认知结构在学习中的作用

认知结构是学习者头脑中的知识结构，是学习者已有的观念和组织。学习者拥有使新、旧知识经验联结为一体的内部组织机构，它是一系列相互关联的、非具体性的类目，即学习者的编码系统。这个编码系统具有归类、分析、推理和演算等多种功能。

### （二）学习是个体主动建构的过程

"建构"本来是建筑学上的术语，指的是把已有的材料和零件建立起某种构造。在认知心理学看来，学习是基于学习者原有的知识、经验，借助一定的情境和帮助，对新的知识、经验进行意义建构的过程。

学习是个体建构自己的知识和经验的一个过程，因此，学习是一个主动的，而不是被动的过程。

### （三）强调有意义学习

学习者要进行有意义学习，一般需要具备以下几个条件：① 要学习的材料是具有逻辑意

义的；② 学习者的认知结构具备与新的知识与经验相关的知识储备；③ 学习者具有进行学习的动机和目的。

### （四）主张学习者的发现学习

发现学习是指学习者在具体的学习情境中通过自己的探索和独立思考获得解决问题答案的学习方式。

发现学习可以激发学习者的好奇、探索的欲望，发挥学习的积极性和主动性，因此，有利于培养学习者分析问题和解决问题的能力。

### （五）重视强化的作用

认知心理学学习理论把学习者的学习看成是一种积极主动的过程，因此，强调学习者的内在动机与学习活动本身带来的内在强化的作用。

# 第三节　学习迁移

**案例展示**

#### 幼儿园陈老师的困惑

在幼儿园里，陈老师经常会发现一些幼儿在学习中常见的错误现象。例如，许多幼儿在认识"3"这个数字的时候，一般不会有什么问题。但当幼儿认识了"8"这个数字之后，他们却经常地把"3"和"8"混淆。在认识数字"6"和"9"的时候，幼儿们同样也会出现类似的问题。

为什么幼儿在单独学习"3"和"6"的时候，都认得较为准确，但学习了"8"和"9"以后，幼儿们反而经常混淆呢？

这个问题困扰着陈老师，经过查找相关资料后，陈老师终于明白，这是学习中的"迁移"现象。

什么是迁移？迁移是怎样发生的？学习中有哪些迁移？迁移会对学习产生什么影响？学习迁移是学习中的重要现象，在学习过程中，这种现象无处不在。因此，研究学习迁移的现象，揭示其中的规律，具有十分重要的意义。

## 一、学习迁移的含义

在心理学上，学习迁移也可以简称为迁移，指的是一种学习对另外一种学习的影响。在我们的生活、工作和学习中，迁移现象普遍存在。例如，熟练地掌握数学方面的知识对学习金融学、物理和化学等学科产生积极的促进作用。与此相反，我们一般先学习中文再学习英语，前面中文的学习会对后面英文的学习产生消极的干扰作用。

## 二、学习迁移的种类

根据不同的标准，可以把学习迁移分为不同的种类。

### （一）正迁移和负迁移

根据学习迁移的效果不同，可以将学习迁移分为正迁移和负迁移。

正迁移是指一种学习对另外一种学习起促进的作用，也叫作"助长迁移"。例如，对平面几何的学习有助于对立体几何的学习，写好毛笔字有助于写好钢笔字，阅读能力的发展有利于写作能力的发展，

负迁移是指一种学习对另外一种学习起干扰或者阻碍作用。例如，汉语拼音的掌握会对英语音标的学习起干扰的作用；学习汉字中字形相近的字时容易受干扰，如"戎、戍、戌和戊"等。

### （二）顺向迁移和逆向迁移

根据学习迁移的方向不同，可以把学习迁移分为顺向迁移和逆向迁移。

顺向迁移是指先前学习对后继学习产生的影响作用。比如，我们日常生活中的"举一反三""触类旁通"就是顺向迁移的例子。

逆向迁移是指后面学习对前面的学习产生的影响作用。比如，学习了英语以后，会对之前已经学会的中文产生影响；学会骑自行车之后，会对之前已经学会的骑三轮车产生影响。

### （三）水平迁移和垂直迁移

根据迁移对象的抽象和概括的水平，可以把迁移分为水平迁移和垂直迁移。

水平迁移又称横向迁移，指处在同一概括水平的经验之间的相互影响。在水平迁移中，前后两种学习内容相似但有所不同，在难度和复杂程度上基本上处在相同的水平。例如，学习化学中钾、钠、锌等金属元素，其难度和复杂程度基本上相同时，它们会相互影响；学习了哺乳动物的概念之后，可以把这一概念应用于鲸和海豚的识别。

垂直迁移是指处在不同的抽象和概括水平的经验之间的相互影响。例如，在概念的学习中，学生原有的知识中对"菠菜、番茄、黄瓜"等的理解会对上位概念"蔬菜"的学习有帮助的作用；理解了三角形的意义有助于理解锐角三角形、等边三角形和正三角形。

### （四）一般迁移和具体迁移

根据学习迁移的内容范围不同，可以把学习迁移分为一般迁移和具体迁移。

一般迁移也称为普遍迁移，是将在某种学习中获得的一般原理和方法，迁移到另一种学习当中去的过程。例如，人们习惯用自己的思维方式去解决日常生活和工作中遇到的各种问题。

具体迁移也称为特殊迁移，是将一种学习得来的具体的、特殊的经验直接迁移到另一种学习中去的过程。例如，在做数学题时，采用列方程法，那么，以后遇到其他数学题时，也会尝试用列方程法。

## 三、学习迁移的理论

探讨学习的迁移规律，必须研究迁移是如何实现的，其基本的过程是怎样的。例如，迁移是自动实现的，还是在一定条件下，通过一系列的认识活动实现的。从早期的形式训练说到现在的各种迁移观点，都是围绕着这些基本问题进行的。

### （一）形式训练说

形式训练说以官能心理学为基础，认为心理的固有功能只有通过训练才能得以发展，迁移就是心理官能得到训练而发展的结果。形式训练说假设，人的大脑中有许多区域，不同的区域有着不同的功能。人的心智是由不同的功能组合而成的，不同功能的活动相互配合，就构成了各种各样的心理活动。而人类的大脑的各种功能，可以通过训练获得增强。

人的心智由许多功能组成，这些功能包括观察、注意、记忆、思维和想象等。首先，心智的各种功能是各自分开的，从事着不同的活动。通过独立的训练，这些功能得到加强。其次，心智的各种功能组成了一个整体，一种功能得到增强，会在无形中使其他功能得到加强。这种迁移是无条件的、自动发生的。官能训练的关键不在训练的内容，而在训练的形式，因为内容容易忘记，但形式是永久的。某些学科，如语言、数学和自然科学的难题等都具有训练官能的作用。

值得一提的是，形式训练说看起来很有道理，但缺乏有力的实验依据。

### （二）相同要素说

19 世纪末至 20 世纪初，美国著名的心理学家桑代克提出了相同要素说。1901 年，桑代克以大学生为被试，首先，训练大学生对平行四边形的面积进行估算，之后，对他们进行测验。结果发现，大学生对矩形的面积估算的能力增加了，而对三角形、圆形和不规则图形的面积估算能力并没有得到相应的提升。据此实验结果，桑代克判断，两种学习之间只有具有相同的因素时，学习才会发生迁移。

训练某一官能并不能保证自动地迁移到其他方面，只有当两种情境中有相同要素时才能产生迁移。相同要素就是相同的刺激与反应的联结，相同联结越多，学习迁移影响越大。相反，联结越少，学习迁移影响越小。迁移是具体的、有限的、有条件的。

### （三）关系转化说

1929 年，德国心理学家苛勒通过"小孩和小鸡觅食"的实验，研究了学习迁移的问题。

苛勒让三岁小孩和小鸡在深浅不一样的灰色纸板下寻找食物，先把食物放在深灰色而非浅灰色的纸板下，通过一段时间，小孩和小鸡通过条件反射学会了只在深灰色的纸板下寻找食物。之后，苛勒改变了实验情境，他把浅灰色的纸板换成黑灰色的纸板，然后，再让小孩和小鸡寻找食物。通过实验发现，小鸡在黑灰色纸板下找食物的反应有 70%的频率，而在深灰色纸板下找食物的反应只有 30%的频率，而小孩则 100%地对黑灰色纸板产生反应。

因此，苛勒认为，是因为情境中的关系对学习迁移起了作用，而不是相同的要素。小鸡选择的不是刺激的绝对的性质，而是比较了刺激物之间的相互关系。个体越能发现事物间的关系，则越能加以概括、推广，迁移越普遍。而对关系的发现、理解又是通过顿悟实现的。

## （四）认知结构说

1963 年，奥苏贝尔提出了学习迁移的认知结构说。认知结构是指学习者头脑中已有的知识结构，包括已有的观念内容和组织。这种理论认为，一切有意义的学习都是在原有认知结构的基础上产生的，不受原来的认知结构影响的有意义学习是不存在的。学习的迁移是以认知结构为基础进行的。

奥苏贝尔提出了三个主要影响学习迁移的认知结构变量，即观念的包容性、观念的可辨别性和观念的稳定性。学习者认知结构越具有包容性、可辨别性和稳定性，学习迁移就越容易。

关于迁移的观点还有产生式理论、同化性迁移、顺应性迁移等。

# 四、影响学习迁移的主要因素

研究表明，并不是在任何情况下都能发生学习迁移，它会受到一系列的主客观因素的影响。

## （一）两种学习的相似程度

根据美国心理学家桑代克的相同要素说，两种学习之间是否能产生学习的迁移，它们之间的相同要素起决定性的作用。两种学习的相同要素越多，即相似性程度越高，产生正迁移的可能性和确定性就会越大。

例如，学习英语会对学习法语产生促进的作用。就两者的内容上看，英语和法语在字形、读音和语法上有很多共同的特征，即相似程度较大，因此，先学好英语，再学习法语就会变得容易很多。

## （二）认知结构

学习者原有的认知结构会对学习的迁移产生非常重要的影响。因为，在通常情况下，原有的学习对后面的学习产生的影响是比较常见的迁移方式，所以，学习者原有的认知结构决定了迁移的可能性及效果。

原有的认知结构对学习的迁移主要表现在以下几个方面：第一，学习者是否具备相关的知识储备和背景，这是能否产生学习迁移的前提条件；第二，学习者原来的认知结构的概括水平对学习的迁移产生关键的作用；第三，学习者是否具备相应的认知策略，这也会影响迁移的产生。

### （三）学习定势

定势是指先于活动而又指向该活动的一种心理准备的状态。定势是由于学习者的反复经历而逐渐形成的，具有一定的稳定性。学习者会根据以往的经验，即定势来解决未来将会遇到的问题。定势会促进或阻碍学习的迁移。比如，当后面的作业与前面的作业是同类题时，定势能使后面的作业更加容易完成，并且抑制与其竞争的反应倾向，对后面的题的完成起促进作用。当要完成的作业与以前的作业不是同类或者是需要灵活变通的相似的作业时，定势就可能干扰后面作业的完成，使学生不能灵活地思考和创造性地解决问题，限制发展起来的假设的范围，并使尝试的解法固定化，对迁移起阻碍作用，即产生负迁移。

根据定势对迁移影响的双重性，要求教师在教学中预见到定势的消极影响，既要考虑所学课题与原有经验的同一性，利用积极的定势帮助学生迅速掌握解决一类题的方法，同时又要变化题目，有意识地进行提示和分化，培养学生思维活动的灵活性、流畅性和创造性品质，防止定势的负面迁移。

### （四）智力水平

迁移从不会自动发生，在同等条件下每个人迁移的效果都是有差异的，这和个人智力水平的高低有关。许多心理学家的实验研究都证实了这一点。桑代克曾对中学生的学习进行大量研究之后提出报告说，被试的智力水平越高，迁移影响越大。智力在训练迁移中占重要地位，教学实践表明，学生智力水平高，概括力与理解力水平也高，表现在学习上，即反应快、接受好、理解深、运用活，善于把学到的东西融会贯通，举一反三地去揭示和发现新问题，并自行纠正错误，验证答案。

除了以上提到的影响学习迁移的因素之外，学习者的年龄、概括水平、理解能力、经历、态度和价值观等因素都会对学习的迁移产生影响。

## 本章知识要点

学习是人们获取知识、能力和各种态度的重要方式，也是人类得以生存和发展的主要途径。因此，研究学习心理意义重大。狭义的学习特指人类的学习，是学习者通过观察、阅读、听讲、思考和练习等方式和途径获得知识、技能和情感、态度的过程。广义的学习是指人和动物在生活、工作过程中，通过获取经验而引起行为、能力和心理倾向的相对持久的变化。其次，我们还要能够从不同的角度出发，理解学习的分类的方法。

不同心理学流派从不同角度、运用不同的方法，对学习进行了研究和探讨，提出关于学习的不同观点。学习理论主要有格式塔心理学学习理论、行为主义心理学学习理论、社会学习理论、人本主义心理学学习理论、认知心理学学习理论。

学习迁移也可以简称为迁移，指的是一种学习对另外一种学习的影响。依据不同的标准可以把学习迁移分为正迁移和负迁移、顺向迁移和逆向迁移、水平迁移和垂直迁移、一般迁移和具体迁移等。各流派围绕"迁移的过程是怎样的""迁移是如何实现的"提出自己的观点。学习迁移会受到学习内容与学习过程的相似性及学习者的认知结构、学习定势、智力水平、概括水平、理解能力等主客观因素的影响。

## 思考与实践

1. 什么是学习？学习有哪些种类？
2. 结合实际谈谈行为主义心理学学习理论在实践中的运用。
3. 结合实际谈谈人本主义心理学学习理论在实践中的运用。
4. 如何对学生进行有效学习方法的指导。
5. 什么是学习的迁移？举例说明学习迁移的种类。
6. 联系实际谈谈影响学习迁移的因素。

## 推荐阅读书目

[1] 施良方. 学习论[M]. 北京：人民教育出版社，2000.
[2] 皮连生. 教育心理学[M]. 上海：上海教育出版社，2004.
[3] 张奇. 学习理论[M]. 武汉：湖北教育出版社，1999.
[4] 张大均. 教育心理学[M]. 北京：人民教育出版社，2011.

# 第十一章 教学心理

## 心理故事

### 教学设计依赖于对学情的了解

至今不能忘怀的是那次在校内执教的《孔子游春》公开课，课堂的冷清让人难以忍受，课堂氛围始终掀不起高潮。一个个问题问过去，只有个别学生举手回答，大多学生不能畅所欲言。课后，老师们评课时说课讲得不错，但就是学生的情绪调动不起来。反思后，觉得自己对学生的认知水平了解不够，他们无话可说。其原因是学生对孔子生平了解不够，不能全面深入地了解这位儒学大家。学生只能就课本内容进行简单的理解，不能深入地理解孔子借物抒情、托物喻理的思想内涵。应在课前让学生大量阅读或在网上查找有关孔子的故事，正确地、全面地、深入地了解这位大思想家，这样才能在课堂上把握学情，学生才会言无不尽。

"吃一堑，长一智"，一堂失败的课使我明白，要想上好一堂课，我们必须在课前了解学生，研究学情，把握学生的知识结构，找准学生的兴趣点，让学生融入课堂，真正成为课堂的主人。

了解学情，其实就是我们经常所说的备学生。在进行每次的教学设计之前，我们首先要考虑到所面对学生的认知水平、兴趣爱好、个体差异、课堂合作意识、语言表达能力诸多方面的因素，只有做到心中有数，我们才能针对学生的具体情况设计恰当的教学环节、提问方式、问题难度，否则，我们就是在打无准备之仗。

为什么教学活动开始之前要进行科学、合理的设计？什么是教学，教学是一个怎样的过程？教学过程中包含着哪些心理要求？下面我们就来学习有关内容。

教学活动是学校教育的一种基本形式和途径，它建立在师生双方的心理活动基础上，并包含着诸多心理因素。研究教学中的心理学问题，目的主要是在揭示学生学习规律的基础上，提供有效的教学原理和原则，以便预测和控制教学行为，增进教学效果，实现教学目标。教师在这一活动中起主导作用，学生则发挥着主体作用。教学正是通过发挥二者的合力，来促使学生朝着教育目标确定的方向发展。

教学要使学生产生心理认同感。在教学活动中，一方面，教师要熟悉学生的心理行为，随时掌握他们的心理变化情况，并据此设计教学方案，采用学生们乐于接受的方式方法进行教学，逐渐使学生对学校和教师产生认同感，这是教师开展好教学活动的重要条件；另一方面，教师要不断探索发掘心理因素在教学中的重要作用，因势利导，以学生为中心，不断创新工作方法，提高自身素质和水平，从而满足学生、学校和社会的需求。

# 第一节 课堂教学心理

**案例展示**

首因效应见成效

我在新学年接教新班级，上第一堂室外课前，按不同内容和教学要求，科学合理地布置好场地、器材，并注意色彩（器材或标识物的颜色）的搭配和图形（场地布置图）的美观。课一开始，我就以响亮、规范的口令，组织全体学生站好队列，同时加强课堂常规教育。让学生明确课上应遵守哪些常规，在整个教学练习中学习态度要端正，组织纪律观念要强，学练气氛要活跃。在深入细致地了解学生情况的基础上，对教学进行及时调整，妥善安排生病学生见习活动。由于课前准备充分，教学设计科学合理，教学组织精心恰当，这堂课的教学效果明显。这为以后教学活动的顺利进行打下了良好的基础。

为什么一堂课的开头很重要？一堂课包含哪些环节和要素？如何才能把握好一堂课？下面我们就来学习、探讨有关内容。

## 一、课堂教学程式的概念

课堂教学是学校教学的最基本形式和重要渠道，它是以一定程式进行的。课堂教学程式即指为完成教学目的、任务和内容所采取的一定的教学组织与操作形式。探讨课堂教学的程式就要考虑教学系统的基本要素以及这些要素在教学过程中的变化和发展规律。教学系统的基本要素包括教学目的、教师、学生和教学过程等，在课堂上，教师、学生的心理是对一定教学程式的反映。一方面，教师在以自己的心理活动系统化教学内容时，首先要考虑自身对学生心理的把握，还要注意捕捉学生对自己的心理加工、处理教学内容时所发出的反馈信息从而不断调整教学。另一方面，教学的最终目的是使学生在掌握知识的同时培养能力，完善个性。教学中学生的心理活动应该是组织课堂教学活动的出发点，课堂教学程式的建立应以学生在教学过程中心理活动的变化发展为基础。如果教学程式能促使师生双方的心理倾向一致，活动是协调的，由此产生的心理效应也是较高水平的。一个科学的教学程式，首先要极有利于促进师生心理的发展，师生之间的心理相互作用而形成某种心理气氛，有效完成学习任务；其次要适应教师、学生心理活动特点和规律；最后要能很好地控制业已形成的课堂氛围。

## 二、课堂教学程式的种类

教学组织形式多种多样，每一种教学程式都有比较稳定的教学程序、步骤与格式，它的具体框架是经过多次的教学筛选、精确加工后概括而成的。不同的理论学派对课堂教学的程式有不同的观点和主张，概括起来可分为三类：

（1）系统传授知识的程式，感知教材—理解教材—巩固知识—运用知识。

（2）在活动中学的程式，设置问题情境—提出并确定问题—研究解决问题的方法—实施方案—检验与评价。

（3）综合型程式，提供学习材料—进行活动分析、归纳—推导规律、获得结论。

上述教学程式是从课堂教学组织形式与方法运作来考虑的，它既分析了教学活动的全过程，又对教学阶段做了规划，主要侧重的是教学活动流程的本身。

## 三、课堂教学程式的心理要素

从心理学的角度讲，课堂教学的基本要素主要有注意组织、认知指导、行为强化和心理趋合。

### 1. 注意组织

注意是心理活动对一定对象的指向和集中，是一切学习和活动的前提条件，是人脑信息加工的第一步，任何信息的加工和处理都需要经过注意之门。如果个体对作用于感觉器官的刺激信息未加注意，那么，这些信息就会在很短时间内消失。知识教学的基本目的，就是要使学生将知识存入长时记忆，并用它来学习新知识，解决新问题。因此，教师在教学过程中，只有充分调动学生的认知注意和情绪注意，激发学生的求知欲，才能唤起学生相应的心理变化，使之把教师输出的信息转换为自己主动输入的信息，从而进行积极的认知建构。要组织和调控学生的注意力，通常的做法是激发学生的求知欲，变换教学情境，交替利用随意注意和不随意注意。

### 2. 认知指导

认知指导是课堂教学最重要的部分，学生要完成认识活动就需要借助教师的认知指导来调动其感知、记忆、思维、想象等认知机能。课堂教学中的认知指导通常是采用讲解、演示、设问和迁移等手段来实现的。

讲解是指导学生认知的基本方式。能够达到认知指导效果的讲解，首先要切题，紧扣教学内容进行讲解和论证。其次要语言清晰规范。一般认为，教学语言应当简洁、具体、条理清楚、自然流畅，并适合学生的认知水平。

演示是教师运用各种教学媒体为学生展示相关感性材料的操作方式。教师利用这一操作方式来指导学生进行观察分析，帮助他们获取第一手材料，掌握相应的事实，产生相应的感受，为学生进一步地概括奠定基础。

设问是课堂教学过程中转换的关键环节，一堂课的设问如果合理、适当、有意义，不仅能诱发学生解决眼前问题的心理需求，更能使学生不协调的认知转化为协调的认知。课堂设问点一般选择在导入新课时，新旧知识衔接处，障碍处，重点、疑点、难点处，题目的变通处等。

学习迁移指导是教学生将所学得的概念、原理、原则等应用到实际中去，使学生能达到举一反三。教师在教学中要注意唤起学生的已有经验，使理论与典型事例、理论与实践应用联系起来，顺利地实现知识到技能的迁移。

### 3. 行为强化

强化是塑造行为、增强行为定型的重要手段。在课堂教学中，教师运用强化手段，可以使学生的认知活动得以增强或矫正。强化有正负之分。正强化主要表现为对学生正确、成功的认知方式及结果进行奖励和表扬；负强化则指对学生错误的认知活动及结果进行惩罚和指责。强化技能的方式多种多样。言语强化，即发现学生有了所期望的行为后，便给予书面或口头的鼓励和表扬；符号强化，即给予学生鼓励和表扬的是一种标志，如红花、积分卡等；动作强化，即利用非语言行为，如微笑、点头等方式强化学生的认知学习；活动强化，即把学生的学习活动本身当作强化因素。

教师在使用强化手段时要注意使学生明确自己是因为认知活动而受到嘉奖或批评；强化要及时伴随着教师所期待的行为或学生的认知反应；指导认知行为的早期可以经常进行强化，以后可使用间隙强化；强化的形式与受强化的认知行为相匹配；创造一种课堂教学情境，使每个学生都可以在认知活动中受到强化。

### 4. 心理趋合

心理趋合是指个体在认知活动结束时因圆满完成活动而产生的内心体验和主观感受，这是课堂教学的最终目的。心理趋合包括即时趋合和延时趋合。即时趋合要求教师在教学内容传授结束后帮助学生在课堂上形成系统的知识结构。心理趋合的表现方式有：教师口头言语总结、归纳课堂教学内容的基本脉络；运用板书做出教学内容的知识结构模型；用简短的书面测验或口头设问向学生提示应注意的课堂内容要点；留时间给学生自行提问，主动促使趋合等等。即时趋合多适用于教材内容较简单或学生成就动机相对不高时。延时趋合则主要是依靠教师通过布置思考题或课外作业等来达到目的，它多用于教材内容相对难以理解或学生成就动机高时。无论运用何种方式，教师都应使学生的认知活动具有完整的感受和体验。

## 四、教学过程中常见的心理效应

### （一）首因效应

#### 1. 首因效应的产生

首因效应也叫作第一印象效应，是由美国心理学家陆钦斯首先提出的，指双方交往过程中形成的第一印象影响双方今后交往关系的情况，也被称为"先入为主"带来的成效。虽然人们的第一印象不一定是正确的，但是却是鲜明、牢固的，它往往会影响着今后双方交往的结果。假如一个人在首次相见过程中给对方留下良好的印象，在以后的交往中人们就喜欢与他接近，与之形成良好的人际关系，这对以后一系列行为和表现也具有一定的影响。相反，对于第一次见面就让人反感的人，在以后的交往过程中，人们往往会态度冷淡，产生抵触情绪，不利形成良好的人际关系。

在首因效应中，对情感因素的认知在人际交往中往往起着十分重要的作用。人们大都愿意与表现出友好、大方、热情的人交往，因为每个人都希望得到别人的尊重与关注。特别是对于儿童来说，更是如此。儿童喜欢第一次见面就面带笑容的人，如果再给予他表扬和更多的关注，那么儿童就会更愿意接近他们。

### 2. 教学中首因效应的运用

国外对于古董鉴定员的培养就充分认识到了首因效应的重要作用。在培训期间，古董鉴定员所接触到的古董都是真品，在他们的记忆中真正的古董是这种感觉，如果遇到赝品，他们往往会感觉到那里不对劲，就能一下判断出古董的真伪。其实，对学生的教育过程也存在"首因效应"。教学实践证明，教师如果把握好首因效应，对促进教育教学活动的顺利进行十分有效。

（1）班级管理要抓好"起始"教育。

俗话说："嫩枝易弯也易直。"对于中小学生来说，刚进入一个班集体，一切都是新的，他们总是以一种积极向上和求索进取的心态来面对。如果教师抓住这一关键期，积极而有效地影响学生，以后管理将会事半功倍。所以，教师，特别是班主任要在第一次见面会上让学生树立新的理想、颁布新的规章制度、规范学生的日常行为等，让学生起初就按照规范去做，铭记只有这样做才符合班级要求。教师制定好班级规范后，要监督执行，对表现好的学生给予奖励，对违纪的学生及时制止和纠正。刚开始，学生感觉新鲜，能够按照教师要求做，但教育是一个长期的过程，要想让学生长期坚持还需要教师耐心指导和监督，帮助学生养成良好的习惯。习惯一旦养成，后续的教育就轻松多了，也更容易出效果。

（2）正面引导。

学生犯错，很多家长和教师总会训斥，如"你怎么可以这样做""你是我遇到的最蠢最笨的学生""你怎么会犯如此低级的错误""你无药可救了"等等。众所周知，孩子逆反心理较强，越是禁止越是违反，结果就陷入"犯错—训斥—再犯错—再训斥"这样一种恶性循环。这时，家长与教师应该给孩子指明一个方向，正确引导学生。例如，某同学老爱抄别人的作业，可以与其这样沟通："我认为你是一个聪明的孩子，认真想一想一定比他做得更好。"再如，某同学摘了校园里的花，可以这样引导："花草也是有生命的，我们应当珍惜它们。我们何不变一变，变摘花人为栽花人呢？如果人人都在校园里栽种一朵花，那我们的校园将会多么的美丽呀！"这不但能让学生受到教育，同时也避免使学生的自尊心受到伤害。苏霍姆林斯基曾说过："一条简单明智的真理，这就是：你向自己的学生提出一条禁律，就应当同时提出十条鼓励。"

（3）课堂教学。

对于中小学学生来说，首因效应对其认知能力的发展会产生很大的影响，基于这一点，我们在教学时一定要努力处理好每单元的第一节课。特别是对于新教师来说，上好第一堂课尤其重要，它将影响其以后的教学效果。对于第一堂课，教师必须周密设计，充分准备，力求给学生留下热心教学、知识渊博、有教学艺术的良好印象。

## （二）罗森塔尔效应

### 1. 罗森塔尔效应的产生

罗森塔尔效应是一种社会心理效应，也被称作"皮格马利翁效应"或"人际期望效应"，指的是教师对学生的殷切希望能改变学生今后的行为，达到理想的教育效果。1968 年，由美国心理学家罗森塔尔和 L.雅各布森通过实验验证。

罗森塔尔把由教师良好期望带来的效应称为教师效应。指人们基于某种情境的知觉而形成的期望或预言，会使该情景产生适应这一期望或预言的效应。罗森塔尔权威的"谎言"对教师形成一种暗示，使教师对随机选出的百分之二十的学生形成一种积极的期望，使这部分学生的成绩和行为发生了符合教师期望的变化。

罗森塔尔研究发现，教师的期待通过气氛、反馈、输入以及输出来影响学生。气氛是指教师不同的情感反应及对学生期待的差异会产生不同的情感气氛；反馈是指教师的奖励与惩罚；输入是指教师对于特定学生的行为的数量、质量；输出是指教师提供给学生的反应机会。其中气氛和输入的作用最强，这说明教师的期待和关爱并不是罗森塔尔效应的全部，对学生心理、行为的引导是重要的前提条件，教师的教学行为、教学水平是罗森塔尔效应产生的关键。

### 2. 罗森塔尔效应在教学中的应用

罗森塔尔效应引起了教育界的高度关注，被广泛应用到各国、各校、各科的教育教学中。

中国学者在对罗森塔尔效应的探索、应用过程中，总结出在教育教学过程中应用罗森塔尔效应时应该注意以下几点。首先，要给予学生肯定，以增加他们的信心。教师应该相信每一位学生身上都有巨大的潜力，在某一领域将取得较大成就，给予学生更多的关注，提出更高的要求。其次，为学生营造良好的氛围，激发学生个人成功感。教师应该因材施教，挖掘每个学生的特长，为其营造获得成功的条件，真正发挥其主体作用，促进其主动学习。最后，教师应该结合学生的实际情况，给予学生合理的期望。教师对学生过高或过低的期望都会影响教育教学的结果，过高的期望会增加学生的压力，过低的期望无法激起学生的学习欲望。

中国学者在对罗森塔尔效应的研究中，提出了"反罗森塔尔效应"，利用心理的交接，从反面对教育对象的自尊心进行触动，进一步激励其逆反心理，使其转化成一种强大的推动力，然后进一步引导其向着教育者最初的期望努力。这就是通俗所说的"激将法"。"反罗森塔尔效应"不适用于自我意识尚未形成的小学生，也不适用于具有强烈自卑感的学生。值得注意的是，"反罗森塔尔效应"可能会引起学生对教师的误解，因而达不到教师最初的目的。

## （三）认知失调效应

### 1. 认知失调效应理论

美国社会心理学家利昂·费斯廷格（Leon Festinger）在 1957 年提出了认知失调效应理论。该理论认为，每一个认知结构都由诸多基本认知元素构成。一个元素即一种认知，它是一种心理过程，如思想、观念、态度或信念等。这些认知元素之间有些是相互独立的，有些是相互关联的。只有在认知元素之间既相关又不一致的情况下，才会导致不协调，而当个体同时经历两种或多种彼此间不协调的心理过程时，就形成了认知失调。

在此基础上，利昂·费斯廷格提出了认知失调理论的两大基本假设：第一，心理上的不适、不协调的存在将推动人们努力减少不协调，并力求达到协调一致的目的。具体说来，减少不协调的途径有：一是改变行为，使主体的行为符合其认知；二是改变态度，使主体的态度符合其行为；三是引进新的认知元素来消除不协调感。第二，当不协调出现时，除设法减少它以外，人们还可以能动地避开那些很可能使这种不协调增加的情境因素和信息因素。在改变态度方面，利昂·费斯廷格以他的经典实验证实，小诱因比大诱因更起作用，小报酬在推动人们从事一项活动方面比大报酬的作用更大。这就提示我们，在遇到与态度不符的行为时，会把诱因作为解释该行为的理由，当行为诱因较小时，产生严重认知失调；当行为诱因较大时，产生轻微认知失调。前者导致较大程度的态度改变，后者导致较小程度的态度改变。

认知失调理论阐释了个体认知心理的规律和功能。该理论为解决教育问题提供了新的角度，对我们有效地进行教学具有重要的指导意义。

### 2. 认知失调理论在教学中的应用

学生的认知心理是一个"平衡—不平衡—新的平衡"循环往复的过程。在一定的情境下，当新信息无法被原来的认知结构同化时，学生原有的认知结构被打破，导致认知失调。认知失调的解决使学生的认知结构得以重组与改造，从而在较高层次上达到新的平衡。这就是说，认知的不平衡或者冲突状态是一种认知发展动力，是学习者的内在动机。

布朗和柯林斯两位学者认为，情境具有线索指引的功能，可以协助我们在记忆时形成具有线索指引的内在表征。情境是学习的必要条件，能使学生有机会提出各种问题和假设，能使学生进行概括与迁移。因此，在教学过程中，教师应善于采用多种手段创设适当的认知情境，引发学生的认知冲突，形成相应的认知失调，激起学生的疑惑，进而引导他们积极探究和思考。

（1）设计教学悬念，创设认知失调。

教师可以通过设计悬念，强调新旧知识的差异，引发认知失调，进而激发学生的学习兴趣和内在求知动力。例如，在讲授高等数学中的函数概念时，教师可先引导学生回忆中学的函数概念："在某变化过程中，有两个变量 $x$、$y$，如果对于 $x$ 在某个范围内的每一个确定的值，按照某个对应法则，$y$ 都有唯一确定的值和它对应，那么 $y$ 就是 $x$ 的函数"；然后，引导学生看高等数学课本上的概念——"设 $x$、$y$ 是两个变量，D 是给定的数集。若对于 $x$ 在 D 内的每一个数值，变量 $y$ 按照某个对应法则 $f$，总有确定的数值与它对应，则称 $y$ 就是 $x$ 的函数"。教师顺势提问："除了语言叙述上稍有差异外，二者还有什么显著不同吗？高等数学课本上的定义对吗？"学生很快就会发现书上漏了"唯一"两个字！这时，教师应该指出，两个概念都没错。在这种情境下，学生出现了认知失调——为什么两者都不错呢？这时，教师给学生讲解原因，并引出"单值函数与多值函数"的概念，从而消除认知失调。这样，教师通过设置悬念，引发学生的认知失调，又通过引进新的认知元素——"单值函数与多值函数"消除不协调感，从而在新的高度让学生实现认知平衡。学生消除认知失调后会产生愉快感、满足感和成就感，而这些积极的情感体验会强化学生的认知动机和求知欲望。

（2）连续启发，创设认知失调。

在课堂教学中，教师应善于运用启发式方法进行教学，设置一系列问题，以便不断打破学生的认知平衡。在充分了解学生的原有认知心理状态的基础上，教师应设置合理的问题，循循善诱，步步深入。这样就能够连续促成学生的认知失调，引导他们进行积极、主动的思考，进而最终解决问题并形成新的认知平衡。例如，在学习鲁迅《故乡》这篇文章时，如何理解鲁迅先生从人物刻画的角度提出反封建的要求，以革命民主主义观点来观察和解剖现实生活中的许多重大问题。学生对此容易出现认知失调。这时，教师可以运用启发式教学，设置一些适当的问题。例如：好的文章总是有很强的感染力，它会让你或欢喜或悲哀，或豪情万丈，或激情满怀。诵读《故乡》，你认为笼罩全文的情感基调是什么？小说以"我"回乡迁居的经历为线索展开情节，哪些语句能揭示出这次故乡之行给我的感受和体验？作者千里迢迢回到阔别二十余年的故乡，体会到的不是激动、喜悦，而是悲哀，究其缘由是故乡景、故乡人的变化。那么文中写了哪些人物？在这些人物中，哪些又着墨较多？归纳二十年后的闰土、杨二嫂有哪些方面使"我"感觉悲哀呢？

这样，我们就能够创设认知失调。然后，当学生处于认知失调状态又难以达到平衡时，教师应该起到"引路人"的作用，帮助他们建立起新的认知平衡。在教学过程中，教师要循循善诱，不断启发学生，促使学生采取多种方法来减轻自己的认知失调，从而使他们在新的高度上达到认知平衡。

（3）及时反馈，创设认知失调。

学生在完成某项作业或者对某一问题进行思考之后，常常具有期待教师反馈的心理倾向。这时，教师的及时反馈至关重要。在教学过程中，教师要对学生的表现和认知结果做出及时反馈，以便创设认知失调。教师的及时反馈有多种形式，例如及时讲评作业、试卷、随堂练习，在课堂上集体订正错误，集体解答疑难问题或针对特定错误进行个别指导等。通过分析教师的反馈信息，学生能够准确了解自己的学习状况。当他们发现自己不足的时候，产生认知失调。然后，在教师的引导下，他们针对这些问题积极进行思索，并及时更正自己的错误。这样，他们就能达到新的认知平衡。

（四）蔡加尼克效应

### 1. 蔡加尼克效应

蔡加尼克效应是格式塔学派心理学家勒温的弟子蔡加尼克于 1927 年发现的一种记忆现象。在一次实验中，他分派给被试 15～22 种任务，让被试只完成其中的一半任务，而另一半任务被中途停止，被试继续去做别的工作。并且，允许完成和不允许完成的任务的出现顺序是随机排列的。做完实验后，立刻让被试回忆刚才做了些什么任务。结果发现，约50%的任务能被回忆起来，未完成的任务平均被回忆起68%，已完成的任务只能被回忆起43%。而且，绝大多数被试首先回忆到的是那些被中止而未完成的任务名称，对此，被试不仅回忆得快，而且回忆得又多又准确。概括而言，人们对于未完成任务的记忆比已经完成任务的记忆保持得更好。这种记忆现象被称为蔡加尼克效应。

为什么对未完成任务的回忆优于已完成任务？根据蔡加尼克的解释，这只能用心理的紧张系统是否能得到解除加以说明。因为，人的心理存在着一个动力场，个体的需要是这个动力场的主要组成部分，这种需要同时使我们产生一种紧张的心理状态，这种状态使我们耿耿于怀，不满足就不能消除。需要和紧张是休戚相关的，在紧张系统的驱使下，我们会产生欲为之而后快的心理。因此，人们对于已完成任务的心理紧张系统已经解除，因而记忆量少，而未完成任务所引起的心理紧张系统还没有得到解除，因而回忆量较多。

### 2. 蔡加尼克效应在教学中的运用

（1）设计时限，形成张力系统。

将蔡加尼克效应运用于教学中，可以在课堂中设计一些限时活动，让学生在规定时间内必须做完。例如，在对学生进行阅读指导时规定学生阅读课本的时间；还可以在课堂上引入一些竞争性的小游戏，如在学习元素化合物时设计一些化学谜语；或者可以安排几分钟的小测验等等。这样让学生在学习过程中产生紧张感，心理学上称之为形成张力系统。在张力系统的作用下，学生会进入紧张兴奋的状态，会加深对学习过程的记忆。为了避免学生在完成限时活动后因张力系统消失而产生记忆松懈，应组织学生马上进入评价反馈、答疑解惑或实验，进一步深入学习。

（2）课堂"留白"，营造魅力课堂。

课堂"留白"，即在课堂教学的过程中，根据教学实际和学生实际，教师有意识地留下教学的"空白"，鼓励学生发挥主观能动性，动手动脑去填补这些"空白"，从而实现主体发展的教学手段。

备课留白，预留课堂教学空间。许多时候，教师对课堂教学进行了精心的设计，但实际课堂的教学过程根本就不按老师预设的套路进行。教学过程是预设与生成、封闭与开放统一的过程。尤其是在新课程倡导的自主学习、探究学习和合作学习的课堂教学中，学生积极的自主活动、高度活跃的思维，以及不同的知识、经验和个性差异，必然会导致教学过程中预设不到的生成性教学资源不断产生，因此教学过程具有开放与生成性。备课时的留白，就是在预设教案的过程中留有充分的生成余地，留足开发生成性教学资源的空间。实施课堂教学时，当遇上备课时预设的进程跟不上课堂发展的实际时，就可以及时地运用备课时预留的空间，发挥教学机智，及时重组和调控学生的学习情绪、提出的问题、学习的结果等生成性教学资源，适时调整教学方案，即可做到胸有成竹、游刃有余。

课堂留白，扩展教学时空。① 时间留白。长期以来，老师们都习惯于把学生当成不必质疑的接受知识的容器，在几十分钟的课堂里，生怕误了宝贵的一分一秒，教学环节一环扣一环，排满了整节课，课堂教学气氛紧张。事实上，教材中不少内容是学生略经个人努力就能理解的，对此教师可以不讲或略讲，多放手让学生自己安排课堂时间，让学生自己看书或是讨论学习，而对学生难以理解的知识才进行精讲。课堂上留下一定时间给学生，为他们主动思考、论证、发现新知识创造时机。这样可以消除课堂上的紧张气氛，让学生在宽松、民主的氛围中积极思考，充分发挥学生的主体性，主动建构知识。② 空间留白。每一位学生对知识都有个性化的理解，甚至是分歧性意见，教师不能只讲"统一"，而要允许他们保留、发表自己的见解，给每一位学生留下属于他们自己的思维空间，保护其可贵的创新思维的胚芽。甚至，在布置作业时可以大胆留白，以创促学，扩展课余学习的空间。③ 心理留白。问题情境是知识发生的源泉，学习总是与一定的问题情境相联系的。教师作为学生学习活动的组织者、引导者、参与者和支持者，应通过设计富有挑战性的问题情境，提出具有挑战性和有梯度的问题，激发学生的求知欲望，将他们头脑中已有的知识和经验作为新知识的生长点，引导学生从原有的知识经验中"生长"出新的知识，使他们真正成为学习的主体。学生处在情境问题中，便进入了积极思维状态前的心理状态上的空白，此时学生的注意力、思维、情感、意志等交织在一起，出现了一种"心求通而未得之意，口欲言而未能之貌"的状态，而这正是智力发展的最佳时刻。④ 内容留白。在课堂上，内容留白是指教师在教学过程中保留一些教学内容不讲，以引起学生的探索欲望，达到最佳的激励效果。教师在课堂上把什么都讲得明明白白，虽然有利于学生对部分知识的接受学习，但长期看来绝不利于学生的成长，反而会形成对教师教学的依赖。所以，课堂教学中应留出适当的内容不讲，促使学生课后主动建构知识体系，填补教学内容的空白。

（3）合理评价，减小蔡加尼克效应的负面影响。

很多学生反映，一旦考完试，就想不起刚刚考过的内容。这是因为临考前，考试对于学生来说是一项未完成的任务，这时学生的心理系统一直保持着紧张状态，而考后则把它当作一项已完成的任务，紧张的心理状态得到消除，记忆会暂时性松懈下来。特别是那些把考试当成一项需要紧急应付的任务，抱着在考前抱佛脚的心态来应对考试的学生，走出考场后，记忆一片空白也就不足为奇了。从评价方式上进行改革，拓展教学的评价空间，力争让学生喜欢上考试，有利于激发学生勤奋学习，减少考前开夜车搞突击的做法，很大程度上避免了蔡加尼克效应的负面影响。在设计评价时，可以在试题的题量、题型、内容和结论方面给学生选择的空间，充分发挥学生的主体性，体现对学生的尊重与关爱。

考试评价可以预留出学生自选题或自创题，增加开放性试题的比例，尽量控制客观性试题。开放性试题可以让学生从多角度去思考、去发挥，有利于完善学生的知识结构，培养学生运用知识解决问题的能力。对于评价的内容，可以只做大范围的界定而少做具体要求，让学生尝试用自我陈述、自我展示，甚至是自我评价来表达自己的收获，从而建立信心、提高思维的逻辑性和语言表达能力。在评价的结论上，可以让学生自我总结和自我鉴定，回顾老师的教学过程，反思自己的认知过程，回味情感的体验过程，提高学生的元认知水平。这样的评价，可以全面地了解学生在知识与技能、过程与方法、情感态度与价值观各方面的信息发展状况，这也契合新课改的理念。

# 第二节 教学设计心理

**案例展示**

### 李老师的教学心得

李老师从教十几年来，每天都在上课，周而复始，有人说单调，有人说没劲。而李老师认为，只要每天都是在用心感受，感受学生丰富的思想、旺盛的生命，感受教学创意无限、意犹未尽，那么，每天都是趣味无穷的。其实，一堂好课离不开合理而富有创意的教学预设。如果每次备课都如同抄字员机械地抄写，每堂课都按照经验去上，那教师的生活将变得单调乏味。但你只要大胆创新，勇于探索，并用心、用情去渗透每一次的教学设计，课堂将充满活力而富有创意。那么，你就会感受到，教学设计所带来的，令你意想不到的课堂氛围，以及幸福和喜悦。说到底，有效的教学设计会让你的课堂精彩无限，也会让你的学生魅力四射。

何为教学设计？教学设计包含哪些心理要素？什么样的教学设计才是有效的呢？应该怎样进行有效教学设计？

教学是学校教育活动最主要的任务，在这一活动中教师不仅要掌握学生学习规律，更要掌握教学规律，这样才能有效地驾驭教学活动，高效率地促进学生学习。教学活动的顺利开展以及良好教学效果的取得，离不开好的教学设计。掌握教学设计的心理有助于更好地把握教学活动，有效地设计教学。

# 一、教学设计的含义

教学设计（Instructional Design）是指在教学之前预先筹划教学过程，安排教学情境，以期达到教学目标的系统性设计。教学设计必须有确定的教学对象和教学内容，是将教学诸要素加以优化组合，它只是一种预设而非教学实施。教学设计是教学理论向教学实践转化的桥梁，包括教学的宏观设计和微观设计。

教学的宏观设计（Macrodesign）是指学校教学的总体规划。通常包括四个方面的内容：制订教学计划、编制教学大纲、选编教材、确定教学考核手段。

教学的微观设计（Microdesign）是学科教学规划，也可针对一个单元，甚至一节课。教师主要是进行微观的课堂教学设计。微观的课堂教学设计的主要任务是，根据所教班级学生特点和所教课程的教材内容，将课程目标转化为单元或课时目标，据此选择或开发适当的教学策略，最后对照目标检查教学效果。

# 二、教学设计的要素

教学设计的主要要素包括制定教学目标、分析教学内容、选择教学策略、开展教学评估。

## （一）制定教学目标

教学目标是预期学生通过教学活动获得的学习结果，也即学生通过教学活动要达到的学习标准。教学目标是保证教学活动顺利进行的首要条件，规定着教学活动的方向、进程和预期结果，是评价教学效果的基本依据，是学习者自我激励、自我评估、自我调控的重要参照。

### 1. 教学目标的设置

（1）制定教学目标的依据。

教学大纲。教学大纲是国家颁布有关教育方面的文件，它规定了学科教学的目的、任务、内容及基本要求，它是编写教材、进行教学、评价教学质量的依据，当然，也是制定教学目标的依据。一方面，我们编制的所有目标不应当超纲；另一方面，全部目标的合成也不能低于大纲的总体要求。

教学内容。不同教材有不同的特点，不同的教学内容也有不同的教学要求。要吃透教材，把握编者意图，顺着编者思路去设计教学目标；要根据教学内容的实际情况去考虑目标的侧重点。比如初中语文教材是按单元编排的，每个单元冠有"单元提示"，虽只有简短的几个字，但已将学习该单元的要求做了交代。在讲读课文的课题下面，有该课的"训练重点"，在自读课文的"自读提示"中也有类似的说明。这些材料都不是闲言废语，它们已把编者的意图告诉了我们。在编写教学目标时，要紧扣这些说明和要求，努力用具体的目标来落实其要求，并把它们当作中心目标或重点目标来对待。

学生实际。学生是学习的主体，脱离学生实际的教学目标没有任何实用价值。对学生年龄特点和实际学习能力必须予以充分考虑，在重视保护学生学习积极性的同时，还要适当照顾"两头"，即对学得较快与学得较慢的学生要因材施教。

社会需要。大纲和教材都是静态的，往往几年不变，而社会发展却是动态的，可以说教材内容相对时代进步来说，总是滞后的。在制定教学目标时应当考虑到这一点，适当地根据社会需要，充实必要的内容。

（2）制定教学目标的原则。

整体性原则。要从学科的整体要求出发，一切具体目标都不能与总目标相悖。要力求知识、能力、个性教育三方面有机结合，力求与教学大纲所规定的目的要求保持一致。

可行性原则。目标要适度、恰当，符合学生实际。一般目标全体学生都能达到，发展性目标优生能实现。

可操作性原则。目标要简明、具体、易操作、易检测。课时教学目标主干要鲜明，数量不能过多，否则难以落实。

阶段性原则。明确学生认知能力发展的阶段性，在不同的阶段有不同的侧重。如初中阶段，初一主要培养良好的学习习惯和学习兴趣，重视衔接，打好基础；初二以培养思维能力和学习态度为核心，发展学生思维的广阔性与创造性；初三着重培养学生综合分析与应用能力，提高个性素养，促进整体优化等。

科学性原则。对不同层次、不同类别的知识，用不同的行为动词做出具体而恰当的描述，严格把握分类的准确性、描述的严密性。

### 2. 教学目标的陈述

确定教学目标后，要用具体的、可操作的和可测量的言语来表述，即教学目标的陈述。

教学目标的传统陈述存在一些明显的弊端，表述上存在含糊性，无法观察、测量和操作。一般用描述内部心理的词语来陈述教学目标，如"培养（提高）……能力""掌握……""体会……"等。这使得教学目标所表达的教学意图含糊不清。这样陈述的教学目标很难对教学活动起导向作用。为了克服教学目标的传统陈述的含糊性弊端，下面介绍几种科学的教学目标陈述理论与技术。

（1）教学目标的行为化陈述。

1962年，美国心理学家马杰在行为主义心理学的基础上提出了行为陈述技术。行为目标也称操作目标，是指可以观察和测量的学生行为，是用学生预期的行为变化来陈述的目标。行为目标通常包含以下三要素：

行为的表述。即用可观察的、具体的行为表述教学目标，以便教师能了解学生是否已达到其目标。其基本方法是，用动宾结构的短语说明学习的类型和学习的内容，如"能比较学习和发展的主要异同"。

条件的表述。条件是指学习者在什么情况下的表现行为，说明在哪种情况下评定学习者的学习结果。如"学习者能操作计算机"，要说明是在教师示范下或说明书的指导下操作，还是独立操作。

标准的表述。标准是指衡量学习结果的行为的最低要求，可对行为标准做出具体要求，使教学目标具有可测性。标准的表述一般与"好到什么程度""精确度怎样""在多少时间内完成"等问题有关，如"没有语法错误""90%正确""30分钟内完成"等。

（2）内部行为过程与外显行为相结合表述教学目标。

行为目标虽然避免了用传统方法陈述目标的含糊性，但它只强调了行为结果而未注意内在的心理过程。教师可能因此只注意学生外在行为的变化。教师在陈述教学目标时，对诸如"记忆、理解、创造、欣赏、尊重"等内在心理变化是不能直接进行观察和测量的。为此，格伦兰提出了一种折中的陈述目标的方法，即先用描述内部过程的术语概括教学目标，然后用可观察的行为作为例子使目标具体化。如可为概括的内部过程目标"培养学生的爱国主义精神"，提供样例"学完本课后，学生能写一篇赞美祖国的文章并当众朗读"。

这样陈述的教学目标强调教学的总目标是记忆、理解、创造、欣赏、尊重等内在的心理变化，而不仅仅是表现这些变化的具体行为实例。这些实例只是表明内在心理变化的许多行为中的样例。这样，就避免了行为目标只顾及具体行为变化而忽视内在心理变化的缺点，也克服了用传统方法陈述目标的含糊性的弊端。

（3）表现性目标。

许多高级的教学目标并不是参加一两次教育活动就能达到的，教师也很难预期一定的教育活动后学生的内在心理将会发生什么变化。如高级认知策略和心智技能的提高，爱国主义情感和健康自我意识的培养，都不是通过一两节课教学就能立竿见影的。为此，艾斯纳提出了表现性目标，以弥补上述两种陈述方法的不足。表现性目标只要求教师明确规定学生必须参加的活动，而不必精确规定每个学生应从这些活动中习得什么。如"学生能认真观看学校组织的反映爱国主义的影片，并在小组会上谈自己的观后感。"当然，表现性目标只能作为具体的教学目标的补充，教师切不可完全依赖这样的目标。否则，教学目标的陈述又会回到传统的老路上去。

## （二）分析教学内容

教学内容（Instructional Content）是指为实现教学目的，由教育行政部门或培训机构有计划安排的，要求学生系统学习的知识、技能和行为经验的总和。具体体现在人们制订的教学计划、教学大纲和编写的教科书里。分析教学内容是对学生起点能力变化为终点能力所需的从属知识和技能，及其上下、左右关系进行详细剖析的过程。

### 1. 教学内容的分析方法

（1）归类分析法。

对有关信息进行分类，以对实现教学目标所需学习的知识点做出鉴别。确定分类方法后，或用图示，或列提纲，把实现目标所需学习的知识归纳成若干方面，从而确定教学内容范围。

（2）图解分析法。

用直观形式揭示学习内容各要素及其相互联系，用于对认知类学习内容的分析。图解分析的结果是一种简明扼要地从内容和逻辑上高度概况的一套图表或符号。例如，在历史教学中，可以用几条带箭头的线段及简洁的文字来剖析一次著名战役的全过程，其事由、时间、地点、参战各方人数、结果等都用图解来表示。

（3）层级分析法。

层级分析法用来揭示为了实现教学目标所要掌握的从属技能。从已确定的教学目标开始逆向分析：学习者获得教学目标规定的能力，必须具有哪些次一级的从属能力；要培养这些次级从属能力，又需要具备哪些更次一级的从属能力。

### 2. 确定学生的起点行为

在进入新的学习单元时，学生原有的学习习惯、学习方法、相关的知识和技能，对新的学习任务的成败起着决定性的作用，它们是新的学习任务的内部条件。所以教师在确定终点教学目标后，必须分析并确定学生起点状态，即起点行为。

（1）对预备技能的分析。

了解学生是否具备进行新的学习所必须掌握的知识与技能，学生只有具备这些行为能力才足以面对新的教学内容。

（2）对目标技能的分析。

了解学生是否已经掌握教学目标中要求学会的知识与技能。如已掌握了新的目标与技能，说明这部分内容的教学没必要进行。对目标技能和预备技能的分析，可同时通过评价知识和技能的预测来完成，一部分预测预备技能，另一部分测试目标技能。

（3）对学习者学习态度的分析。

了解学生是否对教学内容存在偏爱或误解等。了解学生对所学内容的态度，对选择教学内容、确定教学方法等都有重要意义。虽然态度难以精确测量，但可以采用问卷、观察、采访、会谈等多种方法分析。

教学内容分析与学生起点行为分析密切相关。若忽视对学生起始行为的分析，教学内容分析则会脱离实际；或将教学起点定得过高，使教学脱离大多数学生学习能力的实际；学习起点定得过低，低估学习者已具备的基础，将在不必要的内容解析上或不必要的教学活动上浪费时间与精力。

## （三）选择教学策略

教学策略（Teaching Strategy）是指教师教学时旨在优化教学效果的教学操作指南。它不特别限定于某种教学方法，而是统摄各种方法于一定的操作思想的指导之下，以达成有效教学的目标。教学策略在整个教学过程中无处不在，教师可操纵的各种教学变量，都可探索其相应的教学策略。下面主要介绍两种最基本教学策略：讲授教学法和发现教学法。

### 1. 讲授教学法

讲授教学法（Expository Method）是指通过教师的讲解、演示等方式将教学内容呈现给学生的方法。讲授教学法遵循人们从一般到个别的认识顺序，学生进行的是接受学习。讲授教学法是教师最常用的一种传统教法。讲授法的主要优点是，教师能够很方便地同时向许多人传授知识，能用学生易懂的形式有效地概括学科的内容。讲授教学法的主要缺陷是，教师很难使学生的注意力在整个教学过程中一直保持相当高的水平，容易导致学生机械地、被动地、"填鸭式"地学习。为了克服这一缺点，师生必须进行大量的交互作用，把提问、对话穿插在教学活动中，引导学生积极思考，进行有意义的学习。

### 2. 发现教学法

发现教学法（Discovery Method）是给学生提供有关学习材料，让学生通过探索、操作和思考，自行发现知识，理解概念和原理。发现教学法遵循从个别到一般的认识顺序，学生进行发现学习。教师不将学习的内容直接提供给学生，而是向学生提供一种问题情境。教师扮演学习促进者的角色，引导学生对这种情境发问并自己收集证据，试图让学生从中有所发现。如物理老师，用投影仪向学生演示围绕一个磁场的铁屑的排列情况，不给学生提供其他任何背景知识，却让学生发问，老师仅回答"是"或"否"。发现教学法的优点是，提高知识的保持度，因为学生需要以有意义的方式组织知识；增加智慧潜能，因为教学中为学生提供了便于他们用于解决问题的信息；激励内在动机，因为通过发现可以带来满意和内在奖励；获得解决问题的技能，因为发现过程就是解决问题的过程。发现教学法的缺陷是，太耗费时间，很难通过发现法高效地掌握人类已经积累起来的大量宝贵经验；知识获得可能不够系统、完整。

发现教学法的基本步骤可概括为：第一，提出和明确使学生感兴趣的问题。第二，让学生对问题体验到某种程度的不确定性，以激发探究。第三，提供解决问题的各种材料和线索。第四，协助学生分析材料和证据，提出可能的假设，并搜集和组织可用于做出判断的资料。第五，协助、引导学生审查假设得出的结论。

## （四）开展教学评估

教学评估（Instructional Evaluation）是系统收集、分析有关学生学习行为的材料，以确定其达到教学目标程度的过程。教学目标使学生的行为和品质朝着教育培养的方向发生变化。教学评估用以了解教学效果是否达到预定的教学目标，借以调整教学手段、鉴定质量。

### 1. 教学评估的基本形式

**表 11-1　教学评估的基本形式**

| 区别 | 形成性评价 | 终结性评价 |
|---|---|---|
| 性质 | 过程性评价 | 总结性评价 |
| 目的 | 对目标形成过程进行诊断<br>提供弥补知识缺陷的措施 | 在某阶段教学活动后进行评估<br>检测教学目标达成度 |
| 着眼点 | 还没掌握的那部分知识 | 学生所学知识的掌握情况 |
| 试题编制方法 | 单元所有基本知识点及掌握各知识的不同层次、要求均包括在内，且每一知识点都须由一道（或以上）的试题来对应进行测试 | 有限的测试时间内，对全书中的知识点进行抽样测试 |

### 2. 作业的评估

对学生作业的评估是反馈教学效果最直接的方式，也是教师使用最频繁的评估手段。评估作业的不同方式对教学效果有极大影响。学生作业的评价方式主要有教师评价、共同评价、学生相互评价。

（1）教师评价。

教师对学生的作业不可积压，必须按时批阅，使学生迅速得到反馈信息。同时，教师的评价要切实详细，不可敷衍了事。批评要具体，通俗易懂，书写规范，符合学生的发展水平和接受能力。

（2）共同评价。

共同评价包括三种：一是师生共同评价，如创作作品的鉴赏、活动作业的评价均可采用师生共同评价。二是家长参与评价，如表演或成果展览，可请家长共同欣赏和评价。三是有关教师共同评价，邀请同一学科教师或教学管理人员共同评价，这既可集思广益，又可统一标准，使评价更加客观、公正。

（3）学生相互评价。

教学结束后，当场让同桌或小组成员交换试卷或作业，互相批改。这也是及时反馈信息的一种有效的方式。


## 三、教学设计的类型

可以依据不同的标准把教学设计分为不同的类型。

### （一）不同知识类型的教学设计

教学要根据所教知识的类型特点来进行合理的设计。现代认知心理学把知识概括为陈述性知识、程序性知识和策略性知识三类。根据三种知识的特点，可以进行不同侧重的教学设计。

#### 1. 陈述性知识的教学设计

陈述性知识是指个人具有的有关世界是什么的知识。检查的标准是看学生能否回答是什么的问题。如"什么是光合作用？"对陈述性知识进行教学设计时应注意：第一，确定教学目标应以学生回忆知识的能力为中心，要求学生口头或书面叙述所学知识。第二，设计教学内容要注重确立新旧知识之间的联系，找准联系点。第三，确保用于同化新知识的原有知识的巩固。第四，帮助学生把新旧知识联系起来，找到新知识的生长点。为帮助学生理解新知识，可利用电教手段揭示事物发展的过程，通过关键点的提问引起学生的关注与思考，运用及时的反馈进行有针对性的补救等等。

#### 2. 程序性知识的教学设计

程序性知识是关于怎么办的知识。认知心理学研究发现，程序性知识在头脑中以产生式表征，形式为"如果……则……"。例如，识别直角三角形产生式为，如果三角形有一个角是直角，则该三角形是直角三角形。对程序性知识进行教学设计时应注意：第一，教学目标应确定为应用概念规则解决问题的能力，强调识别、运算与操作。第二，在教学内容与方法的设计上，让学生理解概念或规则，讲解与练习要注意正、反例的运用。如果教学内容涉及规则，应着重引导学生将新习得的规则广泛运用于新情境；对于那些由一系列产生式组成的较长的程序性知识，应考虑练习内容与时间的分散与集中、部分与整体的关系，一般先练习局部技能，然后进行整体练习。

### 3. 策略性知识的教学设计

策略性知识是关于如何学习的知识。如"如何记忆一连串的历史事件？"策略性知识涉及个体自身的认知活动。在陈述性知识具备的情况下，学生处理问题的差异是由策略性知识导致的。对策略性知识进行教学设计时应注意：第一，教学目标中必须有策略性知识的地位，必须确立有检查"学生会学习"的教学目标，如要求学生会设计图表。第二，教学内容应结合陈述性和程序性知识的教学，突出学习方法的教学，或者专门开设学习方法课，让学生学会学习。第三，教师要掌握策略性知识，善于将自己内隐思维活动的调节、控制过程展示出来，使学生能够仿效。可以说，只有既善于教陈述性知识、程序性知识，又善于教策略性知识的教师才是优秀的教师。

## （二）不同课型的教学设计

不同的教学内容、不同的教学目标就要使用不同的课型。常见的主要课型有新授课、讨论课、复习课等。

### 1. 新授课的教学设计

新授课是各种课型中的主要类型，也是传授新知识的重要课型。新授课的教学设计一般应包括以下七个步骤：

（1）向学生说明本节课的教学目标，让学生知道要学什么及其要达到的要求。

（2）激发学生的学习动机。

（3）回忆有关旧知，为学习新知作铺垫。

（4）引出新内容。

（5）揭示新内容的关键点和难点，这是新授课的关键。那些大多数难以接受的新知识就是教学的难点；那些与前面知识紧密联系，对后面所要学的知识起着奠基、引领作用的知识便是重点。

（6）应用新知识。应用新知识主要通过练习来实现，练习的安排要循序渐进。

（7）对学生的学习情况做出反馈与评价。反馈要及时、具体、层级化，不但要进行认知反馈，还要进行情意反馈。

### 2. 讨论课的教学设计

讨论课是在教师指导下，由全班或小组成员围绕某一中心问题发表自己的看法，从而相互学习的一种方法。讨论课可以加深学生对理论知识的理解，有助于启发学生独立思考，培养学生独立分析问题、解决问题的能力，训练学生的口头表达能力。

　　讨论课的教学设计，可以根据讨论进行的时间顺序，划分为课堂讨论的准备、课堂讨论的过程、课堂讨论的总结三个环节。课堂讨论准备的设计应注意：第一，拟定评论的题目。讨论的题目必须明确具体、难易适度、不可过多，题目应是教学重难点或具有不确定性和不一致性的问题。第二，要在学生独立钻研、独立思考的基础上进行。讨论前要指导学生预习课文和阅读参考书，写好发言提纲。第三，要有便于讨论的组织形式。通常采用小组讨论的形式，一个小组 5~7 人，要选定中心发言人。课堂讨论过程的设计应注意：第一，在讨论开始时说明讨论目的、要解决的问题、要掌握的重点。第二，讨论过程中要充分发扬民主，鼓励学生普遍发言，而教师只提供最必要的信息，善于把问题扔给学生，引导学生围绕中心议题开展讨论。讨论过程中应适当制止夸夸其谈。教师要用引导讨论的焦点激起学生争论。课堂讨论总结的设计应注意：第一，要有明确的结论。教师要根据所记录的学生发言情况和讨论情况进行总结。第二，对讨论中存在的问题进行解释，对学生理解不深刻、不正确的问题进行补充、纠正与深化。

### 3. 复习课的教学设计

　　复习课是巩固知识的一种重要课型。通过复习，可进一步发现问题，及时查漏补缺。复习可起到巩固新知识，加深理解的作用。复习课的教学设计要做到新中有旧，旧中有新。应注意以下几点：第一，同一材料合理地用不同形式呈现，用不同例子讲解，以使学生产生新异感，有利于学生从各个不同方面去仔细研究某一现象，便于全面理解。第二，复习不能面面俱到，平均用力，而应着重在重点、难点、学生易错处下功夫，提高针对性。第三，复习不是原地踏步，应对知识进行系统的梳理、整理，使零散、孤立的知识形成网络，使学生产生新认识与理解。第四，复习不应只是就事论事，而应引申、深化、融会贯通，重点提高应用能力与迁移水平。

## （三）以"教"为中心和以"学"为中心的教学设计

### 1. 以"教"为中心的教学设计

　　以"教"为中心的教学设计是传统的教学设计程序，已形成一套较完善、系统的理论。以"教"为中心的教学设计，侧重点在于设定教学目标和为达到这些目标而采取的步骤和方法上。其主旨是知识拥有者设计一个程序，把知识传授给学生。以"教"为中心的教学设计是目前的主流。美国学者马杰（R. Mager）的"三环节六要素"教学设计是其代表。"三环节六要素"教学设计由三个基本问题组成。首先是"我要去哪里"，即教学目标的制定；其次是"我如何去那里"，即包括学习者起始状态的分析、教学内容的确定与分析、教学方法与教学媒介的选择；最后是"我怎么判断我已到达了那里"，即衡量是否达到预期的目标，为教学的反馈调控提供翔实的信息。也就是说，教学设计是由目标设计、达成目标的诸要素的分析与设计、教学过程设计、教学评价设计和信息反馈所构成的一个有机整体。

　　以"教"为中心的教学设计的优点是有利于教师主导作用的发挥，有利于按教学目标组织教学，有利于系统科学知识的传授。不足之处是容易忽略学生的主体作用，不利于培养学生的创新精神，不利于创造型人才的成长。

### 2. 以"学"为中心的七环节教学设计

以"学"为中心的七环节教学设计是当前教学改革的热点和突破口，研究的是"学"，是为了促进"学"。"学"是指主动的意义建构。它是以建构主义学习理论为理论基础，强调教育者精心为学生选择和设计恰当的学习环境，重视学生自主学习策略和协作学习策略的设计。以"学"为中心的七环节教学设计对教师要求较高，适用范围较窄，目前仍未发展起完备的理论及具体的操作体系，还需要更深入探讨和进一步发展完善。

以"学"为中心的教学设计程序：

（1）教学目标分析。

教学目标分析涉及学习主题的意义，与学习主题相关的知识和信息，怎样学习这一主题，师生在学习中的作用，学生的学习有何表现，要完成哪些作业或设计，成绩怎样评定等内容。

（2）情境创设。

依据学习目标，创设以形象为主题、富有感情色彩的具体场景或氛围，激发和吸引学生主动学习。

（3）信息资源设计。

信息资源的设计是指确定学习本主题所需信息资源的种类和每种资源在学习本主题过程中所起的作用。教师应给获取、选择、运用信息有困难的学生以帮助。

（4）自主学习设计。

自主学习设计是整个以"学"为中心的教学设计核心内容。在以"学"为中心的学习环境中，要注意发挥学生的主体作用，体现学生的首创精神；要让学生有多种机会在不同的环境应用他们所学的知识（知识外化）；要让学生能根据自身行动的反馈信息来形成对客观事物的认识和解决实际问题的方案（自我反馈）。

（5）协作学习环境设计。

创设协作学习环境的目的是为了在个人学习的基础上，通过小组讨论、协商，以进一步完善和深化对主题的意义建构。协作学习环境的创设通常是先提出或设计一个问题，引导学生去思考，鼓励学生各抒己见，教师倾听学生发言，如实记录学生表现并予以恰当评价，适时把握、修正讨论方向，讨论结束做出（或引导学生做出）协作学习总结。

（6）学习效果评价设计。

以"学"为中心的学习效果的评价，不追求结果与预期目标一一对应，而是对学生的活动及其结果采取一种鉴赏式的批评，依据其创造性和个性特色检查其质量与重要性。其包括小组对个人的评价和学生个人的自我评价。评价内容主要围绕自主学习能力、协作学习过程中做出的贡献以及是否达到意义建构的要求三方面。教师应设计出使学生不感到任何压力、乐意去进行，又能客观地、确切地反映出每个学生学习效果的评价方法。

（7）强化练习设计。

根据小组评价和自我评价的结果，为学生设计出一套可供选择并有一定针对性的补充学习材料和强化练习题。这类材料和练习既要反映基本概念、基本原理，又要能适应不同学生的要求，以便通过强化练习纠正原有的错误理解或片面认识，最终达到符合要求的意义建构。

# 第三节 学生心理差异与因材施教

**案例展示**

### 因材施教才会事半功倍

小山是一名五年级的学生，他的各项体育成绩在班里都是第一，但其他学科的学习成绩却总是一塌糊涂。有个别老师认为分数就是一切，但小山的班主任却不这样看，他认为体育好的孩子同样有出息，所以，他总是鼓励小山发展体育强项，让孩子把长处尽量发挥出来。一次，在小山参加学校运动会，报名的各项比赛又都拿第一时，班主任鼓励他努力锻炼，以后考一所体校，将来进国家队，参加奥运会。小山认为，自己天生脑子不太灵活，因此有些自卑，而班主任激励的话语增加了小山的信心。他不再自卑，每天充满希望，坚持刻苦锻炼。果然，在上初二时，小山由于长跑成绩突出，被直接选入了省体校。

何为因材施教？因材施教有何意义？怎样才能做到因材施教？

古人云，龙生九子，九子各异。人也是一样，学生之间的心理差异是客观存在的。教师的教，只有适应了学生学的差异性，实施因材施教，才会取得理想的效果。在班级授课制的教学组织形式下，如何有效调动每个学生的学习积极性，使其潜力发挥到最佳状态，是摆在教师面前的重要问题。因材施教是因学生的个别差异而来的，不了解学生的个别差异，就无法进行因材施教。因此，个别差异是因材施教的心理学基础。

当代心理学研究发现，个体差异对教育效果有显著的影响。这意味着教师在开展教育教学活动时，必须结合学生的不同特点。许多实验已经证明，心理差异与教育教学之间存在着明显的相互作用。

## 一、学生的认知差异与教学

在各种心理差异中，认知方面的个体差异无疑与实际教育联系最为密切。这里从一般认知能力、专门领域知识构造、认知风格三个方面讨论认知差异与教学效果上的相互作用。

### （一）一般认知能力差异

一般认知能力，也可称之为智力，存在着显而易见的个体差异。教学过程中我们发现，有些学生聪明，有些学生则显得不是那么灵活；有的学生接受能力强，学习速度快，一教即会，而有的学生的学习速度慢，虽然能教会，但教师必须采用适当的方法并注意放慢进度。

#### 1. 一般认知能力和学习成绩的相关性

在传统的教学中，一般认知能力实际上总是能预示学生学习成绩的好坏，这种观点已被各门学科和各种教育层次上的研究所证实。例如，就一般认知能力的测量结果和学习成绩之间的相关程度而言，国外研究发现，在小学阶段是 0.6 ~ 0.7，中学阶段是 0.5 ~ 0.6，到了大学以后则仅为 0.4 ~ 0.5。但是必须指出的是，并非所有的认知能力测验都能同样预测所有类型学生的学业成绩。因为即使在最理想的条件下进行测量，一般认知能力与学习成绩之间也只有部分相关，影响学生学业成绩的因素来自多方面。随着学生年龄的增长，其他影响因素的作用愈加明显。

**2. 一般认知能力与教学方法之间的相互作用**

当教学任务需要学生进行复杂的信息加工时，一般认知能力与学业成就之间的相关性增大，换言之，如果恰当运用某种教学方法以减少对学生深层信息加工的要求，那么一般认知能力的影响力度就可以降低。

一项关于教学方法与阅读理解成绩的关系的研究发现，一般认知能力与教学方法在学生的学业成绩上表现出明显的交互作用。低能力的学生在个别指导的教学方法下学得更好，而高能力的学生在集体教学方法下学得更好（集体教学方法对学生的认知要求更高，因为它需要学生自己调控自己的学习）。关于先行组织者的采用和学习策略的训练的研究也发现，这种教学训练似乎更能帮助一般认知能力低的学生。也就是说，当对学生进行有关学习策略的训练之后，一般认知能力对学习的影响就会变小。例如，在教学生运用网络策略把课文变成体现知识点内在联系的图示后，能力低的学生标准化测验的成绩在接受训练之后更优，而高能力的学生则在未接受该训练的情况下更优。很显然，一般认知能力高的学生已具备有效的学习策略，外界施加的学习策略训练反而会干扰他们对自己的已有成功学习策略的调用；相反，一般认知能力低的学生缺乏有效的学习策略，所以事先提供学习策略的训练有助于他们运用这些策略更有效地学习。对于一般认知能力不同的学生应采取不同类型的教学。

通过有关技能、策略、知识方面的训练，可以使一个一般认知能力低的学生变为一个学习效率较高的学习者。因此，完备的教学过程应包括学习能力和学习方法的训练。教师在教学中应知道学生的一般认知能力怎么样，是否该从相对纯知识的教学转变为知识加方法的教学，以及学生是否已掌握了学习策略从而可以较少地进行学习策略训练。一旦学生的学习能力有了显著提高，就不应再采用教师过多指导的教学方法，否则不仅费时，而且会干扰学生自己的成功策略，从而降低学习效果。

## （二）专门领域知识上的差异

学生在是否具备与学习任务相关的专门领域知识方面也存在个体差异，而且，这方面的个体差异对学生的学习有不可忽视的影响。

**1. 专门领域的知识和学习成绩之间的相关性**

关于个体差异的大量研究发现，学生在某一个特定学科领域的过去的成绩能相当准确地预示其在这一领域内的未来成绩。例如，关于已有知识在阅读理解中所起作用的研究证明，拥有适当的预备性知识的学生，在学习有一定难度的课文时，比缺乏这种预备知识的学生学得更好。例如，了解棒球规则的人，在读关于棒球比赛的文章时，其理解和记忆保持量都会更好。

### 2. 专门领域的知识与教学方法之间的相互作用

不难理解，教学方法与学生的已有知识之间具有密切联系。当某种教学方法要求学生必须将新旧信息加以积极整合时，具备相应预备知识的学生就比缺乏这种知识的学生在学习中更易获得成功。当不需要学生进行这种整合时，学生的学习成绩就不会受到先前已有知识的影响。

缺乏预备知识的学生适宜采用演示法、讲解法、掌握教学法，而对于具备预备性知识的学生来讲，教师不妨使用发现教学法或非结构化教学法。此外，向缺乏背景知识的学生先提供背景知识，然后再进行新知识的教学，也同样对学生大有帮助。总之，预先训练和高结构化教学方法都能降低专门领域知识的个体差异所带来的教学负面影响。

## （三）认知风格上的差异

认知风格（Cognitive Style），也称认知方式，是指个人在认知活动中所偏爱的信息加工方式。在教学中我们不难发现，不同学生具有不同的认知风格。例如，有些学生爱听教师讲解，有些学生喜欢自己独立思考问题；有些学生喜欢与别人热烈讨论，有些学生则偏爱自己独立学习。目前研究较多的认知风格主要有场依存型和场独立型、冲动型和沉思型、具体型和抽象型等。这些认知风格的个体差异是因材施教必须考虑的心理变量。

### 1. 场依存型与场独立型

从个体在认知加工中对客观线索的依赖程度看，个体的认知风格可以区分为场依存型（Field-dependence）和场独立型（Field-independence）两种。这两个概念最早由威特金（H. A. Witkin）于1954年提出。后来的研究发现，场依存与场独立是两种普遍存在的认知风格。具有场独立型风格的人，对客观事物做判断时，常利用自己内部的参照，不易受外界因素影响和干扰，他们倾向于对事物独立做出判断。具有场依存型风格的人，对事物的认知加工倾向于以外部信息为参照依据。他们的态度和自我认知更易受周围的人（尤其是权威人士）的影响和干扰，善于察言观色，从他人处获得标准。具有场独立型风格的人适合那些自主性强的教学方法，而具有场依存型风格的人则相反。

### 2. 冲动型和沉思型

根据学生对问题做出反应的速度，可以把学生区分为冲动型（Impulsive Style）和沉思型（Reflective Style）。两种认知风格各有优缺点，并无好坏高下之分。具有冲动型风格的人解决问题速度快，但容易出现错误。而沉思型者相反，速度慢，但错误少。冲动型学生在低层次事实性信息的问题解决中占据优势，而沉思型学生在解决高层次问题中成绩更好。阅读领域的研究表明，沉思型学生更善于鉴别文章的前后矛盾之处，而冲动型学生更擅长快速浏览文章。如何针对这两类学生进行有效教学呢？自我指导式训练（Self-Instruction Training）将有助于教师尽量减少这两种认知风格的负面影响。自我指导式训练教学生利用自我对话来监视自己的思维。通过让学生对自己的思维加工保持意识，可以尽量减少学生的冲动倾向而提高他们解决问题的一般技能水平。

### 3. 具体型和抽象型

根据个体在进行信息加工时所采用概念水平的高低，可以把认知风格区分为具体型和抽象型。一个抽象型风格的学生，能够看到某个问题或论点的众多方面，可以避免刻板印象，能够容忍情境的模糊度并进行抽象程度较高的思考。而具体型风格的学生则能比较深入地分析某一具体观点或情境，但要向他们提供尽可能多的有关信息，否则很容易造成偏见。有研究表明，抽象型学生适合非结构化教学方法（如归纳法或发现法），而具体型学生适合结构化教学方法（如演绎法和讲解法）。

## 二、学生的人格差异与教学

人格差异，特别是非智力因素方面的人格差异，对教育效果有显著的影响，这里主要讨论动机差异对教育的作用。

学生学习动机差异是影响学习效果的重要因素。学习动机有两种类型，一种是防御性动机（Defensive Motivation），主要是指学习焦虑，例如对失败威胁的焦虑反应；另一种是建设性动机（Constructive Motivation），指学习者追求成功的需要。这两种不同的学习动机将对学生的学习产生不同的影响。

### （一）焦虑对教学的影响

所谓焦虑，指个体对于对自己的自尊心构成潜在威胁的情境所产生的担忧反应或反应倾向。个体的焦虑水平可以作为其动机激发水平的标志。一个焦虑的人，很容易处于紧张状态，预料自己会失败，对自己的能力缺乏必要的自信。一个高度焦虑的人，对挫折情境会做出过度反应，因为挫折情境包含的失败可能严重威胁到他的自尊。焦虑程度与学习效果呈一种倒 U型曲线，焦虑程度过强或过弱都会使学习效果变差。这种曲线只不过抽象地表示了焦虑水平与学习成绩之间的关系，曲线的形状和高峰因人而异。

针对不同焦虑程度的学生，教师宜采用不同压力水平的教学和测验。对于低焦虑程度的学生，适合采用有较大压力的教学措施与测验类型，因为这类学生原有动机激发水平较低，这种教学措施与测验类型可促使其动机唤醒水平由低趋向中等。对于高焦虑程度的学生，若采用压力较低的教学措施和测验类型，则会降低其动机唤醒度，使之由高趋向中等。适度的焦虑更容易取得良好的教学效果。

### （二）成就动机对教学的影响

在教学中，个体的成就动机也是因材施教必须考虑的重要因素之一。所谓成就动机（Achievement Motivation），是指个体对成功的追求程度，是指一个学生对很好地完成学业任务的追求程度。

### 1. 成就动机与学习

一个不思进取的学生，很难激发很高的学习热情，其学习成绩、学习效率必然难以提高。而一个追求上进、不甘人后的学生，会自觉地靠勤奋努力来不断获取自己欠缺的东西。阿特金森发现，一般来说，具有高成就动机的学生学习成绩更优，而且他们对失败的反应与低成就动机者迥然不同。高成就动机的学生在失败后更可能坚持不懈、继续努力，而低成就动机者对失败的反应更可能是丧失自信心和退缩。我国学者最近的研究也得出了与此类似的结论，高成就动机者较低成就动机者的学业成绩好，成就动机和学习策略的水平差异是导致学业成绩分化的主要因素之一。

### 2. 成就动机与教学风格的相互作用

高成就动机的学生喜欢选择富有挑战性的任务，而且学习效果也比较好，但这是以教师良好的教学风格为前提的。研究表明，学生的成就动机高低也与教师的教学风格存在相互作用。自然状态下的中小学教学实验对于成就动机和教学方式的相互作用并未取得一致结论。原因在于影响教学的因素很多，不可能使绝大多数影响因素受到严格控制。尽管如此，研究者仍认为，高成就动机的学生，在善于开发和利用这种高成就动机的教师的训练下能取得更优的学习成绩。

动机积极作用的发挥是以不同的归因倾向为基础的，因此，归因理论在实际教学中具有重要应用价值。比如有研究表明，"积极归因训练"是提高学生学业成就动机的有效途径，它可以促进学习成绩的提高。

## 三、学生的性别差异与教学

性别差异是个体差异中较为突出的一个维度，对学生学习也有一定的影响。

### （一）性别差异的表现

虽然人们研究性别差异已有相当长的时间，但对于如何界定性别差异却众说纷纭。从有利于实际教学的角度出发，艾根（P. D. Eggen，1992）将性别差异界定为"男性与女性之间影响教学与学习过程的差别"。当然由于界定不统一，人们对性别差异的表现的认识也五花八门，其中不乏无科学根据的偏见。

麦考比和杰克林（E. E. Maccoby & C. N. Jacklin，1974）在《性别差异心理学》一书中对多种传统偏见提出批评。该书列出了八种常见的没有充分科学根据的观点。

（1）女孩比男孩更"合群"。

（2）女孩比男孩更易于受暗示影响。

（3）女孩的自我评价低。

（4）女孩在机械方式的学习上表现出色，男孩在概念方式的学习方面能力更佳。

（5）男孩的分析能力更强。

（6）女孩更多受遗传影响，男孩更多受环境影响。

（7）女孩缺乏成就动机。

（8）女孩的听觉好，男孩的视觉好。

他们发现四种性别差异具有充分的科学根据：

（1）女孩的言语能力比男孩更强。例如在 26 个大规模的研究比较中，男女生平均成绩相差 0.2 个标准差。

（2）10 岁以后，男孩比女孩数学能力更强。在 11 个大规模的研究比较中，男生数学成绩高于同龄女生 0.2 个标准差。

（3）10 岁以后，男孩逐渐显示出更高的"空间—视觉"能力。有人考察了 31 对男女青少年，发现男生的空间视觉能力高于同龄女生 0.4 个标准差。

（4）男孩比女孩更具有攻击性，这种倾向早在两岁时就表现出来了。

当然，上面讲的这些差异都是就一般趋势而言，若从个体上看，我们也不难找到反例。而且，有人认为，上述四个方面的性别差异主要是社会环境的影响造成的。作为教育工作者，我们应承认学生的性别差异对学习影响这一事实，但也不能夸大这种差异，更不能厚此薄彼。

## （二）性别差异的教学意义

性别差异对教学过程有何重要意义呢？正是由于对学生性别差异的不同认识，才产生教师对不同性别学生的不同教学方式。教师只有充分考虑到这种性别差异，才能恰当选择教学方式。从客观的测量结果来看，男生和女生在智力的不同方面各有长处与弱点。比如对于在早期经验中未能形成良好空间和数量技能的女学生，教师必须给予更多相应的帮助和训练。然而，目前很少有教师注意到应该对女生尽早加强这方面的训练，以弥补先前经验的不足。部分教师在教学过程中强调"扬长"，而忽视"补短"，致使性别差异随年级增高越来越明显。依据性别差异教学，既应"扬长"，更应"补短"，缩小因社会要求不当而人为造成的性别差异，是当今实施素质教育的重要方面。

尽管男女生在学习成绩上差别并不是很大，但这却对职业选择具有重大影响。如女孩很少选择数学、科学和工程学领域的职业，而多选择像教师、护士、秘书这样的职业，而教师通过教学示范和教育对策，能为改善这种状况做出重要贡献。

## 本章知识要点

教学活动是学校教育的一种基本形式和途径，它建立在师生双方的心理活动基础上，并包含着诸多心理因素。教师在这一活动中起主导作用，学生则发挥着主体作用。本章主要介绍了课堂教学心理、教学设计心理和学生的心理差异与因材施教。课堂教学程式指为完成教学目的、任务和内容所采取的一定的教学组织与操作形式。课堂教学程式与学习心理活动紧密相关，课堂教学程式包含注意组织、认知指导、行为强化和心理趋合等心理要素。教学中要注重利用首因效应、罗森塔尔效应、认知失调效应、蔡加尼克效应等心理效应。教学设计是指，在教学之前预先筹划教学过程，安排教学情境，以期达到教学目标的系统性设计。教学设计主要要素包括制定教学目标、分析教学内容、选择教学策略、开展教学评估，这些要素相互联系构成一个有机的整体。不同知识类型、不同课型、不同的教学适用于不同的教学设计。学生的学习心理存在差异，了解学生的个别差异对教学活动的顺利进行和良好教学效果的取得有重要作用。教学中教学内容的选择与组织，教学方法的选择与运用，作业与测验的设计与实施，都应考虑学生的认知差异、人格差异和性别差异。

总之，在教学活动中，一方面，教师要熟悉学生的心理行为，并能随时掌握他们的心理变化情况，据此做出相应的教学调整，采用学生们乐于接受的方式方法进行教育教学，逐渐使学生对教师产生认同感。这是教师开展好教学活动的重要条件。另一方面，教师要不断探索、发掘心理因素在教学中的重要作用，因势利导，以学生为中心，不断创新工作方法，提高自身素质和水平，从而满足学生、教学和社会的需求。

## 思考与实践

1. 教学系统的基本要素包括哪些？这些要素在教学过程中的变化和发展规律是什么？
2. 课堂教学程式的心理要素都有哪些，这些要素之间有何关联？
3. 教学过程中常见的心理效应有哪些？教学过程应如何运用这些效应？
4. 教师如何依据学生心理实际设计合理的教学方案？
5. 在教学过程中，教师如何做到根据学生的心理差异而因材施教？

## 推荐阅读书目

[1] 张大均. 教学心理学[M]. 重庆：西南师范大学出版社，1997.
[2] 潘玉峰，赵蕴华. 课堂教学心理学[M]. 合肥：安徽人民出版社，2012.
[3] 付建中. 教育心理学[M]. 北京：清华大学出版社，2010.
[4] 皮连生. 教学设计：心理学的理论与技术[M]. 北京：高等教育出版社，2000.

# 第十二章 教师心理

**心理故事**

### 关于教师心理健康的讨论

在一次有关"教师心理"的网络在线主题交流中，有这样一段对话：

A：方老师，能谈一谈您对教师心理健康问题的看法吗？

B：我觉得教师心理健康问题的重要性不亚于升学率，不亚于学生学业负担等其他种种。其实现在学生的心理问题已引起了各界的广泛关注，而对教师心理健康问题的关注还是不够的。

A：以前大家比较忽略这个问题，现在有越来越多的人关注心理健康。实际上很多人都处于亚健康状态。

B：其实许多问题，比如师德问题，主要不是简单的师德问题，而是与心理问题有关。

……

A：教师中存在的心理问题有哪些？

B：教师中存在的心理问题主要有职业适应不良、职业行为异常、人际交往障碍、人格障碍与人格缺陷等，另外还可能有神经症。

C：我真不知道我适不适合做老师？

……

A：如何提高教师的心理健康水平？

B：首先应该对教师的心理健康有一个正确的意识，然后学习有关的调适方法。

为什么教师心理健康受到人们的广泛关注？我们对教师心理有着怎样的认识？教师在教育中扮演怎样的角色？不同学龄段教师的心理特征有何不同？教师专业成长有何特点？改善教师心理健康的策略有哪些？

## 第一节 教师角色

**案例展示**

### 关于教师的角色

古之学者必有师。师者，所以传道授业解惑也。人非生而知之者，孰能无惑？惑而不从师，其为惑也，终不解矣。生乎吾前，其闻道也固先乎吾，吾从而师之；生乎吾后，其闻道也亦先乎吾，吾从而师之。吾师道也，夫庸知其年之先后生于吾乎？是故无贵无贱，无长无少，道之所存，师之所存也。（摘自韩愈《师说》）

意大利教育家蒙台梭利认为："教师应是一位指导者，教师的作用在于引导儿童的心理活动和他们的身体发展。基于这一点，我把教师的名称改成指导者；教师也应是一位观察者，他必须以科学家的精神，运用科学的方法去观察和研究儿童，揭示儿童的内心世界，发现童年的秘密。"

以上两位不同时代不同国家的学者对教师角色的界定有何异同之处？教师在传统教育中扮演了哪些角色？当今教师应该扮演哪些角色？如何扮演好这些角色？

教师角色是人类社会中最古老的角色之一，在人类历史发展的进程中，有的社会角色失去了原有的特征，有的社会角色消失了，而教师的角色却随着历史的发展和科学文化的进步与时俱进，教师在社会发展中的地位也越来越重要。"角色"一词，来源于戏剧，在《现代汉语词典》（第7版）中有两层意思：第一，指戏剧、影视剧中，演员扮演的剧中人物；第二，比喻生活中某种类型的人物。后来，美国著名社会心理学家乔治·米德将之引入心理学领域。"教师"一词指担任教学工作的专业人员。"教师角色"是指教师依据社会客观期望并凭借自己的主观能力，为适应所处环境所表现出来的特定行为方式。它既包含学校对教师的行为规范的客观要求，又包含由于教师人格结构与心理状态的差异造成的个人主观色彩。

不论哪个学龄段的教师，都需要了解其自身扮演的社会角色及角色的要求，形成对职业角色的认知，主动塑造与适应角色，做好教师角色的冲突与管理工作，这样才能更好胜任这个角色，在职业生涯中获得成功。

## 一、我国传统教育理念中的教师角色

千百年来，人们在教师身上赋予了各种各样的角色认同，并借以不同隐喻来表达。这些观点无疑代表着多数人对教师角色的定位，也影响着教师自身的目标与追求。人们熟知的教师隐喻有"园丁""工程师""蜡烛""路标""灯塔""摆渡人""梯子""一扇窗""钥匙""孺子牛""太阳""导演""教练""学生的朋友""一桶水"等。这些隐喻在知识有限的传统农业社会和工业社会，可从教师扮演的职业角色中找到恰如其分的形象。

其一，知识的传播者。在传统教育中，教师的首要角色是知识技能的传授者和学生解决问题能力的培养者。在学生的心目中，教师是知识的宝库，是一部活的教科书，教师的职责就是要把知识、技能传授给学生。

其二，文明的传承者。教师的这个传统角色，也可以在第31个教师节来临之际，李克强总理的发言中得以体现。中国之所以建成世界上规模最大的教育体系，很关键的一点，就是有1500多万老师的支撑。他说："教师不仅是知识的传播者，也是文明的传承者！"中华民族几千年文明生生不息、绵延不绝，就是通过无数的文明传承者的努力，使其得以继承并不断创新。

其三，班级领导者和管理者。"教师是乐队指挥"，"教师是球队教练"，"教师是导演"，"教师是活的诸葛亮"，这些都是教师作为班级管理者的比喻。由于教师的地位、知识、年龄等原因，学生普遍认为教师就是学生班集体的领导者。

其四，社会模范公民。教师是国家大厦的"基石"。布鲁纳说："教师不仅是知识的传播者，而且是模范。"教师要为人师表，他的道德和学识使他在学生，乃至公民的心目中具有一定的威望。

传统教育中有关教师角色定位还有很多，这里不一一列举。信息化社会，教育由封闭式向开放式转变，由继承式向创新式转变，由整齐划一向个性化转变，在这样的背景下教师将扮演什么样的角色呢？

## 二、面向未来教育的教师角色

传统教育模式曾为文明的传承和社会的发展发挥了重要作用。但时代在变，教育不能一成不变。未来教师应从知识占有者转变为学习活动组织者，从知识的传授者转变为学习的引导者，从课程的执行者转变为课程的开发者，从教教材转变为用教材教，从教书匠转变为教育研究者，从知识固守者转变为终身学习者。

有研究认为，未来教师角色的变化主要表现在这样四个方面：在师生关系上，教师作为权威逐渐由外烁的权威转变为内生的权威；在教育教学过程中，教师由知识的传递者逐渐转变为学生发展的促进者；在教学组织过程中，教师作为纯粹管理者的角色日益淡化，教师的教育教学方法由简单逐渐变得复杂，教师逐渐成为能依据环境、对象、内容等的变化，即时性、创造性地展开教育教学活动的艺术家。所以说，21世纪的合格教师，是权威、促进者、艺术家、学习研究中的复合体。

总之，面向未来教育的教师不仅担任着传统教育中的教学设计者、课堂组织者和管理者、教学反思者与研究者的角色，还向着"终身学习者""平等中的首席""心理健康教育工作者""教育艺术家"转变。

## 三、教师职业角色的认知与塑造

### （一）教师职业角色的认知

社会大众对教师种种过于理想的高期望被教师内化为理想的职业自我概念，这给教师带来许多无谓的压力。在教师对职业进行认知的过程中，职业自我概念是一个较全面、贴切地反映人格的概念。美国职业心理学家奥苏贝尔（D. Super）认为，一个人的职业自我概念包括个人的自尊，对自己职业认识的明确性、和谐性、发展性、切实性，以及个人的兴趣、能力与潜能的发展状况等。俞国良等认为，教师职业自我概念可以界定为教师对自我与教育教学活动有关的一系列自我图式的总和。总体来看，基础教育教师的职业自我概念总体水平比较高，均超过中间值。

在教师职业自我概念形成过程中，对教师职业角色的认知是一个关键的阶段。角色认知是指个体在角色占有后到角色实践之前，个体按照某种独特的社会文化类型，对于自己所处地位有关的社会角色规范和角色评价信息进行不断加工和处理，在心理上确定相应的社会反映模式的过程。从教师扮演的多种角色来看，教师能否对教师职业角色有良好的认知，对教师是否可以正确地把握自己的身份、地位以及相应的行为模式有重要的影响。

## （二）教师职业角色的塑造

教师职业角色的塑造是一个心理角色发生转化的过程，即个体按照教师职业角色规范表现相应的角色行为，把这种角色规范内化为自己的角色人格，并一贯地在社会群体中表现出符合教师职业角色行为特征的社会行为。我国对于教师职业角色塑造的过程有不同的划分方式。综合这些划分方式，我们可以把教师职业角色的塑造过程划分为以下三个阶段。

第一阶段是角色认知。在这个阶段，教师通过各种学习、培训以及教学实践，对教师的行为规范有正确的认识和了解，知道哪些行为是恰当的，哪些行为是不合适的。在这一阶段，教师了解自己所承担的社会职责，能够将自己所充当的角色与社会上其他职业角色相区分。

第二阶段是角色认同和角色信念的形成。教师通过亲身体验，接受教师职业角色的规范要求和承担的社会职责，不仅能够在思想上认识、了解教师角色的行为规范，而且能够在情感上有所体验，并愿意接受这一职业角色。

第三阶段是教师行为的训练与形成。教师通过课堂的教学活动、与其他教师的交流等活动，逐步学到与教师职业角色相适宜的行为，使自己能够自觉地按照角色规范练习和巩固适宜的角色行为，从而形成教师的角色行为技能、习惯和方式等。

经过教师职业角色塑造三个阶段的训练，教师逐步走向成熟。

# 四、教师职业角色的冲突与管理

## （一）教师职业角色冲突

角色冲突是个体不能满足多种角色要求或期待而造成的内心或情感的矛盾与冲突。英国学者威尔逊认为，所有对他人高度负责的角色都要经受相当多的内在冲突。教师不仅是一个学校的教师，还是一个家庭的成员。互不相容的多种角色行为规范和角色期待会产生冲突，楷模角色与普通人角色冲突，社会对教师职业的理想化要求与教育现实的冲突，社会变革对教师的角色挑战以及现实的角色行为水平与理想的角色要求之间的种种冲突，是造成教师职业角色冲突的主要原因。教师的角色冲突作为一种客观存在，有破坏性的一面，也有相对积极的一面。

## （二）教师职业角色冲突的管理

社会、学校和教师本人对教师的过高角色期望，往往会带来角色冲突的问题，从而加大教师的职业压力，因此，有必要对教师的职业角色冲突进行管理，有效缓解教师的职业压力。

这可以从社会、学校和教师个人三方面应对。

社会方面的管理策略有：第一，通过培训提高应对压力的技能；第二，提高教师的社会和经济地位；第三，减低社会对教师的期望值；第四，帮助提升教师的形象。

学校层面的管理策略可以从三个方面进行：第一，改善教师的工作条件；第二，为教师提供心理咨询和治疗的机会；第三，完善学校日常的管理工作，为教师提供良好的人际交往环境和社会支持系统。

另外，比较重要和可行的是教师个人的管理策略。可以从这些方面考虑：第一，正视职业角色的特点，建立合理的职业期望；第二，承认和接受自己的不足；第三，进行时间管理；第四，协调工作与生活角色的关系；第五，寻求社会支持。此外，充足的睡眠、休息，适量的体育锻炼，健康的娱乐放松和丰富的营养饮食对缓解教师职业角色冲突也是十分重要的。

# 第二节　教师心理特征

**案例展示**

优秀教师的品质

全国特级教师魏书生曾多次在他的文章中写过这样的话：我拜访过300多座城市中的600多所大、中、小学的许多优秀教师。在克拉玛依市郊的戈壁滩上，在拉萨八角街藏民家里，在深圳喧嚣的闹市中，在黑河边陲的大江边，我发现他们有很多的不同点：有的居住在四室一厅的教师楼，有的生存在穷徒四壁的茅草屋；有的每月有6 000元的工资，有的全年收入不足2 000元；有的置身于数亿元投资兴建的花园般的校园，有的工作在一人一间房屋的陋室里；有的在兴旺发达的沿海都市，有的在贫穷落后的密林深山；有的面对的是从数百所学校选拔出来的天之骄子，有的教的是世世代代务农的山里人后代。

没触到他们心的时候，我曾慨叹机遇的不公，但同他们谈得深了，我才发现这些优秀教师有一个共同点：感觉快乐与否主要不是个人境遇的富贫升迁，而是事业的荣辱兴衰，学生的进退得失……

名师、良师的经历和经验都似乎是在叮嘱我：人要获得精神的自由，获得灵魂的幸福，要紧的是要有一颗敬业、乐业的心。教师要成为名师、良师，要紧的是要种一棵"育人为乐"的心灵之树……然后浇水、施肥，侍弄它长成参天大树。"育人为乐"的心灵之树常青，便能够苦中求乐……备课、讲课、改作业都觉得很快乐。

不同地区，不同学龄段的教师在心理层面上有哪些异同点？教师有哪些心理特征？如何做一名心理健康、幸福快乐的教师？

## 一、教师的心理品质

教师的职业特性，在一定程度上，为教师应具备的心理品质规范了具体的内容，而不同教育阶段的教师，其核心的心理品质，因其教育对象的不同而存在差异。

小学优秀教师的心理特征主要体现在热爱教育事业之情、先进的教育理念、优良的知识结构、全面而精熟的教学技能、较强的人际能力、良好的个性等六个方面。

对初中学生心目中理想教师的形象的调查表明：初中学生心目中的理想教师应具备五项特征：了解学生，和蔼可亲；热爱生活，有原则；要求严格，负责任；能力强，有风度；品德高尚，谦虚善良。而高年级学生对理想教师的要求更高。因此，初中教师应把了解学生的心理特征、尊重学生放在重要位置。

有研究者（Reilly，1983）对大学生进行了调查，发现做得好的教师与做得差的教师在以下 15 项特征上有重要差别（见表 12-1）。

表 12-1　做得好的教师与做得差的教师的品质差异

| 做得好的教师 | 做得差的教师 |
| --- | --- |
| 严肃认真 | 不喜欢教学 |
| 耐心 | 消极 |
| 灵活 | 刻板 |
| 好的素养 | 缺乏素养 |
| 关怀、助人 | 过度地批判 |
| 高期望 | 冷淡 |
| 对学生很友好 | 对学生不友好 |
| 公正、诚实 | 不公平 |
| 一致 | 喜怒无常、易变、过敏 |
| 把学生看成许多个人<br>热情、喜欢教学 | 教师中形成"坏的感情"，<br>例如内疚、怕、嫉妒、不满、发怒、呆板、厌烦等 |
| 理解 | 分心 |
| 善于组织 | 惩罚性的 |
| 幽默感 | 对学生缺乏信任（不信任学生） |
| 知识渊博 | 无知 |

## 二、教师的心理特征

不同类型的教师，其心理特征也存在不同的表现。有学者将教师作为研究对象，分为新手型、熟手型、专家型三类（将职称为特级和高级、教龄在 15 年以上的教师划分为专家型教师；将职称为三级和刚毕业、教龄在 0 到 5 年的教师称为新手型教师；而处于两者之间的即为熟手型教师），对其进行了教学策略、成就目标定向、人格特征、职业承诺和职业倦怠方面的研究。研究表明，从总体上看，在教学策略、成就目标、人格特征上，专家型教师均优于熟手型教师，而熟手型教师又优于新手型教师。新手型教师的特征表现在：①在教学策略上重视课前准备；②成绩目标是其重要的工作动机。熟手型教师的特征表现在：①课中教学策略水平较高；②任务目标已成为重要的工作动机；③具有随和、关心他人、乐群、宽容的人格特点。专家型教师的特征表现在：① 教学策略以课前的计划、课后的评估、反思为核心；② 具有理智、重实际、自信心和批判性强的人格特点；③ 对教师职业的情感投入程度高，职业的义务感和责任感比较强；④ 良好的师生互动，具有强烈的职业成就感。

## 三、优秀教师的人格特质

关于教师心理的研究，早期大都是从特质论的角度出发，目的是从人格特质上区分做得好的教师和做得不好的教师。除了特质论这个角度之外，还有研究者结合访谈、观察、问卷等多种方法，以整体角度，深入现场与教师互动的形式来探索优秀教师的人格特点。综合国内外关于教师心理特征的研究结果和取向，优秀的教师人格特质应包括如下四个特征。

### （一）教育使命感

《孟子·尽心上》中有这样一段话："君子有三乐，而王天下不与存焉。……得天下英才而教育之，三乐也。"孟子所说的"君子"，与今天的教师形象十分接近。当代的优秀教师，以教书育人为己任，拥有高度的责任感、爱心和耐心，热心教育事业，努力实现教育的各种目标。

### （二）丰富的情感

苏霍姆林斯基说："一个好老师意味着什么？首先意味着他是这样一个人，他热爱孩子，感到和孩子在一起交往是一种乐趣，相信每个孩子都能成为好人，善于跟他们交朋友，关心孩子们的快乐和悲伤，了解孩子的心灵。"林崇德教授认为，"教师最重要的人格品质之一是'爱学生'，师爱就是师魂"。可见，教师丰富的情感、丰沛的爱是教育之源。具体而言，优秀教师将满腔热情倾注到教育事业上，从生活和学习点滴关爱学生，乐于走进学生的内心世界，为学生的成长与进步而欢喜，也为他们的退步和过失而担忧……

### （三）自我效能感

教师的自我效能感是指教师在进行教育教学活动之前对自己能够在什么程度上完成该活动所具有的信念、判断与感受，它是教师成长的重要的内因。吉布森和登博证明，效能感高的教师较少惩罚或责备学生，并且坚持不懈地帮助学习过程中受挫折和学习积极性差的学生，他们认为，优秀教师能够对学生的发展起到重要作用，能够使学习存在困难、动机不足的学生取得进步。

### （四）教育的智慧

西汉著名学者韩婴在《韩诗外传》中对教师有这样精彩的描述："智如泉涌，行可以为表仪者，人之师也。"英国文艺复兴时期大哲学家培根对教师也有过这样的描述："科学知识的传播者，文明之树的栽培者，人类灵魂的设计者。"由此可见，古代学者是把教师狭义地定位为智者的角色。优秀教师的教育智慧体现在能灵机应变处理各种教育突发事件，能因材施教、有效解决各类学生问题，能积极主动提升自我的各种教学能力和水平，能调节管理自己因生活或工作而产生的复杂的情绪等等。

综上可知，不同学龄段的学生对教师的要求存在差异性，不同教育阶段的教师具有不同的心理特征。作为新时代的教师，面向未来的教师，给自己做好角色定位，针对学生与自身特征适时调整，这是一位合格教师的基本能力。

# 第三节　教师专业成长

**案例展示**

### 教师的成长历程

有研究者通过对一位中学教师的成长经历进行研究，叙述了这位教师在从教的岁月中，在刻苦的学习、积极的实践、良好的反思习惯这三个方面形成了一个良性的循环系统，并不断地在实践中反思自己的教学，修炼自己的专业素养，促进自己的专业成长。

教师的专业成长过程是其敬业与乐业精神形成并发挥作用的过程；是其教育教学素质提高和更新知识结构的过程；是一个不断学习、不断实践、不断反思的过程；是一个不断利用外部资源和条件，通过反思进行优势积累的过程；是一个不断地实施自我监控的过程。我们可以清晰地看到一位教师专业成长的良性循环过程：（再）学习→（再）实践→（再）反思。

什么是教师专业成长，教师专业成长是一个怎样的过程？教师专业成长究竟是怎样实现的？教师的专业成长有哪些规律可循？通过本节的学习你将解开谜团。

## 一、教师专业成长的内涵

教师专业成长是教师个体不断更新知识结构，增长专业能力的过程。教师专业成长包括专业知识结构、专业工作水平和专业情感态度三个方面的发展。

教师的专业知识结构，包括专业课程知识、专业教学理论知识和教育学、心理学、课程论知识。

教师的专业工作水平，指课程开发与设计、教学实施与管理、教学研究与专业创新水平。

教师的专业情感态度，是指教师在不断深入理解所从事专业的价值、意义的过程中，形成的奋斗不息、追求不止的精神。

## 二、教师专业成长的发展阶段

教师成长大致要经历新手教师—胜任型教师—骨干型教师—专家型教师四个阶段，并呈现出如下规律性特点：教师的献身精神源于创造性劳动中获得的愉悦与满足；从模仿他人走向自觉地研究、运用教育学、心理学；勇于创新是教师专业化发展的直接动机和共同特征。

对教师专业发展阶段的系统研究始于1969年美国学者福勒。他提出"教师关注四阶段论"，即任教前关注阶段—早期生存关注阶段—教学关注阶段—关注学生阶段。福勒的教师教学关注阶段论使人们认识到个人成为教师这一历程是经由关注自身、关注教学任务，最后才关注到学生学习及自身对学生的影响这四个阶段逐渐递进的，在不同发展阶段，关注点有所迁移与变化。此后，凯茨在1972年针对学前教师的训练结果，提出教师发展"生存阶段—巩固阶段—更新阶段—成熟阶段"的四个阶段。1993年，休伯曼通过对教师职业生命周期的研究，把教师职业生涯过程归于五个时期，分别为：入职期（工作后第1~3年）—稳定期（工作后4~6年）—实验和重估期（工作后7~25年）—平静和保守期（工作后26~33年）—退出教职期（工作后34~40年）。

在我国，学者张民选提出教师成长六阶段论，即职前教育期、入门见习期、热情建构期、专业挫折期、稳定更新期、离岗消退期。虽然国内外学者的划分标准和方式不尽相同，但大都认为，教师专业成长是一个终生学习、持续探索的过程，在不同阶段表现出对应的教师角色行为。教师成长是职前培养和职后培训相衔接的动态发展过程。

## 三、教师专业成长的困境与调适

### （一）教师专业成长的困境

教师专业成长，不是一蹴而就的，而是一个漫长的过程，在此过程中，教师往往会面对形形色色的问题，且存在或多或少的困扰，这些都将束缚教师前进的步伐，这种现象，可将其称为教师专业成长的困境。不同教育阶段的教师所面临的专业成长困境不尽相同。

在幼儿园初任教师专业成长现状研究方面，调查结果发现，幼儿园初任教师普遍存在专业成长困境，尤其是班级管理层面的困境。另有研究者对小学新手教师专业适应困境进行了调查研究，结果显示，小学新手教师的生存适应主要面临心理落差大、人际关系紧张、教师情感保质难、环境复杂四大挑战，同时，专业适应困境表现在专业理念错位、专业知识繁杂、专业能力提高困难、专业情意淡化四个方面。对于中学教师，专业困惑状态的形成，既有外在的社会影响，也有其本身特定的原因。社会大环境中激烈的升学竞争、多元文化下的观念碰撞、传统的价值取向、特定的教师地位，教育系统中不合理的管理和评价制度、学校中教师编制有限与工作无限的矛盾、教师管理及工作考核方式的不当，以及家长、学生等各方面的原因，都从客观上给教师造成巨大的压力。

可见，不管哪个教育阶段的教师，在专业成长的过程中都存在着相同或不同的困境。面对这些困境，教师们要如何进行调适呢？

### （二）教师专业发展心理调适

教师想拥有美好的职业生涯，除了要学会在现存的教育体系内为自己做完美的职业生涯规划外，在面对生涯发展中的困境和危机时，可以从以下几个方面来进行自我调适。

首先，要肯定自己已经拥有的能力与技巧。著名教育家魏书生提倡："教师们不仅要'反思'，更需要'正思'，并以此为起点，不断发展。"这里的"正思"就是认识和肯定自己身上的闪光点，并持续发展它们。

其次，在一定的专业技能基础上，具有坚定的教育信念和态度。这要求教师要：第一，随时检视自己的教学信念，思考自己这辈子要做什么样的教师。第二，以乐观的心态面对教学生涯中的挑战。被赋予教书育人使命的教师也是最需要与时俱进不断学习的人，应积极应对挑战，并在这个过程中提高自己。

最后，教师还需要合理地掌控和分配自己的时间，做时间的主人。总之，在学习型社会，教师专业成长呈现多样性、自主性、持续性等新的特点。教师专业发展是一个持续不断的循序渐进的动态过程，且贯穿于教师的整个职业生涯。教师的专业成长案例及阶段理论启示我们：只有通过不断地学习、不断地实践、不断地反思，才能促进自己的专业成长，才能使自己成为合格的、优秀的教师。

## 第四节  教师心理健康

**案例展示**

#### 新教师的烦恼

有一位刚参加工作不久的新老师，在学校里每天除了上课外，就是独自一人在办公室批作业、备课。课间休息时，也不去其他老师的办公室和其他同事聊天，不和大家参加集体活动，每天就是不停地看和写。每次别的老师主动地找他聊天，他总是抱怨工作太辛苦，压力太大。因为每天都有看不完的作业和备不完的课，还有各种琐事需要解决。例如，学生之间发生了冲突，他躲避不了责任；学生下课摔了一跤，他要做的第一件事就是先带学生去看医生，再通知家长，还要向家长解释事故的原因……如此种种，都让他感到真的很累，压力很大。

案例中的老师对待自己的工作有怎样的表现和担忧？长期下去，可能对该老师的心理健康造成怎样的影响？

一个人的心理怎样才算健康？标准是什么？这是非常复杂的问题。因为心理健康与否没有一个绝对的界限，判断心理是否健康也没有一个公认的标准。另外，随着社会的发展与进步，人们对心理健康的认识也在不断深入和提高。

国际心理卫生大会提出的健康的标准是：身体、智力、情绪十分和谐；适应环境，人际关系中能彼此谦让；有幸福感；在工作和职业中，能充分发挥自己的能力，过有效率的生活。我国心理学家林崇德教授认为："心理健康标准的核心是，凡对一切有益于心理健康的事件或活动做出积极反应的人，其心理便是健康的。"

## 一、教师心理健康概述

教师的心理健康是指教师的思维方式、处世态度要与社会的要求相协调，为社会所容纳，并具有创新的思想，即教师必须有广泛的生活兴趣、融洽的人际关系、健康的情绪体验、积极的进取精神、稳定的工作热情。

教师职业是一种特殊的职业，是一种用人格塑造人格，用心灵去浇灌心灵，用生命感动生命的职业，正如雅斯贝尔斯告诉我们的："教育意味着一棵树动摇另一棵树，一朵云推动另一朵云，一个灵魂唤醒另一个灵魂。"教师工作的这一特殊性决定了教师心理素质的重要性。只有教师拥有良好的心理素质，才有可能帮助学生拥有良好的心理素质；教师有较高的心理健康水平，才会促使学生心理健康水平的提升。所以，教师必须注重自我修养和自我发展，保持一种积极、健康、向上的态度，不断地陶冶情操，优化素质。

## 二、教师心理健康问题的表现形式

在社会飞速发展、竞争压力日益增大的今天，教师在面对职业本身、人际群体以及家庭稳定等多重压力的情况下，其心理健康问题也日益突出，具体表现在以下几个方面：

其一，社会适应不良。主要表现在青年教师身上。部分青年教师对教师角色、学校人际关系、工作方式、生活环境等方面存在诸多不适应，从而产生压抑、偏激或悲观等不良情绪。

其二，人际关系紧张。一些教师不善于处理复杂的人际关系，不能与学生、同事、领导融洽相处，不是与同行发生矛盾，就是与学生产生对抗，甚至与领导发生冲突，久而久之形成孤独、无助、郁闷、焦虑、自卑等不良心态。

其三，情绪不稳定。由于种种主客观原因，一些教师常处于情绪低落、心境不佳的状态，不能调节和控制自己的不良情绪，甚至恣意发泄，借题发挥，造成人际关系恶化，这种恶化反过来又刺激不良情绪的滋生与蔓延，以至形成恶性循环，使他们长期处于紧张、焦虑、忧郁状态。

其四，心理失衡。许多教师在工作、学习、生活中不能处理好理想与现实的矛盾，遇到挫折容易产生强烈的心理失衡，并诱发不良情绪，甚至形成异常心理。如嫉妒、自卑、妄想、愤懑、抑郁等情绪和攻击性行为等。有的还会出现思维不灵活、反应迟钝、记忆力衰退等心理机能失调状况。

其五，不良的个性特征。某些不良的个性特征也是心理不健康的表现。如心胸狭窄、意志脆弱、过于争强好胜、个人主义、自我封闭、过于敏感等。

## 三、教师心理健康的促进与维护

教师心理健康水平受内在身心素质和外在环境因素的影响，要提高教师的心理健康，需要优化内在环境，改善外在影响因素。教师心理健康的维护需要从个人、学校和社会层面构建"三位一体"的模式，切实有效地维护和促进教师心理健康。

## （一）教师自身方面

教师心理健康的维护和促进可以从以下方面入手。

### 1. 树立不断提高个人修养与行为的观念

心理学家塞利（H.Seley，1980）曾说："很多人停滞在一个阶段不进步，就是因为不愿意改变现状。"作为教师，不仅要在教书育人的道路上终身学习，在自我修养的道路上也是永无止境的。如果我们能够将教育教学过程中发生的事情都作为磨砺自我、提高自我的垫脚石，那么，随着自我的强大，所谓的心理"伤害"和"不安"就会减少甚至消失。国家在幼儿园、小学及中学的"教师专业标准"文件之"专业理念与师德"这一维度中，把"个人修养与行为"放在极其重要的位置，列出了如下五点：富有爱心、责任心、耐心和细心；乐观向上，热情开朗，有亲和力；善于自我调节情绪，保持平和心态；勤于学习，不断进取；衣着整洁得体，语言规范健康，举止文明礼貌。

这为教师提升个人修养和行为提供了参考。

### 2. 培养自我的心理保健意识，学会运用心理保健技巧

心理保健意识，就是要懂得只有自己才能够帮助自己，一切外部的帮助都是间接的，都只能通过自己的调整才能起作用；就是要懂得善待自己，学会正确认识和评价自己，正确认识和对待失败，学会避免某些自挫性的认识，不要苛求自己，既不因他人的评价而影响自己的情绪，也没有必要为取悦他人而违心行事。

心理保健技巧，就是当遇到心理困扰和挫折时，能够有正确的认识和态度，善于通过合理宣泄、激励、补偿、转移、升华、暗示等方式或疏导自己的不良情绪以减轻心理压力，或化压力为动力以促进本职工作。有意识地放松身体，可缓解身心紧张。

## （二）学校和教育行政部门方面

学校、工会以及教育行政部门要正视教师的心理健康在教育教学中的重要作用，重视培养和维护教师健康的心理素质。在注重学生成长的同时，做好教师职业发展的规划和指引，促进教师的专业成长。学校在改善教师心理健康状况时，应将教师的要求及对他们的理解、关怀密切结合，从政策、管理等各方面尽可能为他们创造、提供宽松、愉快的工作环境与心理氛围。现代教师不仅需要政治上的关注、物质上的关心，而且需要情感上的关怀、心理上的支持。学校与相关部门可以从以下几个方面努力：第一，转变观念，达成教师心理也需要保健的共识；第二，为教师开设专门的心理健康教育课；第三，建立心理状况定期检查和心理素质考核制度；第四，建立心理咨询室，及时为教师开展心理咨询和辅导；第五，设立电话热线、信箱或在网上开辟虚拟咨询室。

## （三）专家的处理

专家的处理是指个体在无能力解决自己心理问题时，求助心理专家进行咨询、诊断与治疗的过程。教师应该正视自己的心理问题，切不可讳疾忌医，对于较严重的心理障碍和心理疾病，求助于专家进行有效的处理解决是非常必要的。专家的处理一般分为心理诊断、心理咨询、心理治疗几方面，其特点各不相同。心理诊断适用于所有教师，是以心理学的方法和工具为主，对教师的心理状态、行为偏移或障碍进行描述、分类、鉴别与评估的过程。心理咨询可服务于存在心理问题的教师，是咨询人员运用心理学的理论和技术，借助语言、文字等媒介，与教师进行信息交流并建立某种人际关系，帮助教师消除心理障碍，正确认识自我及社会，充分发挥自身潜能，有效地适应社会环境的过程。心理治疗则是针对存在心理疾病的教师，是指心理医生用心理学的理论、方法和技术，使教师的情绪、人格或行为发生变化，消除或减轻导致教师痛苦的心理因素和由此引起的躯体症状，促进教师的精神康复。

## （四）社会支持系统

社会支持的概念是 20 世纪 70 年代初被引入精神病学的。当时一些学科用定量评定的方法，对社会支持与身心健康的关系进行了大量的研究。大量的研究表明，在压力情境下，那些受到来自伴侣、朋友或家庭成员较多心理或物质支持的人，比受到较少支持的人身心更为健康。社会支持的理论基础就是心理健康的人际关系或社会交往原则。人际关系良好，社会交往能力强是心理健康的显著标志，也是维护心理健康的因素。卡耐基曾说过，人际关系在一个人成功的因素中占 85%，这充分说明人际关系的作用。社会支持是一种以良好人际关系表现出来的社会联系，教师在日常工作之余，要注重与他人保持良好的人际关系。

## 本章知识要点

教师角色是指教师依据社会客观期望并凭借自己的主观能力，为适应所处环境所表现出来的特定行为方式。我国传统教师角色包括知识的传播者、文明的传承者、班级领导者和管理者、社会模范公民等。面向未来教师需要在师生关系、教育教学过程、教学组织过程中发生转变。教师的职业角色的塑造需要通过角色认知、角色认同、角色信念和行为训练等方式实现。教师角色的冲突和管理需要从社会、学校和教师个人三个方面着手。不同教育阶段教师和不同类型教师的心理品质不同。教师专业成长是指教师个体不断更新知识结构，增长专业能力的过程。教师专业成长包括专业知识结构、专业工作水平和专业情感态度三方面的发展。教师专业成长的困境与心理调适有独特的方法。教师的心理健康是指教师的思维方式、处世态度要与社会的要求相协调，为社会所容纳，并具有创造的思想，即教师必须有广泛的生活兴趣、融洽的人际关系、健康的情绪体验、积极的进取精神、稳定的工作热情。教师心理健康的促进与维护可以从教师自身方面、学校和教育行政部门方面努力，也可寻求专家的处理，以及建立良好的社会支持系统。

## 思考与实践

1. 何为教师角色？教师角色包含哪些要素？

2. 传统教师角色为何不能适应教育改革和课程改革的需要？当今教师应该扮演哪些角色？

3. 优秀的教师应该具备哪些心理品质？如何培养这些品质？

4. 教师专业成长是一个怎样的过程，分为哪些阶段，各阶段的特点和主要任务是什么？

5. 如何才能使新老师加快专业成长，成为合格的教师？

6. 当今教师心理健康状况如何？怎样改善和提升教师心理健康水平？

7. 阅读下面材料题，从教师专业发展的角度分析这种状况。

　　小雨从一所师范大学毕业后，被某中学录用为语文教师。上岗后，她精神饱满，信心十足，相信只要积极学习优秀教师的经验就能够成为一名好教师。在教学中，小雨虚心向老教师请教，向年轻同事学习，还经常观看精品课程，然而，期中教学检查，她的教学效果并不理想，学生与同事们对她的评价都很一般，这令小雨十分不解，甚是苦恼。她一直想：自己是师范院校毕业的，对工作非常敬业，并努力把优秀教师的经验运用到自己的教学中，可为什么就没有取得理想的教学效果呢？她陷入了深深的迷惘中……

## 推荐阅读书目

[1] 闫江涛. 小学教育心理学教程[M]. 郑州：郑州大学出版社，2011.

[2] 陈琦. 当代教育心理学[M]. 北京：北京师范大学出版社，2007.

[3] 叶澜. 教师角色与教师发展新探[M]. 北京：教育科学出版社，2001.

# 参考文献

[ 1 ] 韩永昌. 心理学[M]. 上海：华东师范大学出版社，2001.

[ 2 ] 黄希庭. 心理学导论[M]. 北京：人民教育出版社，2007.

[ 3 ] 张厚粲. 大学心理学[M]. 北京：北京师范大学出版社，2001.

[ 4 ] 陈录生，马剑侠. 新编心理学[M]. 北京：北京师范大学出版社，2002.

[ 5 ] 孟昭兰. 普通心理学[M]. 北京：北京大学出版社，2012.

[ 6 ] 阳红. 心理学新编[M]. 武汉：华中师范大学出版社，2006.

[ 7 ] 窦胜功. 智商与情商[M]. 沈阳：辽宁人民出版社，2001.

[ 8 ] 皮连生. 学与教的心理学[M]. 上海：华东师范大学出版社，2000.

[ 9 ] 彭聃龄. 普通心理学[M]. 北京：北京师范大学出版社，2005.

[10] 蔡笑岳. 心理学[M]. 北京：高等教育出版社，2007.

[11] 郭瞻予. 教师心理健康与自我调适[M]. 西安：陕西师范大学出版社，2005.

[12] 冯忠良. 教育心理学[M]. 北京：人民教育出版社，2000.

[13] 易锦海. 交际心理学[M]. 上海：华东理工大学出版社，2004.

[14] 汪凯. 生理心理学[M]. 北京：北京科学技术出版社，2004.

[15] 黄希庭. 心理学基础[M]. 上海：华东师范大学出版社，2008.

[16] 高玉祥. 个性心理学[M]. 北京：北京师范在学出版社，2003.

[17] 崔丽娟. 心理学是什么[M]. 北京：北京大学出版社，2003.

[18] 林永惠. 教育心理学[M]. 天津：南开大学出版社，2014.

[19] 张春兴. 现代心理学[M]. 上海：上海人民出版社，2003.

[20] 刘爱伦. 思维心理学[M]. 上海：上海教育出版社，2002.

[21] 卢家楣. 情感教育心理学[M]. 上海：上海教育出版社，2002.

[22] 赵承福. 学生心理学[M]. 济南：山东人民出版社，2002.

[23] 黄希庭. 人格心理学[M]. 杭州：浙江教育出版社，2002.

[24] 章志光. 心理学[M]. 北京：人民教育出版社，2002.

[25] 汪向东. 心理学的 100 个故事[M]. 北京：新华出版社，2008.

[26] 张奇. 学习理论[M]. 武汉：湖北教育出版社，1999.

[27] 郑全全，于国良. 人际关系心理学[M]. 北京：人民教育出版社，1999.

[28] 曾文星. 青年人的心理与治疗[M]. 北京：北京大学医学出版社，2004.

[29] 李毓秋，梁桂荣，姚有汇. 心理学原理与应用[M]. 北京：经济科学出版社，1999.

[30] 贾晓波. 中小学心理健康概论[M]. 天津：天津教育出版社，1996.

[31] 李海洲，边和平. 挫折教育论[M]. 南京：江苏教育出版社，1995.

[32] [美]塞利格曼. 学习乐观[M]. 北京：新华出版社，2002.

[33] [美]理查德·格里格. 心理学与生活[M]. 王垒，译. 北京：人民邮电出版社，2003.

[34] [美]苏泽. 脑与学习——脑科学与教育[M]. 北京：中国轻工业出版社，2005.